Kai Kochmann
Schutz des „Know-how“
gegen ausspähende Produktanalysen
(„Reverse Engineering“)

Schriften zum europäischen Urheberrecht

EurUR 8

Schriften zum europäischen Urheberrecht

Herausgegeben von

Prof. Dr. Karl-Nikolaus Peifer, Köln
Prof. Dr. Karl Riesenhuber, M. C. J., Bochum

EurUR
Band 8

RECHT

De Gruyter Recht · Berlin

Schutz des „Know-how“ gegen ausspähende Produktanalysen („Reverse Engineering“)

Von

Kai Kochmann

W DE G
RECHT

De Gruyter Recht · Berlin

Dr. iur. *Kai Kochmann*, Richter

∞ Gedruckt auf säurefreiem Papier,
das die US-ANSI-Norm über Haltbarkeit erfüllt.

ISBN 978-3-89949-686-4

Bibliografische Information der Deutschen Nationalbibliothek

Die Deutsche Nationalbibliothek verzeichnet diese Publikation in der Deutschen Nationalbibliografie; detaillierte bibliografische Daten sind im Internet über http://dnb.d-nb.de abrufbar.

Umschlaggestaltung: Christopher Schneider, Berlin
Datenkonvertierung/Satz: jürgen ullrich typosatz, Nördlingen
Druck und Bindung: Hubert & Co., Göttingen

Printed in Germany

„Meinem Vater“

Inhaltsverzeichnis

Geleitwort

Trotz seiner großen praktischen Bedeutung hat die Frage des Schutzes von Know-how in der wissenschaftlichen Diskussion immer ein Schattendasein geführt. Umso erfreulicher ist es, dass sich Kai Kochmann in seiner Kölner Dissertation diesem Thema gewidmet hat. Die im Mittelpunkt der Untersuchung stehende Frage der Zulässigkeit des Reverse Engineering ist dabei die zentrale praktisch relevante Frage für den Know-how-Schutz.

In dieser Tiefe und Breite ist in den letzten Jahren zu diesem Thema kaum etwas Vergleichbares vorgelegt worden. Es werden zunächst die verschiedenen Methoden des Reverse Engineering erläutert. Aufbauend auf einer Eingrenzung des Know-how-Begriffs werden dann der strafrechtliche und zivilrechtliche Schutz in seiner ganzen Breite behandelt und schließlich auch vertragsrechtliche Fragen diskutiert. Literatur und Rechtsprechung werden umfassend aufbereitet und Ergebnisse für die rechtlichen Kernfragen überzeugend herausgearbeitet. Daher leistet das Werk nicht nur eine vertiefte wissenschaftliche Aufarbeitung der verschiedenen Facetten des Know-how-Schutzes, sondern kann auch als Nachschlagewerk für Einzelfragen dienen, die sich in der Praxis stellen.

Das Ziel der Studie ist es, die praxisrelevante Frage nach der Grenze der Zulässigkeit der Erschließung geschützten Know-hows vertieft zu untersuchen, und zwar auf der Grundlage des heutigen Standes der Technik sowie der derzeitigen Rechtslage. Dieses Vorhaben wird in vollem Umfang erreicht. Der Schlussfolgerung, dass das geltende Recht ausreicht, ist zuzustimmen, geht es doch auch beim Know-how-Schutz um die grundsätzliche Frage der richtigen Balance von Schutz und freier Zugänglichkeit. Diese Grenze im Detail herausgearbeitet zu haben, ist das Verdienst der Arbeit, und Herr Kochmann kann dadurch einen wesentlichen Beitrag leisten, in diesem wichtigen Bereich mehr (subjektive) Rechtssicherheit zu schaffen.

Ich wünsche dem Buch eine weite Verbreitung und hoffe, dass es auch in der Praxis die ihm gebührende Anerkennung findet.

Prof. Dr. Andreas Wiebe, LL.M., Universität Göttingen

Vorwort

Diese Arbeit ist im Rahmen meiner Tätigkeit als wissenschaftlicher Mitarbeiter am Institut für Medienrecht und Kommunikationsrecht der Universität zu Köln, Lehrstuhl für Bürgerliches Recht mit Urheberrecht, Gewerblichen Rechtsschutz, Neue Medien und Wirtschaftsrecht, entstanden. Die rechtswissenschaftliche Fakultät hat sie im Wintersemester 2008/09 als Dissertation angenommen.

Ich danke meinem Doktorvater Prof. Dr. Karl-Nikolaus Peifer, der mich während meiner Zeit an seinem Lehrstuhl fürsorglich gefordert und gefördert hat. Ihm und Herrn Prof. Dr. Karl Riesenhuber danke ich für die Aufnahme der Arbeit in die „Schriften zum europäischen Urheberrecht“. Herrn Prof. Dr. Cornelius Nestler danke ich für die Zweitbegutachtung.

Für die stete familiäre Unterstützung möchte ich meinen Eltern, Wilfried und Angelika Kochmann, sowie meiner treuen Frau Sandra, die so Einiges tapfer hinten angestellt hat, von Herzen danken.

Mein Vater hat an Studium, Referendariat und Promotion in ganz besonderer Weise Anteil genommen. Ihm widme ich diese Arbeit.

Senden, im Mai 2009 *Dr. Kai Kochmann, Richter*

Einleitung

A. Problemstellung

„Know-how“ ist für Unternehmen von hoher ökonomischer Bedeutung.[1] In der Regel bildet es einen substantiellen Faktor, um Wettbewerbsvorsprünge vor der Konkurrenz zu gewinnen, zu verteidigen oder etwaig vorhandene Wettbewerbsnachteile auszugleichen. Dabei gilt: Je innovativer eine Branche ist, desto höher ist der Druck, immer zügiger prävalentes Know-how zu generieren. Zu den besonders innovationsintensiven Branchen zählen seit jeher die Chemie, der Maschinenbau, die Pharmaindustrie, die Softwareindustrie sowie der vergleichsweise neue Bereich der Biotechnologie.

Sowohl die eigene Entwicklung als auch der rechtsgeschäftliche Erwerb von Know-how sind regelmäßig kostenintensiv. Gerade für kleinere und mittelständige Unternehmen ist es schwierig, sich in technologieintensiven Märkten zu positionieren. Unter dem Druck verschärfter wirtschaftlicher Bedingungen suchen Unternehmen verstärkt nach Wegen, in den Besitz von „Know-how“ zu gelangen, ohne die hohen Kosten für eine eigene Gewinnung wertvollen Spezialwissens tragen zu müssen. Damit ist der Problemkreis der „Betriebsausspähung“ angesprochen. Betriebsausspähung meint ganz allgemein die Exploration von Unternehmen im Hinblick auf ihr mehr oder minder geheimes Wissen.[2] Soweit diese Ausforschung rechtlich unzulässig ist, spricht man auch von „Betriebs*spionage*“.[3] Seit jeher stellt die betriebliche Ausspähung eine große Gefahr für

---

1 Vgl. BGHZ 16, 172 (176) = GRUR 1955, 388 (390) – Dücko; *Doepner*, in: FS Tilmann, 105. Für rohstoffarme Länder gilt dies in besonderem Maße, *Peifer*, Einführung und Bilanz, in: Depenheuer/Peifer, Geistiges Eigentum: Schutzrecht oder Ausbeutungstitel?, S. 1.

2 Vgl. BT-Drucksache 13/8368, S. 2. In Unternehmen firmieren die entsprechenden Handlungen häufig unter dem Begriff „Competitive Intelligence (CI)“, vgl. „Die Schnüffler GmbH – Wie deutsche Unternehmen ihre Konkurrenten auskundschaften“, in: „Die Zeit“ vom 6. April 2006, S. 31.

3 So auch *Taeger*, Offenbarung von Betriebs- und Geschäftsgeheimnissen, S. 51. Die Begriffe „Betriebsausspähung/-spionage“ sind den Begriffen „Wettbewerbsausspähung/-spionage“ oder „Konkurrenzausspähung/-spionage“ insoweit überlegen, als sie klarer hervortreten lassen, dass es sich bei den Tätern nicht um Wettbewerber oder Konkurrenten handeln muss, vgl. *Liebl*, in:

Unternehmen dar.[4] Mit der Entwicklung und Verbesserung spezialtechnischer Ausspähungsmethoden hat die Gefährdung des unternehmensgeheimen „Know-how“ nochmals zugenommen. Zu den Methoden der Betriebsausspähung zählen heute insbesondere der klassische Einbruchsdiebstahl, die Ausforschung und Abwerbung fremder Mitarbeiter, Lauschangriffe, computergesteuerte Hackerangriffe und das sog. „Reverse Engineering“, bei dem das „Know-how“ anderer durch eine profunde Analyse ihrer Produkte aufgedeckt werden soll.[5]

Für „Know-how“ besitzende Unternehmen folgt aus dieser Entwicklung ein gesteigertes Bedürfnis, ihr Spezialwissen vor dem Zugriff der Konkurrenz abzuschirmen. Dafür stehen grundsätzlich zwei Optionen offen, die sich allerdings in weiten Teilen gegenseitig ausschließen: Sonderrechtsschutz und Geheimhaltung.

Einen sonderrechtlichen Schutz für besondere immaterielle Leistungen gewähren das Urheberrecht und die gewerblichen Schutzrechte, insbesondere das Patent- und Gebrauchsmusterrecht. Allerdings wird der gesetzlich gewährte Sonderrechtsschutz von Unternehmen häufig als ungenügend empfunden. Die Schutzvoraussetzungen sind in der Regel eng umschrieben. Das Urheberrecht verlangt das Vorliegen eines „Werks“ und mithin eine „persönliche geistige Schöpfung“ im Sinne von § 2 Abs. 2 UrhG. Patentschutz erfordert gemäß §§ 1, 4 PatG, dass das zu schützende „Know-how“ auf einer „erfinderischen Tätigkeit“ beruht. Der Gebrauchsmusterschutz setzt, insoweit milder, einen „erfinderischen Schritt“ voraus, § 1 Abs. 1 GebrMG. Auch gewähren die Sonderrechte des Geistigen Eigentums ein gesetzliches Monopol nur auf Zeit. Während der Schutz urheberrechtlicher Werke noch vergleichsweise komfortabel ausgestaltet ist, nämlich bis siebzig Jahre „post mortem auctoris“, § 64 UrhG, befristen Patent- und Gebrauchsmusterrecht den Schutz auf maximal zwanzig,

---

Liebl, Betriebsspionage, S. 23 f. Auch der Rechtsausschuss des Deutschen Bundestags verwendet den Begriff „Betriebsspionage“, CuR 1986, 243.

4 Zur geschichtlichen Entwicklung vgl. *Bergier*, Industriespionage.

5 Zur Betriebsspionage im Allgemeinen vgl. *Dannecker*, BB 1987, 1614; Kragler/Otto (Hrsg.), Schützen Sie Ihr Unternehmen; Liebl (Hrsg.), Betriebsspionage. Begehungsformen – Schutzmaßnahmen – Rechtsfragen; *Schafheutle*, Wirtschaftsspionage und Wirtschaftsverrat, S. 4 ff. Vgl. zur staatlich gelenkten Spionage auch: *Engberding*, Spionageziel Wirtschaft – Technologie zum Nulltarif. Zu den Einzelheiten des „Reverse Engineering“ siehe noch unten: 1. Teil, B. (S. 43 ff.).

§ 16 Abs. 1 S. 1 PatG, respektive zehn Jahre, § 23 Abs. 1 GebrMG, nach Anmeldung. Patent- und Gebrauchsmusterrecht schützen lediglich gegen eine unlizenzierte Benutzung, § 9 PatG und § 11 GebrMG, nicht jedoch gegen eine Kenntnisnahme des – im Erteilungsverfahren offenbarten, §§ 30ff. PatG, § 8 GebrMG – „Know-how“. Nur das Urheberrecht erfordert zwar eine „Schöpfung“ und also eine von Dritten wahrnehmbare Formgebung des Werks, nicht aber eine Veröffentlichung.[6]

Die Wirtschaft nimmt den limitierten Schutz, den die Sonderrechte gewähren, verstärkt zum Anlass, ihr „Know-how“ durch Geheimhaltung vor dem Zugriff der Konkurrenz zu schützen.[7] Prominente Beispiele für erfolgreich geheim gehaltenes Herstellungs-Know-how sind die Rezepturen des Erfrischungsgetränks „Coca-Cola“[8] sowie des Magenbitters „Underberg“[9]. Beide Rezepturen konnten bis heute nicht entschlüsselt oder sonst ausgespäht werden. Ein grundsätzlich möglicher gewerblicher Sonderrechtsschutz wäre längst abgelaufen. Ausweislich eigener Angaben der Coca-Cola Company kennen lediglich 3 bis 4 Personen die zur Herstellung ihres Hauptprodukts erforderliche Geheimrezeptur „Merchandise 7 X“.[10] Ihnen soll es verboten sein, auf Reisen gleichzeitig dasselbe Flugzeug zu benutzen. Bei dem Magenbitter „Underberg“ verhält es sich ähnlich. Die Rezeptur wurde vor 160 Jahren erfunden und seitdem geheim gehalten. Lediglich die heutige Geschäftsführerin des Unternehmens und Ur-Ur-Enkelin des Unternehmensgründers, ihre Eltern sowie drei katholische Priester sollen das geheime Herstellungsverfahren „semper idem“ kennen. Jeder von ihnen soll sich gegenüber einem Notar zu strenger Verschwiegenheit verpflichtet haben.[11]

---

6 *Schack*, Urheber- und Urhebervertragsrecht, Rn. 159.

7 *Finger*, WRP 1969, 398; *Hartung*, Geheimnisschutz und Whistleblowing, S. 16, 39; *St. Müller*, Schutz von Know-how nach TRIPS, S. 2f.; *Pfister*, Das technische Geheimnis „Know how“ als Vermögensrecht, S. 2f.; *Saumweber*, Schutz von Know-how, S. 57; *Schröder*, Geheimhaltungsschutz, S. 20; *Stumpf*, Der Know-how-Vertrag, S. 19; *Wiemer*, Vertragsstrafe, S. 14.

8 Hierzu ausführlich *Daub*, Verletzung von Unternehmensgeheimnissen, S. 16.

9 Vgl. „Frankfurter Allgemeine Sonntagszeitung“ vom 22. April 2007, S. 45.

10 *Preßler*, Patente als Standortfaktor – Patente im Bereich Biotechnologie, in: Depenheuer/Peifer, Geistiges Eigentum: Schutzrecht oder Ausbeutungstitel?, S. 41 (43).

11 Vgl. das Portrait der Geschäftsführerin Hubertine Underberg-Ruder auf den Internetseiten der MDR-Talkshow „Riverboat“, abrufbar unter http://www.mdr.de/riverboat/1790167.html (letzter Abruf: 29. 5. 2009).

Die besondere Gefahr für das zur Herstellung von Produkten eingesetzte „Know-how" resultiert daraus, dass das eingesetzte Spezialwissen nicht nur in verschlossenen Tresoren oder in den Köpfen ausgewählter Mitarbeiter aufbewahrt wird, sondern versteckt auch in den Produkten selbst verkörpert ist. Für Dritte, die an dem „Know-how" interessiert sind, existiert in diesem Fall eine Alternative zum Einbruchsdiebstahl, der auch heute noch klassischen Methode zur Betriebsausspähung.[12] Sie können das Konkurrenzprodukt am Markt erwerben und anschließend versuchen, das zur Herstellung eingesetzte „Know-how" durch eine Analyse des Produkts selbst aufzudecken. In der betrieblichen Praxis ist dieses Vorgehen weit verbreitet. Es firmiert unter dem Oberbegriff „Competitive Intelligence". Zuständig sind in der Regel die unternehmenseigenen Forschungsabteilungen.[13]

12 Vgl. die Informationsbroschüre „Wirtschaftsspionage durch Diebstahl und Einbruchsdiebstahl" des Innenministeriums NRW, abrufbar unter http://www.im.nrw.de/sch/doks/vs/flyer_diebstahl.pdf (letzter Abruf: 29. 5. 2009).

13 „Die Schnüffler GmbH – Wie deutsche Unternehmen ihre Konkurrenten auskundschaften", in: „Die Zeit" vom 6. April 2006, S. 31.

B. Stand von Gesetzgebung, Rechtsprechung und Forschung

Mit der stark anwachsenden Bedeutung der Betriebsausspähung für den Wirtschaftsverkehr potenzierte sich das juristische Interesse an diesem Thema.

I. Gesetzgebung

Der Gesetzgeber ist erkennbar bemüht, mit den – speziell technisch bedingten – Fortentwicklungen der Betriebsausspähung durch Schaffung und Erweiterung entsprechender Rechtsgrundlagen Schritt zu halten. Dabei trug er bislang beiden der einleitend genannten Schutzoptionen eines Unternehmens, Geheimhaltung und Sonderrechtsschutz, Rechnung. Im Bereich des Sonderrechtsschutzes ist vor allem die umfassende Kodifizierung eines urheberrechtlichen Computerprogrammschutzes hervorzuheben, mit der der Gesetzgeber den urheberrechtlichen Schutz für Software verstärken sowie die strittige Frage, ob auch einfache Programme urheberrechtlichen Schutz genießen, klären wollte.[14] Daneben implementierte und erweiterte der Gesetzgeber den Schutz der gewerblichen Geheimnissphäre, zuletzt durch das „zweite Gesetz zur Bekämpfung der Wirtschaftskriminalität“ (2. WiKG) vom 15. Mai 1986,[15] das u.a. den Anwendungsbereich des § 17 UWG erheblich ausdehnte sowie § 202a StGB („Ausspähen von Daten“) und § 303a StGB („Datenveränderung“) neu in das Strafgesetzbuch einführte.[16]

Der Spezialbereich „Reverse Engineering“ wurde bislang nicht allgemein geregelt. In einigen Sondergesetzen des Geistigen Eigentums finden sich jedoch spezielle Regelungen, die Maßnahmen des „Reverse Engineering“ in bestimmten Bereichen ausdrücklich für zulässig erklären. So erstreckt sich ein etwaiger Topographieschutz gemäß § 6 Abs. 2 Nr. 2 HalblSchG nicht auf Nachbildungen, die „zum Zwecke der Analyse, der Bewertung oder der Ausbildung“ vorgenommen werden. Muster im Sinne des Geschmacksmustergesetzes schützen nach § 40 Nr. 2 nicht gegen „Handlungen zu Versuchszwecken“. Auch das Sortenschutzgesetz lässt in § 10a

14 BT-Drucksache 12/4022, S. 8.

15 BGBl. I 1986, S. 721.

16 Dazu noch unten: 2. Teil, A. (S. 89 ff.), B. (S. 145 ff.) und C. (S. 149).

Abs. 1 Nr. 2 Handlungen „zu Versuchszwecken, die sich auf die geschützte Sorte beziehen“, ausdrücklich zu. Das Urheberrecht schließlich privilegiert die für das „Software Reverse Engineering“ relevante Dekompilierung des Programmcodes zu Zwecken der Interoperabilität, § 69e UrhG.

II. Rechtsprechung

In der Rechtsprechung nehmen Fälle des Geheimnisverrats den größten Raum ein. Gerichtlich gestritten wurde insbesondere über die – durch § 17 Abs. 1 UWG nicht ausdrücklich geregelte – Frage, inwieweit Verschwiegenheitspflichten des Arbeitnehmers auch über das Bestehen des Arbeitsverhältnisses hinaus reichen.[17] Fälle der Betriebsausspähung nehmen Parteien oder Staatsanwaltschaft hingegen nur selten zum Gegenstand einer zivil- oder strafprozessualen Verfolgung. Hinter der Zurückhaltung betroffener Unternehmen stehen vor allem zwei Gründe: Erstens würden in einer gerichtlichen Auseinandersetzung zwangsläufig Sicherheitsschutzlücken offenbar, die – so die Angst zahlreicher Unternehmensführungen – negative Auswirkungen auf den Börsenkurs, respektive den Unternehmenswert zeitigen könnten. Zweitens existieren auf Grund eines uneinheitlichen Diskussionsstandes in Rechtsprechung und Forschung erhebliche Unsicherheiten über die rechtliche Bewertung sowie prozessuale Durchsetzbarkeit etwaiger Abwehr- und Kompensationsbegehren. Häufig scheuen die Opfer einer Betriebsausspähung die Risiken eines Prozesses und einigen sich mit den Tätern „hinter verschlossenen Türen“.

Zwei Fälle, in denen Know-how-Inhaber Maßnahmen des „Reverse Engineering“ einmal zum Gegenstand eines gerichtlichen Verfahrens nahmen, sollen im Folgenden kurz dargestellt werden und den weiteren Gang der Untersuchung begleiten. Auch die sog. „Geldspielautomatenfälle“ berühren Aspekte des „Reverse Engineering“.

---

17 Vgl. hierzu BGH, GRUR 1964, 215 – Milchfahrer; BGH, GRUR 1983, 179 – Stapelautomat; BGH, GRUR 2002, 91 – Spritzgießwerkzeuge; BGH, GRUR 2003, 356 – Präzisionsmessgeräte; BGH, GRUR 2006, 1044 – Kundendatenprogramm.

1. Der Fall „Stiefeleisenpresse" des Reichsgerichts

In einem Fall des Reichsgerichts[18] aus dem Jahr 1935 stellten Klägerin und Beklagte in ihren Fabriken sog. „Stiefeleisenpressen" her und brachten diese in Verkehr. Die Maschinen dienten zur Anfertigung von Stiefeleisen, also hufeisenförmig gebogenen Beschlägen für Schuh- und Stiefelabsätze. Die Besonderheit der klägerischen Maschine bestand darin, dass sie die Stiefeleisen in einem Arbeitsgang gebrauchsfertig herstellen konnte. Eine ausländische Firma, die eine von der Klägerin entworfene und erbaute Stiefeleisenpresse besaß, wandte sich an die Beklagte, als sie Ende 1926 eine zweite Stiefeleisenpresse erwerben wollte, ihr aber der von der Klägerin geforderte Preis zu hoch erschien. Sie fragte, ob es der Beklagten möglich sei, eine günstigere Presse zu liefern. Persönliche Besprechungen im Betrieb der Beklagten führten zum Vertragsschluss über die Lieferung einer Stiefeleisenpresse zum Preis von 6.000 Reichsmark. Nach ausdrücklicher Vertragsbestimmung sollte die Presse mit „Werkzeugen ausgerüstet sein, die in den Abmessungen mit den Werkzeugen gemäß Muster oder Zeichnung der Besteller übereinstimmten". Im Jahr 1927 lieferte die Beklagte eine solche Stiefeleisenpresse, nachdem sie einen Fachmann in den Auftrag gebenden Betrieb entsandt hatte, um sich die zur Herstellung der Maschine erforderlichen technischen Unterlagen zu beschaffen. Folgt man den Feststellungen des Berufungsgerichts, so musste die Beklagte, die auf diesem Fachgebiet im Wettbewerb mit der Klägerin stand, die Maschine zerlegen, die Maße genau feststellen, die wesentlichen Maschinenteile zeichnen sowie einen Abdruck der zur Maschine zugehörigen Werkzeuge herstellen, um den Nachbau zu ermöglichen.

In seiner rechtlichen Beurteilung sah das Reichsgericht die besondere Konstruktionsart der klägerischen Stiefeleisenpresse als „Betriebsgeheimnis" im Sinne von § 17 UWG a.F. an. Der Umstand, dass die Maschine frei am Markt erworben werden konnte, ändere an dieser Beurteilung nichts.[19] Die Beklagte habe ihre Kenntnis von dem Geheimnis durch eine sittenwidrige Handlung im Sinne von § 17 Abs. 2 UWG a.F. erlangt und das erlangte Wissen beim Nachbau der Maschine unbefugt verwertet.[20] Der für diese Bewertung entscheidende Satz des Reichsgerichts wurde

---

18 RGZ 149, 329 = JW 1936, 874 – Stiefeleisenpresse.

19 RGZ 149, 329 (333) – Stiefeleisenpresse.

20 RGZ 149, 329 (332ff.) – Stiefeleisenpresse.

ausschließlich in der „Juristischen Wochenschrift", nicht jedoch in der amtlichen Sammlung des Reichsgerichts publiziert: Wenn die Beklagte

„ihren Konstrukteur nach Polen schickte und durch ihn die nicht zum Zerlegen bestimmte Maschine in ihre einzelnen Teile völlig zerlegen, unter Übernahme der genauen Maße naturgetreu abzeichnen und die Werkzeuge der Maschine sogar abdrücken ließ und auf Grund dieser Unterlagen den Nachbau vornahm, so überschreitet die Erlangung der Kenntnis der Bauart auf diese ungewöhnliche Art die durch das kaufmännische Anstandsgefühl und die Erfordernisse des Geschäftsverkehrs gesteckten Grenzen."[21]

Das Reichsgericht bewertete also bereits die Analyse der Stiefeleisenpresse, das heute sog. „Reverse Engineering" als sittenwidrig, wenn auch zur Strafbarkeit nach damaliger Rechtslage zusätzlich eine „unbefugte Verwertung" hinzutreten musste, vgl. § 17 Abs. 2 UWG a. F.

2. Der Fall „Rollenwechsler" des Oberlandesgerichts Düsseldorf

In einem Fall des Oberlandesgerichts Düsseldorf[22] befasste sich die Klägerin mit der Herstellung, dem Vertrieb sowie der Wartung von Zusatzausrüstungen für sog. „Offset-Rollenrotationssysteme". Zu ihrem Herstellungs- und Vertriebsprogramm gehörten unter anderem sog. „Rollenwechsler", die es ermöglichen, bei einer Rotationsdruckmaschine die Papierrolle, von der das zu bedruckende Papier zugeführt wird, gegen eine volle Rolle auszuwechseln, ohne die Druckmaschine anhalten zu müssen. Seit dem Jahr 1993 bot die Klägerin ein neues Modell eines solchen Rollenwechslers, den D-Rollenwechsler, an, den sie nach eigenen Angaben seit 1991 mit einem Kostenaufwand von mehreren Millionen DM entwickelt hatte und für den kein Patent- oder Gebrauchsmusterschutz bestand. Die Beklagte zu 1.), deren Mitgeschäftsführer der Beklagte zu 2.) war, beschäftigte sich ebenfalls seit längerer Zeit mit der Herstellung und dem Vertrieb von Zusatzausrüstungen für Offset-Rollenrotationssysteme, wobei bis 1994 zu ihrem Programm keine Rollenwechsler für den Offset-Rollenrotationsdruck gehörten. Im Herbst 1994 ließ die Beklagte zu 1.) durch die niederländische Firma E. bei der Klägerin einen D-Rollenwechsler erwerben, wobei die Bezahlung über die Niederlassung der Firma E. in Kuala Lumpur erfolgte. Im Laufe der Vertragsverhandlun-

21 RG, JW 1936, 874 (876) – Stiefeleisenpresse.
22 OLG Düsseldorf, OLGR 1999, 55 – Rollenwechsler.

gen mit der Klägerin, bei der diese die Firma E. um Mitteilung des Namens und der Anschrift des Kunden gebeten hatte, für den der Rollenwechsler bestimmt sei, erklärte die Firma E., ihr Kunde sei mit der Bekanntgabe seines Namens an die Klägerin nicht einverstanden, sie erwarte jedoch, dass der zu liefernde Rollenwechsler nach Kapstadt/Südafrika verschifft werde. Nachdem die Firma E. den Rollenwechsler am Sitz der Klägerin abgeholt und ihn zunächst in die Niederlande gebracht hatte, wurde er auf Veranlassung der Beklagten zu 1.) zu der Firma DI. transportiert. Diese zerlegte den Rollenwechsler im Auftrag der Beklagten zu 1.) in seine Einzelteile, die dann vermessen wurden. Anschließend wurden Zeichnungen zum Zwecke der Herstellung eines Rollenwechslers bei der Beklagten zu 1.) angefertigt. Unter der Bezeichnung „VR-Rollenwechsler" bot die Beklagte zu 1.) später einen Rollenwechsler auf dem Markt an, der weitgehend mit dem D-Rollenwechsler der Klägerin übereinstimmte, jedoch eine andere Steuerung und eine andere Betriebssoftware aufwies.

Nach Ansicht des Oberlandesgerichts waren Herstellung und Vertrieb des VR-Rollenwechslers durch die Beklagte zu 2.) „rechtlich nicht zu beanstanden". Das Gericht lehnte zunächst einen UWG-Nachahmungsschutz gemäß § 1 UWG a.F. mangels besonderer Unlauterkeitsmerkmale ab.[23] Auch stelle das Verhalten der Beklagten keine unzulässige Mitbewerberbehinderung dar.[24] Den Erwerb der Kenntnisse, die erforderlich waren, um den eigenen VR-Rollenwechsler zu entwickeln, prüfte das Gericht am Maßstab des § 17 Abs. 2 Nr. 1 UWG und verneinte bereits das Vorliegen eines Betriebs- oder Geschäftsgeheimnisses. In einer Maschine verkörpertes Wissen, das sich auf die Beschaffenheit und das Zusammenwirken mechanischer Teile bezieht, so dass man es durch Zerlegung der Maschine erkennen kann, verlöre seinen etwaigen Geheimnischarakter dadurch, dass der Hersteller die Maschine ohne vertragliche Beschränkungen an Dritte ausliefert. Wollte man anders entscheiden, so setzte man den „Grundsatz der Zulässigkeit des Nachbaus nicht sonderrechtlich geschützter Gestaltungen" für komplizierte Maschinen, deren Nachbau ohne Zerlegung kaum möglich sei, praktisch außer Kraft. Eine andere Beurteilung möge geboten sein, wenn es darum gehe, chemische Zusammensetzungen nicht nur hinsichtlich der Qualität der in ihnen vorhandenen Ausgangsstoffe, sondern auch hinsichtlich ihrer genauen Quantität

---

23 OLG Düsseldorf, OLGR 1999, 55 (56f.) – Rollenwechsler.

24 OLG Düsseldorf, OLGR 1999, 55 (57) – Rollenwechsler.

und der bei der Herstellung verwendeten Rezeptur zu analysieren, oder auch, soweit es sich um Computerprogramme zur Steuerung einer Maschine handle. Deren Entschlüsselung sei regelmäßig mit erheblich größerer Mühe verbunden als der Ausbau und die Analyse mechanischer Teile.[25]

In der Bewertung des „Reverse Engineering" wendet sich das Oberlandesgericht nicht grundsätzlich gegen die Entscheidung „Stiefeleisenpresse" des Reichsgerichts, gibt jedoch zu

> „bedenken, dass sich (...) im Laufe der Zeit die Verkehrsgewohnheiten hinsichtlich der Zerlegung von erworbenen Maschinen ändern können mit der Folge, dass auch die Zerlegung einer ganzen Maschine in ihre Bestandteile nicht mehr als ‚ungewöhnlich' angesehen werden könnte".[26]

3. Die sog. „Geldspielautomatenfälle"

Sog. „Geldspielautomatenfälle" waren in der Vergangenheit mehrfach Gegenstand strafgerichtlicher Entscheidungen[27] und werden in der Literatur bereits als „Strafrechtsklassiker"[28] bezeichnet. Im Vordergrund der Entscheidungen stand allerdings jeweils das Verhalten eines Glücksspielers, der durch gezieltes, von einer Kenntnis des zu Grunde liegenden Spielprogramms geleitetes Drücken der sog. „Risikotaste" die in dem Automaten angesammelten Geld- bzw. Spielmünzen erlangt und den Automaten „leerspielt". Für die hier zu untersuchende Problematik ist entscheidend nicht das Spielen als solches, sondern die Frage, wie der Spieler bzw. ein Vortäter Kenntnis von dem zu Grunde liegenden Spielprogramm, das innerhalb der Automaten verschlossen und verplombt auf speziellen Speichermedien („EPROM-Chips") lagert, erlangt hat. Denkbar ist insoweit, dass der Spieler oder ein Dritter einen Geldspielautomat gleichen Fabrikats erworben, die faktischen Zugangssicherungen aufgebrochen und das Speichermedium, auf dem das Spielprogramm lagerte, ausgelesen hat.[29] Je nachdem, in welchem Format, insbesondere in wel-

---

25 OLG Düsseldorf, OLGR 1999, 55 (57 ff.) – Rollenwechsler.

26 OLG Düsseldorf, OLGR 1999, 55 (58) – Rollenwechsler.

27 BGHSt 40, 331; BayObLG, NStZ 1994, 287; BayObLG, GRUR 1991, 694; OLG Karlsruhe, RPfleger 1992, 268; LG Freiburg, NJW 1990, 2635.

28 *Krutisch*, Strafbarkeit des unberechtigten Zugangs, S. 67.

29 *Krutisch*, Strafbarkeit des unberechtigten Zugangs, S. 68; *Westpfahl*, CR 1987, 515 (516); *Schlüchter*, NStZ 1988, 53 (54).

cher Programmiersprache das Programm vorlag, schlossen sich daran noch mehr oder weniger umfassende Maßnahmen des sog. „Software Reverse Engineering“ an.

III. Forschung

Wie die Rechtsprechung beschäftigten auch die Literatur bislang primär Fälle des Geheimnisverrats[30] sowie des Abwerbens fremder Arbeitnehmer[31]. Aus dem Gesamtbereich des „Reverse Engineering“ diskutierte das Schriftum intensiver bloß das sog. „Software Reverse Engineering“, das zum Ziel hat, durch Analyse eines Softwareprodukts ein dahinter stehendes Programmier-Know-how aufzuspüren.[32] Die Diskussion beginnt etwa Mitte der 1980er Jahre. Neben den allgemeinen Vorschriften des Urheber-

---

30 *Depenheuer*, Zulässigkeit und Grenzen der Verwertung von Unternehmensgeheimnissen durch den Arbeitnehmer; *Gaul*, Die nachvertragliche Geheimhaltungspflicht eines ausgeschiedenen Arbeitnehmers, NZA 1988, 225; *Hartung*, Geheimnisschutz und Whistleblowing; *Kunz*, Betriebs- und Geschäftsgeheimnisse und Wettbewerbsverbot während der Dauer und nach Beendigung des Anstellungsverhältnisses, DB 1993, 2482; *Mautz/Löblich*, Nachvertraglicher Verrat von Betriebs- und Geschäftsgeheimnissen, MDR 2000, 67; *Mes*, Arbeitsplatzwechsel und Geheimnisschutz, GRUR 1979, 584; *Mola Galván*, Der zivilrechtliche Schutz von Betriebsgeheimnissen – zur Haftung von Arbeitnehmern – im deutschen und spanischen Recht; *Reinfeld*, Verschwiegenheitspflichten und Geheimnisschutz im Arbeitsrecht; *Richters/Wodtke*, Schutz von Betriebsgeheimnissen aus Unternehmenssicht – „Verhinderung von Know-how Abfluss durch eigene Mitarbeiter“, NZA-RR 2003, 281; *Otto*, Verrat von Betriebs- und Geschäftsgeheimnissen, § 17 UWG, wistra 1988, 125; *Salger/Breitfeld*, Regelungen zum Schutz von betrieblichem Know-how – die Sicherung von Geschäfts- und Betriebsgeheimnissen, BB 2005, 154.

31 *Derwein*, Abwerben von Arbeitskräften, WRP 1972, 115; *Goerke*, Abwerben von Personal, WRP 1955, 12; *Klaas*, Die Abwerbung von Arbeitskräften und unlauterer Wettbewerb, NZA 1984, 313; *Köhler*, Zur wettbewerbsrechtlichen Zulässigkeit der telefonischen Ansprache von Beschäftigten am Arbeitsplatz zum Zwecke der Abwerbung, WRP 2002, 1; *Quiring*, Muss die telefonische Anwerbung von Mitarbeitern verboten werden?, WRP 2000, 33; *Salger/Breitfeld*, Regelungen zum Schutz von betrieblichem Know-how – die Abwerbung von Mitarbeitern, BB 2004, 2574; *Vogel*, Maßnahmen zur Verhinderung der Abwerbung?, BB 1960, 135.

32 Technische Einzelheiten zu diesem Spezialbereich unten: 1. Teil, III., 2. (S. 58 ff.).

rechts zog die Literatur – vermutlich auch infolge der spürbaren Verschärfung der urheberrechtlichen Schutzanforderungen durch den Bundesgerichtshof[33] – verstärkt die wettbewerbsrechtlichen Geheimnisschutz-vorschriften, §§ 17 ff. UWG, zur Beurteilung heran und erachtete Maßnahmen des „Software Reverse Engineering" ganz überwiegend als unzulässig.[34] Mit Einsetzen der Beratungen über eine Richtlinie des Rats der Europäischen Gemeinschaft über den Rechtsschutz von Computerprogrammen[35] (Softwarerichtlinie) konzentrierte sich die Diskussion zunehmend auf das Urheberrecht.[36] Die nationale Umsetzung der Softwarerichtlinie in den §§ 69a ff. UrhG führte zu zahlreichen Kontroversen um die Auslegung der neuen Vorschriften, die zunächst lebhaft ausgetragen wurden. In neuerer Zeit verflacht die Diskussion allerdings zunehmend, ohne dass wichtige Fragen, zum Beispiel über Bedeutung und Anwendungsbereich der §§ 69d, 69e UrhG,[37] hinreichend geklärt werden konnten.[38]

Im Hinblick auf das sonstige, nicht urheberrechtlich geschützte „Know-how" führt die rechtliche Bewältigung des „Reverse Engineering" noch ein Schattendasein. Soweit die Literatur Stellung nimmt, wird das Problem übereinstimmend bei § 17 Abs. 2 UWG eingeordnet und „Reverse Engineering" unter Hinweis auf die Entscheidung „Stiefeleisenpresse" überwiegend als unzulässig angesehen.[39] Modifikationen und Skepsis

---

33 BGHZ 94, 276 = GRUR 1985, 1041 – Inkasso-Programm. Dazu noch unten: 3. Teil, A., I., 1. (S. 153 ff.) und 2., c) (S. 158 f.).

34 *Habel*, CR 1991, 257 (261); *Harte-Bavendamm*, CR 1986, 615 (619 f.); *ders.*, GRUR 1990, 657 (658 ff.); *Haß*, in: Lehmann, Rechtsschutz und Verwertung von Computerprogrammen, 467 (490); *Junker/Benecke*, Computerrecht, Rn. 128 f.; *Moritz/Tybusseck*, Computersoftware, S. 112 Rn. 396; *Raubenheimer*, CR 1994, 264 (266 ff.); *Rupp*, WRP 1985, 676 (680 ff.); *Schulze-Heiming*, Strafrechtlicher Schutz der Computerdaten, S. 110 f.; *Taeger*, CR 1991, 449, (456 f.); *Wiebe*, Know-how-Schutz von Computersoftware, S. 262, 267 ff.; *ders.*, CR 1992, 134 (137 f.). Anderer Ansicht: *Kuhlmann*, CR 1989, 177 (183 f.); *Sucker*, CR 1989, 468 (472).

35 Richtlinie 91/250/EWG, ABl. EU Nr. L 122 vom 17. Mai 1991.

36 Vgl. nur die Beiträge von *Ilzhöfer*, CR 1990, 578; *Lehmann*, CR 1989, 1057; *Schnell/Fresca*, CR 1990, 157; *Schulte*, CR 1992, 648.

37 Dazu unten: 3. Teil, A., I., 4. (S. 168 ff.).

38 Vgl. auch *Geiger*, Umarbeitungsrecht, S. 15: „Seit Ende der 90er Jahre ist es erstaunlich still geworden."

39 *Achenbach*, Jura 1991, 225 (229); *Arians*, Schutz des Geschäfts- und Betriebsgeheimnisses, S. 365; *Diemer*, in: Erbs/Kohlhaas, Strafrechtliche Nebengesetze, § 17 UWG Rn. 49; *Kim*, Schutz von Geschäfts- und Betriebsgeheimnissen,

des Oberlandesgerichts Düsseldorf im Fall „Rollenwechsler" werden bloß vereinzelt zur Kenntnis oder zum Gegenstand einer eigenen Stellungnahme genommen.[40]

S. 113f.; *Otto*, in: UWG-Großkommentar, § 17 Rn. 92f.; *Reger*, Der internationale Schutz gegen den unlautere Wettbewerb, S. 269 Fn. 990; *Rengier*, in: Fezer, UWG-Kommentar, § 17 Rn. 16; *Schlüchter*, CR 1991, 105 (107); *dies.*, NStZ 1988, 53 (55ff.); *Westermann*, Handbuch Know-how-Schutz, S. 56; *Westpfahl*, CR 1987, 515 (517f.); *Wiebe*, in: MünchKomm UWG, § 4 Nr. 9 Rn. 201. In neuerer Zeit mehren sich allerdings die Einwände hiergegen: *Beater*, Unlauterer Wettbewerb, § 22 Rn. 31; *Jersch*, Ergänzender Leistungsschutz und Computersoftware, S. 27ff., 119ff.; *Kersting*, Schutz des Wirtschaftsgeheimnisses im Zivilprozess, S. 40ff.; *A. Maier*, Schutz von Betriebs- und Geschäftsgeheimnissen, S. 303ff.; *St. Müller*, Schutz von Know-how nach TRIPS, S. 79ff.; *Schlötter*, Schutz von Betriebs- und Geschäftsgeheimnissen, S. 162ff. Eingehend jetzt auch: *Ohly*, Reverse Engineering: Unfair Competition or Catalyst for Innovation?, in: Prinz zu Waldeck und Pyrmont u. a., Patents and Technological Progress in a Globalized World, S. 535–552.

40 Ausnahme: *Köhler*, in: Hefermehl/Köhler/Bornkamm, UWG-Kommentar, § 17 Rn. 8. Allenfalls im Ansatz: *Harte-Bavendamm*, in: Gloy/Loschelder, Handbuch Wettbewerbsrecht, § 48 Rn. 10 Fn. 45.

C. Ziele und Gang der Untersuchung

Die Rechtsprechung des Reichsgerichts sowie die überwiegende Forschung nehmen bei der rechtlichen Bewertung des „Reverse Engineering" einen restriktiven Standpunkt ein und qualifizieren Maßnahmen des „Reverse Engineering", soweit sie die Aufdeckung eines Unternehmensgeheimnisses bezwecken, überwiegend als rechtlich unzulässig, ja sogar strafbar im Sinne von § 17 Abs. 2 UWG. Glaubt man den Wirtschaftsberichten, so steht dies in einem deutlichen Widerspruch zur geltenden Praxis heutiger Unternehmen, die in ihren Forschungsabteilungen fremde Produkte eingehend analysieren.[41] Daraus leitet sich ein Bedürfnis ab, das Thema „Schutz des Know-how gegen ausspähende Produktanalysen" umfassend aufzubereiten und rechtlich einzuordnen.

Diese Arbeit setzt sich zum Ziel, die gesetzliche Grenze zwischen geschütztem und nicht geschütztem „Know-how" im Falle des „Reverse Engineering" präzise und mithin rechtssicher zu kennzeichnen. Sie soll feststellen, inwieweit „Reverse Engineering" zum zulässigen Bereich der Betriebsausspähung zählt oder aber unzulässige Betriebsspionage darstellt.

In einem ersten Teil sollen die tatsächlichen, insbesondere begrifflichen, technischen und ökonomischen Grundlagen dargestellt werden, die zu einer präzisen rechtlichen Untersuchung erst befähigen. Der zweite Untersuchungsteil erörtert die Möglichkeiten des Strafrechts, Maßnahmen des „Reverse Engineering" zu sanktionieren. Im Vordergrund der Analyse steht hier der durch das 2. WiKG erheblich ausgeweitete Straftatbestand des § 17 Abs. 2 UWG. Im Rahmen der zivilgesetzlichen Anspruchsgrundlagen (dritter Teil) werden zunächst die absolut wirkenden Sondergesetze des Geistigen Eigentums, insbesondere das Urheberrecht, daraufhin überprüft, inwieweit sie einen Schutz des „Know-how" gegen Maßnahmen des „Reverse Engineering" gewähren. Sodann werden Vorschriften des wettbewerbsrechtlichen Sonderdeliktsrechts sowie des allgemeinen Deliktsrechts auf ein entsprechendes Schutzpotential hin durchgesehen. Den Abschluss der gesetzlichen Untersuchung bilden die Anspruchsgrundlagen der bereicherungsrechtlichen „Eingriffskondiktion" und der „angemaßten Eigengeschäftsführung", die in besonderer

41 Siehe oben: Einleitung, A. (S. 1 ff.) mit Fn. 13. Siehe jetzt auch: *Ohly*, Reverse Engineering, in: Prinz zu Waldeck und Pyrmont u. a., Patents and Technological Progress, S. 535.

Weise auf Wertungen anderer, zuvor geprüfter Regelungszusammenhänge Bezug nehmen. Im Anschluss an die Analyse des gesetzlichen Know-how-Schutzes soll schließlich das Potential des Vertragsrechts ausgelotet werden, etwaige gesetzliche Schutzdefizite zu kompensieren (vierter Teil).

1. Teil: Rechtstatsächliche Grundlagen

Um die im Titel der Untersuchung genannten Begriffe „Know-how" und „Reverse Engineering" ranken sich in Wissenschaft und Praxis zahlreiche Ungenauigkeiten und Differenzen, die zum Anlass genommen werden, die Begriffe in einem rechtstatsächlichen Grundlagenteil eingehend zu analysieren.

A. „Know-how" – Definition und wirtschaftliche Bedeutung

I. Definition des Begriffs „Know-how"

Der Begriff „Know-how" entstammt dem angloamerikanischen Raum.[42] Nach heutigen Erkenntnissen fand er Anfang der 1940er Jahre Eingang in die u.s.-amerikanische Umgangssprache.[43] Nach dem zweiten Weltkrieg, vermutlich auch als Folge der Okkupation Deutschlands durch die alliierten Kräfte, wurde er zunehmend in den deutschen Sprachgebrauch übernommen.[44] Heute ist der Begriff „Know-how" fester Bestandteil unserer Sprache,[45] im Wirtschaftsleben nimmt sein Gebrauch mitunter inflationäre Züge an.

Die wissenschaftliche Verwendbarkeit des Begriffs „Know-how" wird immer wieder bezweifelt.[46] Gerade in jüngerer Zeit vermeiden einzelne rechtswissenschaftliche Autoren ihn wegen der damit verbundenen Unsicherheiten ausdrücklich,[47] „im Interesse eines präzisen und allgemeinverständlichen Sprachgebrauchs".[48] Dem ist zuzugeben, dass der Gebrauch des Begriffs nach heutigem Diskussionsstand mit einigen Unsi-

---

42 Die Literatur spricht zumeist vom „angloamerikanischen *Rechts*kreis": *Böhme*, Besteuerung des Know-how, S. 12; *Friedrich*, Begriff „Know-how" im europäischen Kartellrecht, S. 237; *Hartung*, Geheimnisschutz und Whistleblowing, S. 37 Fn. 123; *Pfaff*, BB 1974, 565 Fn. 1; *Stumpf*, Der Know-how-Vertrag, S. 20. „Know-how" ist jedoch kein originär juristischer Terminus, vgl. *Saumweber*, Schutz von Know-how, S. 7; *Wiemer*, Vertragsstrafe, S. 17. Wie hier auch *Venturini*, Erfassung und Bewertung, S. 5 („amerikanischer *Sprach*kreis").

43 *Wiemer*, Vertragsstrafe, S. 17 mit weiteren Nachweisen.

44 Vgl. *St. Müller*, Schutz von Know-how nach TRIPS, S. 9; *Saumweber*, Schutz von Know-how, S. 16.

45 *St. Müller*, Schutz von Know-how nach TRIPS, S. 9.

46 Siehe bereits: *Forkel*, in: FS von Carolsfeld, 105 (106): „aus dem internationalen Rechtsverkehr eingeschleppte Begriffe (...) ohne feste Konturen"; *Möhring*, in: FS Nipperdey, 415 (426): „ist es zu bedauern, dass sich in der Praxis der letzten Jahre immer stärker die Bezeichnung ‚know how' als Sammelbegriff für alle die verschiedenen Arten der Überlassung von Geheimwissen verbreitet hat".

47 *Brammsen*, in: MünchKomm UWG, § 17 Rn. 7; *Daub*, Verletzung von Unternehmensgeheimnissen, S. 33; *Hauck*, Wirtschaftsgeheimnisse, S. 23.

48 *Brammsen*, in: MünchKomm UWG, § 17 Rn. 7.

cherheiten verbunden ist. Betrachtet man die Entwicklung sowie den aktuellen Stand der Erörterungen zum Know-how-Begriff, so kann man den Eindruck gewinnen, dass dieser im Fortgang der Diskussion mehr an Unklarheit als an Klarheit gewonnen hat. „Know-how" wegen der bestehenden Unsicherheiten nicht zu definieren und seine Gegenstände juristisch einzuordnen, hieße allerdings, die Augen vor einem wirtschaftlich bedeutsamen Phänomen zu verschließen.[49] Aus der praktischen – insbesondere auch vertragspraktischen –[50] Relevanz des Know-how-Begriffs folgt ein gesteigertes Bedürfnis, den Begriffsinhalt präzise zu bestimmen und die bezeichneten Gegenstände rechtlich zu subsumieren.

Soll der Begriff „Know-how" für wissenschaftliche Forschung verwendbar bleiben bzw. werden, so muss sich die weitere Diskussion dem Leitgedanken verpflichten, ihn einem „Terminus Technicus", also einem Begriff, der auf Grund seiner Konturenschärfe und allgemeinen Akzeptanz die Verständigung innerhalb der betroffenen Fachkreise fördert, zumindest anzunähern.[51] Im Folgenden soll der Begriff „Know-how" daher unter Ästimation wissenschaftlicher Anforderungen diskutiert werden, um einen Konsens über die Begriffsbestimmung zu erzielen oder sich einem solchen zumindest zu nähern. Dazu ist der Begriff real zu definieren, dass heißt es sind „Feststellungen über die Sprache" – hier: Fachsprache – zu treffen, die, wie bei allen empirischen Behauptungen, zutreffen oder nicht.[52]

---

49 *Friedrich*, Begriff „Know-how" im europäischen Kartellrecht, S. 39.

50 Vgl. hierzu eine Umfrage des Bundesverbandes der Deutschen Industrie (BDI) zur Relevanz von Know-how-Verträgen für deutsche Unternehmen, abgedruckt in: FIW-Schriftenreihe Heft 118, Die Stellung von Know-how-Verträgen im Kartellrecht – Ergebnisse einer internationalen Diskussion des FIW (1986), Anhang 2.

51 Man spricht von „Terminologisierung", siehe hierzu *Arntz/Picht/Mayer*, Terminologiearbeit, S. 21, 115 f.; *Felber*, Allgemeine Terminologielehre, S. 29; *Schippan*, Lexikologie der deutschen Gegenwartssprache, S. 230, 233.

52 Vgl. hierzu *Essler*, Wissenschaftstheorie I, S. 70; *Herberger*, Wissenschaftstheorie für Juristen, S. 304; *E. von Savigny*, Definieren, S. 22 f.; *Wüster*, Terminologielehre, S. 35. Begründungslos getroffene Nominaldefinition („Festsetzungen für die Sprache") taugen für eine Know-how-Definition nicht, vgl. *E. von Savigny*, Definieren, S. 24: „Man gibt einer Wissenschaftssprache keine Regeln, indem man sie hinschreibt und in einer angesehenen Zeitschrift veröffentlicht; die Wissenschaftssprache hat die Regel erst, wenn die Wissenschaftler sich tatsächlich an sie halten." Vgl. auch *Essler*, Wissenschaftstheorie I, S. 75: „(...) wenn jeder den Begriffen Intensionen geben kann, wie es ihm

1. „Know-how" als „Wissen"

Autoren, die den Begriff „Know-how" definieren, ordnen ihn überwiegend in die Gattungen „Wissen", „Kenntnis" oder „Erfahrung" ein, wobei der Begriff „Erfahrung" heute in aller Regel kumulativ zu den Begriffen „Wissen" und/oder „Kenntnis" verwendet wird.[53]

Dieser weit überwiegende Sprachgebrauch im juristischen und wirtschaftswissenschaftlichen Schriftum harmoniert mit Wortherkunft und Wortlaut des Know-how-Begriffs. „Know-how" ist eine Abbreviatur für das englische Apophthegma „The knowledge how to do it".[54] Das „Know" aus „Know-how" steht also dem Ursprung nach für „knowledge" und ins Deutsche übersetzt mithin für „Wissen" oder „Kenntnis".[55] Die Begriffe „Kenntnis" und „Wissen" sind in der Regel synonym verwendbar, für eine Definition von „Know-how" ist allerdings jener vorzugswürdig. Der Begriff „Kenntnis" setzt nach überwiegendem Sprachgebrauch zwingend einen Personenbezug, einen menschlichen Kenntnisträger voraus.[56] Der

---

beliebt, so ist die babylonische Sprachverwirrung perfekt und das Ende aller menschlichen Verständigung erreicht".

53 *Bartenbach*, Patentlizenz- und Know-how-Vertrag, S. 634 Rn. 2549; *Böhme*, Besteuerung des Know-how, S. 17; *Fluck*, NVwZ 1994, 1048 (1050); *Gaul*, CR 1988, 841 (842); *ders.*, Schutz von Betriebs- und Geschäftsgeheimnissen, S. 4; *Habel*, CR 1991, 257 (258); *Henn*, Patent- und Know-how-Lizenzvertrag, S. 6, 19; *Hesse*, GRUR 1985, 661; *Kreuzer*, in: FS E. von Caemmerer, 705 (707); *Merke*, CR 1989, 457; *St. Müller*, Schutz von Know-how nach TRIPS, S. 11; *Pagenberg/Geissler*, Lizenzverträge, S. 104; *Saumweber*, Schutz von Know-how, S. 24; *Skaupy*, GRUR 1964, 39; *Steinberg*, UPR 1988, 1 (3); *Stumpf*, BB 1970, 195; *Sucker*, CR 1990, 369 (370); *Venturini*, Erfassung und Bewertung, S. 2, 6; *Zeising*, Mitt. 2001, S. 287 (288). Aus der betriebswissenschaftlichen Literatur: *Liman*, Bewertung, S. 9ff., 69ff.; *E. Maier*, Schutz des „kritischen" Know-how, S. 5ff. Auch das Ausland verwendet entsprechende Begriffe: Für die USA: *Saumweber*, Schutz von Know-how, S. 11. Für die Schweiz: *Meili*, Schutz des Know-how, S. 5; *Schneider*, Schutz des Unternehmensgeheimnisses, S. 35. Für Italien: *Braggion*, GRUR Int. 1989, 895 Fn. 1. Für Spanien: *Massaguer*, GRUR Int. 1989, 884 (884f.) – jeweils mit entsprechenden Nachweisen.

54 *Meili*, Der Schutz des Know-how, S. 4; *St. Müller*, Schutz von Know-how nach TRIPS, S. 9 Fn. 23. Vgl. auch *Wiemer*, Vertragsstrafe, S. 17: „The know how to do it".

55 Vgl. Pons, Großwörterbuch „Englisch – Deutsch" für Experten und Universität, Stuttgart 2002.

56 Vgl. auch *Saumweber*, Schutz von Know-how, S. 36; *Pfister*, Das technische Geheimnis „Know how" als Vermögensrecht, S. 11.

Begriff „Wissen“ ist hingegen, jedenfalls nach heutigem Sprachgebrauch, weiter gefasst. Er umfasst – wie für „Know-how“ weit überwiegend vorausgesetzt – sowohl implizites als auch explizites Wissen.[57]

Explizites Wissen meint ein nicht personengebundenes Wissen, das in Form von Dokumenten, Zeichnungen, Dateien oder Ähnlichem vorliegt. Synonym könnte man von „Informationen“ (= „in Form“ gegossenes Wissen) sprechen. Als immaterielles Gut ist das explizite Wissen besonderen Gefahren ausgesetzt. Es ist beliebig oft duplizierbar. Ihm wohnt stets die Tendenz inne, Gemeingut zu werden.[58] Insgesamt lassen sich immaterielle Güter auf Grund ihrer Unkörperlichkeit und mithin Flüchtigkeit erheblich schwerer beherrschen als körperliche Gegenstände („Sachen“).[59] Selbst bei strengster Geheimhaltung besteht immer die Gefahr, dass andere ein entsprechendes Wissen selbst generieren. Man spricht von „potentieller Ubiquität“.[60]

Implizites Wissen kennzeichnet ein nicht formalisiertes Wissen, also Kenntnisse und Fertigkeiten, die nicht explizit formuliert sind und sich häufig nicht erklären, sondern bloß zeigen lassen.[61] Klassisches Beispiel für rein implizites Wissen ist die Fertigkeit, mit dem Fahrrad das Gleichgewicht zu halten. Wer diese Fertigkeit besitzt, kennt eine komplexe physikalische Regel, die Neigungswinkel, aktuelle Geschwindigkeit und Lenkeinschlag berücksichtigt. Er kennt diese Regel jedoch bloß implizit. Im Wirtschaftsleben bildet das implizite Wissen einen signifikanten Er-

57 Auch das Bundesministerium für Wirtschaft und Technologie trifft diese Unterscheidung in seiner Informationsbroschüre „e-facts – Informationen zum E-Business“, Ausgabe Nr. 10 (Februar 2006): Wissensmanagement, S. 3, abrufbar unter http://www.bmwi.de (letzter Abruf: 29. 5. 2009). Der Sache nach auch bereits bei *Pfister*, Das technische Geheimnis „Know how“ als Vermögensrecht, S. 28 ff., und *Saumweber*, Schutz von Know-how, S. 25 ff. Ursprünglich abgeleitet ist das Wort „Wissen“ allerdings von dem althochdeutschen Wort „wissan“, das „gesehen haben“ bedeutete und folglich ebenfalls einen Personenbezug voraussetzte.

58 *Pfister*, Das technische Geheimnis „Know how“ als Vermögensrecht, S. 2.

59 *Pfister*, Das technische Geheimnis „Know how“ als Vermögensrecht, S. 2.

60 *Meili*, Schutz des Know-how, S. 24; *Pfister*, Das technische Geheimnis „Know how“ als Vermögensrecht, S. 2; *Schneider*, Schutz des Unternehmensgeheimnisses, S. 31; *Troller*, Immaterialgüterrecht I, S. 55 ff.

61 Hierzu eingehend *Polanyi*, Implizites Wissen.

folgsfaktor.[62] Zur Übertragung dieses Wissens bestehen neben der – nur selten durchführbaren – Explizierung zwei weitere Möglichkeiten: Erstens kann das implizite Wissen zusammen mit dem personalen Wissensträger, zum Beispiel dem Arbeitnehmer, übergehen. Und zweitens könnte durch Anleitung und Einübung ein eigenes implizites Wissen beim Wissensempfänger aufgebaut werden.[63] In der Praxis wird letzteres im Zusammenhang mit sog. „Know-how-Verträgen" regelmäßig vereinbart.[64] Für die Fallkonstellationen des „Reverse Engineering" ist implizites Wissen nicht relevant; Produktanalysen zielen ausschließlich auf ein „Know-how" ab, das explizit formulierbar und mittelbar in einem Produkt verkörpert ist.

Der Begriff „Erfahrung", der ein spezielles, nämlich auf Grund persönlicher Erlebnisse gewonnenes Wissen betrifft,[65] ist zur weiteren Eingrenzung des Begriffs „Know-how" nicht erforderlich. Wollte man „Know-how" entgegen der heute vorherrschenden Praxis allein durch diesen Begriff kennzeichnen,[66] könnte ein am Markt erworbenes Wissen, zum Beispiel über die Herstellung von Produkten, entgegen dem ganz überwiegenden Sprachgebrauch nicht erfasst werden.

Im Ergebnis ist festzustellen, dass „Know-how" ausweislich des überwiegenden fachlichen Sprachgebrauchs sowie in Übereinstimmung mit Wortherkunft und Umgangssprachgebrauch eine spezielle Art expliziten oder impliziten „Wissens" kennzeichnet.

62 Ausweislich einer Studie der Delphigroup befindet sich der größte Teil des unternehmerischen Wissens „in den Köpfen der Mitarbeiter", The Delphi Group (Hrsg.), Knowledge Management Report, Boston MA 1998.

63 Genau genommen handelt es sich hierbei indes nicht um eine „Übertragung" desselben Wissens, vgl. hierzu *Pfister*, Das technische Geheimnis „Know how" als Vermögensrecht, S. 12, 28.

64 *Stumpf*, Der Know-how-Vertrag, S. 132; *Bartenbach*, Patentlizenz- und Know-how-Vertrag, S. 690 Rn. 2776.

65 Der zum Teil verwendete Begriff „Erfahrungswissen" – *Bartenbach*, Patentlizenz- und Know-how-Vertrag, S. 634 Rn. 2549; *Gaul*, Schutz von Betriebs- und Geschäftsgeheimnissen, S. 4; *Venturini*, Erfassung und Bewertung, S. 2, 6 – bringt dies noch stärker zum Ausdruck.

66 So noch *Knoppe*, Besteuerung, S. 22; *Lüdecke*, in: Lüdecke/Fischer, Lizenzverträge, S. 661.

2. Abgrenzung des „Know-how" zu anderen Wissensarten

Es ist zu untersuchen, worin sich die Gegenstände des „Know-how" von anderen Gegenständen der Gattung „Wissen" unterscheiden, was das Besondere des dem „Know-how" zu Grunde liegenden Wissens ist. Zur Abgrenzung werden in der Literatur zahlreiche Definitionsmerkmale mit zum Teil diametralen Bedeutungsinhalten diskutiert.

a) Technisches Wissen

Vor allem in früheren Untersuchungen zum Begriff „Know-how" stellte die juristische Literatur häufig fest, dem „Know-how" wohne notwendig ein „technischer Charakter" inne.[67] Heute wird diese Begrenzung im juristischen,[68] auch internationalen[69] Schrifttum sowie in der Betriebswissenschaft[70] ganz überwiegend abgelehnt. „Know-how" soll auch „kauf-

---

67 *Deringer*, GRUR Int. 1968, 179 (189); *Finger*, GRUR 1970, 3 (4); *Fischer*, GRUR Int. 1970, 240f.; *Gaul*, WRP 1988, 215; *ders.*, NZA 1988, 225 (227); *ders.*, CR 1988, 841 (842); *Hesse*, GRUR 1985, 661; *Hartung*, Geheimnisschutz und Whistleblowing, S. 37; *Kiourtsoglou*, Know-how-vertrag, S. 3; *Koch*, BB 1972, 97; *Maass*, Information und Geheimnis, S. 94; *Merke*, CR 1989, 457; *Pfister*, Das technische Geheimnis „Know how" als Vermögensrecht, S. 10; *Schlieder*, GRUR 1980, 451 (454).

68 *Bartenbach*, Patentlizenz- und Know-how-Vertrag, S. 632f. Rn. 2545; *Böhme*, Besteuerung des Know-how, S. 19f.; *Fluck*, NVwZ 1994, 1048 (1050); *Friedrich*, Begriff „Know-how" im europäischen Kartellrecht, S. 39; *Henn*, Patent- und Know-how-Lizenzvertrag, S. 6, 19; *Hirthe*, GRUR 1983, 98; *Knoppe*, Besteuerung, S. 24f.; *Körner*, NJW 1985, 3047 (3048); *Kreuzer*, in: FS E. von Caemmerer, 705 (707); *Kraßer*, GRUR 1970, S. 587 (588); *Pagenberg/Geissler*, Lizenzverträge, S. 104; *Pfaff*, BB 1974, 565; *Pres*, Gestaltungsformen, S. 56; *Stadler*, Unternehmensgeheimnis, S. 7; *Saumweber*, Schutz von Know-how, S. 20; *Skaupy*, GRUR 1964, 539 (539f.); *Stadtmüller*, Recht am Unternehmen, S. 277; *Stumpf*, Der Know-how-Vertrag, S. 26; *ders.*, BB 1970, 195; *Stürner*, JZ 1985, 453; *Sucker*, CR 1990, 369 (370); *Tiedemann*, in: FS E. von Caemmerer, 643 (645); *Zeising*, Mitt. 2001, S. 287 (288).

69 Für den angloamerikanischen Rechtskreis: *Skaupy*, GRUR 1964, 539 (540). Für Italien: *Braggion*, GRUR Int. 1989, 895 Fn. 1. Für die Schweiz: *Blatter*, Schutz des Know-how, S. 18; *Meili*, Schutz des Know-how, S. 6f.; *Schneider*, Schutz des Unternehmensgeheimnisses, S. 35. Für Spanien: *Massaguer*, GRUR Int. 1989, 884 Fn. 1. Für die Türkei: *Sehirali*, Schutz des Know-how, S. 20f., 31 – jeweils mit weiteren Nachweisen.

70 *Liman*, Bewertung, S. 12ff. mit weiteren Nachweisen.

männisches“ bzw. „betriebswirtschaftliches“ Wissen umfassen. Zur Begründung wird zum Teil auf § 17 UWG Bezug genommen, der sich mit dem Schutz gewisser Verkörperungen des „Know-how“ beschäftige und nach dessen Wortlaut ausdrücklich auch der kaufmännische Bereich umfasst sei.[71] Darüber hinaus betont die Literatur zu sog. „Know-how-Verträgen“, kaufmännisches „Know-how“ könne eine wertvolle Ergänzung des technischen Wissens darstellen, in einigen Fällen sei das technische „Know-how“ ohne gleichzeitige Mitteilung des kaufmännischen Wissens sogar nahezu wertlos.[72] Soweit einzelne Know-how-Gegenstände benannt werden, zählt man dazu neben Formeln, Rezepten, Werbungsmethoden zum Teil auch reine Datensammlungen wie zum Beispiel Lieferanten- und Kundenkarteien.[73]

Die Verweisung auf § 17 UWG überzeugt nicht. „Know-how“ ist kein rechtliches Merkmal, sondern kennzeichnet ausschließlich einen faktischen Lebenssachverhalt. Für eine Definition des Begriffs kann es daher nur um eine „Beschreibung des tatsächlichen Befundes“ gehen.[74] Es ist zu ermitteln, wie die am Sprachgebrauch beteiligten Kreise den Know-how-Begriff tatsächlich verwenden bzw. – soweit eine Terminologisierung im Raum steht – unter fachlichsprachlichen Gesichtspunkten verwenden sollten. Die Verordnung EG Nr. 772/2004 „über die Anwendung von Art. 81 Absatz 3 EG-Vertrag auf Gruppen von Technologietransfer-Vereinbarungen“ (GVO-TT)[75] steht dem nicht entgegen. Zwar verwendet sie den Begriff „Know-how“, vgl. nur Art. 2 Abs. 2 und 4 Abs. 1 lit. d GVO-TT, ihre Anwendung setzt aber keine allgemeine Definition oder Auslegung von „Know-how“ voraus. Stattdessen grenzt der Richtliniengeber selbst den Begriff durch ergänzende Merkmale (geheim, wesentlich, identifizierbar) so weit ein, dass eine allgemeine Definition für die Auslegung der Richtlinie nicht erforderlich ist, vgl. Art. 1 Abs. 1 lit. i

---

71 *Böhme*, Besteuerung des Know-how, S. 20; *Knoppe*, Besteuerung, S. 25; *St. Müller*, Schutz von Know-how nach TRIPS, S. 12; *Stumpf*, Der Know-How-Vertrag, S. 26.

72 *Böhme*, Besteuerung des Know-how, S. 20; *Knoppe*, Besteuerung, S. 24; *Stumpf*, Der Know-How-Vertrag, S. 26.

73 *Stumpf*, Der Know-How-Vertrag, S. 40. Vgl. auch: *Böhme*, Besteuerung des Know-how, S. 20; *Friedrich*, Begriff „Know-how“ im europäischen Kartellrecht, S. 39; *Kraßer*, GRUR 1970, 587 (588); *St. Müller*, Schutz von Know-how nach TRIPS, S. 12; *Saumweber*, Schutz von Know-how, S. 20.

74 *Kraßer*, GRUR 1970, 587.

75 ABl. EU 2004 Nr. L 123.

GVO-TT. Es wird lediglich ein qualifiziertes „Know-how“ von sonstigem – wie auch immer definiertem – „Know-how“ abgegrenzt.[76]

Die Feststellung, kaufmännisches Wissen stelle häufig eine wertvolle Ergänzung eines lizenzierten technischen Wissens dar, trifft sachlich zu, jedoch kann aus dieser Tatsache nicht geschlossen werden, bei diesem Wissen handle es sich notwendig um „Know-how“. Auch wenn man es nicht mit „Know-how“ bezeichnete, könnte es dennoch vertraglich an andere lizenziert werden, bloß wäre die Bezeichnung „*Know-how*-Vertrag“ in diesem Fall nicht hinreichend.

Gegen eine Beschränkung des Know-how-Begriffs auf technisches Wissen spricht indes, dass Wortlaut und Wortherkunft des Begriffs sowie der allgemeine Sprachgebrauch für eine solche Einschränkung keine Anhaltspunkte bieten. Terminologische Aspekte, die eine entsprechende Auslegung gegen den allgemeinen Sprachgebrauch tragen könnten, sind nicht ersichtlich. Zu Recht hat sich eine Begrenzung auf technisches Wissen im Forschungssprachgebrauch daher nicht durchgesetzt.

Zu weitgehend erscheinen allerdings Stellungnahmen, die zu „Know-how“ – wenn auch nicht ausdrücklich ausgesprochen – das kaufmännische Wissen ganz allgemein zählen und insbesondere auch bloße Datensammlungen (z.B. Kunden- und Lieferantenkarteien) erfassen wollen. Dies erhellt ein nochmaliger Blick auf die Langform der Abbreviatur: „The knowledge *how to do it*“. Es geht um das Wissen, „wie etwas zu tun ist“. Gefragt ist nach einer „Anleitung zum Handeln“, oder kurz, einer „Handlungslehre“. „Know-how“ ist also das Wissen, das im Falle einer Problemstellung (z.B.: Wie wechsle ich die Rollen einer Druckmaschine möglichst ökonomisch?) eine konkrete Lösung (z.B.: Automatischer Rollenwechsler!) bereithält. Im schweizerischen Schrifttum ist dies herrschende Meinung[77] und das deutsche Schrifttum geht jedenfalls stillschweigend da-

---

[76] Vgl. *Meitinger*, Schutz von Geschäftsgeheimnissen, S. 48, und *St. Müller*, Schutz von Know-how nach TRIPS, S. 10, für VO EG Nr. 240/96, die durch EG Nr. 772/2004 abgelöst wurde. Vgl. auch bereits *Habel*, CR 1991, 257, sowie *Wiebe*, Know-how-Schutz von Computersoftware, S. 185, für EG Nr. 556/89, die ihrerseites durch EG Nr. 240/96 abgelöst worden war.

[77] *Blatter*, Schutz des Know-how, S. 25 ff.; *Meitinger*, Schutz von Geschäftsgeheimnissen, S. 47; *Schneider*, Schutz des Unternehmensgeheimnisses, S. 35 f. Vgl. auch *Meili*, Schutz des Know-how, S. 6, der dann jedoch – insoweit widersprüchlich – auch „Adressverzeichnisse“ zu „Know-how“ zählt.

von aus, wenn es von „praktischer Anwendbarkeit“[78], „nachahmender Verwertbarkeit“[79] oder „Wissen, wie“[80] spricht. Auch die Rechtsprechung des Bundesgerichtshofs kennzeichent mit dem Begriff „Know-how“ – soweit ersichtlich – stets ein Wissen, das sich auf die Lösung eines bestimmten Problems ausrichtet.[81]

Anerkennenswerte Bedürfnisse der Vertragspraxis stehen dieser, am Wortlaut orientierten Auslegung nicht entgegen. Zwar hat sich in der Vertragspraxis der Begriff „Know-how-Vertrag“ für Verträge über die Vermittlung technischen Konstruktionswissens weithin durchgesetzt, und es ist auch ein Bedürfnis anzuerkennen, in diesen Verträgen die Weitergabe von Faktenwissen (z.B. Test- und Fehlerberichte) zu regeln. Die Vermittlung dieses Wissens besitzt jedoch im Rahmen von Know-how-Verträgen bloß eine ergänzende Funktion. In erster Linie lizenzieren Know-how-Verträge Konstruktionswissen, Produktionswissen, Rezepturen, Kunstgriffe sowie sonstige spezifische Verfahrensweisen.[82] Ein etwaig mitüber-

78 *Habel*, CR 1991, 257 (258); *Zeising*, Mitt. 2001, S. 287 (288). Ähnlich: *Gaul*, Schutz von Betriebs- und Geschäftsgeheimnissen, S. 4 („Anwendung einer technischen Lehre“); *Stadler*, Unternehmensgeheimnis, S. 7 („praktische Handhabung“).

79 *Kraßer*, GRUR 1970, 589 (590); *Stürner*, JZ 1985, 453.

80 *Taeger*, CR 1991, 449 (453). Vgl. auch Mailänder, GRUR Int. 1987, 523 („Gewusst wie“). Aus der betriebswissenschaftlichen Literatur ähnlich: *Liman*, Bewertung, S. 9, 72ff.; *E. Maier*, Schutz des „kritischen“ Know-how, *S. 2* („Problemlösungswissen“). Für Spanien: *Massaguer*, GRUR Int. 1989, 884 (885).

81 BGHZ 167, 374 (379) = GRUR 2006, 927 (928) – Kunststoffbügel; BGH, NStZ 2007, 93 (94); BGH, GRUR 2003, 356 (358) – Präzisionsmessgeräte; BGH, GRUR 2002, 958 (960) – Technische Lieferbedingungen; BGH, GRUR 2002, 91 (92ff.) – Spritzgießwerkzeuge; BGHZ 107, 117 (122) = GRUR 1990, 221 (222) – Forschungskosten; BGH, GRUR 1985, 129 (130) – Elektrodenfabrik; BGH, GRUR 1984, 753 – Heizkessel-Nachbau; BGH, GRUR 1984, 659 (661) – Ausschreibungsunterlagen; BGHZ 83, 283 (287) = GRUR 1982, 481 (482) – Hartmetallkopfbohrer; BGH, GRUR 1976, 140 (142) – Polyurethan; BGH, GRUR 1975, 206 (207f.) – Kunststoffschaumbahnen; BGH, GRUR 1966, 576 (578ff.) – Zimcofot. Entscheidungsbedingt umfassender dagegen: BFH, DB 1971, 606 (607). Siehe auch: OLG Düsseldorf, WuW E OLG 201 („Wissen um gewisse Tricks“) sowie die Erläuterungen des Obersten Spanischen Gerichtshofs im Fall „Mayo S.A. c. Thomson Brandt, S.A“, abgedruckt und übersetzt bei *Massaguer*, GRUR Int. 1989, 884 („Gewusst wie“).

82 Vgl. *Bartenbach*, Patentlizenz- und Know-how-Vertrag, S. 688f. Rn. 2777; *Stumpf*, Der Know-how-Vertrag, S. 26: Kaufmännisches Wissen als „wertvolle Ergänzung“.

tragenes, ergänzendes Faktenwissen (sog. „Begleitwissen") weist stets einen deutlichen Bezug zu dem primär mitgeteilten Handlungswissen auf, so dass die Bezeichnung „Know-*how*-Vertrag" mit der hier vorgeschlagenen Eingrenzung des Begriffs „Know-how" harmoniert.

„Know-how" ist nicht auf technisches Wissen beschränkt und erfasst insbesondere auch kaufmännisches Wissen. Voraussetzung ist jedoch, dass sich das Wissen – jedenfalls mittelbar – auf eine Handlungslehre, eine Anleitung zum Handeln, bezieht.

b) Wettbewerbsförderndes Wissen

Nicht selten wird – allerdings weitgehend begründungslos – vorgetragen, „Know-how" müsse seinem Inhaber einen „Wettbewerbsvorsprung"[83] vermitteln bzw. besitze „wettbewerbsfunktionale Wesentlichkeit"[84]. *Friedrich* hat dieses Merkmal näher konkretisiert: Voraussetzung sei, erstens eine fachspezifische Überlegenheit und zweitens eine dadurch begründete Eignung, einen vorhandenen Wettbewerbsnachteil aufzuholen oder aber einen Wettbewerbsvorteil zu begründen.[85]

Zuzugeben ist, dass „Know-how" für das innehabende Unternehmen regelmäßig eine den Wettbewerb fördernde Relevanz besitzt und auch rechtlich nur in diesen Fällen interessant sein dürfte. Verlangt man für „Know-how" jedoch begriffsnotwendig eine Wettbewerbsrelevanz des bezeichneten Wissens, so setzt man den Begriff in Abhängigkeit zu einem Marktverhalten, das sich erst auf einer späten Stufe des Wissens, nämlich seiner tatsächlichen Erprobung am Markt, eindeutig bewerten lässt. Darüber hinaus ist zu beachten, dass ein bestimmtes Wissen in den Händen eines Unternehmens für den Wettbewerb irrelevant sein kann, während es in einer anderen Unternehmung positiv eingesetzt werden könnte. Eine begrifflich zwingende Abhängigkeit von einer Bewährung am Markt trüge in den Begriff „Know-how" eine Unsicherheit hinein, die wissenschaftlichen Zwecken nicht dienlich ist. Der allgemeine Sprachge-

---

83 *Gaul*, WRP 1988, 215; *ders.*, Schutz von Betriebs- und Geschäftsgeheimnissen, S. 5; *Koch*, BB 1972, 97; *Mailänder*, GRUR Int. 1987, 523 („technischer Vorsprung").

84 So die Variante *Friedrichs*, S. 161, der mit dieser Begriffsbildung deutlicher ausdrücken möchte, dass auch die Aufholung eines Wettbewerbsnachteils umfasst ist.

85 *Friedrich*, Begriff „Know-how" im europäischen Kartellrecht, S. 208 ff.

brauch erkennt daher bereits solchem Spezialwissen Know-how-Charakter zu, das von abhängigen oder unabhängigen Forschungsabteilungen gerade erst entwickelt wurde und dessen Erprobung am Markt noch bevorsteht.

„Know-how“ besitzt regelmäßig, jedoch nicht notwendig eine wettbewerbsfördernde Relevanz.[86] Für eine präzise, terminologische Eingrenzung des Know-how-Begriffs sind die Attribute „Wettbewerbsvorsprung“ bzw. „wettbewerbsfunktionale Wesentlichkeit“ weder erforderlich noch geeignet.

c) Exklusives Wissen

Wortlaut und -herkunft („The knowledge how to do it“) gewähren für eine weitere Einschränkung des Begriffs „Know-how“ keine Anhaltspunkte. Der umgangs- und auch fachsprachliche Gebrauch des Begriffs setzt eine solche jedoch voraus. „Know-how“ kennzeichnet stets ein besonderes, außergewöhnliches Wissen, ein Wissen, zu dem nur ein begrenzter Kreis Zugang hat. Oder andersherum formuliert: Andere, die an dem Handlungswissen grundsätzlich interessiert sind, können nicht teilhaben, sind ausgeschlossen. Das Handlungswissen, das dem „Know-how“ zu Grunde liegt, ist „exklusiv“[87].

„Exklusivität“ ist ein relativer Begriff und führt daher zu einer Relativität des Begriffs „Know-how“. Die Entscheidung, ob von „Know-how“ gesprochen wird, hängt wesentlich ab vom betrachteten Personenkreis sowie von den individuell gestellten Anforderungen an einen Wissensvorsprung. Ein und dasselbe Wissen kann innerhalb einer Industrienation zum allgemein bekannten Standardwissen zählen, während es in Ländern der Dritten Welt, die dem technischen Fortschritt hinterherhinken, als „Know-how“ bezeichnet würde, weil und solange es dort noch nicht hinreichend bekannt respektive verfügbar ist.[88]

---

86 So aus der – für diese Frage kompetenten – betriebswissenschaftlichen Literatur auch *Liman*, Bewertung, S. 32: „Durch die monopolisierte Verfügungsgewalt über das Know-how *kann* für ein Unternehmen ein *potentieller* komparativer Konkurrenzvorteil begründet werden.“

87 So ausdrücklich bezeichnet bei *Brachtel*, Gruppenfreistellung, S. 53.

88 Vgl. hierzu *Stumpf*, Der Know-how-Vertrag, S. 25.

Begründet wird der exklusive Charakter des „Know-how“ durch eine „fachspezifische Überlegenheit“[89], einen Wissensvorsprung gegenüber anderen.[90] Dieser Wissensvorsprung kann originär oder auch derivativ erworben werden. Gründe für einen originären Erwerb sind eigene intensive Forschung, häufig begünstigt durch außergewöhnliche, individuelle Begabungen, oder schlichtweg Zufall und Glück. Derivativer Erwerb betrifft dagegen eine – zumeist entgeltliche – Weitergabe („Lizenzierung“) des Wissens sowie den Gesamtbereich der Betriebsausspähung.

Als Zwischenergebnis lässt sich festhalten: Know-how-Wissen zeichnet sich neben dem Umstand, dass es auf eine Handlungslehre bezogen ist, durch einen gewissen – vom subjektiven Standpunkt des Betrachters abhängigen – Grad an „Exklusivität“ aus.

d) Geheimes Wissen

Eine Geheimhaltung des Wissens, die ein deutliches Maß an Exklusivität sowie einen Geheimhaltungswillen erforderte, ist nach heute weit überwiegendem[91] – auch betriebswirtschaftlichem[92] und internationalem[93] –

---

89 *Friedrich*, Begriff „Know-how“ im europäischen Kartellrecht, S. 208 ff., 239 ff.

90 Vgl. auch *Bartenbach*, Patentlizenz- und Know-how-Vertrag, S. 634 Rn. 2550: „Know-how ist schlicht Wissensvorsprung“.

91 *Bartenbach*, Patentlizenz- und Know-how-Vertrag, S. 632 f. Rn. 2545; *Brachtel*, Gruppenfreistellung, S. 52; *Finger*, GRUR 1970, 3 (4); *Fischer*, GRUR Int. 1970, 240; *Gaul*, WRP 1988, 215; *ders.*, Schutz von Betriebs- und Geschäftsgeheimnissen, S. 4; *Hesse*, GRUR 1985, 661; *Heussen*, GRUR 1987, 779 (782); *Hartung*, Geheimnisschutz und Whistleblowing, S. 37; *Hoeren*, GRUR 1988, 340 (346); *Kraßer*, GRUR 1970, 587; *Kreuzer*, in: FS E. von Caemmerer, 705 (707); *Maass*, Information und Geheimnis, S. 94; *Mola Galván*, Schutz von Betriebsgeheimnissen, S. 16; *St. Müller*, Schutz von Know-how nach TRIPS, S. 12 f.; *Pagenberg/Geissler*, Lizenzverträge, S. 104; *Pfaff*, BB 1974, 565; *Pfister*, Das technische Geheimnis „Know how“ als Vermögensrecht, S. 11 ff.; *Pres*, Gestaltungsformen, S. 56; *Skaupy*, GRUR 1964, 539 (540); *Stumpf*, Der Know-how-Vertrag, S. 25; *ders.*, BB 1970, 195; *Wiebe*, Know-how-Schutz von Computersoftware, S. 184; *Zeising*, Mitt. 2001, S. 287 (288).

92 *Liman*, Bewertung, S. 22 mit weiteren Nachweisen.

93 Für die USA: *Saumweber*, Schutz von Know-how, 13 f. Für Italien: *Braggion*, GRUR Int. 1989, 895. Für die Schweiz: *Blatter*, Schutz des Know-how, S. 40 ff.; *Meili*, Schutz des Know-how, S. 10 ff.; *Meitinger*, Schutz von Geschäftsgeheimnissen, S. 47; *Schneider*, Schutz des Unternehmensgeheimnisses, S. 35 f. Für die *Türkei*: *Sehirali*, Schutz des Know-how, S. 20 f. – jeweils mit

Sprachgebrauch zur Kennzeichnung des Begriffs „Know-how“ nicht erforderlich. Soweit die Gegenansicht[94] einwendet, die Geheimhaltung des Wissens sei zwingende Voraussetzung für dessen Werthaltigkeit, geht sie von fehlerhaften Prämissen aus: „Know-how“ beinhaltet bloß „in der Regel“ wirtschaftlich wertvolles Wissen. Ob ein selbst generiertes Handlungswissen am Markt verwertbar ist, hängt vom konkreten Know-how-Inhaber ab und lässt sich hinreichend sicher erst nach einer tatsächlichen Erprobung am Markt feststellen; der allgemeine Sprachgebrauch spricht jedoch bereits zuvor von „Know-how“.

e) Verkehrsfähiges Wissen

Die Merkmale „Verkehrsfähigkeit“ bzw. „Übertragbarkeit“ werden mitunter eingesetzt, um manuelle Fertigkeiten und Geschicklichkeiten vom Know-how-Begriff auszuschließen.[95] Ihre Einbeziehung liege „eindeutig außerhalb des Sprachgebrauchs“.[96] Beim „Know-how“ stehe das Wissenselement im Vordergrund, das bei manuellen Fertigkeiten und Geschicklichkeiten keine Rolle spiele.[97] Fertigkeiten und Geschicklichkeiten könnten nicht von einer Person losgelöst werden und daher nicht gesonderter Gegenstand eines Vertrags sein.[98] Die herrschende Meinung lehnt eine solche Einschränkung ab oder trifft sie jedenfalls nicht.

---

weiteren Nachweisen. Anders aber wohl die vorherrschende Ansicht in Spanien: Vgl. *Massaguer*, GRUR Int. 989, 884 mit Fn. 1.

94 *Böhme*, Besteuerung des Know-how, S. 20; *Fluck*, NVwZ 1994, 1048 (1050); *Henn*, Patent- und Know-how-Lizenzvertrag, S. 6, 19; *Jaume*, WuW 1972, 775 (784); *Koch*, BB 1972, 97; *Körner*, NJW 1985, 3047 (3048); *Paul*, NJW 1963, 2249; *Schlieder*, GRUR 1980, 451 (454); *Sehirali*, Schutz des Know-how, S. 33 ff.; *Sucker*, CR 1990, 369.

95 *Meili*, Schutz des Know-how, S. 5; *St. Müller*, Schutz von Know-how nach TRIPS, S. 11.

96 *Saumweber*, Schutz von Know-how, S. 23.

97 *St. Müller*, Schutz von Know-how nach TRIPS, S. 11 f.; *Pfister*, Das technische Geheimnis „Know how“ als Vermögensrecht, S. 12 ff.; *Saumweber*, Schutz von Know-how, S. 37; *Wiebe*, Know-how-Schutz von Computersoftware, S. 187. Vgl. auch *Sehirali*, Schutz des Know-how, S. 29; *Meili*, Schutz des Know-how, S. 5: Kein Know-how „mangels intellektueller Komponente“.

98 *St. Müller*, Schutz von Know-how nach TRIPS, S. 11; *Saumweber*, Schutz von Know-how, S. 36; *Wiebe*, Know-how-Schutz von Computersoftware, S. 187.

Dem überwiegenden Sprachgebrauch ist zu folgen. Manuelle Fertigkeiten sind als Bestandteil des impliziten Wissens[99] vom Know-how-Begriff umfasst. Selbst wenn man dies anders beurteilte, wären die Merkmale „Verkehrsfähigkeit" bzw. „Übertragbarkeit" bloß bedingt geeignet, Fertigkeiten oder Geschicklichkeiten aus dem Know-how-Begriff auszuschließen. Zwar kann ein rein implizites Wissen losgelöst vom personalen Träger nur nach einer – selten mit vertretbarem Aufwand möglichen – Explizierung selbständig weitergegeben werden. Eine Übertragung ist aber zumindest dadurch möglich, dass der betroffene Arbeitnehmer – evtl. auch vorübergehend – den Arbeitsplatz wechselt. Darüber hinaus kommt in Betracht, dass der Know-how-Inhaber – wie beim Know-how-Vertrag üblich[100] – fremde Arbeitnehmer einarbeitet, so dass diese ein entsprechendes implizites Wissen aufbauen.[101]

f) Sonderrechtlich geschütztes Wissen

Ein uneinheitliches Meinungsbild zeigt sich auch zum Begriffsmerkmal „Sonderrechtsschutz". Nach einer heute nur noch spärlich vertretenen Ansicht[102] kann grundsätzlich auch sonderrechtlich geschütztes Wissen zu „Know-how" zählen. Im diametralen Gegensatz hierzu fordern andere, für die Klassifizierung eines Wissens als „Know-how" dürfe schon keine Patent- oder Gebrauchsmusterschutzfähigkeit vorliegen.[103] Die weit überwiegende juristische[104], auch internationale[105] Literatur siedelt sich

99 Siehe dazu oben: 1. Teil, A., I., 1. (S. 22 f.).

100 *Stumpf*, Der Know-how-Vertrag, S. 132; *Bartenbach*, Patentlizenz- und Know-how-Vertrag, S. 690 Rn. 2776.

101 Allerdings wird in diesem Fall genau genommen nicht bestehendes Wissen „übertragen", sondern neues implizites Wissen aufgebaut, vgl. auch *Pfister*, Das technische Geheimnis „Know how" als Vermögensrecht, S. 12, 28 f.

102 *Finger*, GRUR 1970, 3 (4); *Friedrich*, Begriff „Know-how" im europäischen Kartellrecht, S. 224 ff.; *Hesse*, GRUR 1985, 661; *Massaguer*, GRUR Int. 1989, 884 (887); *Merke*, CR 1989, 457 (461) („Konglomerat bestehend aus Patentrechten und Betriebsgeheimnissen"). Einschränkend: *Scholz*, Konkurrenzprodukte, S. 17 f. („in aller Regel").

103 *Barz*, in: Festschrift W. Schmidt, 157; *Hartung*, Geheimnisschutz und Whistleblowing, S. 37; *Lüdecke*, in: Lüdecke/Fischer, Lizenzverträge, S. 661; *Steinberg*, UPR 1988, 1 (3).

104 *Bartenbach*, Patentlizenz- und Know-how-Vertrag, S. 633 f. Rn. 2548 f.; *Böhme*, Besteuerung des Know-how, S. 17 f.; *Brachtel*, Gruppenfreistellung, S. 2; *Deringer*, GRUR Int. 1968, 179 (189 f.); *Finger*, WRP 1969, 398; *Gaul*, Schutz von

zwischen diesen Ansichten an: „Know-how" könne grundsätzlich auch sonderrechtsschutzfähiges Wissen erfassen, eine Kennzeichnung mit „Know-how" scheide jedoch aus, soweit ein solcher Schutz tatsächlich existiere. Gegen den Ausschluss sonderrechtsschutzfähigen Wissens wird insoweit geltend gemacht, dadurch erzeuge man einen „durch nichts gerechtfertigten Druck", das Wissen als Schutzrecht anzumelden, da ansonsten ein „Schutz als Know-how" versagt bliebe.[106] Auch erfordere die vertragliche Praxis eine Einbeziehung sonderschutzfähigen Wissens. Für die Vertragspartner eines Lizenzvertrags sei es häufig wichtig, noch ungeschützte, potentielle Patente in einen kombinierten Patent-/Know-how-Lizenzvertrag mit einzubeziehen.[107] Für den Ausschluss sonderrechtlich geschützten Wissens wird vorgebracht, wenn ein Wissen Gegenstand eines besonderen Schutzrechts sei, trete die spezifische Problematik eines speziellen Know-how-Schutzes nicht auf.[108] Mit „Know-how" solle gerade ein eigenständiger Bereich des gewerblichen Wissens angesprochen werden, der neben dem durch Patent oder Gebrauchsmuster geschützten Wissen bestehe.

Soweit gegen einen Ausschluss sonderrechts*fähigen* Wissens argumentiert wird, andernfalls werde ein unbilliger Druck im Hinblick auf eine Schutzrechtsanmeldung erzeugt, da dem Wissensinhaber der „spezielle Schutz des Know-how" sonst versagt bliebe, bleiben die Vertreter dieser Begründung schon eine Erläuterung dazu schuldig, worin denn der spezielle „Know-how-Schutz" liegen soll. Vor allem aber wird nicht hinreichend berücksichtigt, dass es sich bei „Know-how" um einen faktischen Gegen-

---

Betriebs- und Geschäftsgeheimnissen, S. 4; *Henn*, Patent- und Know-how-Lizenzvertrag, S. 6, 19; *Hirthe*, GRUR 1983, 98; *Kraßer*, GRUR 1970, 587 (588); *ders.*, GRUR 1977, 177 Fn. 1; *Kreuzer*, in: FS E. von Caemmerer, 705 (707); *Mailänder*, GRUR Int. 1987, 523 (524); *St. Müller*, Schutz von Know-how nach TRIPS, S. 14; *Pfaff*, BB 1974, 565; *Saumweber*, Schutz von Know-how, S. 21; *Sehirali*, Schutz des Know-how, S. 50; *Skaupy*, GRUR 1964, 539 (541); *Stumpf*, Der Know-how-Vertrag, S. 23 f.; *ders.*, BB 1970, 195; *Sucker*, CR 1990, 369 (370); *Venturini*, Erfassung und Bewertung, S. 7.

105 Für Italien: *Braggion*, GRUR Int. 1989, 895 mit Fn. 1. Für die Schweiz: *Blatter*, Schutz des Know-how, S. 45. Für Spanien: *Massaguer*, GRUR Int. 1989, 884 (885) – jeweils mit weiteren Nachweisen.

106 *St. Müller*, Schutz von Know-how nach TRIPS, S. 14; *Stumpf*, Der Know-how-Vertrag, S. 24.

107 *St. Müller*, Schutz von Know-how nach TRIPS, S. 14.

108 *Kraßer*, GRUR 1970, 587 (588 f.); *Sehirali*, Schutz des Know-how, S. 50.

stand handelt, dessen rechtlicher Schutz erst in einem zweiten Schritt festzustellen ist.[109] Auch der Hinweis auf die Bedürfnisse der kautelarjuristischen Praxis greift nicht durch. Selbst wenn „Know-how“ schutzrechtsfähiges Wissen nicht erfasste, wären Vertragsparteien nicht der Möglichkeit beraubt, ein solches Wissen zu lizenzieren. Nur wäre der Begriff „*Know-how*-Vertrag“ in diesem Fall nicht hinreichend. Obwohl überzeugende Gründe gegen eine Einschränkung auf nicht schutzrechtsfähiges Wissen bislang nicht dargelegt wurden, ist eine solche abzulehnen. Für die hier angestrebte Terminologisierung ist insoweit entscheidend, dass die weit überwiegende Meinung in den maßgeblichen Sprachkreisen diese Einschränkung nicht vornimmt. Darüber hinaus ist zu beachten, dass weder Wortlaut und -herkunft noch der allgemeine Sprachgebrauch eine entsprechende Beschränkung nahe legen. Als Zwischenergebnis ist somit festzuhalten, dass „Know-how“ auch sonderrechtsschutzfähiges Wissen kennzeichnet.

Soweit die herrschende Meinung für eine Begrenzung des „Know-how“ auf nicht sonderrechtlich *geschütztes* Wissen vorbringt, andernfalls stelle sich die spezifische Problematik eines Know-how-Schutzes nicht, werden erneut Sachverhalt und rechtliche Würdigung vermischt und der Know-how-Begriff primär im Hinblick auf ein erst noch zu findendes, rechtliches Untersuchungsergebnis gebildet. Allein *Saumweber* gesteht offen zu, dass der Ausschluss sonderrechtlich geschützten Wissens „nicht durch den Sprachsinn verursacht“ wird, sondern „eher praktischer Natur“ ist. Die Einschränkung sei erforderlich,

> „um mit dem Begriff ‚Know-how‘ einen eigenständigen Bereich des gewerblichen Wissens anzusprechen, der neben dem durch Patent- und Gebrauchsmuster geschützten Wissen besteht“.[110]

Darin liegt ein zulässiges Argument für eine terminologische Begriffsabgrenzung. Jede Forschung erfordert ein terminologisches Begriffssystem, das die verschiedenen relevanten Forschungssachverhalte präzise kennzeichnet. Im Hinblick darauf ist es zulässig und häufig notwendig, Begriffe aus der Gemeinsprache für fachsprachliche Zwecke zu instrumentalisieren, indem man ihnen durch restriktive terminologische Auslegung

109 *Friedrich*, Begriff „Know-how“ im europäischen Kartellrecht, S. 230. Auch *Kraßer*, GRUR 1970, 587, geht – im Ansatz zutreffend – davon aus: „Die Frage nach dem Begriff des Know-how kann daher nur auf die Beschreibung des tatsächlichen Befundes abzielen“.

110 *Saumweber*, Schutz von Know-how, S. 24.

einen gegenüber der Gemeinsprache engeren, dadurch jedoch trennschärferen Kennzeichnungsbereich zuschreibt.[111] Die heute ganz überwiegende Meinung ist der Begrenzung des Know-how-Begriffs auf sonderrechtlich nicht geschütztes Wissen – wenn auch in der Mehrheit mit anderen Motiven – gefolgt. Insoweit liegt eine terminologische Abgrenzung des Know-how-Begriffs fachsprachlich vor. Die darin wohnende, jedenfalls teilweise Abweichung vom umgangssprachlichen Gebrauch ist aus wissenschaftspraktischen Gründen hinzunehmen.

Vom Know-how-Begriff ausgeschlossen sind damit patent- und gebrauchsmusterrechtlich unmittelbar geschützte Wissensbereiche. Ein etwaiger urheberrechtlicher, markenrechtlicher oder geschmacksmusterrechtlicher Schutz nimmt dagegen keinen Einfluss auf die Know-how-Qualität. Diese Schutzrechte sichern unmittelbar bloß konkrete Gestaltungen (Werke, Muster, Marken) ab, nicht jedoch das dieser Gestaltung zu Grunde liegende, allgemeine Konstruktions-Know-how („Wissen, wie").

g) Unternehmensbezogenes Wissen

Übereinstimmung herrscht in der Wissenschaft darüber, dass es sich bei „Know-how" um „betriebliches"[112], „gewerbliches"[113] bzw. „im Zusammenhang mit einem Geschäftsbetrieb stehendes"[114] Wissen handeln muss.[115] Nur auf diesem Gebiet sei die Weitergabe von Kenntnissen ökonomisch relevant, so dass die Rechtsordnung aufgefordert sei, durch Schaffung eines eigenen Rechtsbegriffs solche Vorgänge zu regeln.[116]

---

111 Zum Verhältnis zwischen Gemeinsprache und Fachsprache eingehend: *Arntz/Picht/Mayer*, Terminologiearbeit, S. 21 ff.

112 *Barz*, in: Festschrift W. Schmidt, 157 (158); *Finger*, GRUR 1970, 3 (4); *Paul*, NJW 1963, 2249.

113 *Böhme*, Besteuerung des Know-how, S. 17; *Krasser*, GRUR 1970, 587 (589); *Reuter/Martinek*, Ungerechtfertigte Bereicherung, S. 216; *Saumweber*, Schutz von Know-how, S. 16 f., 24; *Stumpf*, Der Know-how-Vertrag, S. 24.

114 *Roth*, Lizenzen, S. 47.

115 Auch das internationale Schriftum nimmt entsprechende Einschränkungen vor. Für Italien: *Braggion*, GRUR Int. 1989, 895 mit Fn. 1. Für Spanien: *Massaguer*, GRUR Int. 1989, 884 mit Fn. 1. Für die Türkei: *Sehirali*, Schutz des Know-how, S. 19 ff. Für die Schweiz: *Blatter*, Schutz des Know-how, S. 17; *Schneider*, Schutz des Unternehmensgeheimnisses, S. 35 f. – jeweils mit weiteren Nachweisen.

116 *Böhme*, Besteuerung des Know-how, S. 17.

Auch für die Einschränkung auf „gewerbliches" bzw. „unternehmensbezogenes" Wissen bietet der allgemeine Sprachgebrauch keine Anhaltspunkte. Der Begriff „Know-how" tritt in allen Lebensbereichen auf.[117] So wie man im u.s.-amerikanischen Sprachgebrauch von „Salesmanship-Know-how" oder „Bowling-Know-how" spricht,[118] so ist in Deutschland die Rede von „Reise-Know-how"[119], „Back-Know-how" und Ähnlichem. Jedoch ist auch in diesem Zusammenhang ein fachliches Bedürfnis anzuerkennen, mit dem Begriff „Know-how" nur solche Gegenstände anzusprechen, die für die betroffenen Forschungskreise – hier vor allem Rechts- und Betriebswissenschaften – bedeutsam sind. Rechtlich oder betriebswissenschaftlich relevant ist nur das unternehmensbezogene Handlungswissen. Die Übernahme spezieller Bowling-Tricks wird dagegen nicht zum Gegenstand einer rechtlichen Auseinandersetzung oder wirtschaftlichen Betrachtung genommen. Die Abweichung des fachsprachlichen Gebrauchs von der Gemeinsprache ist somit – wie beim Ausschluss sonderrechtlich geschützten Wissens – aus übergeordneten, forschungspraktischen Gründen hinnehmbar.

3. Abschließender Definitionsvorschlag

Die Auswertung und Diskussion des heutigen Meinungsstands zum Begriff „Know-how" ergibt folgenden Vorschlag für eine an terminologischen Gesichtspunkten ausgerichtete Definition: „Know-how" ist das exklusive, nicht sonderrechtlich geschützte Wissen über eine unternehmensbezogene Handlungslehre. Die exklusive Stellung des Wissens gründet sich auf einer fachspezifischen Überlegenheit, einem Wissensvorsprung gegenüber der gewerblichen Konkurrenz. Wettbewerbsvorteile und finanzielle Nutzen werden durch „Know-how" regelmäßig, jedoch nicht notwendig gewährt. Eine Geheimhaltung des Wissens ist nicht erforderlich.

Die Analyse körperlicher Produkte („Hardware Reverse Engineering") zielt vor allem auf das mittelbar in einem Produkt verkörperte, betriebstechnische Funktions- und Konstruktions-Know-how ab. Darunter fällt

117 *Meili*, Schutz des Know-how, S. 1. Anderer Ansicht: *St. Müller*, Schutz von Know-how nach TRIPS, S. 9; *Saumweber*, Schutz von Know-how, S. 16f.

118 *Saumweber*, Schutz von Know-how, S. 7 mit weiteren Nachweisen.

119 Vgl. eine unter diesem Titel erscheinende Reiseführer-Reihe im Verlag Rump.

das begrenzt bekannte Wissen über die Funktionsweise der Herstellungsmaschinen in den Fällen „Stiefeleisenpresse“ und „Rollenwechsler“. Auch das exklusive „Wissen, wie“ die bekannten Getränke „Coca-Cola“ und „Underberg“ hergestellt werden, zählt zum betriebstechnischen „Know-how“.

Das in die Erstellung des – an sich unkörperlichen Produkts – Software einfließende, vom sog. „Software Reverse Engineering“ betroffene „Know-how“ lässt sich in zwei Arten unterteilen.[120] Vor allem ist ein spezielles programmiertechnisches Wissen erforderlich, also ein Wissen über

> „system- oder programmtechnische Verfahren, Tricks oder sonst einer größeren Zahl von Konkurrenten nicht geläufige Lösungen, die eine besonders originelle oder rationale Abwicklung eines EDV-Problems ermöglichen“.[121]

Dazu gehört auch die Kenntnis über die Funktionsweise einer im Programm enthaltenen Kopierschutzfunktion und ähnlicher Sicherungsvorkehrungen. Daneben erfordern viele Programmieraufgaben ein aufgabenspezifisches „Know-how“, ein Wissen, das Lösungen für den speziellen Einsatzbereich des Softwareprodukts bereithält,[122] zum Beispiel die Kenntnis spezieller Steuertricks für die Erstellung eines Lohnsteuerprogramms. Die Exklusivität des Wissens ist abhängig vom Verbreitungsgrad der Software sowie davon, inwieweit einzelne Lösungsschritte im Rahmen des Programms oder seiner Begleitmaterialien erläutert werden.

II. Wirtschaftliche Bedeutung des „Know-how“

Wissen, insbesondere soweit es exklusiv oder sogar geheim ist, besitzt für Unternehmen seit jeher eine immense wirtschaftliche Bedeutung.[123] Mit dem Wandel unserer Industrie- zu einer Informationsgesellschaft hat die Relevanz geistiger Güter weiter zugenommen. Schätzungen zufolge liegt der Anteil des Wissens bezogen auf die Gesamtwertschöpfung eines Un-

---

120 *Habel*, Nutzungsrechte, S. 177; *Wiebe*, Know-how-Schutz von Computersoftware, S. 188ff.

121 *Wittmer*, Schutz von Computersoftware, S. 72. Vgl. auch *Gaul*, CR 1988, 841 (842); *Heussen*, GRUR 1987, 779 (782).

122 *Wiebe*, Know-how-Schutz von Computersoftware, S. 188f.

123 BGHZ 16, 172 (176) = GRUR 1955, 388 (390) – Dücko.

ternehmens heute bereits bei 60 Prozent.[124] Dabei ist geheim gehaltenes Herstellungswissen nicht selten wertvoller als ein durch gewerbliche Schutzrechte abgesichertes Wissen.[125]

Zumindest die größeren Unternehmen sind sich der Bedeutung ihres geheimen Wissens auch bewusst. So verzichtete die Coca-Cola Company in den 1980er Jahren auf eine Produkteinführung in Indien, mit einem damaligen Markt von zirka 550 Mio. Personen, weil die indische Regierung die Produktionserlaubnis nur unter der Bedingung gewähren wollte, dass ihr die geheime Formel für die Herstellung des prominenten Getränks offenbart wird.[126]

Soweit „Know-how" im wirtschaftlichen Verkehr bilanziert, lizenziert und in eine Gesellschaft eingebracht[127] werden soll, oder aber Schäden einer erfolgreichen Industriespionage zu ermitteln sind, muss das „Know-how" eines Unternehmens konkret bewertet werden. Für die exakte Bewertung immaterieller, nicht sonderrechtlich geschützter Güter respektive ihrer Verluste oder Beeinträchtigungen standen jedoch lange Zeit hinreichende Methoden und Werkzeuge nicht zur Verfügung. Bezeichnend für die Hoffnungslosigkeit in dieser Frage ist ein Zitat der Bundesregierung aus dem Jahr 1997:

> „Nach aller Erfahrung sind im Einzelfall eingetretene Schäden sowohl bei der Wirtschaftsspionage als auch bei der Betriebsausspähung in der Regel kaum quantifizierbar."[128]

---

124 So eine im Auftrag des Bundesministeriums für Wirtschaft und Technologie durchgeführte Studie der KPMG, vgl. „e-facts – Informationen zum E-Business", Ausgabe Nr. 10 (Februar 2006), S. 1, abrufbar unter http://bmwi.de (letzter Abruf: 29. 5. 2009).

125 *Arians*, Schutz des Geschäfts- und Betriebsgeheimnisses, S. 320f.; *Bartenbach*, Patentlizenz- und Know-how-Vertrag, S. 631 Rn. 2532; *Doepner*, in: FS Tilmann, 105; *Gaul*, WRP 1988, 215; *Hesse*, GRUR 1985, 661; *Mailänder*, GRUR Int. 1987, 523; *Möhring*, in: FS Nipperdey, 415 (417); *Sehirali*, Schutz des Know-how, S. 7.

126 *Daub*, Verletzung von Unternehmensgeheimnissen, S. 17 mit weiteren Nachweisen.

127 Vgl. hierzu *Barz*, in: Festschrift W. Schmidt, S. 157; *Peifer*, in: MünchKomm AktG, § 183 Rn. 12.

128 BT-Drucksache 13/8368, S. 5. Vgl. auch *Meili*, Schutz des Know-how, S. 9: „Die Bewertung von Know-how bleibt aber ein schwieriges Unterfangen, da der genaue Wert des Know-how von zahlreichen, kaum bezifferbaren Faktoren abhängt."

Hilfreiche Orientierung gewährt nun ein Standard des „Instituts der Wirtschaftsprüfer in Deutschland e. V." (IDW) über die „Grundsätze zur Bewertung immaterieller Vermögenswerte" (IDW S 5).[129] Ausgangspunkt ist die Annahme, dass der Wert eines immateriellen Gegenstands entscheidend bestimmt wird durch den erwarteten Nutzen, den ein Erwerber aus diesem Gegenstand ziehen kann.[130] Für die konkrete Berechnung des Know-how-Werts nennt das IDW drei Bewertungsverfahren, deren Inhalt und Anwendungsbereich im Folgenden kurz dargestellt und begutachtet werden sollen.

1. Marktpreisorientiertes Bewertungsverfahren

Das sog. „marktpreisorientierte Verfahren"[131] (market approach) liefert Anhaltspunkte für eine Know-how-Bewertung, soweit das zu bewertende „Know-how" selbst oder aber hinreichend vergleichbare immaterielle Güter aktiv am Markt gehandelt werden. Die vereinbarten Preise gewähren einen guten Anhalt für die Wertbemessung. Ggf. sind jedoch Wertminderungen zu berücksichtigen, die aus einer weiteren Verbreitung des lizenzierten Wissens und mithin einer Abnahme seiner Exklusivität resultieren. Auch wohnt jedem Lizenzvertrag „hinsichtlich des Bestehens und der Stärke der geschützten Rechtsposition ein spekulatives Element" inne.[132] Schließlich ist die praktische Anwendbarkeit des „marktpreisorientierten Verfahrens" naturgemäß begrenzt: „Know-how" zeichnet sich häufig gerade dadurch aus, dass seine Inhaber es ausschließlich für sich nutzen und eine – auch vertragliche – Verbreitung vermeiden möchten.[133] Werden nicht gleiche, sondern nur vergleichbare Immaterialgüter am Markt gehandelt, hängt die Genauigkeit einer Wertbestimmung entscheidend vom Grad der Verwandtschaft zum Bewertungsgegenstand ab.

129 WPg Supplement 4/2007, 64.

130 In Abhängigkeit von den Umständen der Bewertung kann man dabei zwischen Entscheidungswert, Liquidationswert und Preis unterscheiden, IDW S 5, WPg Supplement 4/2007, 64 (66).

131 IDW S 5, WPg Supplement 4/2007, 64 (66 f.).

132 *Venturini*, Erfassung und Bewertung, S. 16.

133 Vgl. auch *Liman*, Bewertung, S. 210 ff.: „Problem der Einzigartigkeit".

2. Kapitalwertorientiertes Bewertungsverfahren

Für das sog. „kapitalwertorientierte Verfahren“[134] (income approach) ist entscheidend, welchen Umsatzüberschuss („Cashflow“) das „Know-how“ erwirtschaftet bzw. zu erwirtschaften fähig ist. Voraussetzung ist die Ermittlung der wahrscheinlichen Nutzungsdauer des „Know-how“ sowie – für die betriebswirtschaftliche Praxis besonders schwierig – eine Trennung des für die Nutzungsdauer zu erwartenden, know-how-spezifischen Umsatzüberschusses vom sonstigen Cashflow. Für die Isolierung des know-how-spezifischen Umsatzüberschusses kommen wiederum drei Methoden in Betracht. Die „Methode der Lizenzpreisanalogie“ (Relief-from-Royalty Method) dürfte dem Juristen vom Schadensersatz bei den Immaterialgüterrechten bekannt sein. Der Wert des „Know-how“ wird an dem Betrag ausgerichtet, den der Know-how-Inhaber für eine Lizenzierung dieses oder hinreichend vergleichbaren Wissens hätte zahlen müssen. Die „Mehrgewinnmethode“ vergleicht zukünftig zu erwartende Umsatzüberschüsse des „Know-how“ innehabenden Unternehmens mit denen eines fiktiven Vergleichsunternehmens ohne entsprechendes „Know-how“; die Differenz der Cashflows bezogen auf die zu erwartende Nutzungsdauer des „Know-how“ ergibt dessen zusätzlichen Cashflow. Die „Residualwertmethode“ nimmt den Umstand, dass Immaterialgüter Cashflows regelmäßig erst im Zusammenwirken mit anderen Vermögenswerten generieren, zum Anlass, für lediglich „unterstützende“ Vermögenswerte fiktive Nutungsentgelte vom erwarteten Einzahlungsüberschuss abzuziehen. Die Höhe der insoweit anzusetzenden Nutzungsentgelte soll auch hier analog zu den sonst üblichen Lizenzpreisen ermittelt werden.

Jede der vorgenannten Methoden des kapitalmarktorientierten Verfahrens hat Stärken und Schwächen, die die Möglichkeiten ihrer Anwendung bestimmen. Die Methode der Lizenzpreisanalogie und die Residualwertmethode setzen voraus, dass am Markt hinreichend vergleichbare Vermögensgüter gehandelt werden, die es erlauben, den Wert von Know-how-Nutzungen bzw. unterstützenden Vermögenswerten analog zu bestimmen. Die Residualwertmethode kann darüber hinaus nur für eine Bewertung solchen „Know-hows“ zielführend sein, das einen wesentli-

---

134 IDW S 5, WPg Supplement 4/2007, 64 (67ff.). Vgl. auch bereits *Liman*, Bewertung, S. 222 („ergebnisorientierte Wertbemessung“), sowie *Venturini*, Erfassung und Bewertung, S. 33 („Ertragswertüberlegungen“).

chen Einfluss auf den Cashflow des Unternehmens ausübt.[135] Die Mehrgewinnmethode steht hingegen vor der – mit einigen Unsicherheiten verbundenen – Aufgabe, künftigen Cashflow zu ermitteln, den ein fiktives Unternehmen ohne das zu bewertende „Know-how" erwirtschaften würde. Allen Verfahren ist gemein, dass die Risiken für den künftigen Umsatzüberschuss, die beim „Know-how" auf Grund der stets latenten Gefahren einer Offenkundigkeit in besondere Weise bestehen, durch einen risikoangepassten Kapitalisierungszinssatz zu diskontieren sind.[136]

3. Kostenorientiertes Bewertungsverfahren

Das „kostenorientierte Verfahren"[137] (cost approach) nimmt zur Wertbestimmung von immateriellen Gütern die Kosten in den Blick, die für die Herstellung des gleichen „Know-hows" (Reproduktionskostenmethode) bzw. für die Herstellung oder Beschaffung eines nutzenäquivalenten „Know-hows" (Wiederbeschaffungskostenmethode) erforderlich wären. Eine konzeptionell bedingte Schwäche besteht hier darin, das künftige Nutzen eines „Know-hows" allenfalls mittelbar berücksichtigt werden. Dem kostenorientierten Verfahren wird daher auch bloß die Funktion einer Plausibilitätsprüfung zuerkannt.[138]

---

135 IDW S 5, WPg Supplement 4/2007, 64 (69).

136 Sog. „Risikozuschlagsmethode", IDW S 5, WPg Supplement 4/2007, 64 (69 f.). Vgl. auch *Venturini*, Erfassung und Bewertung, S. 40 ff.

137 IDW S 5, WPg Supplement 4/2007, 64 (70). Grundlegend auch bereits *Liman*, Bewertung, S. 228 ff. („einsatzorientierte Wertbemessung").

138 IDW S 5, WPg Supplement 4/2007, 64 (70).

B. Know-how-Ausspähung durch „Reverse Engineering“

Das „Know-how“ eines Unternehmens ist vielfältigen Gefahren der Betriebsausspähung ausgesetzt. Gegenstand dieser Untersuchung ist der Rechtsschutz des „Know-how“ gegen die Risiken des „Reverse Engineering“. Voraussetzung für die rechtliche Analyse ist ein präzises Verständnis darüber, was sich hinter dem Begriff „Reverse Engineering“ in tatsächlicher Hinsicht verbirgt, welche Beweggründe dahinter stehen und welche Methoden im Einzelnen zur Anwendung kommen, um das geheime „Know-how“ der Konkurrenz aufzudecken.

I. Definition des Begriffs „Reverse Engineering“

Der Begriff „Reverse Engineering“ bezeichnet eine Analyse, die darauf gerichtet ist, die Bestandteile eines Analyseobjekts zu identifizieren und ihr Zusammenwirken – ganz oder teilweise – aufzudecken.[139] Ausgehend von einem bestehenden System, meistens einem industriell hergestellten Produkt, soll auf den zu Grunde liegenden Konstruktionsplan zurück geschlossen werden. Handelt es sich bei dem untersuchten Objekt um ein Softwareprodukt, spricht man auch von „Software Reverse Engineering“.[140] Derjenige, der die Analyse durchführt, wird im Englischen als „Reverser“ bezeichnet.[141] In Ermangelung einer geeigneten deutschen Komplementärbezeichnung soll diese Begrifflichkeit im Folgenden übernommen werden.

---

139 *Chikofsky/Cross*, IEEE-Software, January 1990, 13 (13f., 15); *Eilam*, Reversing, S. 3f.; *Ernst*, MMR 2001, 208 (208f.); *Harte-Bavendamm*, GRUR 1990, 657 (658); *Kersting*, Schutz des Wirtschaftsgeheimnisses im Zivilprozess, S. 40; *Kim*, Schutz von Geschäfts- und Betriebsgeheimnissen, S. 113; *A. Maier*, Schutz von Betriebs- und Geschäftsgeheimnissen, S. 303; *Ohly*, Reverse Engineering, in: Prinz zu Waldeck und Pyrmont u.a., Patents and Technological Progress, S. 535 (536); *St. Müller*, Schutz von Know-how nach TRIPS, S. 79; *Meili*, Schutz des Know-how, S. 87; *Rüting*, Überlassung von Standardsoftware, S. 279; *Schulze-Heiming*, Strafrechtlicher Schutz der Computerdaten, S. 109; *Wagner*, Analyse, Prävention und Abwehr, S. 15.

140 *Eilam*, Reversing, S. 4. Zu den Einzelheiten dieses speziellen Bereichs noch unten: 1. Teil, B., III., 2. (S. 58ff.).

141 *Eilam*, Reversing, S. 10.

Häufig wird im Anschluss an den Analysevorgang versucht, zur Verifikation der gewonnenen Einsichten eine 1:1-Kopie des Analyseobjekts anzufertigen, um auf deren Basis Weiterentwicklungen zu betreiben.[142] Solche Handlungen fallen – entgegen einer für den Softwarebereich geäußerten Ansicht[143] – nicht mehr unter den Begriff „Reverse Engineering".[144] Als treffender haben sich hierfür Bezeichnungen wie „Forward Engineering"[145] bzw. – soweit Software betroffen ist – „Forward Programming"[146] erwiesen. Geht es darum, ein eigenes, verborgenes „Know-how" zu identifizieren und sodann an neue Anforderungen (z.B. Produktfortentwicklungen, Aktualisierungen) anzupassen, spricht man auch von „Reengineering".[147] Der zum Teil verwendete Begriff „Reverse Analysing" würde die Abgrenzung zwischen Analyse und darauf aufbauenden Entwicklungen deutlicher hervortreten lassen.[148] Er hat sich gegenüber dem Begriff „Reverse Engineering" jedoch nicht durchgesetzt.

Die Definition des Begriffs „Reverse Engineering" bedingt Rückwirkungen auf den Untersuchungsgegenstand „Know-how". Mittels „Reverse Engineering" kann nur ein spezielles „Know-how", nämlich das sog. „Herstellungs-Know-how" eines Unternehmens, das in einem körperlichen Produkt mittelbar verkörpert ist, aufgedeckt werden. Kaufmännisches „Know-how" oder rein implizites Wissen werden durch Maßnahmen des „Reverse Engineering" nicht berührt.

---

142 *Meili*, Schutz des Know-how, S. 87.

143 *Haberstumpf*, CR 1991, 129; *Schnell/Fresca*, CR 1990, 157 (158).

144 *Chikofsky/Cross*, IEEE-Software, January 1990, 13 (15): „Reverse engineering in and of itself does not involve changing the subject system. It is a process of examination, not change or replication." Vgl. auch *Harte-Bavendamm*, GRUR 1990, 657 (658). Jedenfalls für den Bereich des „Software Reverse Engineering" haben sich die Definitionen von *Chikofsky/Cross* als Standard durchgesetzt, *Jung*, Reverse Engineering konzeptioneller Datenschemata, S. 10.

145 *Chikofsky/Cross*, IEEE-Software, January 1990, 13 (15 f.).

146 *Haberstumpf*, in: Lehmann, Rechtsschutz und Verwertung von Computerprogrammen, 69 (159).

147 *Chikofsky/Cross*, 13 (15); *Ilzhöfer*, CR 1990, 578 (579).

148 Vgl. für den Softwaresektor: *Haberstumpf*, in: Lehmann, Rechtsschutz und Verwertung von Computerprogrammen, 69 (159); *Lehmann*, CR 1990, 749; *Vinje*, GRUR Int. 1992, 250 (251, Fn. 7).

II. Beweggründe für „Reverse Engineering“

Hinter dem Primärziel des „Reverse Engineering“, das in einem Produkt enthaltene, geheime „Know-how“ aufzudecken, stehen in der Praxis unterschiedliche Motivationen, die sich mitunter überschneiden.

1. „Reverse Engineering“ zu Zwecken des Produktgebrauchs

Häufig leitet sich das Bedürfnis nach „Reverse Engineering“ aus dem beabsichtigten Gebrauch des analysierten Produkts ab, wobei die Interessen sowohl den privaten als auch den gewerblichen Bereich betreffen können.

a) Schwachstellen- und Gefährdungsanalyse

Einige Produkterwerber sind daran interessiert, das erworbene Produkt bereits vor der ersten Inbetriebnahme auf etwaige Schwächen oder Gefahrenpotentiale hin zu untersuchen.[149] Dabei geht es zum einen um die Prüfung, ob das Produkt den vertraglichen Vereinbarungen entspricht oder Fehler vorliegen, die zur Geltendmachung von Gewährleistungsrechten berechtigen. Zum anderen möchten Produkterwerber erfahren, ob das Produkt auch im Übrigen, ohne dass ein Fehler vorläge, gegen ihm drohende Gefahren hinreichend abgesichert ist oder aber Gefahren von dem Produkt selbst ausgehen.

Im Bereich Software erscheint eine solche Analyse in besonderer Weise ratsam. Aufgrund der zunehmenden Vernetzung individueller Recheneinheiten, insbesondere durch das Internet, ist die Gefahr überproportional angestiegen, Opfer einer Virusattacke zu werden. Noch vor wenigen Jahren erforderte die „erfolgreiche“ Verbreitung und Implementierung schädlicher Computerviren eine Kopie von Diskette zu Diskette. Heute ermöglichen Internet und Emailverkehr den kontemporären Transport eines Virus an unzählige Recheneinheiten. Aus dieser Gefahr resultiert ein verstärktes Bedürfnis, eigene Softwareprodukte präventiv auf Schwachstellen hin zu untersuchen und erforderlichenfalls abzusichern.[150] Der Inhaber eines Produkts, aber auch Entwickler von Antivirenprogrammen,

149 *Harte-Bavendamm*, GRUR 1990, 657 (659): „Misstrauen gegenüber dem Programm“. Vgl. auch *Kalinovsky*, Covert Java, S. 13.

150 *Eilam*, Reversing, S. 5 f.

wenden Techniken des „Reverse Engineering“ an, um festzustellen, welche Schädigungen Viren in einem bestimmten Programm bewirken bzw. bewirken könnten.[151] Untersuchungsobjekte sind dabei neben dem zu schützenden Programm regelmäßig auch die gängigen Virenprogramme.

b) Produktreparatur

Treten Produktfehler auf, geht es dem Produktnutzer darum, diese Mängel – selbst oder durch beauftragte Serviceeinheiten – zu beseitigen, das Produkt zu „reparieren“.[152] Zwingend angewiesen ist der Nutzer darauf, soweit Pflege- und Reparaturverträge mit dem Produkthersteller nicht existieren oder dieser – etwa auf Grund einer Betriebsschließung – nicht in der Lage ist, vereinbarte Reparaturarbeiten durchzuführen. Bei Softwareprodukten sind Reparaturen insbesondere nach einer erfolgreichen Virusattacke erforderlich. Häufig wird der durch den Virus veränderte Programmcode, ggf. auch das Virenprogramm, dann mit Hilfe von Maßnahmen des „Software Reverse Engineering“ analysiert, um die schadhaften Veränderungen aufzudecken und zu beseitigen.[153]

c) Produktcracking

Mit der Fehlerreparation strukturell verwandt ist das sog. „Cracking“.[154] Cracking bezeichnet allgemein das Umgehen („Knacken“) von Zugangs- oder Verwendungsbeschränkungen eines Produkts.[155] Ein zu reparierender „Fehler“ liegt hier jedoch ausschließlich aus Sicht des Reversers vor, der an einer bestimmten Produktnutzung gehindert ist. Das Durchbre-

---

151 *Rohde/Roming*, Assembler, S. 439.

152 *Haberstumpf*, CR 1991, 129; *Harte-Bavendamm*, GRUR 1990, 657 (659); *Ingle*, Reverse Engineering, S. 2, 7f.; *Kalinovsky*, Covert Java, S. 13; *van Deursen/Stroulia*, in: IEEE Transactions on Software Engineering, Vol. 31 No. 2, February 2005, 97 („malware detection“).

153 Zu einigen bekannten Angriffsmöglichkeiten (Virus, Würmer, Trojaner etc.) und speziellen Reverse-Engineering-Techniken in diesem Bereich: *Eilam*, Reversing, S. 273ff.

154 Vgl. hierzu *Harte-Bavendamm*, GRUR 1990, 657 (659), sowie *Eilam*, Reversing, S. 357ff. mit Darstellung einiger spezieller Techniken für den Softwarebereich.

155 *Krutisch*, Strafbarkeit des unberechtigten Zugangs, S. 57; *Volesky*, CR 1991, 553 (554).

chen von Zugangsbeschränkungen und -sperren setzt in aller Regel ein Wissen darüber voraus, wie diese funktionieren. Aus der Funktionsweise des jeweiligen Schutzmechanismus lassen sich wichtige Rückschlüsse darauf ziehen, wie das Produkt verändert werden muss, um die Schutzmaßnahme zu umgehen.[156] Für den Bereich „Hardware Reverse Engineering“ ist prominentes Beispiel das sog. „Cracken“ bzw. „Hacken“ von Spielkonsolen.[157] Dem Software-Reverser geht es in der Regel darum, Maßnahmen des Digital Rights Managements (DRM) oder sonstige Verwendungsbeschränkungen im Programmcode aufzuspüren und durch entsprechende Änderung der Programmierung zu beseitigen. Nicht selten werden im Anschluss an das eigentliche „Cracking“ die gefundenen Lösungen – zur Steigerung der eigenen „Cracker-Reputation“ – als sog. „Unprotect-Anleitungen“[158] in Oline-Blogs oder Ähnlichem veröffentlicht.

d) Produktanpassung

Möchte der Produkterwerber ein Standardprodukt für einen speziellen Zusammenhang verwenden, so setzt dies regelmäßig eine Anpassung des Produkts voraus.[159] Je nach Spezialität des beabsichtigten Gebrauchszusammenhangs und also Umfang der erforderlichen Anpassungsmaßnahmen ist dafür eine präzise Untersuchung des erworbenen Produkts erforderlich.

Im Bereich Software kommt dieser Motivation mit zunehmender Verbreitung von Standardsoftwareprodukten eine gesteigerte Bedeutung zu. Standardisierte Software ist ihrer Natur nach nicht dazu geeignet, abseitige Bedürfnisse ihrer Nutzer zu erfüllen. Zwar eröffnen heutige Softwareprodukte zahlreiche Möglichkeiten, das Softwareprodukt auf individuelle Anforderungen selbst einzustellen und nicht benötigte Funktionalitäten auszublenden. Dennoch besteht nicht selten ein Bedarf an weiterer, vom erworbenen Programm so nicht gewährleisteter Produktanpassung.[160] Entsteht der Anpassungsbedarf zeitlich versetzt auf

156 *Eilam*, Reversing, S. 7, 309 ff.

157 Vgl. hierzu das in Hackerkreisen bekannte Werk von *Huang*, Die Xbox hacken – Eine Einführung in Reverse Engineering.

158 Hierzu eingehend *Kuhlmann*, CR 1989, 177 (178, 183).

159 Vgl. *Haberstumpf*, CR 1991, 129; *Jung*, Reverse Engineering konzeptioneller Datenschemata, S. 1 f.

160 Hierzu ausführlich *Geiger*, Umarbeitungsrecht, S. 26, 108 ff.

Grund geänderter Rahmenbedingungen (gesetzlich, betrieblich, organisatorisch, computertechnisch [Software-/Hardwareumgebung]) sind „Aktualisierungen“ des Produkts erforderlich, so, wenn eine Steuererklärungssoftware aus dem Vorjahr für das kommende Jahr verwendet werden soll, oder, soweit ein Softwareprodukt in eine neue Hardwareumgebung eingebunden werden soll.[161]

In einigen Fällen geht es nicht um die Anpassung und Reparation fremder, sondern selbst entwickelter Produkte, vor allem dann, wenn eine ordentliche Herstellungsdokumentation nicht oder nicht mehr vorhanden ist.[162] Wird ein eigenes, verborgenes „Know-how“ für neue Produktentwicklungen nutzbar gemacht, spricht man auch von „Reengineering“.[163] „Reverse Engineering“ wird in diesem Fall dazu eingesetzt, wieder verwendbare sowie zu ändernde Teile zu identifizieren und zu extrahieren.[164] Im Rahmen eines „Forward Engineering“ wird das extrahierte Wissen sodann für neue Zusammenhänge adaptiert.

2. „Reverse Engineering“ zu Zwecken der Produktentwicklung

Allein der gewerbliche Bereich ist in aller Regel betroffen, soweit „Reverse Engineering“ zu Zwecken der Produktentwicklung eingesetzt wird.

a) Herstellung von Konkurrenzprodukten

Die Motivation für ein „Reverse Engineering“ liegt dabei häufig in einer bestehenden oder angestrebten Konkurrenzsituation mit dem Hersteller des Analyseprodukts begründet.[165] Das „Know-how“ soll dazu eingesetzt werden, eine eigene Produktherstellung zu optimieren oder überhaupt

161 Vgl. den Fall „Programmfehlerbeseitigung“ des BGH, GRUR 2000, 866.

162 *Ingle*, Reverse Engineering, S. 2; 7 f.; *Jung*, Reverse Engineering konzeptioneller Datenschemata, S. 4; *Kalinovsky*, Covert Java, S. 13.

163 Siehe oben: 1. Teil, B., I. (S. 44).

164 Vgl. *Jung*, Reverse Engineering konzeptioneller Datenschemata, S. 11.

165 *Haberstumpf*, CR 1991, 129; *Harte-Bavendamm*, GRUR 1990, 657 (659); *Meili*, Schutz des Know-how, S. 87; *Ohly*, Reverse Engineering, in: Prinz zu Waldeck und Pyrmont u.a., Patents and Technological Progress, S. 535 (537) („copycat analyst“); *Rüting*, Überlassung von Standardsoftware, S. 279; *Schnell/Fresca*, CR 1990, 157; *Wiebe*, CR 1992, 134 (135 f.). Vgl. auch die Fälle RGZ 149, 329 – Stiefeleisenpresse und OLG Düsseldorf, OLGR 1999, 55 (57 ff.) – Rollenwechsler.

erst zu ermöglichen.[166] Häufig wird der Know-how-Erwerb durch „Reverse Engineering“ dabei als kostenärmer und zeitsparender eingeschätzt als die eigene Entwicklung des „Know-how“. So geht man davon aus, dass das „Reverse Engineering“ eines Halbleitererzeugnisses sowie dessen Duplizierung nur etwa 1/40 des Betrages kosten, den der ursprüngliche Entwickler des Chips in Forschung und Entwicklung investieren musste.[167] Etwas höher wird der Kosten- und Zeitaufwand für den Fall beurteilt, dass „Reverse Engineering“ zur Herstellung eines Chips befähigen soll, der lediglich dieselben technischen Funktionen wie der untersuchte Chip ausführt, jedoch eine andere physikalische Struktur aufweist und also keine Kopie darstellt.[168]

Die Einschätzung, „Reverse Engineering“ sei kostengünstiger als eine eigene Generierung des Wissens, mag für die Entwicklung von Halbleitererzeugnissen und weitere Zusammenhänge zutreffen, besitzt jedoch keine Allgemeingültigkeit. Ob der Erwerb fremden „Know-hows“ durch „Reverse Engineering“ kosten- und zeitgünstiger ist als eine eigene Generierung des Wissens, hängt vielmehr von den Umständen des Einzelfalls ab und dürfte vor der Analyse nur selten exakt beurteilt werden können. Für Softwareprodukte wird mittlerweile zunehmend vertreten, diese seien derart komplex strukturiert, dass eine Lizenzierung oder Neuentwicklung in aller Regel lukrativer sei als das aufwändige Verfahren des „Software Reverse Engineering“.[169]

b) Herstellung interoperabler Produkte

Ein weiteres, beständig anzutreffendes Motiv für „Reverse Engineering“ ist die Entwicklung oder Verbesserung solcher Produkte, die mit dem untersuchten Produkt zusammenarbeiten sollen. Dem Reverser geht es dann um die Herstellung oder zumindest Förderung von Interoperabilität.[170] Nimmt man die Unterscheidung zwischen körperlichen Produkten

166 Dabei kann sich die Konkurrenzsituation auch auf ein auswechselbares Teil des Produkts beziehen. Paradebeispiel: Ersatzteilgeschäft.

167 *Massaguer-Fuentes/Peréz-Frias*, CR 1988, 368 (376).

168 *Massaguer-Fuentes/Peréz-Frias*, CR 1988, 368 (376).

169 *Eilam*, Reversing, S. 4, 9.

170 *Haberstumpf*, CR 1991, 129; *Schnell/Fresca*, CR 1990, 157; *van Deursen/Stroulia*, in: IEEE Transactions on Software Engineering, Vol. 31 No. 2, February 2005, 97 („interoperability analysis“).

(„Hardware") und Software in den Blick, so lassen sich drei Fallgruppen differenzieren.

Klassische Beispiele für die Herstellung von Interoperabilität zwischen zwei Softwareprodukten sind die Abstimmung einer Anwendersoftware mit einem Betriebssystem sowie die Gewährleistung einer störungsfreien Interaktion zweier Anwenderprogramme, so zum Beispiel bei der Umwandlung eines „Word"-Dokuments in das bekannte „PDF"-Format. „Software Reverse Engineering" zielt in diesen Fällen primär darauf ab, durch Analyse des fremden Programms auf nicht bekannte Schnittstellenspezifikationen rückzuschließen, die Hinweise darauf geben, wie die Daten eines Programms aufgearbeitet sein müssen, um mit dem Zielprogramm kommunizieren zu können.[171]

Die Herstellung von Interoperabilität zwischen zwei körperlichen Produkten betrifft zum Beispiel die Konstruktion einer Kfz-Anhängerkupplung für einen bestimmten Deichseltyp. Im Bereich der Computertechnik könnte es darum gehen, eine Dockingstation für einen bestimmten Typ Notebook oder eine Tonerkartusche für ein bestimmtes Druckermodell zu konstruieren. Auf dem wirtschaftlich bedeutsamen Spielkonsolenmarkt sind Dritte häufig daran interessiert, Spielmodule für einen speziellen Typ Spielkonsole zu entwickeln.[172]

Möglicher Anwendungsfall für die Interoperabilität zwischen einem Software- und einem Hardwareprodukt ist die Erstellung einer Druckersoftware für einen speziellen Drucker und andersherum. Im ersten Fall ist unter Umständen ein „Reverse Engineering" des Druckers erforderlich, im zweiten – wohl eher theoretischen – Fall ein „Software Reverse Engineering" vorhandener Treiberprogramme.

c) Herstellung von Cracking-Tools

Zum Teil beschränkt sich das Interesse am Knacken einer Zugangsbeschränkung[173] nicht auf den eigenen Produktgebrauch, sondern geht es darum, „Cracking-Tools" zu entwickeln und zu vertreiben, mit denen Nutzungsbeschränkungen anderer Produkte – auch vom Laien – systematisch

171 Zu den Einzelheiten siehe unten: 1. Teil, B., III., 2., a), bb), (3) (S. 64 f.).

172 *Rüting*, Überlassung von Standardsoftware, S. 281.

173 Dazu oben: 1. Teil, B., II., 1., c) (S. 46 f.).

umgangen werden können.[174] Voraussetzung für die Entwicklung solcher Werkzeuge ist regelmäßig eine präzise Kenntnis von der Funktionsweise der Zugangssperre, die häufig durch Techniken des „Reverse Engineering“ erworben wird. In seltenen Fällen wird Cracking auch als Dienstleistung angeboten. In diesen Fällen verspricht der Anbieter, eine bestehende Zugangsbeschränkung für seinen Kunden gegen Entgelt aufzuheben.

d) Verwendung in unabhängigen Produktzusammenhängen

Mitunter werden Maßnahmen des „Reverse Engineering“ auch durchgeführt, um ein vermutetes „Know-how“ in unabhängigen Zusammenhängen einzusetzen. Nicht selten befruchtet das „Lernen durch Nachvollziehen“[175] die eigene Produktentwicklung in anderen Zusammenhängen. Vorstellbar ist beispielsweise eine Nutzbarmachung der Funktionsweise des automatischen Druckrollenwechslers aus dem Fall „Rollenwechsler“[176] für Zwecke der Verpackungsbranche, in der ein vergleichbares Interesse an der möglichst reibungslosen, automatisierten Auswechslung von Verpackungsmaterialrollen besteht.

3. „Reverse Engineering“ zu Zwecken der Produktsabotage

Geht es dem Reverser um Produktsabotage, untersucht er das Produkt vor allem im Hinblick auf etwaige Schwachstellen, um schadensträchtige Angriffe auf die Produktreihe als solche möglichst zielgerichtet ausführen zu können. Hauptangriffsziel ist dabei die Computersoftware. Software-Reverser untersuchen fremde Softwareprodukte mittels „Reverse Engineering“ auf ihre Schwachstellen hin, um Computerviren, -würmer, -trojaner und ähnliche feindliche Softwaremanipulationen gezielt programmieren zu können. Verbreitet werden die Angriffe anschließend über Raubkopien von Softwareprodukten sowie über die Computernetze, zum Beispiel als Email-Attachment.[177]

---

174 *Krutisch*, Strafbarkeit des unberechtigten Zugangs, S. 56. Vgl. für Software den Fall des OLG München, IPRax 2006, 280 („AnyDVD“) mit Besprechung *Peifer*, IPRax 2006, 246.

175 *Harte-Bavendamm*, GRUR 1990, 657 (659); *Ingle*, Reverse Engineering, S. 4; *Ohly*, Reverse Engineering, in: Prinz zu Waldeck und Pyrmont u. a., Patents and Technological Progress, S. 535 (537) („innovative analyst“).

176 OLG Düsseldorf, OLGR 1999, 55.

177 *Krutisch*, Strafbarkeit des unberechtigten Zugangs, S. 53.

4. „Reverse Engineering" zum Nachweis von Rechtsverletzungen

Zuweilen wird „Reverse Engineering" als erforderlich erachtet, um dem Hersteller des untersuchten Produkts eine vermutete Rechtsverletzung nachzuweisen.[178] Die Produktanalyse soll aufdecken, dass bei der Produktherstellung sonderrechtlich geschütztes Wissen unberechtigt eingesetzt wurde. Im Gegensatz zu den anderen Konstellationen richtet sich das Interesse des Reversers in diesem Fall nicht auf die Entdeckung eines für ihn neuen Herstellungs-Know-how, sondern möchte er primär nachweisen, dass der Produkthersteller ein bestimmtes, dem Reverser an sich bekanntes, sonderrechtlich geschütztes Wissen rechtswidrig verwendet. Dabei ist allerdings nie auszuschließen, das gelegentlich der Untersuchung oder anstelle des ursprünglich vermuteten, eigenen Herstellungswissens ein bis dato verborgenes „Know-how" des Produktherstellers aufgedeckt wird.

5. „Reverse Engineering" zu Forschungszwecken

Schließlich kann als Motivation hinter einem „Reverse Engineering" ein mehr oder minder professionell ausgebildeter „Forschergeist" stehen.[179] Hierbei sind unterschiedliche Grade denkbar, die vom Hobbyforscher bis zum Universitätsprofessor reichen.

Mit dem Aufkommen elektronischer Produkte (Radio, Fernsehen etc.) entwickelte sich „Reverse Engineering" – wenn auch noch nicht so bezeichnet – zu einem weit verbreiteten Hobby.[180] Viele Menschen waren von den neuen Errungenschaften der Technik so fasziniert, dass sie die technischen Abläufe im Inneren der neuen elektronischen Geräte näher ergründen wollten. Folglich wurden Fernseher und Radios in privaten

---

178 *Harte-Bavendamm*, GRUR 1990, 657 (659); *Ohly*, Reverse Engineering, in: Prinz zu Waldeck und Pyrmont u. a., Patents and Technological Progress, S. 535 (537) („right owner-analyst"); *Rüting*, Überlassung von Standardsoftware, S. 279; *Schnell/Fresca*, CR 1990, 157; *van Deursen/Stroulia*, in: IEEE Transactions on Software Engineering, Vol. 31 No. 2, February 2005, 97 („patent violation discovery").

179 Vgl. *Harte-Bavendamm*, GRUR 1990, 657 (659): „Persönliche Neugier des Wissenschaftlers/Technikers"; *Rüting*, Überlassung von Standardsoftware, S. 279. Siehe jetzt auch: *Ohly*, Reverse Engineering, in: Prinz zu Waldeck und Pyrmont u. a., Patents and Technological Progress, S. 535 (536): „pure curiosity".

180 *Eilam*, Reversing, S. 4.

Werkstätten auseinandergeschraubt und präzise analysiert. Heute führen die technischen Fortschritte der Industrie jedoch dazu, dass „Reverse Engineering“ für den Normalverbraucher immer weniger möglich und also interessant ist. Entscheidende Bausteine moderner Elektronikprodukte wurden in einer Weise miniaturisiert, dass es in der Regel nicht mehr möglich ist, die maßgeblichen Vorgänge mit handelsüblichen respektive erschwingbaren Werkzeugen zu beobachten und nachzuvollziehen.[181]

Eine ähnliche Entwicklung ist für den Bereich der Computersoftware zu verzeichnen. Auf Grund des noch nicht allzu hohen Grades an Abstraktion war es dem durchschnittlichen „Computer-Freak“ zu Beginn der technischen Entwicklung möglich, nahe an Hardware und Programmcodierung zu forschen und zu experimentieren. Instruktive Programmieranleitungen in einschlägigen Computerfachzeitschriften (z. B. „CPU“, „c't“, „iX“, „Byte“) boten hilfreiche Unterstützung. Heute sind Betriebssysteme sowie Anwenderprogramme überwiegend so kompliziert geworden, dass nur noch ausgewiesene Fachmänner umfassende Veränderungen am Programmcode selbst sinnvoll vornehmen können.

Von großer Relevanz ist das allein vom Forschergeist getriebene „Reverse Engineering“ gegenwärtig insbesondere noch für den Bereich der universitären Forschung. Ingenieurwissenschaftler und Informatiker sind darauf angewiesen, neue technische Produkte zu untersuchen, um mit den technischen Entwicklungen des Marktes Schritt zu halten und ggf. darauf basierend weiteres „Know-how“ zu entwickeln. Durch Verallgemeinerung der herausgelösten Strukturen lassen sich unter Umständen leistungsfähige Handlungsvorschriften bzw. Algorithmen mit größeren Anwendungsbereichen formulieren.[182] Häufig schließt sich an eine erfolgreiche Analyse – ähnlich wie beim „Cracking“ – das Interesse an, die gefundenen Ergebnisse in einer Fachzeitschrift oder im Rahmen einer Monografie zu publizieren. Im Rahmen der Lehre eignet sich die Analyse konkreter Produkte zudem hervorragend zu Zwecken der Veranschaulichung.

6. Zwischenergebnis

Die Motivationen, die sich hinter einem „Reverse Engineering“ verbergen, sind mannigfaltig. Dabei sind überwiegend gewerbliche, zum Teil

181 *Eilam*, Reversing, S. 4.

182 *Haberstumpf*, CR 1991, 129 (130).

aber auch rein private sowie wissenschaftliche Interessen betroffen. Die rechtliche Analyse soll zeigen, ob die derzeitige gesetzliche Regelung geeignet ist, den unterschiedlichen Motivationen und Interessenlagen hinreichend Rechnung zu tragen.

III. Methoden des „Reverse Engineering“

Bei den Untersuchungsmethoden des „Reverse Engineering“ ist zwischen der Analyse körperlicher Produkte und der Untersuchung von Softwareprodukten zu unterscheiden. Zwar verfolgen beide Verfahren dasselbe Grundziel, durch eine Analyse eines Produkts auf dessen Konstruktions-Know-how zurückzuschließen. Die bei der Analyse des – an sich unkörperlichen – Produkts Software eingesetzten Techniken sind jedoch speziell und erfordern eine Einführung in computertechnische Grundlagen, so dass sich eine gesonderte Darstellung rechtfertigt.[183] Gleichwohl ist nicht zu verkennen, dass in der Praxis Maßnahmen des „Hardware“ und des „Software Reverse Engineering“ mit zunehmender Häufigkeit kumulativ angewendet werden müssen, da in heutiger Zeit viele Hardwaresysteme softwaregesteuert arbeiten.[184]

Voraussetzung für ein „Reverse Engineering“ ist stets, dass der Reverser in den Besitz des Untersuchungsobjekts gelangt. In aller Regel erwirbt er die Untersuchungsobjekte durch Kauf, seltener werden sie gemietet oder geleast, untypisch ist eine deliktische Inbesitznahme. Deliktische Inbesitznahmen kommen allenfalls in Betracht bei finanzschwachen Reversern, insbesondere Privatpersonen, sowie dann, wenn es sich bei den Untersuchungsobjekten um selbst hergestellte, nicht am Markt erwerbbare Produktionsmaschinen oder geheim gehaltene Prototypen eines Produkts handelt. Jedoch wird der Industriespion, wenn er schon in den fremden Betrieb einbricht, sein Interesse in erster Linie auf die dazugehörige Anwendungs- und Konstruktionsdokumentation richten, die das begehrte „Know-how“ in der Regel schneller zu Tage fördern dürfte. Für die Zwecke dieses Gutachtens soll vorrangig von dem für die Praxis relevanten Grundfall als Folge eines kauf-, miet- oder leasingvertraglichen Erwerbsvorgangs

---

183 Siehe unten: 1. Teil, B., III., 2. (S. 58 ff.).

184 *Ingle*, Reverse Engineering, S. 33. Die Steuerung moderner Fahrzeugmotoren erfordert zumeist mehr Software, als erforderlich war, um die Besatzung der „Apollo 11“ im Jahr 1969 auf dem Mond zu landen, *Chikofsky*, in: Eilam, Reversing, S. VII.

am Markt ausgegangen werden. An geeigneter Stelle wird jedoch auch zu den Rechtsfolgen einer deliktischen Inbesitznahme Stellung genommen.

1. „Hardware Reverse Engineering“

Das „Reverse Engineering“ körperlicher Produkte, sog. „Hardware Reverse Engineering“, wurde natur- bzw. ingenieurwissenschaftlich bislang nicht generell und umfassend aufbereitet.[185] Der wesentliche Grund dürfte darin liegen, dass die im Einzelnen anzuwendenden Untersuchungsmethoden in Abhängigkeit zu dem konkret untersuchten Produkt stark variieren. Allgemein lässt sich die Analyse in drei Schritte unterteilen, die zumeist sukzessiv abgearbeitet werden und sich je nach Produktart verschieden diffizil gestalten.

a) Trennung des Analyseobjekts

Der erste Untersuchungsschritt beinhaltet die Trennung des Analyseobjekts in seine Einzelbestandteile.[186] Dazu bedient sich der Reverser verschiedener Trennverfahren, die regelmäßig kombiniert eingesetzt werden. Praktisch relevant sind vor allem mechanische, thermische, elektrische und magnetische Trennverfahren. Nur im Einzelfall braucht das Untersuchungsobjekt nicht körperlich zerlegt zu werden, sondern genügt eine „Durchleuchtung“ mit Hilfe eines Computertomographen, einer Röntgenmaschine o.ä., vorausgesetzt, das erzeugte Abbild lässt die Einzelbestandteile des untersuchten Gegenstands hinreichend deutlich erkennen.

Biologische und chemische Substanzen sind mitunter schwierig, im Einzelfall überhaupt nicht in ihre Einzelbestandteile aufzulösen.[187] Zum Teil müssen hier spezielle Trennverfahren erst neu entwickelt werden, um auf die Zusammensetzung rückschließen zu können.[188] Für die Getränke „Coca-Cola“ und „Underberg“ ist dies, glaubt man den Angaben der jewei-

---

185 Einige hilfreiche Hinweise finden sich aber bei *Ingle*, Reverse Engineering, S. 59ff. Für eine spezielle Anwendung aus dem privaten „Hackerbereich“ nimmt das Werk von *Huang*, Die Xbox hacken, eine prominente Stellung ein.

186 Vgl. *Ingle*, Reverse Engineering, S. 65; *Huang*, Die Xbox hacken, S. 26ff. So auch in den Fällen „Stiefeleisenpresse“ und „Rollenwechsler“, RGZ 149, 329 sowie OLG Düsseldorf, OLGR 1999, 55.

187 OLG Düsseldorf, OLGR 1999, 55 (58f.) – Rollenwechsler.

188 *Ingle*, Reverse Engineering, S. 65. In diesem Fall werden die entwickelten Trennverfahren dann zumeist selbst ein „Know-how“ darstellen.

ligen Unternehmensführungen, bis heute nicht gelungen. In den Fällen „Stiefeleisenpresse“ und „Rollenwechsler“ konnten die zu analysierenden Maschinen hingegen durch simple mechanische „Zerlegung“,[189] vor allem durch schlichtes Auseinanderschrauben, in ihre Einzelbestandteile getrennt werden. Ein besonders hoher Aufwand oder spezielle Fachkenntnisse dürften nicht erforderlich gewesen sein.[190] Im Zusammenhang mit den sog. „Spielautomatenfällen“ ist nicht hinreichend bekannt, ob diejenigen, die das Entschlüsselungsprogramm entwickelten, ihre Kenntnisse vom Hauptprogramm durch „Reverse Engineering“ oder sonstige Betriebsausspähung erlangt hatten. Für ein „Reverse Engineering“ wäre erforderlich gewesen, die Spielautomaten aufzuschrauben und den EPROM-Chip aus dem verplombten Blechgehäuse zu extrahieren, um das auf den Chips abgespeicherte Programm einem etwaig erforderlichen „Software Reverse Engineering“ zuzuführen.

b) Bestimmung und Messung der Einzelbestandteile

An die Trennung des Untersuchungsobjekts schließt sich regelmäßig eine exakte Bestimmung und Messung der Einzelbestandteile an.[191] Bestimmung meint vor allem eine Stoffbestimmung. Es ist zu untersuchen, welche Stoffe bei der Herstellung des Produkts eingesetzt wurden; die hierzu eingesetzten Verfahren sind mannigfaltig (Spektroskopie, Röntgenanalyse etc.). Neben der Stoffbestimmung ist eine Messung der Einzelbestandteile erforderlich. Der Begriff „Messung“ bezeichnet nach einer abstrakten Definition des „Deutschen Instituts für Normung“ (DIN) das „Ermitteln eines Wertes durch quantitativen Vergleich der Messgröße mit einer Einheit (Normal)“.[192] Konkret gemeint sind damit eine körperliche Vermessung, eine Volumenbestimmung, ein Wiegen et cetera.

Mitunter werden die Schritte Trennung und Bestimmung bzw. Messung wiederholt nacheinander vorgenommen, so zum Beispiel beim „Reverse Engineering“ eines Halbleiterchips:

---

189 RGZ 149, 329 (334) – Stiefeleisenpresse; OLG Düsseldorf, OLGR 1999, 55 (58) – Rollenwechsler.

190 So jedenfalls OLG Düsseldorf, OLGR 1999, 55 (58) – Rollenwechsler.

191 Vgl. *Ingle*, Reverse Engineering, S. 63ff., 66f. („visual and dimensional inspection“, „material analysis and identification“).

192 So DIN 1319–1.

„(...) wird das Gehäuse aufgebrochen und der Träger des Chips entnommen. Mit Hilfe einer Kamera hoher Auflösung und starker Vergrößerung wird die Chipoberfläche fotografiert. Anhand dieser Bilder werden die Strukturen auf der Oberfläche gemessen und entweder auf Papier gezeichnet oder gleich in einen Rechner gespeichert. Die bereits fotografisch aufgenommene und vermessene Schicht auf der Chipoberfläche wird dann durch Ätzen abgetragen, so dass die Strukturen der nächsten, darunterliegenden Schicht sichtbar gemacht werden. Diese Vorgänge von Fotografie, Vermessung und Ätzen werden so oft wiederholt, bis die Strukturen aller Schichten des Chips exakt dargestellt worden sind.“[193]

In den Fällen „Stiefeleisenpresse“ und „Rollenwechsler“ dürften die Einzelbestandteile – da es sich um mechanische Teile handelte – von einem Fachmann mit durchschnittlichem Aufwand zu bestimmen gewesen sein. Auch die Vermessung der rein mechanischen Einzelbestandteile war unter Umständen zwar zeitintensiv, insgesamt aber wohl noch von mittlerem Schwierigkeitsgrad.[194]

c) Ergänzende Versuche zur Aufdeckung des „Know-how“

Erschließt sich das einem Produkt zu Grunde liegende „Know-how“ nicht bereits aus der Trennung in die Produktbestandteile sowie ihrer Materialbestimmung, sind ergänzende Versuche notwendig, um den Konstruktionsplan vollständig zu entschlüsseln. Häufig werden dafür Modelle oder Teilmodelle des untersuchten Produkts hergestellt, um die innere Funktionsweise genauer nachvollziehen und testen zu können. Die im Einzelnen eingesetzten Methoden sind zu vielfältig und produktspezifisch, als dass sie einer einheitlichen Systematik zugänglich wären.[195] Häufig entscheidet das Prinzip des „trial and error“.[196]

Bei stofflichen Gemischen (z.B. Getränken wie „Underberg“ und „Coca-Cola“) ist regelmäßig ergänzend zu testen, in welcher Reihenfolge sowie unter welchen Bedingungen (Temperaturen etc.) die Einzelbestandteile zusammengefügt werden müssen, um ein bestimmtes Ergebnis (z.B. Geschmackserlebnis) zu erzielen. In den Fällen „Stiefeleisenpresse“ und „Rollenwechsler“ dürften indes diffizile Versuche nicht mehr erforder-

---

193 *Massaguer-Fuentes/Pérez-Frias*, CR 1988, 368 (376). Zitiert auch bei *Harte-Bavendamm*, GRUR 1990, 657 (659).

194 So im Ergebnis auch OLG Düsseldorf, OLGR 1999, 55 (58) – Rollenwechsler.

195 Vgl. *Ingle*, Reverse Engineering, S. 5.

196 In der Regel offenbaren Unternehmen erfolgreiche Versuche auch nicht, sondern schützen ihr Wissen durch Geheimhaltung als eigenes „Know-how“.

lich gewesen sein, um das verborgene Herstellungs-Know-how aufzuspüren. Bei entsprechendem technischem Sachverstand erschlossen sich Konstruktionsplan sowie Funktionsweise der Maschinen bereits nach deren Zerlegung und Vermessung.[197] In den „Spielautomatenfällen" betrafen die erforderlichen weiteren Analyseschritte den Spezialbereich des – im Folgenden darzustellenden – „Software Reverse Engineering", soweit der Programmcode in einem Format vorlag, das für Menschen nicht ohne weiteres verständlich ist.

2. „Software Reverse Engineering"

Die Methoden des „Software Reverse Engineering" waren bereits häufiger Gegenstand einer juristischen und auch technischen Darstellung. Der Grund liegt unter anderem darin, dass die Bedeutung des an sich unkörperlichen Produkts Software in den letzten Jahrzehnten kontinuierlich, zum Teil überproportional angewachsen ist. In den Anfängen der Computerindustrie stellte Software eine kostenlose und quelloffene Zugabe zu Hardwareprodukten dar.[198] Erst im Jahr 1969 erkannte die „International Business Machines Corporation" (IBM) das in Software schlummernde wirtschaftliche Eigenpotential und berechnete Dienstleistungen zur Wartung und Weiterentwicklung von Software gesondert. Damit gründete IBM einen eigenen Wirtschaftsmarkt für diesen Dienstleistungssektor, dem sich bald weitere Firmen anschlossen. Mit dem Aufkommen finanzierbarer Mikrocomputer wurde zunehmend üblich, Softwareprodukte getrennt von den Hardwarekomponenten zu vertreiben. Seitdem ist der Markt für Softwareprodukte geradezu explodiert.

Zum Schutz des in den Softwareprodukten enthaltenen Programmier-Know-how werden viele Produkte heute nur noch in Versionen ausgeliefert, dessen Programmcode für den Menschen nicht ohne weiteres verständlich ist. Software hat sich zu einem überwiegend „proprietären" Produkt entwickelt. Heutige Softwarehersteller wollen dem Nutzer möglichst eine „Blackbox" präsentieren. Der Anwender soll das Programm

---

197 Davon ging auch das Reichsgericht im Fall „Stiefeleisenpresse" aus, RGZ 149, 329 (334): Zerlegung, Feststellung der Maße, Zeichnung der wesentlichen Maschinenteile, Abdruck der zu der Maschine gehörigen Werkzeuge.

198 Zur Geschichte der Softwareentwicklung eingehend: *Grassmuck*, Freie Software – Zwischen Privat- und Gemeineigentum, S. 202ff.

benutzen können, der Einblick in die genaue Funktionsweise des Programms soll ihm jedoch verborgen bleiben.[199]

An dieser Stelle setzen die Maßnahmen des „Reverse Engineering“ an. Sie sollen helfen, das in einem Softwareprodukt enthaltene Programmier-Know-how aufzudecken. In den Blick des öffentlichen Interesses rückte das „Software Reverse Engineering“ verstärkt im Jahr 1990, als *Chikofsky* und *Cross* einen Artikel mit dem Titel „Reverse Engineering and Design Recovery: A Taxonomy“ in einer Zeitschrift des „Institut of Electrical and Electronic Engineers“ (IEEE)[200] veröffentlichten. Seit dem werden verstärkt Methoden entwickelt, um das in einer Software verborgene Know-how mittels „Software Reverse Engineering“ aufzudecken. Auf Konferenzen, wie der jährlich stattfindenden internationalen „Working Conference on Reverse Engineering“ (WRCE), werden verschiedene Techniken des „Software Reverse Engineering“ diskutiert und weiterentwickelt.[201]

Die Gegenbewegung zur proprietären Software firmiert zumeist unter den Begriffen „Freie Software“ oder „Open Source Software“.[202] Grundanliegen und Teilnahmevoraussetzung dieser Bewegung ist, dass der Programmquellcode offen liegt und vom durchschnittlich ausgebildeten Fachmann nachvollzogen werden kann. Maßnahmen des „Software Reverse Engineering“ sind nicht erforderlich.[203]

a) Technische Grundlagen

Bevor verschiedene, praktisch bedeutsame Techniken des „Software Reverse Engineering“ vorgestellt werden, sollen einige technische Grundla-

199 *Ernst*, MMR 2001, 208 (208 f.); *Marly*, Softwareüberlassungsverträge, Rn. 86. Zu den verschiedenen Verschlussmaßnahmen noch unten: 1. Teil, B., III., 2., b) (S. 75 ff.).

200 IEEE-Software, January 1990, 13.

201 *Chikofsky*, in: Eilam, Reversing, S. VIII.

202 Zu den Begriffen im Einzelnen sowie den Ursachen der unterschiedlichen Bezeichnung: *Grassmuck*, Freie Software – Zwischen Privat- und Gemeineigentum. Zu den rechtlichen – insbesondere urheberrechtlichen – Implikationen: *Omsels*, in: FS Paul W. Hertin, 141; *Peifer*, Urheberrechtliche Rahmenbedingungen von Open Access-Konzepten, in: ders./Gersmann, Forschung und Lehre im Informationszeitalter, S. 39; *Plaß*, Open Contents im deutschen Urheberrecht, GRUR 2002, 670.

203 Vgl. *Ernst*, MMR 2001, 208 (209).

gen dargelegt werden, deren Verständnis für die weitere Untersuchung erforderlich ist.[204] Dazu sollen die Bereiche Computerhardware und Computersoftware kurz abgegrenzt sowie untersuchungsrelevante Bestandteile näher erläutert werden. Ein besonderer Schwerpunkt wird auf die Veranschaulichung der verschiedenen Programmiersprachenarten gelegt, um deren Rückübersetzung es beim „Software Reverse Engineering" in aller Regel geht.

aa) Computerhardware

Computerhardware ist der Oberbegriff für die materiellen Komponenten eines Computersystems. Sie besteht aus dem Rechner und den Peripheriegeräten.[205]

Zum Rechner selbst zählen insbesondere Gehäuse, Leitungen, Anschlüsse sowie das Kernstück eines jeden Computersystems, der Prozessor, auch „CPU" (Central Processing Unit) genannt.[206] Dieser führt die dem Computersystem gestellten arithmetischen und logischen Rechenoperationen aus. Er nimmt Daten von außen entgegen und gibt schließlich, nach dem eigentlichen Rechenvorgang, entsprechend veränderte oder neu erzeugte Daten nach außen wieder ab. Die zu verarbeitenden, in den Prozessor eingehenden Daten können Tastatureingaben, Joystickbewegungen oder auch (Programm-)Daten von der Festplatte sein. Die vom Prozessor ausgehenden Daten steuern sodann Drucker, Bildschirm und andere Ausgabegeräte.[207] Befehle, die vom Prozessor verarbeitet werden sollen, müssen in einer speziellen Sprache codiert sein, der sog. „Maschinensprache".[208]

Peripheriegeräte erfüllen Ein- und Ausgabefunktionen.[209] Eingabegeräte lesen die Infomation eines Datenträgers, wandlen sie in elektrische Signale um und leiten sie an den Prozessor weiter.[210] Ausgabegeräte sorgen da-

---

204 Zur Geschichte der Datenverarbeitung vgl. die instruktive, für den Juristen gut verständliche Darstellung bei *König*, Computerprogramm im Recht, S. 5 ff.

205 *Gumm/Sommer*, Einführung Informatik, S. 31; *Heinrich*, Strafbarkeit der unbefugten Vervielfältigung, S. 36; *Marly*, Softwareüberlassungsverträge, Rn. 2 ff.

206 *Heinrich*, Strafbarkeit der unbefugten Vervielfältigung, S. 36.

207 Zum Ganzen: *Gumm/Sommer*, Einführung Informatik, S. 37.

208 Zu den Einzelheiten siehe unten: 1. Teil, B., III., 2., a), cc) (S. 65 ff.).

209 *Gumm/Sommer*, Einführung Informatik, S. 31.

210 *Dworatschek*, Grundlagen Datenverarbeitung, S. 73.

für, dass die vom Prozessor ermittelten Ergebnisse wahrnehmbar werden.[211] Klassische Peripheriegeräte mit Eingabefunktion sind Tastatur, Maus, Mikrofon und Joystick. Um reine Ausgabegeräte handelt es sich bei Drucker, Bildschirm, Lautsprecher und Kopfhörer. Festplattenlaufwerke, Speicherkarten und Touchscreens sind gängige Beispiele für Peripheriegeräte mit Ein- und Ausgabefunktion.

Dauerhaft aufbewahrt werden Computerdaten üblicherweise auf der Festplatte sowie auf unterschiedlichen Wechseldatenträgern (z.B. CDs, DVDs, USB-Memorysticks). Der Prozessor bezieht die von ihm zu verarbeitenden Daten aber nicht unmittelbar von diesen Speichermedien. Vor der Verarbeitung werden sie aus Effizienzgründen in den Arbeitsspeicher und anschließend – nach den heutigen technischen Gegebenheiten durchaus üblich – noch in einen sog. „Cachespeicher“ kopiert.

Der Arbeitsspeicher eines Computersystems, der auch als „Random Access Memory“ (RAM) oder Hauptspeicher bezeichnet wird, kann schneller beschrieben und ausgelesen werden als die permanenten Speichermedien. Die Zwischenspeicherung im Arbeitsspeicher erhöht daher die Geschwindigkeit der durchzuführenden Rechenoperationen. Arbeitspeicher der heutigen Generation sind auf Grund ihrer enormen Speicherkapazität[212] fähig, wesentliche Teile des Programmcodes gleichzeitig in sich aufzunehmen und für die Verarbeitung durch den Prozessor vorübergehend bereit zu halten.

Während in den Anfängen der computertechnischen Entwicklung Prozessoren die zu verarbeitenden Daten ausschließlich unmittelbar vom Arbeitsspeicher bezogen, findet bei modernen Computersystemen eine zusätzliche Pufferung in einem weiteren Zwischenspeicher, dem sog. „Cachespeicher“, statt.[213] Dieser arbeitet noch schneller als der Arbeitsspeicher und puffert die Schreib- und Lesezugriffe des Prozessors auf diesen. Der Prozessor ist stets bemüht, Daten aus dem Arbeitsspeicher, die er als nächstes benötigt, in den „Cachespeicher“ zu kopieren, um darauf schneller zugreifen zu können.[214] Der Cachespeicher vermeidet damit

---

211 *Dworatschek*, Grundlagen Datenverarbeitung, S. 73.

212 Die Arbeitsspeichergröße verfügbarer Rechner lag 2006 bereits zwischen 256 MB und 64 GB, *Gumm/Sommer*, Einführung Informatik, S. 53.

213 *Gumm/Sommer*, Einführung Informatik, S. 36, 484.

214 *Dworatschek*, Grundlagen Datenverarbeitung, S. 80; *Gumm/Sommer*, Einführung Informatik, S. 36.

Wartezeiten, die beim direkten Zugriff der heute sehr schnellen Prozessoren auf den – diesem Tempo nicht hinreichend gewachsenen – Arbeitsspeicher entstehen würden.[215] Moderne Computer besitzen Cachespeicher mit einem Gesamtspeichervolumen von 10 kB bis 32 MB.[216]

Arbeits- und Cachespeichern ist gemein, dass sie nicht der permanenten Speicherung von Daten dienen, ihr Inhalt ändert sich ständig.[217] Mit Abschalten des Computersystems gehen alle kopierten Daten verloren. Man spricht daher von „flüchtigen" Speichermedien.[218]

bb) Computersoftware

Die Hardware eines Computersystems ist für sich genommen nicht arbeitsfähig. Sie bedarf stets der Instruierung durch entsprechende Computerprogramme.

(1) Definition der Begriffe „Computersoftware/-programm"

„Computerprogramm" ist nach einer Begriffsbestimmung in den Mustervorschriften der Weltorganisation für geistiges Eigentum (WIPO),[219] der sich der Bundesgerichtshof,[220] zahlreiche Gesetzgeber anderer Nationen[221] sowie die weit überwiegende Meinung in der juristischen Literatur[222] angeschlossen haben, eine „Folge von Befehlen, die nach Aufnahme in einen maschinenlesbaren Träger fähig sind zu bewirken, dass eine Maschine mit informationsverarbeitenden Fähigkeiten eine bestimmte Funktion oder Aufgabe oder ein bestimmtes Ergebnis anzeigt,

---

215 *König*, Computerprogramm im Recht, S. 163.

216 *Gumm/Sommer*, Einführung Informatik, S. 53.

217 *Gumm/Sommer*, Einführung Informatik, S. 43.

218 *Heinrich*, Strafbarkeit der unbefugten Vervielfältigung, S. 36.

219 GRUR Int. 1978, 286.

220 BGHZ 94, 276 (283) = GRUR 1985, 1041 (1047) – Inkasso-Programm.

221 Siehe die zahlreichen Nachweise bei *Marly*, Urheberrechtsschutz, S. 108 Fn. 260 ff.

222 *Erdmann*, CR 1986, 249 (251 mit Fn. 20); *Haberstumpf*, GRUR 1982, 142 (144 mit Fn. 12); *Kolle*, GRUR 1982, 443 (444); *Pres*, Gestaltungsformen, S. 9 mit Fn. 42; *Loewenheim*, in: Schricker, UrhG-Kommentar, § 69 a Rn. 2; *Wiebe*, Know-how-Schutz von Computersoftware, S. 16 f. Kritisch: *König*, Computerprogramm im Recht, Rn. 150 ff. sowie Rn. 216 ff.; *Marly*, Softwareüberlassungsverträge, Rn. 8 ff.

ausführt oder erzielt“, § 1 (i). Der Begriff „maschinenlesbare Träger“ meint die dauerhaften sowie die flüchtigen Speichermedien. Die „Fähigkeit zur Informationsverarbeitung“ wird bei einem Computer durch den Prozessor gewährleistet.

Der Begriff „Computersoftware“ ist gegenüber dem Programmbegriff weiter, weil darunter neben dem Programm auch die sog. „Programmbeschreibung“ und das „Begleitmaterial“ fallen, vgl. § 1 (iv). „Programmbeschreibung“ ist eine vollständige prozedurale Darstellung des Programms in sprachlicher, schematischer oder anderer Form, deren Angaben ausreichend sind, um eine Folge von Befehlen festzulegen, die ein ihr entsprechendes Computerprogramm darstellen. Das „Begleitmaterial“ umfasst alle Unterlagen, die nicht Computerprogramm oder eine Programmbeschreibung sind und die dazu bestimmt und geeignet sind, das Verständnis oder die Anwendung eines Computerprogramms zu fördern, vgl. § 1 (iii). Klassisches Beispiel sind Benutzungsanweisungen und Bedienerhandbücher.

(2) Betriebssystem und Anwenderprogramme

Der Aufbau eines Computersystems lässt sich in verschiedene Ebenen unterteilen. Die Hardware, insbesondere Prozessor, Arbeitsspeicher, Cachespeicher sowie die permanenten Speichermedien, bilden die untere Ebene des Systems, sie führen die erforderlichen Rechenoperationen technisch unmittelbar aus. Darüber liegt das sog. „Betriebssystemprogramm“, und auf noch höherer Ebene sind die sog. „Anwenderprogramme“ angesiedelt.

Das „Betriebssystemprogramm“, zumeist kurz „Betriebssystem“ genannt, bildet die Programminfrastruktur eines Computersystems und gewährleistet somit dessen „Betrieb“. Es trennt die Ebene der Anwenderprogramme von der Hardware und verwaltet den Zugriff der Anwenderprogramme auf die verschiedenen Hardwareressourcen eines Computersystems, wie zum Beispiel Prozessor, Arbeitsspeicher, Festplatte.[223] Häufig enthalten Betriebssysteme verschiedene Werkzeuge zur Überwachung des Systemablaufs, deren Sinn und Funktionsweise dem herkömmlichen Computernutzer regelmäßig verschlossen bleiben,[224]

223 *Gumm/Sommer*, Einführung Informatik, S. 59; *Heinrich*, Strafbarkeit der unbefugten Vervielfältigung, S. 54.

224 Vgl. *König*, Computerprogramm im Recht, S. 53.

für ein „Software Reverse Engineering“, insbesondere das sog. „System-Monitoring“,[225] jedoch von großem Nutzen sein können.

Über der Ebene des Betriebssystems befinden sich die sog. „Anwenderprogramme“. Anwenderprogramme orientieren sich noch stärker an den Interessen des konkreten Nutzers und führen eine für diesen brauchbare Funktion, wie zum Beispiel Textverarbeitung, Kommunikation oder das Erkunden des Internets, aus.[226]

In horizontaler Hinsicht können sowohl Betriebssystem- als auch Anwenderprogramme – je nach ihrem Bezug auf den konkreten Nutzer – in „Standardprogramme“ und „Individualprogramme“ unterteilt werden.[227]

Für die technische Durchführung eines „Software Reverse Engineering“ ist eine profunde Kenntnis über die Abläufe und Funktionalitäten auf Ebene des Betriebssystems erforderlich und hilfreich. Gegenstand eines „Software Reverse Engineering“ können sowohl Anwenderprogramme als auch ein Betriebssystemprogramm sein.

(3) Programmschnittstellen

Soweit der Reverser eine Analyse zum Zwecke der Herstellung von Interoperabilität betreibt, sind für ihn die Schnittstellen eines Programms von besonderer Relevanz. Über die Schnittstellen erfolgt die Verbindung und Interaktion einzelner Programmteile untereinander, verschiedener Programme miteinander oder eines Programms mit einer Hardwarekomponente.[228] Dabei ist strikt zu differenzieren zwischen der Funktionsweise einer Schnittstelle, also der Art und Weise, Daten auszutauschen, und dem sog. „Schnittstellenprotokoll“.[229] Die Funktionsweise der Schnittstelle, also die Information, wie die Schnittstelle die ihm gestellte Aufgabe des Datenaustauschs konkret löst, ist in dem Programm-

---

225 Dazu unten: 1. Teil, B., III., 2., c), aa) (S. 78 f.).

226 *Gumm/Sommer*, Einführung Informatik, S. 66; *Heinrich*, Strafbarkeit der unbefugten Vervielfältigung, S. 55.

227 Dazu näher *König*, Computerprogramm im Recht, S. 56 f.

228 Vgl. den 11. Erwägungsgrund der Softwarerichtlinie: „Teile des Programms, die eine solche Verbindung und Interaktion zwischen den Elementen von Software und Hardware ermöglichen sollen“.

229 Auch „Schnittstellenspezifikation“ genannt.

code selbst niedergelegt. Für denjenigen, der ein interoperables Produkt entwickeln möchte, ist jedoch entscheidend die Kenntnis vom zu Grunde liegenden Schnittstellenprotokoll. Dieses enthält die Information, wie fremde Daten aufbereitet sein müssen, um über die Schnittstelle mit dem Programm oder einem Programmteil interagieren zu können.[230] Um Daten gegenseitig austauschen zu können, müssen sich die Protokolle zweier Schnittstellen entsprechen. Das Schnittstellenprotokoll ist regelmäßig nicht im Programmcode niedergelegt; häufig wird es von den – vor allem marktstarken – Softwareherstellern bewusst geheim gehalten.[231] Dann sind oft Maßnahmen des „Software Reverse Engineering“ erforderlich, um aus der Funktionsweise einer Schnittstelle auf das zu Grunde liegende Schnittstellenprotokoll rückzuschließen.

cc) Programmiersprachen

Wie bereits angedeutet, ist Voraussetzung dafür, dass der Prozessor eines Computers Programmdaten und sonstige Daten verarbeiten kann, die Darbietung dieser Daten in einer vom Prozessor interpretierbaren Form. In welcher Sprache Computerprogramme programmiert werden und wie eine etwaig erforderliche Umsetzung in das vom Prozessor allein lesbare Format erfolgt, darüber sollen die folgenden Ausführungen Aufschluss geben.

(1) Maschinensprachen

Der Prozessor eines Computersystems kann unmittelbar nur solche Befehle verarbeiten, die in einer entsprechenden „Maschinensprache“ vorliegen.[232] Für die verschiedenen verfügbaren Prozessortypen existieren dabei unterschiedliche Maschinensprachen. Gemeinsam ist ihnen ihr binärer Aufbau, dass heißt sie lassen sich durch zwei Zeichen darstellen („0“ und „1“, „H“ und „L“ o. ä.). Bei der Programmierung in Maschinensprache werden die zwei zur Verfügung stehenden Zeichen in einer be-

230 Ähnlich dem „Protokoll“ bei Staatsbesuchen, das zur Gewährleistung eines reibungslosen Ablaufs festschreibt, zu welcher Zeit (absolut) oder in welcher Reihenfolge (relativ) der Staatsgast und sein Gastgeber welche Prozedur auszuführen haben.

231 Vgl. *Harte-Bavendamm*, GRUR 1990, 657 (659).

232 *Dworatschek*, Grundlagen Datenverarbeitung, S. 338 f.; *König*, GRUR 1989, 559 (560).

stimmten Reihenfolge kombiniert, die der Prozessor des Systems als Befehl interpretiert. Die ersten Computer wurden unmittelbar mit Hilfe von Maschinensprachen instruiert. Naturgemäß konnten die Befehle daher nur vergleichsweise primitive Anweisungen enthalten, wie simple Arithmetik, Speicherzugriffe et cetera.

Textlich dargestellt wird die Maschinensprache heute regelmäßig hexadezimal.[233] Dabei wird einer binären Zeichenfolge, bestehend aus vier Zeichen, jeweils eine konkrete „Hexziffer" zugeordnet. Beispiel:[234]

0000 = 0	0100 = 4	1000 = 8	1100 = C
0001 = 1	0101 = 5	1001 = 9	1101 = D
0010 = 2	0110 = 6	1010 = A	1110 = E
0011 = 3	0111 = 7	1011 = B	1111 = F

Zur Exemplifizierung der verschiedenen Programmiersprachen und ihrer Um- bzw. Rückwandlung soll im Folgenden das in der IT-Branche bekannte „Hallo Welt!"-Programm" dienen. Es handelt sich um ein kleines Computerprogramm, das auf möglichst einfache Weise zeigt, welche Anweisungen oder Bestandteile für ein vollständiges Programm in einer bestimmten Programmiersprache benötigt werden. Einzige Aufgabe des Programms ist, das Betriebssystem anzuweisen, auf einem Ausgabegerät des Computersystems, klassischerweise dem Monitor, den Text „Hallo Welt!" auszugeben. Die Verwendung des Textes „Hallo Welt!" bzw. englisch „Hello, world!" ist mittlerweile Tradition und geht zurück auf ein internes Programmierhandbuch der Bell Laboratories über die Programmiersprache „C", das der in IT-Kreisen bekannte Programmierer *Kernighan* dort 1974 verfasste.[235]

In eine Maschinensprache transformiert stellen sich die wesentlichen Teile des „Hallo Welt!"-Programms beispielsweise wie folgt dar:[236]

---

233 *König*, GRUR 1989, 559 (560).

234 Nach *Gumm/Sommer*, Einführung Informatik, S. 7.

235 Überregionale Bekanntheit erlangte der Text jedoch erst durch die Veröffentlichung in dem Buch „The C Programming Language", das *Kernighan* im Jahr 1978 gemeinsam mit *Ritchie* veröffentlichte.

236 Sog. „Hexdump" des disassemblierten – ursprünglich in Assemblersprache (vgl. sogleich) geschriebenen – Programms (ohne ASCII Ausgabe). Für die bereitwillige Überlassung von Anschauungsmaterial dankt der Verfasser Herrn *Marcus Roming*, Mitautor des Sachbuchs „Assembler – Grundlagen der Programmierung".

00000000	4D5A	1B00	0200	0100	2000	1100	FFFF	0200
00000010	0001	0000	0000	0000	1E00	0000	0100	0100
00000020	0000	0000	0000	0000	0000	0000	0000	0000
00000030	0000	0000	0000	0000	0000	0000	0000	0000
00000040	0000	0000	0000	0000	0000	0000	0000	0000
00000050	0000	0000	0000	0000	0000	0000	0000	0000
00000060	0000	0000	0000	0000	0000	0000	0000	0000
00000070	0000	0000	0000	0000	0000	0000	0000	0000
00000080	0000	0000	0000	0000	0000	0000	0000	0000
00000090	0000	0000	0000	0000	0000	0000	0000	0000
000000A0	0000	0000	0000	0000	0000	0000	0000	0000
000000B0	0000	0000	0000	0000	0000	0000	0000	0000
000000C0	0000	0000	0000	0000	0000	0000	0000	0000
000000D0	0000	0000	0000	0000	0000	0000	0000	0000
000000E0	0000	0000	0000	0000	0000	0000	0000	0000
000000F0	0000	0000	0000	0000	0000	0000	0000	0000
00000100	0000	0000	0000	0000	0000	0000	0000	0000
00000110	0000	0000	0000	0000	0000	0000	0000	0000
00000120	0000	0000	0000	0000	0000	0000	0000	0000
00000130	0000	0000	0000	0000	0000	0000	0000	0000
00000140	0000	0000	0000	0000	0000	0000	0000	0000
00000150	0000	0000	0000	0000	0000	0000	0000	0000
00000160	0000	0000	0000	0000	0000	0000	0000	0000
00000170	0000	0000	0000	0000	0000	0000	0000	0000
00000180	0000	0000	0000	0000	0000	0000	0000	0000
00000190	0000	0000	0000	0000	0000	0000	0000	0000
000001A0	0000	0000	0000	0000	0000	0000	0000	0000
000001B0	0000	0000	0000	0000	0000	0000	0000	0000
000001C0	0000	0000	0000	0000	0000	0000	0000	0000
000001D0	0000	0000	0000	0000	0000	0000	0000	0000
000001E0	0000	0000	0000	0000	0000	0000	0000	0000
000001F0	0000	0000	0000	0000	0000	0000	0000	0000
00000200	B801	008E	D8BA	0000	B409	CD21	B44C	CD21
00000210	4861	6C6C	6F20	5765	6C74	24		

Für den Laien ist nicht im Ansatz erkennbar, was die Kombination der Hexadezimalzahlen ausdrücken soll. Auch der durchschnittlich ausgebildete Computerfachmann wird die vorstehenden Codezeilen nicht entschlüsseln können. Der mit einem abgeschlossenen IT-Studium ausgerüstete Experte müsste, wenn er nicht auf Maschinensprachen spezialisiert ist, jedenfalls länger nachdenken und eventuell ergänzend in einem Fachbuch nachschlagen, um diese Art von Programmcode zu dekuvrieren. Mit ansteigender Komplexität des Programms würde eine Entschlüsselung allein anhand des Maschinencodes auch für ihn zunehmend schwieriger. Es ist davon auszugehen, dass komplexe Programme, wie sie heute üblicherweise vertrieben werden, selbst von Experten nicht mehr bloß anhand des Maschinencodes – dass heißt: ohne Übersetzung in eine verständliche Programmiersprache – entschlüsselt werden können.[237]

(2) Maschinennahe Programmiersprachen

Auf Grund der begrenzten Möglichkeiten der Programmierung in Maschinensprachen und angetrieben von einer wachsenden Leistungsfähigkeit der verfügbaren Rechner setzten schnell Bestrebungen ein, bestimmte, immer wieder kehrende Befehlsketten mit Hilfe von – für den Menschen leichter verständlichen – Abkürzungen („Short-Cuts") zusammenzufassen, um auf diese Weise komplexere Programme ökonomisch programmieren zu können.
Die erste große Innovation war die Erfindung der sog. „Assemblersprachen", die es erlauben, die Maschinensprache textlich darzustellen. Assemblersprachen benennen bestimmte Elemente einer Maschinencodesequenz mit – jedenfalls für den Fachmann – verständlicheren Begriffen. So müssen Programmierer für den Befehl „Übertrage den Wert eines Quelloperanden in einen Zieloperanden!" anstelle einer für die Allgemeinheit unverständlichen binären Codefolge in einer Assemblersprache lediglich den Begriff „mov"[238] eingeben.

Auch wenn Assemblersprachen und ihnen ähnliche Programmiersprachen vom Niveau der Maschinensprachen abstrahieren, stehen die verfügbaren Operationen eines bestimmten Rechnersystems bzw. Prozessortyps noch im Vordergrund. Man spricht daher von „maschinennahen Programmiersprachen".[239]

Das „Hallo Welt!"-Programm nimmt in einer Assemblersprache formuliert zum Beispiel folgende Gestalt an:[240]

---

237 Vgl. *Marly*, Softwareüberlassungsverträge, Rn. 1158; *Geiger*, Umarbeitungsrecht, S. 20.

238 Vom englischen Wort „move" = verschieben.

239 *Gumm/Sommer*, Einführung Informatik, S. 80. Vgl. auch *Dworatschek*, Grundlagen Datenverarbeitung, S. 338 ff., 343; *König*, GRUR 1989, 559 (561) („maschinenorientierte Programmiersprachen").

240 Beispiel nach *Rohde/Roming*, Assembler, S. 53.

```
         .MODEL Small                   ;Speichermodell: Small
         .STACK 100h                    ;Stackgröße auf 256 Byte
         .DATA                          ;Beginn des Datensegments
Meldung  DB     „Hallo Welt$“           ;Unsere Meldung
         .CODE                          ;Beginn des Codesegments
Start:   mov    ax, data                ;Datensegmentadresse nach ax
         mov    ds, ax                  ;Inhalt von AX nach DS
         mov    dx,OFFSET Meldung       ;Offsetadr. nach dx
         mov    ah,09h
         int    21h                     ;Schreibe String
         mov    ah,4Ch
         int    21h                     ;Programm beenden
         END Start
```

Die zuvor unstrukturierte hexadezimale Zeichenfolge wird durch Verwendung der Assemblersprache in verständlichere Befehle aufgeschlüsselt, die Namen enthalten (z.B. „mov“, „int“), mit denen Art und Funktion der Befehle angedeutet werden.[241] So teilt die Anweisung „.DATA“ dem Leser des Programmcodes mit, dass an dieser Stelle das Datensegment des Programms („Hallo Welt!“) beginnt, während „.CODE“ für den Beginn des Codesegments steht. Vom Programmierer jeweils hinter den Semikola eingefügte Kommentare erläutern den Programmcode ausführlich, damit andere, die ebenfalls an dem Programm arbeiten, sich leichter in das Programm einfinden. Einfache Programme, wie das „Hallo Welt!“-Programm, können vom Computerfachmann, der mit Assemblersprachen im Grundsatz vertraut ist, allein anhand einer Darstellung wie im Beispielsfall nachvollzogen werden, insbesondere dann, wenn der Programmcode ausführlich kommentiert wurde. Mit Zunahme an Programmkomplexität und Abnahme der Kommentierungen wird ein Nachvollziehen des Programms allein anhand der Assemblersprache jedoch diffizil.

Die Programmierung in einer maschinennahen Programmiersprache bedingt einen zusätzlichen Arbeitsschritt vor Ablauf des Programms. Wie bereits erläutert, kann der Prozessor eines Computersystems ausschließlich eine auf den jeweiligen Prozessortyp abgestimmte „Maschinensprache“ verarbeiten. Daraus folgt, dass die in einer Assemblersprache formulierten Programmbefehle vor der Verarbeitung durch den Prozessor übersetzt werden müssen. Das technische Hilfsmittel, das diese Überset-

241 *Haberstumpf*, CR 1991, 129 (132); *König*, GRUR 1989, 559 (561).

zung vornimmt, ist der „Assembler“. Dabei handelt es sich um ein Computerprogramm, das den in einer Assemblersprache formulierten Programmcode einliest und in äquivalenten Maschinencode übersetzt, man spricht von „Assemblierung“.[242]

Mit der Entwicklung von Assemblersprachen entstand die Unterscheidung zwischen dem sog. „Objektcode“ und dem sog. „Quellcode“. Wird ein Computerprogramm nicht in Maschinensprache sondern in einer maschinennahen oder problemorientierten Programmiersprache programmiert, so nennt man den so erzeugten Programmcode „Quellcode“.[243] Das Ergebnis einer Assemblierung des „Quellcodes“, das Programm in Form einer entsprechenden Maschinensprache, wird als „Objektcode“ bezeichnet.[244]

(3) Problemorientierte Programmiersprachen

Ende der 1950er Jahre stiegen die Anforderungen an Softwareanwendungen so rasant, dass auch die Assemblersprachen nicht mehr ausreichten, um Rechner effizient zu programmieren. Man entwickelte Programmiersprachen, die die Kommunikation zwischen Mensch und Maschine weiter vereinfachten, indem sie die Eingabe von Befehlen in noch „menschennäherer“ Sprache erlaubten.[245] Sie enthielten abstrakte Elemente, wie zum Beispiel bedingte Anweisungen („wenn x wahr, dann führe y aus“) und Schleifen („solange x gilt, führe y aus“). Solche – im Rahmen einer Programmerstellung ständig benötigten – Funktionen konnten von nun an mit erheblich geringerem Aufwand programmiert werden.

Diese neue Generation von Programmiersprachen orientierte sich nicht mehr an einer bestimmten Rechnerstruktur, sondern primär an dem zu lösenden Problem, daher spricht man von „problemorientierten Programmiersprachen“.[246] Prominente Beispiele für solche Programmier-

242 Vgl. *Dworatschek*, Grundlagen Datenverarbeitung, S. 341.

243 *Ernst*, MMR 2001, 208; *König*, Computerprogramm im Recht, S. 38; *ders.*, GRUR 1989, 559 (561).

244 *Dworatschek*, Grundlagen Datenverarbeitung, S. 340; *Ernst*, MMR 2001, 208; *König*, Computerprogramm im Recht, S. 36; *ders.*, GRUR 1989, 559 (560).

245 *Dworatschek*, Grundlagen Datenverarbeitung, S. 344.

246 *Dworatschek*, Grundlagen Datenverarbeitung, S. 343; *Gumm/Sommer*, Einführung Informatik, S. 80; *Ilzhöfer*, CR 1990, 578; *König*, GRUR 1989, 559 (561).

sprachen sind die Sprachen „Basic“ und „C“. In der problemorientierten Programmiersprache „C“ stellt sich das „Hallo Welt!“-Programm zum Beispiel wie folgt dar:

```
#include <stdio.h>

int main(void)
{
 printf("Hallo Welt!");
 return 0;
}
```

Dem Laien vermittelt der Programmcode nun jedenfalls eine Idee von der Funktionsweise des Programms. Aus der Bezeichnung „printf“ kann er schließen, dass etwas ausgegeben werden soll. Der in Anführungszeichen stehende Klammerzusatz legt nahe, dass es sich dabei um den Text „Hallo Wellt!“ handeln soll. Der Computerinteressierte kann das Programm bereits mit geringsten Programmierkenntnissen in der weit verbreiteten Computersprache „C“ vollständig entschlüsseln. Mit zunehmender Komplexität eines Computerprogramms steigen allerdings die Anforderungen an die Programmierkenntnisse, die zur Ergründung erforderlich sind. In der Regel ist es erfahrenen Programmierern aber möglich, Programme anhand des – bestenfalls kommentierten – Originalquellcodes in einer problemorientierten Programmiersprache unter Einsatz eines überschaubaren Zeitaufwands nachzuvollziehen.

Da Prozessoren nur Programmcode in einer entsprechenden Maschinensprache verarbeiten können, muss der in einer problemorientierten Sprache formulierte Quelltext vor dem Programmablauf in diese Maschinensprache umgewandelt werden. Hierbei lassen sich zwei grundsätzliche Konzeptionen unterscheiden, die „Kompilierung“ und die „Interpretierung“ des Quellcodes. Das Konzept der „Kompilierung“ entspricht dem der bereits dargestellten Assemblierung. Mit Hilfe eines speziellen Computerprogramms, dem sog. „Compiler“, wird der in einer problemorientierten Programmiersprache verfasste Quelltext vor dem Programmablauf, üblicherweise vor dem Vertrieb des Programms, in äquivalenten

---

Der synonym gebrauchte Begriff „höhere Programmiersprachen“ bringt dies nicht in gleicher Weise zum Ausdruck.

Maschinencode, dem Objektcode, übersetzt.[247] Die „Interpretierung“ des Quelltextes erfolgt dagegen zur Laufzeit des Programms. Hilfsmittel ist der sog. „Interpreter“, ein zusätzlich ablaufendes Computerprogramm, das den Quelltext des auszuführenden Programms sukzessive einliest, analysiert und dann ausführt.[248] Die Programmanweisungen werden dabei in Unterprogramme aus Maschinenbefehlen übertragen, welche vom Prozessor anschließend ausgeführt werden können.[249] Ein Nachteil gegenüber der Kompilierung ist die langsamere Programmausführung auf Grund der zeitaufwändigen Analyse durch das Interpreterprogramm.[250] Von Vorteil ist, dass der Quellcode eines Programms grundsätzlich auf jeder Rechnerarchitektur lauffähig ist, vorausgesetzt, es existiert ein entsprechendes Interpreterprogramm.

Als Vermittlung zwischen Compiler- und Interpreterlösung wurden sog. „Just In Time“-Compiler“ (JIT-Compiler) entwickelt, bei denen das Programm erst zur Laufzeit des Programms (wie beim Interpreter und anders als beim herkömmlichen Compiler), jedoch direkt in Maschinensprache (insoweit anders als beim Interpreter und wie beim herkömmlichen Compiler) übersetzt wird.[251] Eine Variante hierzu bildet das sog. „Bytecodeformat“. Dabei wird der Quelltext nach der Programmierung zunächst mittels Compiler in ein plattformunabhängiges Format umgewandelt, das der Maschinensprache sehr ähnlich ist. Der Ablauf des Pogramms erfordert dann den Einsatz einer sog. „Virtual Machine“,[252] hinter dem sich ein Interpreterprogramm oder ein JIT-Compiler verbirgt. Hintergrund und Vorteil dieser Lösung ist die Möglichkeit einer plattformunabhängigen Entwicklung sowie eines kostenärmeren Vertriebs auf Grund des einheitlichen Bytecodeformats.

247 *König*, GRUR 1989, 559 (561). Häufig erfolgt dabei zunächst eine Übersetzung in Assemblersprache und sodann eine Assemblierung in das Maschinencodeformat, *Dworatschek*, Grundlagen Datenverarbeitung, S. 344.

248 *Dworatschek*, Grundlagen Datenverarbeitung, S. 344.

249 *Gumm/Sommer*, Einführung Informatik, S. 83.

250 *Dworatschek*, Grundlagen Datenverarbeitung, S. 344; *König*, GRUR 1989, 559 (561).

251 *Eilam*, Reversing, S. 62.

252 Vgl. hierzu *Eilam*, Reversing, S. 12ff., 60ff.; *Gumm/Sommer*, Einführung Informatik, S. 81ff.

Die nachfolgende Übersicht soll die unterschiedlichen Modelle der Umsetzung des in einer problemorientierten Programmiersprache verfassten Quelltextes in den Objektcode veranschaulichen:

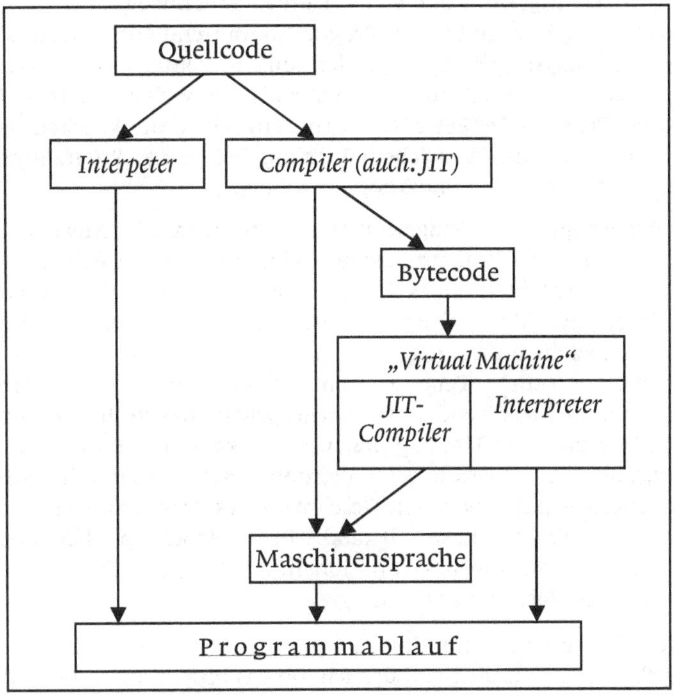

Soll die Umsetzung des Quellcodes über Interpreter erfolgen, so entsteht ein Bedürfnis nach „Reverse Engineering“ in der Regel nicht, denn das Programm wird in diesem Fall in Form einer höheren Programmiersprache ausgeliefert, der ein Fachmann das relevante „Know-how“ regelmäßig unmittelbar entnehmen kann. Anders verhält es sich aber bei Auslieferung sog. „Zwischencodeformate“, wie dem „Bytecode“. Ein solcher Programmcode ist regelmäßig nicht ohne weiteres verständlich. Je nach Zustand des Codes bedarf es mehr oder weniger aufwändiger Maßnahmen des „Reverse Engineering“. Werden komplexere Programme im kompilierten Zustand, das heißt in Maschinensprache, ausgeliefert, sind Maßnahmen des „Reverse Engineering“ zum Verstehen der zu Grunde liegenden Programmstrukturen und -abläufe unerlässlich.

dd) Programmablauf

Während einige der noch darzustellenden Techniken des „Reverse Engineering“ den Programmcode statisch untersuchen (sog. „Offline-Code-Analyse“), betrachten andere das Programm während seines Ablaufs (sog. „Live-Code-Analyse“).[253] Im Folgenden soll daher kurz skizziert werden, wie sich der Programmablauf technisch vollzieht, wobei im Hinblick auf die spätere Prüfung des § 69c Nr. 1 UrhG ein Schwerpunkt darauf gelegt wird, wann, wo und in welchem Umfang Zeilen des Programmcodes während des Programmablaufs kopiert werden.

In der Regel beginnt der Programmablauf damit, dass der Anwender den Befehl zum Start des Programmablaufs gibt, beispielsweise durch Mausklick auf ein entsprechendes Bildschirmsymbol, beim Betriebssystem durch Einschalten des Rechnersystems. Hat der Prozessor des Rechners diesen Startbefehl ordnungsgemäß interpretiert, werden anschließend zumindest wesentliche Teile des Computerprogramms in den Arbeitsspeicher und kleinere Teile in den Cachespeicher des Rechnersystems[254] kopiert. Wie groß der Umfang des insoweit kopierten Programmcodes ist, hängt ab von der Größe des Programms, der Kapazität des Arbeits- bzw. Cachespeichers sowie dem Geschmack des Programmierers. In der Regel wird das Programm so vollständig in den Arbeitsspeicher „hochgeladen“, dass die wichtigsten Funktionen, der Programmkern, verarbeitungsbereit zur Verfügung stehen.

Welche Schritte nach dem Upload in den Arbeitsspeicher erforderlich sind, richtet sich entscheidend danach, ob das Programm in Maschinensprache oder einer höheren Programmiersprache vorliegt, und ob, im Falle einer höheren Programmiersprache, ein Compiler oder ein Interpreter zum Einsatz kommt. Das in prozessoradäquater Maschinensprache vorliegende Programm kann vom Prozessor unmittelbar ausgewertet respektive verarbeitet werden. Dabei werden die einzelnen Programmbefehle sukzessive in die Register des Prozessors kopiert und verarbeitet. Programme, die in einer höheren Programmiersprache oder einem Zwischencodeformat in den Arbeitsspeicher geladen werden, müssen vor dem eigentlichen Ablauf erst – mittels Interpreter oder JIT-Compiler – in ein für den Prozessor lesbares Format transformiert werden.

---

253 *Eilam*, Reversing, S. 110.

254 Siehe oben: 1. Teil, B., III., 2., a), aa) (S. 61 f.).

Auf eine weitere Besonderheit des heutigen Programmablaufs soll kurz ergänzend hingewiesen werden. Moderne Computersysteme arbeiten in der Regel mit sog. „Grafikprozessoren“, denen ein eigener „Cachespeicher“ angeschlossen ist.[255] Grafikprozessoren sind eine Entwicklung der 1980er Jahre und dienten zunächst nur als Bindeglied zwischen Prozessor und Bildschirmausgabe. Der Grafikspeicher diente lediglich als Puffer, der die vom Hauptprozessor vorberechneten Grafikdaten entgegennahm und – aus Optimierungsgründen – zwischenspeicherte. Mit dem Übergang von textbasierten DOS-Anwendungen zu grafikbasierten Windows-Anwendungen wuchs der Druck, leistungsstärkere Grafikprozessoren zu entwickeln. Daher generierte man spezielle Grafikprozessoren, die einfache Befehle (z.B. „zeichne Viereck“) zur Entlastung des Hauptprozessors selbständig abarbeiten konnten, sog. „Windows-Beschleuniger“. In der Folgezeit wurde die Leistung der Grafikprozessoren stark verbessert, heute werden rechenintensive Grafikberechnungen (z.B. 3D-Computergrafik) nicht mehr vom Hauptprozessor selbst, sondern ausschließlich von ihnen vorgenommen. Auf Grund der Spezialisierung auf Grafikberechnungen sind moderne Grafikprozessoren den Hauptprozessoren in ihrer Rechenleistung deutlich überlegen.

b) Techniken zum Schutz des Quellcodes

Der Aufwand und die einzusetzenden Techniken des „Software Reverse Engineering“ hängen entscheidend davon ab, wie der Quellcode eines proprietären Softwareprodukts gegen den Zugriff anderer abgesichert wird. Zum Schutz des Quellcodes werden in der Praxis verschiedene Techniken eingesetzt, um die Aufwendungen für ein „Reverse Engineering“ möglichst so weit in die Höhe zu treiben, dass selbst der besonders engagierte Reverser vor der Aufgabe kapituliert.

aa) Kompilierung, Assemblierung

Einen nicht unerheblichen Schutz erreichen Softwarehersteller bereits dadurch, dass sie ihre Programme vor der Auslieferung in die jeweils erforderliche Maschinensprache kompilieren bzw. assemblieren und ausschließlich dieses Format, das für den Menschen nicht ohne weiteres, für das Rechnersystem jedoch allein lesbar ist, vertreiben.

---

255 *Gumm/Sommer*, Einführung Informatik, S. 37, 767 f.

Das Ergebnis der Kompilierung ist bei komplizierten Programmen selbst für den erfahrenen Computerfachmann bereits auf Grund der sprachlichen Darstellung nicht interpretierbar.[256] Darüber hinaus erfolgen während des Kompilierungsvorgangs in der Regel zahlreiche Verbesserungs- und Optimierungsvorgänge, um die Effizienz des Objektcodes zu steigern sowie die Rückübersetzung des Codes weiter zu erschweren. Viele signifikante Elemente, insbesondere erläuternde Kommentare, die der Programmcode enthält, für die Lauffähigkeit des Programms jedoch nicht erforderlich sind, werden im Rahmen der Kompilierung gelöscht.[257] Namen für Objekte werden in nichts aussagende Adressen umgewandelt, symbolische Konstanten durch nicht differenzierbare, unter Umständen auch gleiche Zahlenwerte ersetzt.[258] *Lietz* hat das Ergebnis eines solchen Kompilierungsvorgangs anschaulich beschrieben:

„Das entstandene Produkt ähnelt daher einer Tageszeitung, in der alle Namen, Berufe oder Positionen, Orte und Gegenstände durch Geburtsdatum, Gehalt, Postleitzahl bzw. Verkaufspreis ersetzt wurden."[259]

bb) Obfuskatoren

Neben der Kompilierung des Programmcodes werden häufig weitere, ergänzende Maßnahmen ergriffen, um ein „Reverse Engineering" des Objektcodes zu komplizieren, bestenfalls auf unabsehbare Zeit zu verhindern.[260] Spezielle Computerprogramme, sog. „Obfuskatoren",[261] zielen darauf ab, das Ergebnis einer – von Reversern häufig probierten – automatischen Rückübersetzung des Objektcodes durch Disassembler oder Decompiler[262] möglichst zu verschlechtern. Sie bewirken die – über den eigentlichen Vorgang der Dekompilierung hinausgehende – Löschung nicht erforderlicher Codebestandteile sowie eine derangierende Veränderung der Codestruktur. Zum Teil werden auch Codesequenzen ergänzt, die für den Programmablauf irrelevant sind und ausschließlich dazu die-

256 Siehe oben: 1. Teil, B., III., 2., a), cc), (1) (S. 65 ff.).
257 *Lietz*, CR 1991, 564 (567); *Habel*, Nutzungsrechte, S. 196 f.; *Haberstumpf*, CR 1991, 129 (132); *König*, GRUR 1989, 559 (561); *Kuhlmann*, CR 1989, 177 (178).
258 *Lietz*, CR 1991, 564 (567).
259 CR, 1991, 564 (567).
260 *Kalinovsky*, Covert Java, S. 28.
261 Zum Beispiel: RetroGuard, JShrink, CodeShield.
262 Dazu sogleich unten: 1. Teil, B., III., 2., c), bb) (S. 79 ff.) und cc) (S. 81 f.).

nen, eine Entschlüsselung zu torpedieren.[263] Erforderlich ist der Einsatz von „Obfuskatoren“ vor allem zum Schutz solcher Programme, deren ausgelieferter Code die Strukturen des Programms weitgehend widerspiegelt, so zum Beispiel beim Zwischencodeformat „Bytecode“.[264]

cc) Kryptografie

Eine weitere Möglichkeit, den Programmcode zu schützen, besteht darin, ihn mittels Kryptografie zu verschlüsseln. Allerdings setzt die für den Programmablauf erforderliche Übersetzung des verschlüsselten Codes in die maschinenlesbare Sprache in aller Regel voraus, dass der Kryptografieschlüssel selbst im ausführbaren Code enthalten ist. Auch durchlaufen die entschlüsselten Codezeilen, die allein der Prozessor verarbeiten kann, während des Programmablaufs den Arbeitsspeicher, der vom Reverser – durch Maßnahmen des sog. „System Monitoring“[265] – leicht ausgelesen werden kann.[266] Regelmäßig werden Maßnahmen der Kryptografie daher bloß den weniger versierten Reverser abschrecken.

dd) Listschutz

In den Anfängen proprietärer Software wurden Computerprogramme mitunter auch durch einen sog. „Listschutz“ geschützt. Dem Nutzer wurde zwar der menschennahe und mittels Interpreter umsetzbare Quellcode in einer problemorientierten Programmiersprache überlassen. Die Verzeichnisse des Programms enthielten jedoch keine Indexverzeichnisse, so dass sie nicht automatisch geöffnet werden konnten und der Quelltext mithin nicht ohne weiteres betrachtet werden konnte.[267] Für den Schutz von Computerprogrammen hat sich auch der Listschutz als ineffektiv erwiesen, fortgeschrittene Anwender konnten ihn allzuschnell überwinden.[268]

---

263 *Eilam*, Reversing, S. 344 ff. Selbstverständlich können entsprechende Handlungen auch „von Hand“ vorgenommen werden.

264 *Kalinovsky*, Covert Java, S. 28.

265 Dazu unten: 1. Teil, B., III., 2., c), aa) (S. 78 f.).

266 *Eilam*, Reversing, S. 330.

267 Vgl. *Marly*, Softwareüberlassungsverträge, Rn. 1158.

268 Vgl. *Weihbrecht*, in der Computerzeitschrift CHIP 2/1990, 256. Mangels praktischer Relevanz für den heutigen Programmschutz bleibt der Listschutz im Folgenden außer Betracht.

c) Techniken des „Software Reverse Engineering"

„Software Reverse Engineering" bezweckt, die Übersetzungs-, Verkleinerungs- und Verschleierungsmaßnahmen, die von Softwareentwicklern zum Schutz des Quellcodes vorgenommen werden, so weit als möglich umzukehren, um das in der Software enthaltene Programmier-Knowhow aufzudecken. Den Reverser interessiert, wie das untersuchte Computerprogramm die ihm gestellten Aufgaben im Einzelnen löst.

Ein erfolgreiches „Software Reverse Engineering" erfordert in der Regel einen hohen Aufwand an qualifizierter Arbeitskraft.[269] Zur Basisausrüstung des Reversers zählen – neben einem gehörigen Maß an „detektivischer Intuition" –[270] ein Computersystem, auf dem das zu untersuchende Programm ablaufen kann, sowie ein solides IT-Wissen, insbesondere im Bereich der unteren Ebenen eines Computersystems (Hardware, Betriebssystem, Assembler-/Maschinensprachen). Häufig bilden die Vorgänge auf den unteren Systemebenen das Einzige, an das der Reverser mit seiner Arbeit anknüpfen kann. Ein entsprechendes Wissen ist in heutiger Zeit jedoch nicht mehr allgemein verbreitet. Insbesondere führte die Entwicklung moderner Betriebssysteme und höherer Programmiersprachen dazu, dass sich nur noch wenige Spezialisten mit den Abläufen auf den unteren Ebenen eines Computersystems beschäftigen, geschweige denn sich dort fundiert auskennen. Der zeitliche Gewinn moderner Entwicklungswerkzeuge geht mit einem Verlust an Verständnis der tieferen Zusammenhänge einher. Gleichzeitig hat sich der Komplexitätsgrad von Software immens erhöht.[271]

Im Folgenden werden die aus heutiger Sicht praktisch wichtigen Werkzeuge und Methoden vorgestellt, die bei einem „Reverse Engineering" – zum Teil alternativ, überwiegend jedoch kumulativ – eingesetzt werden.

aa) System Monitoring

Am Beginn einer Softwareanalyse steht häufig das sog. „System Monitoring".[272] Beim „System Monitoring" geht es darum, durch Beobachtung

---

269 *Jersch*, Ergänzender Leistungsschutz und Computersoftware, S. 120. Vgl. auch LG München, NJW 1986, 129.

270 *Lietz*, CR 1991, 564 (567).

271 *Geiger*, Umarbeitungsrecht, S. 24 f.

272 Hierzu umfassend *Eilam*, Reversing, S. 15, 129 ff.

des Betriebssystemverhaltens während des Programmablaufs oder seiner Installation Rückschlüsse auf die inneren Strukturen des Programms zu ziehen. Das Betriebssystem übernimmt – bezogen auf das gesamte Computersystem – „Gatekeeperfunktionen“. Es koordiniert die Verbindung zwischen Anwenderprogrammen, Hardware und Außenwelt. Praktisch jede Kommunikation zwischen einem Anwenderprogramm, der Hardware und der Außenwelt durchläuft in irgendeiner Weise das Betriebssystem. Mit speziellen Monitoring-Tools können solche Vorgänge (Netzwerkaktivitäten, Datei- und Registerzugriffe etc.) gezielt angezeigt und ausgewertet werden. Erforderlich ist lediglich der Ablauf des Programms („Live-Code-Analyse“). Die Zahl der verschiedenen Werkzeuge ist – entsprechend der Zahl der in einem Computersystem ablaufenden Kommunikationsvorgänge – groß. Viele Werkzeuge, insbesondere für das verbreitete Betriebssystem „Windows“, sind bereits im Betriebssystemprogramm enthalten oder jedenfalls kostenlos verfügbar.

„System Monitoring“ eignet sich vor allem dazu, die grobe Struktur des Programms aufzudecken und Programmbereiche, die für Reverser von besonderem Interesse sind, zu identifizieren.[273] Nur in Einzelfällen können spezielle Fragen, die ein Reverser an das untersuchte Programm stellt, durch den Einsatz von System-Monitoring-Werkzeugen bereits vollständig beantwortet werden, ohne dass ein Blick auf den Programmcode erforderlich ist.[274]

bb) Dekompilierung

Die sog. „Dekompilierung“ beschränkt sich nicht auf die Beobachtung des Programmverhaltens, sondern setzt am Programmcode selbst an. Mit Hilfe spezieller Dekompilierungsprogramme („Decompiler“), die erst seit neuerer Zeit existieren,[275] wird versucht, den ausgelieferten Maschinenprogrammcode automatisiert in eine höhere und also für den Menschen leichter lesbare Programmiersprache rückzuübersetzen.[276] „Traumwerk-

---

273 *Eilam*, Reversing, S. 13.

274 *Eilam*, Reversing, S. 129.

275 Vgl. aber noch *Haberstumpf*, CR 1991, 129 (132): Zur Rückübersetzung in eine höhere Programmiersprache stünden keine Dienstprogramme zur Verfügung.

276 *Browen/Breuer*, in: The Redo Compendium – Reverse Engineering for Software Maintenance, S. 131; *Rüting*, Überlassung von Standardsoftware, S. 283. Zu

zeug“ des Reversers wäre ein Decompiler, der aus einem Maschinenprogramm den originalen Quelltext des Programms einschließlich der Kommentare erzeugen kann. Anhand des Quelltextes könnte der computertechnisch versierte Reverser dann leicht die einem Programm zu Grunde liegenden Ideen ermitteln. Die Wirklichkeit sieht anders aus. Wie bereits gezeigt, gehen bereits auf Grund der bloßen Kompilierung wichtige Programminformationen, insbesondere Kommentare, Adressen- und Variablenbezeichnungen, verloren. Ein Decompiler, ist er auch noch so leistungsfähig, kann solche Quelltextinformationen nicht vollständig rekonstruieren. „Software Reverse Engineering“ kann daher insgesamt nur darauf abzielen, einen in höherer Sprache verfassten Programmcode herzustellen, der dem ursprünglichen Quellcode funktional möglichst nahe kommt.[277]

Vergleichsweise ordentlich stellen sich die Ergebnisse einer Dekompilierung zumeist dar, wenn diese sich auf das sog. Zwischencodeformat („Bytecode“) bezieht, das – im Gegensatz zur Maschinensprache – wichtige Informationen des Quellcodes in der Regel noch enthält.[278] Der Einsatz verschiedener Verschleierungstechniken bei der Programmimplementierung kann jedoch auch hier dazu führen, dass das Ergebnis der Dekompilierung erheblich verschlechtert, mitunter sogar vollständig unbrauchbar wird. Je schlechter das Ergebnis der Dekompilierung ist, desto stärker ist der Reverser gefragt, andere, weniger komfortable Techniken und Werkzeuge einzusetzen und die inneren Programmstrukturen mittels „Tüftelei, Phantasie, Sachverstand und Ausdauer“[279] aufzudecken.

Auf Grund der beschriebenen Hindernisse ist der Einsatz automatischer Compiler heute zumeist bloß ein erster Versuch des Reversers, den Programmcode auf möglichst komfortable Art und Weise zu entschlüsseln. Vielfach wird das Ergebnis, auch auf Grund des verbreiteten Einsatzes

---

den Einzelheiten der Arbeitsweise eines Decompilers siehe *Eilam*, Reversing, S. 457ff.

277 *Haberstumpf*, CR 1991, 129 (132); *Hoeren*, Softwareüberlassung, Rn. 254; *König*, GRUR 1989, 559 (564); *Rüting*, Überlassung von Standardsoftware, S. 283. Zu einigen speziellen Techniken, mit denen Code trotz verschiedener Optimierungshandlungen im Rahmen der Softwareentwicklung rekonstruiert werden kann, vgl. *Snavely/Debray/Andrews*, in: IEEE Transactions on Software Engineering, Vol. 31 No. 2, February 2005, 99.

278 Vgl. *Eilam*, Reversing, S. 13, 458; *Kalinovsky*, Covert Java, S. 22.

279 *Harte-Bavendamm*, GRUR 1990, 657 (660).

von Obfuskatoren, nicht zufriedenstellend sein, so dass weitere Maßnahmen – ergänzend oder selbständig – in den Blick zu nehmen sind.

cc) Disassemblierung

Soweit die Rückübersetzung in eine problemorientierte Programmiersprache keinen Erfolg verspricht, begnügt sich der Reverser damit, den Maschinenprogrammcode mittels „Disassemblierung“ in eine Assemblersprache rückzuübersetzen. Dabei bedient er sich eines sog. „Disassemblers“, ein Computerprogramm, das den Vorgang der Assemblierung soweit als möglich umzukehren versucht. Disassembler lesen den Maschinencode eines Programms ein und generieren daraus einen möglichst äquivalenten Code in einer textlichen Assemblersprache.[280]

In Fachkreisen wird ein qualitativ hochwertiger Disassembler als „Schlüsselwerkzeug“ im Repertoire des Reversers bezeichnet.[281] Der Disassemblierungsvorgang verspricht bessere Arbeitsergebnisse als die Dekompilierung des Objektcodes, da die Assemblersprachen den Maschinensprachen funktional näher stehen als problemorientierte Programmiersprachen. Die konkrete Qualität (= Lesbarkeit) eines so erzeugten Assemblercodes hängt jedoch auch hier entscheidend davon ab, ob und inwieweit der Objektcode durch den Programmhersteller – bewusst oder unbewusst – zusätzlich verschleiert wurde.[282] Aber selbst ohne spezielle Verschleierungstechniken dürfte es bei komplexen Programmen in der Regel schwierig sein, das versteckte Programmier-Know-how allein anhand einer einfachen Durchsicht des Assemblercodes vollständig aufzudecken. Denn auch beim Vorgang der Assemblierung werden wichtige Bestandteile des Codes entfernt, die von einem Disassembler nicht zurück gewonnen werden können.

Eine Disassemblierung der wesentlichen Maschinencodezeilen des „Hallo-Welt!“-Programms führt – vor allem auf Grund der simplen Programmstruktur – noch zu einem zufrieden stellenden Ergebnis:

280 *Haberstumpf*, CR 1991, 129 (132); *Rüting*, Überlassung von Standardsoftware, S. 283 f.

281 *Eilam*, Reversing, S. 15 („key component in a reverser's toolkit“).

282 Siehe oben: 1. Teil, B., III., 2., b), bb (S. 76 f.).

```
cs:0000 B8C617      mov  ax,17C6
cs:0003 8ED8        mov  ds,ax
cs:0005 BA0000      mov  dx,0000
cs:0008 B409        mov  ah,09
cs:000A CD21        int  21
cs:000C B44C        mov  ah,4C
cs:000E CD21        int  21

ds:0000 48 61 6C 6C 6F 20 57 65 Hallo We
ds:0008 6C 74 24 02 EB 12 A3 AC lt$☻Ù↕ú¼
```

Das verwendete Disassemblerprogramm hat Code- und Datensegmente zutreffend erkannt und überwiegend korrekt in eine Assemblersprache zurückübersetzt. Allerdings sind sämtliche Kommentare entfallen und wurde die Struktur des Programms leicht verändert, was die Verständlichkeit erschwert. Bei komplexeren Programmen gelingt eine vergleichbar hochwertige automatische Rückübersetzung nur selten. Regelmäßig wird die Gesamtstruktur des Programmcodes stark verändert. Dann hängt es entscheidend vom persönlichen Geschick und Erfahrungsreichtum des Reversers ab, wichtige Codesegmente zu identifizieren und wieder in eine sinnvolle Ordnung zu bringen.[283] Auch hier hilft – wie beim „Hardware Reverse Engineering" – dann oft die Herstellung von Modellen, um das komplexe Verhalten des untersuchten Programms bzw. seiner Teile genauer nachvollziehen zu können.[284]

dd) Line-Tracing

Eine gesteigerte Bedeutung gewinnt der Einsatz von Disassemblern, wenn sie, wie heute zunehmend üblich, in Kombination mit sog. „Debuggern" verwendet werden.

Debugger wurden ursprünglich ausschließlich zu Zwecken der Softwareentwicklung konzipiert. Softwareentwickler sind zur Schwachstellen- und Fehlersuche auf Werkzeuge angewiesen, die es erlauben, das in der Entwicklung stehende Programm genauestens zu observieren, während

---

283 *Van Zuylen*, in: The Redo Compendium – Reverse Engineering for Software Maintenance, S. 83 ff.

284 *Aiken*, Data Reverse Engineering, S. 18.

es abläuft.[285] Spezielle Debuggerprogramme zeigen den aktuell ablaufenden Programmcode in Prozessor und Arbeitsspeicher an und bieten die Möglichkeit, den Codeablauf – nach selbst vorgegebener Geschwindigkeit und beliebig oft wiederholbar – zu verfolgen (sog. „Line Tracing“).[286] Mit Hilfe sog. „Breakpoints“ kann der Benutzer bestimmte Funktionen bzw. Codezeilen in einem Programm auswählen und den Debugger instruieren, den Programmablauf anzuhalten, wenn die entsprechende Codezeile erreicht ist. Der Debugger stoppt das Programm sodann automatisch und zeigt den aktuellen Status des Programms an.

Für den Reverser sind Debugger ebenso wichtig wie für den Softwareentwickler.[287] Allerdings sind Reverser gegenüber Entwicklern einer nicht unerheblichen Einschränkung unterworfen. Während der Softwareentwickler den Programmablauf komfortabel anhand des von ihm selbst verfassten Quellcodes verfolgen kann, steht dem Reverser dieses Codeformat nicht zur Verfügung; er strebt eine möglichst weite Annäherung an den Quellcode ja gerade erst an. Der Reverser benutzt daher regelmäßig Debugger mit einem integrierten Disassemblerprogramm. Dadurch muss er den Programmablauf nicht anhand der Maschinensprache nachvollziehen, sondern kann die Befehle in einem dem Menschen näheren Format, wenn auch nicht in einer problemorientierten Programmiersprache, nachvollziehen.

Debugger mit leistungsfähigen Disassemblern werden als äußerst effektives Werkzeug des „Software Reverse Engineering“ angesehen, weil sie die Vorteile klassischer Disassembler und Debugger vereinen.[288] Auf der einen Seite repräsentieren sie den Code in für Menschen lesbarer Form, andererseits erlauben sie ein Beobachten des Programmcodes und seiner Auswirkungen in einem selbst bestimmten Tempo. Die Softwarebranche beginnt allerdings, auch auf diese Methode des „Reverse Engineering“ zu reagieren, und entwickelt zunehmend spezielle Schutzkonzepte, die ein „Debuggen“ ihrer Programme jedenfalls erheblich erschweren.[289]

---

285 Der Bergriff „Debugger“ ist abgeleitet vom englischen Wort „bug“ (= Wanze, Ungeziefer).

286 *Eilam*, Reversing, S. 116; *Lietz*, CR 1991, 564 (566); *Rohde/Roming*, Assembler, S. 169.

287 *Van Zuylen*, in: The Redo Compendium – Reverse Engineering for Software Maintenance, S. 83.

288 *Eilam*, Reversing, S. 117.

289 Siehe hierzu *Eilam*, Reversing, S. 331.

ee) Fault Injection Tools

Lediglich ergänzende Funktion im Zusammenhang mit einer Softwareanalyse kommt sog. „Fault Injection Tools" zu. „Fault Injection Tools" sind – wie Debugger – originär Werkzeuge der Softwareentwicklung, die dazu eingesetzt werden, die Robustheit einer Software zu testen,[290] aber auch für die Zwecke des „Reverse Engineering" sind sie mitunter hilfreich. Mithilfe eines Editorprogramms wird der zu untersuchende Programmcode angezeigt und gezielt verändert, um Fehler hervorzuheben bzw. das Programmverhalten zu ändern. Aus dem veränderten Programmverhalten lassen sich mitunter wertvolle Schlüsse über die Programmfunktionalität ziehen. Eine weniger tiefgehende Variante ist das sog. „Black-Box-Testing".[291] Dabei greift der Reverser nicht in den Programmcode ein, sondern „füttert" das Programm mit verschiedenen Daten, um deren Verarbeitung im Rahmen des „System Monitoring" beobachten zu können.

ff) Durchsicht des Begleitmaterials

Auch das Begleitmaterial zu einem Softwareprodukt liefert im Einzelfall ergänzende Informationen, um das Ergebnis eines „Reverse Engineering" zu vervollständigen.[292] Verglichen mit den vorstehend dargestellten Methoden dürften die Erträge hieraus jedoch insgesamt gering sein.

IV. Wirtschaftliche Schäden durch „Reverse Engineering"

Übereinstimmung herrscht darüber, dass Methoden der Betriebsausspähung bzw. -spionage allgemein zu empfindlichen Schädigungen der Wirtschaft führen. *Doepner* zählt Betriebsspionage zu den „volkswirtschaftlich gefährlichsten und gravierendsten Formen der Wirtschaftskriminalität".[293] Schätzungen über die konkret angerichteten Schäden

---

290 *Voas*, Fault Injection for the Masses, in: Computer 1997 Vol. 30, S. 129.

291 Hierzu auch *Rüting*, Überlassung von Standardsoftware, S. 283.

292 Darauf verweisen auch *Schnell/Fresca*, CR 1990, 157; *Haberstumpf*, CR 1991, 129; *Rüting*, Überlassung von Standardsoftware, S. 283.

293 *Doepner*, in: FS Tilmann, 105.

liegen allein für deutsche Unternehmen nicht selten im sicheren Milliardenbereich.[294]

Der konkrete Know-how-Wertverlust, der aus einer erfolgreichen Produktausspähung resultiert, lässt sich mit Hilfe der – dem Juristen aus dem Schadensrecht bekannten – Differenzmethode ermitteln, in dem man den Wert, den das „Know-how“ nach der Ausspähung aufweist, von dem ursprünglichen Know-how-Wert abzieht. Zu beachten ist dabei, dass erfolgreiche Betriebsausspähung als solche in aller Regel nicht zu einem Verlust oder einer Zerstörung des begehrten geheimen[295] Wissens, sondern bloß zu dessen Duplizierung führt.[296] Vor diesem Hintergrund ist es jedenfalls missverständlich, wenn in der Literatur von „Know-how-Diebstahl“, „Know-how-Verlust“[297] oder „Know-how-Abfluss“[298] gesprochen wird. Durch die Duplizierung des „Know-how“ wird die „Exklusivität“ des zu Grunde liegenden Wissens beeinträchtigt, der Wissensbestand als solcher bleibt aber unangetastet. Allenfalls dann, wenn nach der Betriebsspionage kein hinreichender Grad an Exklusivität mehr vorhanden ist, um von „Know-how“ sprechen zu können, könnte man von einem „Verlust“ oder einer „Zerstörung“ des „Know-how“ sprechen. Man muss sich jedoch darüber bewusst sein, dass der Verlust ein rein begrifflicher ist: Das Wissen selbst ist weiterhin nutzbar, das von der Betriebsausspähung betroffene Unternehmen kann es weiterhin – wenn auch nicht im gleichen Maße gewinnbringend – für den Vertrieb eigener Produkte einsetzen.

Schon mit dem Verlust an Exklusivität durch eine fremde Kenntnisnahme vom „Know-how“ geht in aller Regel ein Wertverlust einher. Bereits die Tatsache, dass das „Know-how“ nach einer erfolgreichen Betriebsausspä-

294 *Doepner*, in: FS Tilmann, 105; *Többens*, NStZ 2000, 505. Zu verschiedenen Studien im Bereich der Wirtschafts-/Industriespionage siehe zusammenfassend *Liman*, Bewertung, S. 48 ff., sowie *Wagner*, Analyse, Prävention und Abwehr, S. 31 ff.

295 Nur dieses ist in der Praxis von Maßnahmen der Betriebsausspähung betroffen.

296 Eine Ausnahme gilt bloß für den Fall, dass sämtliche Unterlagen gestohlen wurden und das „Know-how“ auch sonst nicht mehr im betroffenen Betrieb, zum Beispiel im Gedächtnis eines Mitarbeiters, vorhanden ist.

297 *Liman*, Bewertung des irregulären Verlustes von Know-how; *Wagner*, Analyse, Prävention und Abwehr des irregulären Verlustes von Know-how in Unternehmen.

298 *E. Maier*, Schutz des „kritischen“ Know-how, S. 3.

hung auch in der Verfügungsgewalt anderer Personen ist, führt bei der Bewertung des „Know-how“ zu einer Erhöhung des Kapitalisierungszinssatzes. Das Risiko, dass weitere Marktteilnehmer vom „Know-how“ Kenntnis nehmen und den Innovationsvorsprung aufholen, hat sich deutlich erhöht. Auch soweit „Know-how“ selbst als Produkt vermarket wird, müsste der Veräußerer – zumindest auf Nachfrage – angeben, dass das Wissen sich nun ebenfalls in den Händen des Reversers befindet, was jedenfalls zu einem erheblichen Preisabschlag, wenn nicht sogar zur Unverkäuflichkeit des „Know-how“ führte.

Ungleich größer werden die Verluste, soweit einige der hinter dem „Reverse Engineering“ stehenden Motivationen in die Tat umgesetzt werden, so, wenn Reverser bzw. deren Auftraggeber das „Know-how“ zu Konkurrenzzwecken oder zu Zwecken der Produktsaotage erfolgreich einsetzen und dadurch die Marktanteile des ausgespähten Unternehmen verringern, nicht jedoch, soweit es für rein private oder wissenschaftliche Zwecke oder zum Zweck der Produktreparatur eingesetzt wird.

In einem Zivilprozess sieht § 287 Abs. 1 S. 1 ZPO für die Berechnung des Schadens eine wichtige Beweiserleichterung vor: Das Gericht kann den Schaden nach freier Überzeugung schätzen. § 287 ZPO will gerade verhindern, dass eine Klage allein deshalb abgewiesen wird, weil der Kläger nicht in der Lage ist, den vollen Beweis für einem ihm erwachsenen Schaden zu erbringen, etwa weil dieser schwer zu beziffern ist.[299] Allerdings darf die Schätzung nicht „völlig in der Luft hängen“, sondern bedarf greifbarer, konkreter Anhaltspunkte tatsächlicher Art.[300] Daher empfiehlt es sich, im Prozess auf die bereits dargestellten Methoden zur Know-how-Bewertung[301] Bezug zu nehmen bzw. einen Sachverständigen mit einer Berechnung anhand dieser Methoden zu beauftragen.

---

299 *Greger*, in: Zöller, ZPO-Kommentar, § 287 Rn. 1.
300 BGHZ 91, 243 (256 f.).
301 Siehe oben: 1. Teil, A., II. (S. 37 ff.).

2. Teil: Strafrechtlicher Know-how-Schutz

In strafrechtlicher Hinsicht kommen zum Schutz des Herstellungs-Know-how gegen Maßnahmen des „Reverse Engineering“ die durch das 2. WiKG gesetzlich neu eingefügten §§ 202a, 303a StGB sowie der in seinem Anwendungsbereich erheblich ausgeweitete § 17 Abs. 2 UWG in Betracht.

A. Betriebsspionage gem. § 17 Abs. 2 UWG

Seit jeher wird der Straftatbestand des § 17 Abs. 2 UWG als geeignet angesehen, das Herstellungs-Know-how eines Unternehmens gegen die Gefahren des „Reverse Engineering" abzusichern. Als Ausgangspunkt kann die Entscheidung „Stiefeleisenpresse"[302] des Reichsgerichts angesehen werden, in der die Zerlegung und Vermessung einer – aus damaliger Sicht: komplexen – Maschine als sittenwidrig im Sinne des § 17 Abs. 2 UWG a.F. angesehen wurde. Das Oberlandesgericht Düsseldorf[303] hat – wohl bedingt durch die enorme technische Fortentwicklung – die Anforderungen an das Vorliegen eines Geheimnisses verschärft, eine Strafbarkeit des „Reverse Engineering" jedoch nicht grundsätzlich abgelehnt. Die Literatur schließt sich überwiegend der Entscheidung des Reichsgerichts an.[304] Die aus dem Urteil des Oberlandesgerichts Düsseldorf sprechende Skepsis wird hingegen nur selten beachtet.[305]

Obwohl die §§ 17ff. UWG originär strafrechtlicher Natur sind, bilden sie in der Praxis überwiegend die Grundlage einer zivilen Rechtsverfolgung.[306] Insoweit ist anerkannt, dass die §§ 17ff. UWG Schutzgesetze im Sinne von § 823 Abs. 2 BGB, Art. 2 EGBGB sind.[307] Rechtsfolgen sind dann vor allem Ansprüche auf Schadensersatz sowie – in Verbindung mit § 1004 BGB – Ansprüche auf Beseitigung und Unterlassung. Der Umfang des beim Know-how-Inhaber enstandenen Schadens hängt entscheidend davon ab, ob von dem im Produkt verborgenen Herstellungs-Know-how lediglich Kenntnis genommen oder ob es bereits zu Konkurrenzwecken,

---

302 RGZ 149, 329 = JW 1936, 874 – Stiefeleisenpresse. Dazu bereits oben: Einleitung, B., II., 1. (S. 7f.).

303 OLG Düsseldorf, OLGR 1999, 55 – Rollenwechsler. Dazu bereits oben: Einleitung, B., II., 2. (S. 8ff.).

304 Siehe oben: Einleitung, B., III. (S. 11ff.) mit Fn. 39.

305 Zu Ausnahmen siehe oben: Fn. 40.

306 *Kraßer*, GRUR 1977, 177; *St. Müller*, Schutz von Know-how nach TRIPS, S. 27; *Saumweber*, Schutz von Know-how, S. 80.

307 BGHZ 166, 84 (104) = NJW 2006, 830 (838) – Kirch/Breuer; BGH, GRUR 1966, 152 (153) – Nitrolingual; *Kiethe/Groeschke*, WRP 2005, 1358 (1361); *Köhler*, in: UWG-Großkommentar, § 19 Rn. 24; *Kraßer*, GRUR 1977, 177 (178); *Mes*, GRUR 1979, 584 (586); *Reimer*, in: Ulmer, Recht des unlauteren Wettbewerbs III, Nr. 343; *Tetzner*, Gesetz gegen den unlauteren Wettbewerb, § 19 Rn. 1; *Tiedemann*, in: FS E. von Caemmerer, 643 (647).

Sabotagezwecken oder Ähnlichem eingesetzt wurde.[308] Das Unterlassungsbegehren zielt auf die Einstellung der Analysetätigkeiten sowie das Absehen von der Verwertung des erlangten „Know-hows" ab. Ein Verlangen nach Beseitigung richtet sich üblicherweise auf die Herausgabe etwaig angefertigter Mitschriften, Zeichnungen et cetera, ist effektiv durchsetzbar jedoch nur, soweit das relevante „Know-how" vom Reverser respektive seinen Auftraggebern nicht bereits verinnerlicht wurde.

I. Entwicklungsgeschichtlicher Überblick

Eine kurze Tour d'Horizon zur geschichtlichen Entwicklung des betrieblichen Geheimnisschutzes soll den rechtlichen Hintergrund der Entscheidungen „Stiefeleisenpresse" und „Rollenwechsler" sowie der aktuellen Gesetzeslage beleuchten.[309]

Das preußische Strafgesetzbuch aus dem Jahr 1851 sowie das Reichsstrafgesetzbuch von 1871 enthielten noch keine Vorschriften zum Schutz des Unternehmensgeheimnisses. Seit Anfang der 1880er Jahre wurde ein solcher Schutz infolge gewandelter gesellschaftlicher und technologischer Bedingungen jedoch zunehmend gefordert.[310] Im Anschluss an eine zum Teil äußerst kontrovers geführte Debatte fasste schließlich der 19. Deutsche Juristentag im Jahr 1888 den Beschluss, es sei „ratsam, das Strafgesetzbuch dahin zu ergänzen, dass der Verrat von Geschäfts- und Fabrikgeheimnissen als Vergehen unter dem Gesichtspunkt der Untreue bestraft wird".[311]

Acht Jahre später führte der Deutsche Reichstag einen strafrechtlichen Geheimnisschutz gesetzlich ein, verankerte diesen allerdings nicht im geltenden Strafgesetzbuch, sondern in §§ 9, 10 eines neu geschaffenen „Reichsgesetz zur Bekämpfung des unlauteren Wettbewerbs".[312] Der für diese

---

308 Siehe die Erläuterungen zur ökonomischen Relevanz des „Know-how" sowie des „Reverse Engineering": 1. Teil, A., II. (S. 39 ff.) sowie B., IV. (S. 84 ff.).

309 Näher zur geschichtlichen Entwicklung: *Prein*, Geheimnisschutz, S. 10 ff.; *Schafheutle*, Wirtschaftsspionage und Wirtschaftsverrat, S. 22 ff.; *P. Schmid*, Fabrik- und Geschäftsgeheimnisse, S. 24 ff.; *Taeger*, Offenbarung von Betriebs- und Geschäftsgeheimnissen, S. 26 ff.

310 Vgl. *Prein*, Geheimnisschutz, S. 14 ff. und *P. Schmid*, Fabrik- und Geschäftsgeheimnisse, S. 46 ff. mit zahlreichen Nachweisen.

311 Verhandlungen des 19. Deutschen Juristentages, Band 1, S. 84.

312 RGBl. 1896, S. 145.

Untersuchung relevante § 9 des Gesetzesentwurfs vom 27. Mai 1896, der am 1. Juli 1896 in Kraft trat, lautete wie folgt:

§ 9. Mit Geldstrafe bis zu dreitausend Mark oder mit Gefängnis bis zu einem Jahre wird bestraft, wer als Angestellter, Arbeiter oder Lehrling eines Geschäftsbetriebes Geschäfts- oder Betriebsgeheimnisse, die ihm vermöge des Dienstverhältnisses anvertraut oder sonst zugänglich geworden sind, während der Geltungsdauer des Dienstverhältnisses unbefugt an andere zu Zwecken des Wettbewerbs oder in der Absicht, dem Inhaber des Geschäftsbetriebs Schaden zuzufügen, mitteilt.

Gleiche Strafe trifft denjenigen, welcher Geschäfts- oder Betriebsgeheimnisse, deren Kenntnis er durch eine der im Absatz 1 bezeichneten Mitteilungen oder durch eine gegen das Gesetz oder die guten Sitten verstoßende eigene Handlung erlangt hat, zu Zwecken des Wettbewerbs unbefugt verwertet oder an andere mitteilt.

Zuwiderhandlungen verpflichten außerdem zum Ersatze des entstandenen Schadens. Mehrere Verpflichtete haften als Gesamtschuldner.

Der Verrat und die unbefugte Ausbeutung fremder Betriebs- und Geschäftsgeheimnisse habe – so die Begründung zum Regierungsentwurf –[313] mitunter bereits „die Form einer geschäftlichen Organisation angenommen", ein Zustand, an dem der Gesetzgeber „nicht untätig vorübergehen" dürfe. Entgegen vielseitiger Forderungen aus Rechtswissenschaft und Wirtschaftskreisen nahm der Gesetzgeber allerdings davon Abstand, Angestellte auch nach Lösung des Dienstverhältnisses für eine bestimmte Zeit an die Wahrung von Unternehmensgeheimnissen zu binden. Dabei ist es – jedenfalls dem Gesetzeswortlaut nach – bis heute geblieben.[314]

Im Zusammenhang mit der Regelung des § 9 Abs. 2 UWG hielt der Gesetzgeber eine Strafbarkeit Dritter ausdrücklich nur dann für gerechtfertigt, wenn diese sich nicht nur gesetzes- oder sittenwidrig in „Besitz" des Geheimnisses brachten, sondern das so erlangte Geheimnis zusätzlich unbefugt verwerteten oder mitteilten:

„Es hat nicht an Stimmen gefehlt, welche schon das Eindringen in fremde Geheimnisse, namentlich das Einschleichen in Geschäfts- oder Betriebsräume anderer zum Zweck der Spionage unter Strafe gestellt sehen wollten. Nach dieser Richtung hin ist indessen das Bedürfnis eines besonderen gesetzlichen Schutzes nicht überzeugend nachgewiesen. Auch ist ein Akt des unlauteren Wettbewerbs erst dann vollzogen, wenn das auf rechtmäßigem Wege erlangte Geheimnis gewerb-

313 Abgedruckt bei P. *Schmid*, Fabrik- und Geschäftsgeheimnisse, S. 61.

314 In Literatur und Rechtsprechung wird auffangend jedoch ein Schutz über § 17 Abs. 2 Nr. 2 UWG diskutiert, vgl. die Nachweise oben in Fn. 17 und 31.

lich verwertet wird. Der Verwertung ist, als für den Geschädigten in gleichem Maße nachteilig, die Mitteilung an andere gleichgestellt (...)."[315]

Die Neukonzeption des UWG aus dem Jahr 1909[316] übernahm die §§ 9 und 10 UWG des Gesetzes von 1896 weitgehend unverändert in §§ 17, 19 und 20. § 17 Abs. 2 UWG, der § 9 Abs. 2 UWG entsprach, war in dieser Form Grundlage der Entscheidung „Stiefeleisenpresse"[317]. Ergänzt wurde der Regelungskomplex durch § 18 UWG, der die unbefugte Verwertung oder Mitteilung anvertrauter Vorlagen oder Vorschriften technischer Art bestraft. Hintergrund dieser Regelung waren vehemente Forderungen der Stickerei- und Spitzenindustrie nach einem Schutz ihrer Schablonen, die zur Ausführung von Aufträgen häufig an Fabrikanten übergeben und von diesen anschließend zweckwidrig verwertet wurden.[318]

Im Jahr 1931 diskutierte der 36. Deutsche Juristentag in Lübeck – angeregt durch einige kritische Stellungnahmen der Literatur –[319] die Notwendigkeit einer Verschärfung des geltenden Schutzes gewerblicher Geheimnisse. Gefordert wurde unter anderem eine Einbeziehung von Auslandstaten, eine Bestrafung des Verrats aus „Gewinnsucht", eine Versuchsstrafbarkeit, eine deutliche Erhöhung des Strafmaßes und insbesondere eine Ausdehnung der Strafbarkeit gegen Geheimnisverrat über die Zeit des Dienstverhältnisses hinaus. Eine besondere Vorschrift zur Bestrafung der Ausspähung selbst, also ohne zusätzlich erforderliche Verwertung (vgl. § 9 Abs. 2 UWG a.F. bzw. § 17 Abs. 2 Nr. 2 UWG n.F.), lehnte man ausdrücklich ab, da „eine Abgrenzung zwischen befugtem und unbefugtem Ausspähen in der Praxis unmöglich" sei.[320] Im März 1932 nahm dann Reichspräsident *von Hindenburg* die spürbare Verschärfung der wettbewerblichen Bedingungen nach Ausbruch der Weltwirtschaftskrise zum Anlass, den wettbewerbsrechtlichen Geheimnisschutz

---

315 Ziff. 11 der Begründung zum Regierungsentwurf, abgedruckt bei *P. Schmid*, Fabrik- und Geschäftsgeheimnisse, S. 63.

316 RGBl. 1909, S. 499.

317 RGZ 149, 329 = JW 1936, 874.

318 Näheres zur Entstehungsgeschichte des § 18 UWG bei *Brammsen*, wistra 2006, 201 (201 f.); *Lampe*, BB 1977, 1477 (1478).

319 *Isay*, GRUR 1929, 1243; *Kohlrausch*, ZStW 50 (1930), 30ff.; *Reimer*, GRUR 1930, 733; *Schramm*, Betriebsspionage und Geheimnisverrat, S. 116ff.; *Wassermann*, GRUR 1930, 254.

320 Vgl. den Bericht *Tallmanns* über die Ergebnisse der wirtschaftlich-rechtlichen Abteilung, in: Verhandlungen des 36. Deutschen Juristentages, 2. Band, S. 827ff.

mittels Notverordnung zu ändern. Dabei wurden zahlreiche Reformvorschläge des 36. Deutschen Juristentages – Erweiterung des subjektiven Tatbestands, Einbeziehung von Auslandstaten, Erhöhung der Strafandrohungen – jedenfalls teilweise umgesetzt. Dem „wichtigsten Reformwunsch“[321] nach Ausdehnung des Strafschutzes über die Geltungsdauer des Arbeitsverhältnisses hinaus, vgl. § 17 Abs. 1 UWG, kam der Gesetzgeber indes nicht nach.

Weitere Änderungen des wettbewerbsrechtlichen Geheimnisschutzes brachte erst das 2. WiKG von 1986,[322] das sich zum Ziel nahm, das Strafrecht an die neuen, insbesondere technischen Entwicklungen des Wirtschaftslebens anzupassen.[323] Eine wissenschaftliche Basis findet das 2. WiKG in den Arbeiten der im Jahr 1972 vom damaligen Bundesjustizminister *Jahn* einberufenen Sachverständigenkommission zur Bekämpfung der Wirtschaftskriminalität.[324] Nach zwei erfolglosen Gesetzgebungsanläufen in den Jahren 1978 und 1982 trat das 2. WiKG erst am 1. 8. 1986 in Kraft. Beim wettbewerbsrechtlichen Geheimnisschutz gab der Gesetzgeber darin lauter werdenden Klagen aus der Wirtschaft nach und implementierte durch den neu eingeführten § 17 Abs. 2 Nr. 1 UWG jetzt auch einen Schutz gegen das „Ausspähen eines Geschäfts- oder Betriebsgeheimnisses als solches“.[325] Es sollten „einzelne typische und besonders gefährliche Erscheinungsformen des Ausspähens“ kodifiziert werden, die man auch ohne eine kumulative Verwertung oder Mitteilung des Geheimnisses als strafwürdig ansah.[326] Daraus ergibt sich die aktuelle Fassung des § 17 Abs. 2 UWG, die auch bereits Grundlage der Entscheidung „Rollenwechsler“[327] war:

> Ebenso wird bestraft, wer zu Zwecken des Wettbewerbs, aus Eigennutz, zugunsten eines Dritten oder in der Absicht, dem Inhaber des Unternehmens Schaden zuzufügen,

---

321 *Prein*, Geheimnisschutz, S. 73.
322 BGBl. I 1986 S. 721.
323 BT-Drucksache 10/5058, S. 1.
324 Vgl. die Tagungsberichte der Sachverständigenkommission zur Bekämpfung der Wirtschaftskriminalität – Reform des Wirtschaftsstrafrechts, Bundesministerium der Justiz (Hrsg.), Bonn 1976.
325 Vgl. den Bericht der Abgeordneten *Götz* und *Schmidt*, BT-Drucksache 10/5058, S. 39.
326 BT-Drucksache 10/5058, S. 40.
327 OLG Düsseldorf, OLGR 1999, 55.

1. sich ein Geschäfts- oder Betriebsgeheimnis durch
   a) Anwendung technischer Mittel,
   b) Herstellung einer verkörperten Wiedergabe des Geheimnisses oder
   c) Wegnahme einer Sache, in der das Geheimnis verkörpert ist,

   unbefugt verschafft oder sichert oder
2. ein Geschäfts- oder Betriebsgeheimnis, das er durch eine der in Absatz 1 bezeichneten Mitteilungen oder durch eine eigene oder fremde Handlung nach Nummer 1 erlangt oder sich sonst unbefugt verschafft oder gesichert hat, unbefugt verwertet oder jemandem mitteilt.

Seit dem 2. WiKG ist die Regelung der §§ 17ff. UWG im Kern unverändert geblieben. Spätere Änderungen des UWG, allen voran die Reformen aus den Jahren 1994 und 2004, wirkten sich auf den wettbewerbsrechtlichen Schutz von Geschäfts- und Betriebsgeheimnissen nicht oder nur unwesentlich aus. Die UWG-Reform aus dem Jahr 2004 erweiterte die Liste der Regelbeispiele für besonders schwere Fälle in § 17 Abs. 4 UWG um die Fallgruppe des gewerbsmäßigen Handelns. Für § 18 UWG wurde in Abs. 2 eine Versuchsstrafbarkeit eingeführt. Die Umsetzung der Richtlinie über unlautere Geschäftspraktiken[328] hat keine Änderungen des wettbewerbsrechtlichen Geheimnisschutzes bewirkt.

II. Tatbestandsmäßigkeit des „Reverse Engineering"

Will man „Reverse Engineering" nach § 17 UWG bestrafen, so setzt dies ein tatbestandsmäßiges, rechtswidriges sowie schuldhaftes Verhalten des Reversers voraus. Die Tatbestandsmäßigkeit des Verhaltens erfordert, dass das in dem Produkt verkörperte Herstellungs-Know-how ein „Betriebs- oder Geschäftsgeheimnis" ist, die im Einzelnen angewandten Methoden die Anforderungen an eine Tathandlung im Sinne des § 17 Abs. 2 Nr. 1 oder 2 UWG erfüllen sowie das objektiv tatbestandsmäßige Täterverhalten von einem entsprechenden Vorsatz getragen und durch eine der speziell kodifizierten Absichten begleitet wird. Der Täterkreis des § 17 Abs. 2 UWG ist – anders als bei § 17 Abs. 1 UWG („bei einem Unternehmen beschäftigte Person") – nicht in besonderer Weise begrenzt, Täter des § 17 Abs. 2 UWG kann „jedermann" sein.

Die Bedeutung der Frage, ob es sich bei dem in einem Produkt verkörperten „Know-how" um ein „Geschäfts- oder Betriebsgeheimnis" handelt,

---

328 Richtlinie 2005/29/EG vom 11. Mai 2005, ABl. EU L 149/22 vom 11. 6. 2005.

reicht über die Prüfung des § 17 UWG hinaus. Einige Stellungnahmen in der Literatur nehmen nicht das tatsächliche Phänomen „Know-how“, sondern den Rechtsbegriff „Betriebs- und Geschäftsgeheimnis“ zum Anlass einer Schutzprüfung nach § 823 Abs. 1, § 812 Abs. 1 S. 1 Var. 2 und/oder § 687 Abs. 2 BGB. Die Subsumtion des vom „Reverse Engineering“ betroffenen Herstellungs-Know-how unter den Begriff des „Geschäfts- und Betriebsgeheimnisses“ wird zeigen, inwieweit solche Stellungnahmen im Rahmen der weiteren Untersuchungen zum Know-how-Schutz berücksichtigt werden können.

1. „Know-how“ als „Betriebs- oder Geschäftsgeheimnis“

Der Gesetzgeber des UWG hat den Begriff „Geheimnis“ bewusst nicht gesetzlich definiert. Die Begründung des Regierungsentwurfs ist ambivalent: Zum einen stellt sie darauf ab, es bestehe kein Definitionsbedürfnis, weil der Begriff „dem Sprachgebrauch des täglichen Lebens, wie auch der Gesetzessprache ohnehin geläufig“ sei. Zum anderen akzentuiert sie gerade die „Schwierigkeit einer zufrieden stellenden Begriffsbestimmung“. Allgemein befürchtete man, eine gesetzliche Festlegung des Geheimnisbegriffs könnte die Entwicklung sachgerechter Maßstäbe für den Einzelfall behindern.[329]

Die heute ganz überwiegende Meinung versteht unter „Geschäfts- und Betriebsgeheimnis“ jede im Zusammenhang mit einem Geschäftsbetrieb stehende Tatsache, die nur einem begrenzten Personenkreis bekannt ist und nach dem Willen des Inhabers auf Grund eines berechtigten wirtschaftlichen Interesses geheim gehalten werden soll.[330] Als „Betriebsgeheimnisse“ werden zumeist solche Tatsachen angesehen, die dem techni-

329 Vgl. Ziff. 14 der Regierungsbegründung zum Gesetzesentwurf, abgedruckt bei P. *Schmid*, Fabrik- und Geschäftsgeheimnisse, S. 64.

330 BVerfGE 115, 205 (230) = MMR 2006, 375 (376) – Geschäfts- und Betriebsgeheimnis; BGH, GRUR 1955, 424 (425) – Möbelwachspaste; BGH, GRUR 1961, 40 (43) – Wurftaubenpresse; BGH, GRUR 2003, 356 (358) – Präzisionsmessgeräte; RGZ 149, 329 (333) – Stiefeleisenpresse; *Brammsen*, in: MünchKomm UWG, § 17 Rn. 8; *Köhler*, in: Hefermehl/Köhler/Bornkamm, UWG-Kommentar, § 17 Rn. 4; *Maass*, Information und Geheimnis, S. 94; *Nastelski*, GRUR 1957, 1 (2); *Rengier*, in: Fezer, UWG-Kommentar, § 17 Rn. 7; *Schlötter*, Schutz von Betriebs- und Geschäftsgeheimnissen, S. 135.

schen Betriebsablauf zuzuordnen sind,[331] Geschäftsgeheimnisse werden dagegen der kaufmännischen Sphäre zugerechnet.[332] Da beide Geheimnisarten in gleicher Weise rechtlichen Schutz genießen, ist eine präzise Abgrenzung nicht erforderlich. Konsequent bezeichnet man Geschäfts- und Betriebsgeheimnisse zusammenfassend als „Unternehmensgeheimnisse".[333] Das vom „Reverse Engineering" betroffene Herstellungs-Know-how ist der „betriebstechnischen" Sphäre zuzuordnen.

a) Wissen von Tatsachen

Geschäfts- und Betriebsgeheimnisses werden regelmäßig in die Gattung „Tatsachen" eingeordnet.[334] Dies bedarf der Präzisierung: Tatsachen selbst charakterisieren lediglich dem Beweis zugängliche Vorgänge und Zustände, also „Sachverhalte". Im Sinne des § 17 UWG mitgeteilt, verschafft, gesichert oder verwertet werden können indes nicht Sachverhalte als solche, sondern nur verkehrsfähige Abbilder dieser Sachverhalte, ein „Wissen" von den Sachverhalten bzw. Tatsachen.[335] Da hierbei ausschließlich explizites Wissen in Betracht kommt, also ein solches, das nicht zwingend an einen körperlichen Wissensträger gebunden ist, kann

---

331 *Dannecker*, BB 1987, 1614 (1615); *Depenheuer*, Verwertung von Unternemensgeheimnissen, S. 2; *A. Maier*, Schutz von Betriebs- und Geschäftsgeheimnissen, S. 272; *St. Müller*, Schutz von Know-how nach TRIPS, S. 28; *Pfeiffer*, in: FS Nirk, 861 (865 f.).

332 *Dannecker*, BB 1987, 1614 (1615); *Depenheuer*, Verwertung von Unternemensgeheimnissen, S. 2; *Köhler*, in: Hefermehl/Köhler/Bornkamm, UWG-Kommentar, § 17 Rn. 4a; *A. Maier*, Schutz von Betriebs- und Geschäftsgeheimnissen, S. 272; *Rengier*, in: Fezer, UWG-Kommentar, § 17 Rn. 8.

333 *Harte-Bavendamm*, in: Gloy/Loschelder, Handbuch Wettbewerbsrecht, § 48 Rn. 8; *Köhler*, in: Hefermehl/Köhler/Bornkamm, UWG-Kommentar, § 17 Rn. 4a; *Kotthoff/Gabel*, Heidelberger Kommentar UWG, § 17 Rn. 2; *St. Müller*, Schutz von Know-how nach TRIPS, S. 29; *Platzer*, Schutz des Unternehmensgeheimnisses, S. 6; *Rützel*, GRUR 1995, 557; *Stadler*, Der Schutz des Unternehmensgeheimnisses im deutschen und U.S.-amerikanischem Zivilprozess und im Rechtshilfeverfahren; *Reimer*, in: Ulmer, Recht des unlauteren Wettbewerbs III, Nr. 306. Andere sprechen zusammenfassend vom „Wirtschaftsgeheimnis": *Otto*, in: UWG-Großkommentar, § 17 Rn. 10; *ders.*, wistra 1988, 125; *Kersting*, Schutz des Wirtschaftsgeheimnisses im Zivilprozess, S. 10 ff.

334 Siehe die Nachweise oben in Fn. 330.

335 So ebenfalls *Arians*, Schutz des Geschäfts- und Betriebsgeheimnisses, S. 325; Vgl. auch bereits *Schramm*, Betriebsspionage und Geheimnisverrat, S. 8.

man auch von „Informationen“ sprechen.[336] Geschäfts- und Betriebsgeheimnisse im Sinne des § 17 UWG kennzeichnen also das „Wissen von Tatsachen“ bzw. eine „Information über Tatsachen“.[337]

Während bei Geschäfts- und Betriebsgeheimnissen „Tatsachen“ das Bezugsobjekt des Wissens darstellen, geht es bei „Know-how“ um das „Wissen von Handlungslehren“. Handlungslehren stellen eine Untergattung des Begriffs „Tatsache“ dar. Daraus folgt, dass die Gegenstände des „Know-how“, soweit das hier besprochene Definitionsmerkmal in Rede steht, vom Begriff des „Geschäfts- und Betriebsgeheimnisses“ vollständig erfasst werden.

Innerhalb des Begriffs „Tatsache“ wird von der überwiegenden Meinung danach differenziert, ob diese einen bestimmten, unbekannten Gegenstand als solchen kennzeichnet, zum Beispiel ein Herstellungsverfahren (sog. „Gegenstandsgeheimnis“), oder ob sie die geheime Beziehung einer Person zu einem an sich bekannten Gegenstand betrifft (sog. „Beziehungsgeheimnis“).[338] „Reverse Engineering“ bezieht sich je nach Motivation auf das eine oder das andere. In der Regel ist der Reverser an einer Aufdeckung der Funktionsweise respektive des Konstruktionsverfahrens eines Produkts, also an einem Gegenstandsgeheimnis, interessiert. Zielt die Analyse jedoch darauf ab, dem Produkthersteller eine Rechtsverletzung nachzuweisen, will der Reverser primär herausfinden, ob ein ihm bereits bekanntes, sonderrechtlich geschütztes Verfahren bei der Herstellung des untersuchten Produkts verwendet wurde. In diesem Fall richtet sich seine Analyse auf die Entdeckung eines Beziehungsgeheimnisses.

b) Begrenzte Bekanntheit des Wissens

Die einem Geschäfts- oder Betriebs*geheimnis* zu Grunde liegenden Tatsachen unterscheiden sich von sonstigen Tatsachen durch ihren begrenzten Bekanntheitsgrad.[339] In diesem Zusammenhang ist in der Literatur aner-

---

336 So *A. Maier*, Schutz von Betriebs- und Geschäftsgeheimnissen, S. 272; *Taeger*, Offenbarung von Betriebs- und Geschäftsgeheimnissen, S. 24.

337 Ähnlich *Daub*, Verletzung von Unternehmensgeheimnissen, S. 31: „Wissensbeziehung einer Person zu einer Information“.

338 BGH, GRUR 1955, 424 (425) – Möbelwachspaste; BGH, GRUR 1961, 40 (43) – Wurftaubenpresse; *Pfister*, Das technische Geheimnis „Know how“ als Vermögensrecht, S. 8; *Callmann*, Verhandlungen des 36. DJT, Band 2, S. 470 ff.

339 RGZ 65, 333 (335) – Pomril; BGH, GRUR 1980, 750 (751 f.) – Pankreaplex; BGH, GRUR 2002, 91 (93) – Spritzgießwerkzeuge; *Brammsen*, in: Münch-

kannt, dass bereits eine „potentielle“ Bekanntheit geheimnisschädlich ist. Das bedeutet: Ein Geheimnis wird nicht nur durch eine tatsächliche Verbreitung des Wissens zerstört, sondern auch dadurch, dass es einer erheblichen Anzahl von Personen „ohne weiteres möglich ist“, Kenntnis von den zu Grunde liegenden Tatsachen zu nehmen.[340] Unsicherheiten existieren allerdings in zwei Richtungen. Zum einen ist unklar, ob es eine absolute Grenze aktueller oder potentieller Mitwisser gibt, ab deren Erreichen von einem „Geheimnis“ nicht mehr gesprochen werden kann. Zum anderen wurde bislang nicht hinreichend geklärt, welche Sicherungen der Geheimnisinhaber – insbesondere im Hinblick auf ein in Verkehr gebrachtes Produkt – ergreifen muss, damit ein Zugriff „nicht ohne weiteres möglich“ ist.

aa) Maximale Größe des Mitwisserkreises

Soweit die maximal zulässige Ausdehnung des – auch potentiellen – Mitwisserkreises in Frage steht, herrscht zunächst Konsens darüber, dass die einem Unternehmensgeheimnis zu Grunde liegenden Tatsachen nicht bloß einer Person, nämlich dem Geheimnisinhaber selbst, bekannt sein müssen.[341] Daneben grenzt die Literatur stets noch negativ dahin ab, dass Tatsachen, die jedermann bekannt sind bzw. auf die jeder Zugriff hat, nicht mehr Gegenstand eines Geheimnisses sein können. Zu dem beachtenswerten Bereich zwischen diesen Polen – die Tatsache muss nicht

---

Komm UWG, § 17 Rn. 13; *Köhler*, in: Hefermehl/Köhler/Bornkamm, UWG-Kommentar, § 17 Rn. 6ff.

340 *Harte-Bavendamm*, in: ders./Henning-Bodewig, UWG-Kommentar, § 17 Rn. 3; *Doepner*, in: FS Tilmann, 105 (108f.); *Hartung*, Geheimnisschutz und Whistleblowing, S. 26; *Köhler*, in: Hefermehl/Köhler/Bornkamm, UWG-Kommentar, § 17 Rn. 8; *Rengier*, in: Fezer, UWG-Kommentar, § 17 Rn. 13; *Richters/Wodtke*, NZA-RR 2003, 281; *Sehirali*, Schutz des Know-how, S. 38f.; Többens, NStZ 2000, 505 (506). Vgl. auch BAG, AP BGB § 611 Betriebsgeheimnis Nr. 1 – Thrombosol; OLG Düsseldorf, OLGR 1999, 55 (58) – Rollenwechsler. Offengelassen aber von BGHZ 82, 369 (372f.) = GRUR 1982, 225 (226) – Straßendecke II.

341 *Daub*, Verletzung von Unternehmensgeheimnissen, S. 40; *Depenheuer*, Verwertung von Unternehmensgeheimnissen, S. 6; *Harte-Bavendamm*, GRUR 1990, 657 (661); *Kraßer*, GRUR 1977, 177 (179); *A. Maier*, Schutz von Betriebs- und Geschäftsgeheimnissen, S. 275; *Saumweber*, Schutz von Know-how, S. 85; *Schlötter*, Schutz von Betriebs- und Geschäftsgeheimnissen, S. 136; *Stadler*, Unternehmensgeheimnis, S. 10.

zwingend einer, darf aber nicht jeder Person bekannt sein – finden sich in der Literatur regelmäßig keine konkreten Stellungnahmen. Überwiegend wird unter Rekurs auf die Rechtsprechung des Reichsgerichts[342] konstatiert, die Größe des zulässigen Mitwisserkreises hänge „von den Umständen ab“[343] bzw. sei „Tat- und Beweisfrage“.[344]

Nehmen Autoren im Einzelfall konkret Stellung, so legen sie den Geheimnisbegriff in der Regel weit aus. Die zunächst geheime Struktur eines Produkts werde „nicht offenkundig, bevor sie in weiten Kreisen bekannt und damit allgemein zugänglich geworden ist“.[345] Auch bei einer „verhältnismäßig großen Zahl an Mitwissern“ könne die Geheimhaltung gewahrt bleiben.[346] Eine besonders extensive Auslegung findet sich bei *Schlüchter*: Das Programm eines Geldspielautomaten bzw. dessen konkreter Spielstand bleibe so lange ein Geheimnis, „wie es noch Spieler gibt, die das Gerät entsprechend seiner Funktion (...) benutzen“.[347]

Auch die Rechtsprechung geht im konkreten Fall zumeist von einem weiten Geheimnisbegriff aus. So beurteilte der Bundesgerichtshof die im Rahmen eines Ausschreibungsverfahrens vorgenommene Mitteilung von Angeboten gegenüber „einem kleinen Kreis von Mitarbeitern der jeweiligen Baudienststellen“ nicht als geheimnisschädlich.[348] In einem Fall des Oberlandesgerichts Düsseldorf, in dem ein Verlagsmitarbeiter Kfz-Verkaufsinserate vor ihrer Veröffentlichung an Außenstehende mitteilte, sollten Geheimnisse selbst dann noch vorliegen, wenn die Anzeigenaus-

---

342 RGSt 38, 108 (110); RGSt 40, 406 (407); RGSt 42, 394 (396).

343 *Köhler*, in: Hefermehl/Köhler/Bornkamm, UWG-Kommentar, § 17 Rn. 7 a; *A. Maier*, Schutz von Betriebs- und Geschäftsgeheimnissen, S. 275; *Schlötter*, Schutz von Betriebs- und Geschäftsgeheimnissen, S. 137.

344 *Daub*, Verletzung von Unternehmensgeheimnissen, S. 41; *Harte-Bavendamm*, in: ders./Henning-Bodewig, UWG-Kommentar, § 17 Rn. 4; *A. Maier*, Schutz von Betriebs- und Geschäftsgeheimnissen, S. 276; *Rengier*, in: Fezer, UWG-Kommentar, § 17 Rn. 14; *Schlötter*, Schutz von Betriebs- und Geschäftsgeheimnissen, S. 137; *Többens*, NStZ 2000, 505 (506); *Reimer*, in: Ulmer, Recht des unlauteren Wettbewerbs III, Nr. 307.

345 *Harte-Bavendam*, GRUR 1990, 657 (661). Ähnlich *Richters/Wodtke*, NZA-RR 2003, 281: „Die Zahl der Personen ist grundsätzlich irrelevant“.

346 *Kotthoff/Gabel*, in: Heidelberger Kommentar UWG, Wettbewerbsrecht, § 17 Rn. 5.

347 *Schlüchter*, CR 1991, 105 (106 f.) zum Fall „Geldspielautomat“ des BayObLG, GRUR 1991, 694. Ähnlich weit: *Arloth*, Jura, 1996, 354 (359).

348 BGHSt 41, 140 (143) = NJW 1995, 2301.

drucke jedermann, „der sich Druckhaus aufhält“, zugänglich waren.[349] Das Bayerische Oberste Landesgericht hingegen leitete im Fall „Geldspielautomaten“ aus dem Umstand, dass eingeweihte Spieler innerhalb kurzer Zeit hohe Schäden verursacht hatten, die Möglichkeit ab, „dass das Manipulationsprogramm für das fragliche Spielgerät zur Tatzeit bereits soweit verbreitet war, dass es aus diesem Grund kein Geheimnis mehr war.“[350]

Art. 39 Abs. 2 des Übereinkommens „über handelsbezogene Aspekte der Rechte des Geistigen Eigentums“ (TRIPS), der die angeschlossenen Mitglieder zu einem Schutz „nicht offenbarter Informationen“ anhält, scheint eine weite Auslegung des Geheimnisbegriffs zu stützen. So werden in Art. 39 Abs. 2a TRIPS als „geheim“ bereits solche Informationen angesehen, die „entweder in ihrer Gesamtheit oder in der genauen Anordnung und Zusammenstellung ihrer Bestandteile Personen in den Kreisen, die üblicherweise mit den fraglichen Informationen zu tun haben, nicht allgemein bekannt oder leicht zugänglich sind.“

Ausgangspunkt für eine Stellungnahme soll die Annahme sein, dass „Geheimnis“ ein relativer Begriff ist. In Abhängigkeit vom Kreis der an einem Geheimnis Interessierten kann ein Geheimnis verschiedene Grade annehmen, je nachdem, ob viele oder wenige Teilnehmer des Interessentenkreises tatsächlich involviert sind. Davon geht auch Art. 39 Abs. 2a TRIPS aus, wenn auf bestimmte Kreise abgestellt wird, für die die betroffenen Informationen relevant sind. Angenommen, es existiert ein Markt, der sich aus einem Geheimnisinhaber und neun weiteren, an dem Geheimnis interessierten Marktteilnehmern zusammensetzt: Weiht der Geheimnisinhaber einen weiteren Markteilnehmer unter dem Deckmantel der Verschwiegenheit ein, wird man weiterhin von einem Geheimnis im Sinne des § 17 UWG ausgehen können, wenn auch der Geheimhaltungsgrad nun geringer ist. Anders dürfte sich die Situation aber darstellen, wenn der Geheimnisinhaber noch sieben weitere Marktteilnehmer einweiht und davon auszugehen ist, dass auch diese ihr Wissen vor dem zehnten Marktteilnehmer streng geheim halten werden. Nach allgemeinem Sprachgebrauch könnte von einem „Geheimnis“ noch gesprochen werden, schließlich wird die Information gegenüber dem zehnten Marktteilnehmer weiterhin „geheim gehalten“. Auch dürfte der Mitwisserkreis

349 OLG Düsseldorf, AfP 1999, 75 (76).
350 BayObLG, GRUR 1991, 694 (695 f.).

hier noch „überschaubar“ sein, so dass eine Zugänglichkeit „ohne weiteres“ ausscheidet.[351] Zweifelhaft erscheint jedoch die Folgerung, die Weitergabe (§ 17 Abs. 1 UWG) oder Ausspähung (§ 17 Abs. 2 Nr. 1 UWG) eines solch weit verbreiteten Wissens könne die nicht nur unerheblichen strafrechtlichen Sanktionen des § 17 UWG[352] auslösen. Der Strafcharakter des § 17 UWG spricht dafür, höhere Anforderungen an das Vorliegen eines „Geheimnisses“ zu stellen. Das materielle Schuldprinzip („nulla poena sine culpa“), das aus Art. 1 Abs. 1 i.V.m. Art. 2 Abs. 2 S. 1 GG und dem rechtsstaatlichen Übermaßverbot abgeleitet wird,[353] fordert, dass „jede Strafe (…) in einem gerechten Verhältnis zur Schwere der Straftat und zum Verschulden des Täters stehen“ muss.[354] Die von der Strafvorschrift betroffenen Bürger sollen den scharfen Sanktionen des § 17 UWG nur ausgesetzt sein, wenn dafür ein hinreichendes Strafbedürfnis besteht. Das ist nicht mehr der Fall, soweit ein Geheimnis nicht mehr nur einem kleinen Personenkreis bekannt, sondern im relevanten Interessentenkreis bereits weit verbreitet ist.[355]

Im konkreten Fall sollte die Beurteilung, ob ein Geheimnis vorliegt, von der Größe des jeweiligen Interessentenkreises, der im Regelfall dem Markt entspricht, abhängen. Bei größeren Interessentenkreisen bzw. vielen Marktteilnehmern besteht ein strafrechtlich abzusicherndes Schutzbedürfnis erst, wenn eine deutliche Mehrheit der Interessierten von dem geheimen Wissen ausgeschlossen ist. Bei kleineren Interessentenkreisen können die Anforderungen geringer sein. So dürfte bei einem Markt, der aus vier Konkurrenten besteht, ein „Geheimnis“ im Sinne des § 17 UWG auch dann noch vorliegen, wenn bereits zwei und daher die Hälfte der Marktteilnehmer involviert wurden bzw. anderweitig Kenntnis genommen haben und das Geheimnis selbst unter Verschluss halten.

Art. 39 Abs. 2a TRIPS steht der hier favorisierten, restriktiven Auslegung des Geheimnisbegriffs nicht entgegen, denn das TRIPS-Abkommen fordert nicht notwendig einen *strafrechtlichen* Schutz für „nicht offenkundige

---

351 Zu den konkreten Voraussetzungen sogleich: 2. Teil, A., II. 1., b), bb) (S. 102 ff.).

352 Aktuell: Geldstrafe oder bis zu dreijährige Freiheitsstrafe.

353 Vgl. BVerfGE 45, 187 (228); BVerfGE 54, 100 (108); BVerfGE 80, 244 (255); BVerfGE 109, 133 (171); *Degenhart*, in: Sachs, GG-Kommentar, Art. 103 Rn. 55.

354 BVerfGE 109, 133 (171).

355 Ähnlich restriktiv: *Depenheuer*, Verwertung von Unternehmensgeheimnissen, S. 3.

Informationen". Es verbleibt die Möglichkeit, etwaige Schutzforderungen des Art. 39 TRIPS im Rahmen der allgemeinen und speziellen Vorschriften des Zivilrechts (BGB, UWG) zu berücksichtigen.

bb) Erforderliche Geheimhaltungsmaßnahmen

Ein der Anzahl nach begrenzter Mitwisserkreis genügt für das Vorliegen eines Geheimnisses nicht, erforderlich ist darüber hinaus, dass ein Zugriff auf die zu Grunde liegenden Tatsachen „nicht ohne weiteres möglich" ist. Es stellt sich die Frage, von welcher Art und Qualität die insoweit geforderte Absicherung des Wissens sein muss.

(1) Grundsatz faktischer Beurteilung

Die Praxis wendet sowohl vertragliche (z.B. Reverse-Engineering-Verbote) als auch rein tatsächliche Geheimhaltungsmaßnahmen an, um ihr „Know-how" vor dem Zugriff der Konkurrenz zu schützen. Für die Beurteilung der Frage, ob ein Geheimnis im Sinne des § 17 UWG vorliegt, sollen jedoch nach bislang unwidersprochener Ansicht allein die faktischen Wirkungen einer – vertraglichen oder tatsächlichen – Maßnahme entscheidend sein.[356] Diese Auslegung überzeugt vor dem Hintergrund einer funktionalen Parallelität zwischen § 17 UWG und § 242 StGB. Beide Vorschriften schützen den „Gewahrsam", also die tatsächliche Herrschaftsmacht über einen bestimmten Gegenstand. § 242 StGB betrifft den Gewahrsam an körperlichen Gegenständen und schützt diesen mit dem Merkmal der „Wegnahme" gegen ungewollte Sachgewahrsamsbrüche. § 17 UWG sichert den Gewahrsam am unkörperlichen Gegenstand „Unternehmensgeheimnis" gegen den Verrat durch Angestellte (§ 17 Abs. 1 UWG), gegen Geheimnishehlerei (§ 17 Abs. 2 Nr. 2 UWG) sowie gegen bestimmte weitere Zugriffe von außen (§ 17 Abs. 2 Nr. 1 UWG) ab. „Geheimnisgewahrsam"[357] und „Sachgewahrsam" unterscheiden sich nur dem

356 *Harte-Bavendamm*, CR 1986, 615 (619); *Rengier*, in: Fezer, UWG-Kommentar, § 17 Rn. 12. Im sonstigen Schriftum wird diese Ansicht jedenfalls stillschweigend zu Grunde gelegt.

357 Mitunter wird auch von „Geheimnisbesitz" gesprochen: *Schramm*, Grundlagenforschung, S. 53ff.; *Seligsohn*, Geheimnis und Erfindungsbesitz, S. 23; *Troller*, GRUR Ausl. 1958, 385 (387ff.). Vgl. auch bereits *Lobe*, Der unlautere Wettbewerb als Rechtsverletzung, S. 321f., der dem Geheimnis eine possessorische Bedeutung beimaß.

Objekt nach, sind jedoch funktional identisch. Beide gewähren eine faktische Monopolstellung des Gewahrsamsinhabers im Hinblick auf das beherrschte Objekt. Die Gründe, die bei § 242 StGB für eine – jedenfalls primär – nicht vertragliche bzw. rechtliche, sondern tatsächliche Beurteilung des Gewahrsamsbegriffs sprechen,[358] treffen auch bei § 17 UWG zu. Das Strafrecht gewährleistet grundsätzlich keine ergänzende Absicherung vertraglicher Vereinbarungen. Wollte man die Beurteilung des Geheimnisses von wirksamen vertraglichen Vereinbarungen abhängig machen, so könnte der Geheimnisinhaber weitgehend darüber disponieren, ob und ab wann ein strafrechtlich relevantes Verhalten vorliegt. Das Eintreten einer strafrechtlichen Sanktion hinge dann kaum noch vom Willen des Gesetzgebers, sondern überwiegend vom Geschick des Geheimnisinhabers ab, seine Geheimnisse durch möglichst umfassende Vereinbarungen gegen Zugriffe Dritter abzusichern. Dadurch würde das Strafrecht seiner grundlegenden Funktion, strafwürdiges Verhalten objektiv vorhersehbar und präzise zu erfassen, jedenfalls in wesentlichen Teilen beraubt.[359]

Die Frage, ob ein Wissen von Tatsachen hinreichend gegen die Kenntnisnahme durch Andere abgesichert ist, richtet sich – jedenfalls vorrangig – nach tatsächlichen Gesichtspunkten. Rechtliche Vereinbarungen sind nur beachtlich, soweit sie faktisch einen Verschluss des geheimen „Knowhow“ bewirken. Entscheidender Beurteilungshorizont, ist – wie auch bei § 242 StGB – die Sicht des Verkehrs bzw. des täglichen Lebens.[360]

(2) Qualitative Anforderungen an die Geheimhaltung

Für die Qualität der vorzunehmenden Sicherungsmaßnahmen kann eine absolute Kontrolle des Geheimnisinhabers nicht gefordert werden. Gewisse Schutzlücken, wie sie bei immateriellen Gütern naturgemäß vor-

---

358 Vgl. hierzu *Eser*, in: Schönke/Schröder, StGB-Kommentar, § 242 Rn. 23; *Lackner/Kühl*, StGB-Kommentar, § 242 Rn. 8a; *Laubenthal*, JA 1990, 38 (39); *Maurach/Schroeder/Maiwald*, Strafrecht – Besonderer Teil I, § 33 II Rn. 14ff.; *Tröndle/Fischer*, StGB-Kommentar, § 242 Rn. 11.

359 Gleichwohl ist eine Tendenz, strafrechtliche Sanktionen in Abhängigkeit zu zivilrechtlichen Wertungen zu stellen, unverkennbar; die Fassung einiger Straftatbestände, vgl. z.B. § 266 StGB, läd hierzu durchaus ein.

360 Für § 242 StGB: BGHSt 16, 271 (273); BGHSt 22, 180 (182); BGHSt 23, 254 (255); *Tröndle/Fischer*, StGB-Kommentar, § 242 Rn. 11.

liegen,[361] stehen einem Geheimnisgewahrsam nicht entgegen. Entscheidende Frage ist, wann die Geheimhaltungsschutzlücken so beträchtlich sind, dass von einem „Geheimnis“ bzw. „Geheimnisgewahrsam“ im Sinne des § 17 UWG aus Sicht des Verkehrs nicht mehr gesprochen werden kann.

Die überwiegende Meinung zu § 17 UWG fordert, der Geheimnisinhaber müsse den von ihm abgeleiteten Mitwisserkreis sicher kontrollieren, so dass dieser „geschlossen“ ist.[362] Bei einem „nicht mehr überschaubaren“ Mitwisserkreis soll die für § 17 UWG erforderliche Kontrollmöglichkeit nicht vorliegen.[363] Konkret abgelehnt wird eine hinreichende Beherrschung des relevanten Wissens heute im Falle einer Veröffentlichung des Wissens in einer Fachzeitschrift, und zwar unabhängig von deren Verbreitung und Leserkreis.[364] Ein Geheimnis soll ebenfalls ausscheiden, soweit die zu Grunde liegenden Informationen im Rahmen einer nationalen Patentanmeldung offenbart werden.[365] Zweifel, die insoweit zunächst für ausländische Patentanmeldungen geäußert wurden,[366] verlieren im Zeitalter der Globalisierung zunehmend an Berechtigung. Jedenfalls bei Märkten mit grenzüberschreitender Bedeutung dürfte auch eine ausländische Patentanmeldung in einem für den jeweiligen Markt relevanten Staat den Geheimnischarakter beseitigen. Generell gilt:

---

361 Jedenfalls eine selbständige Generierung des unter Verschluss gehaltenen Wissens kann nie abgewehrt werden. Vgl. zur „potentiellen Ubiquität“ bereits oben: 1. Teil, A., I., 1. (S. 22).

362 *Harte-Bavendam*, GRUR 1990, 657 (661); *A. Maier*, Schutz von Betriebs- und Geschäftsgeheimnissen, S. 275; *Kotthoff/Gabel*, in: Heidelberger Kommentar UWG, Wettbewerbsrecht, § 17 Rn. 5; *Kraßer*, GRUR 1977, 177 (179); *Schlötter*, Schutz von Betriebs- und Geschäftsgeheimnissen, S. 136.

363 Jedoch wird man nach der hier vertretenen Ansicht in solchen Fällen auch unabhängig von dem eintretenden Kontrollverlust bereits auf Grund der Anzahl an Mitwissern regelmäßig nicht mehr von einem Geheimnis im Sinne des § 17 UWG sprechen können, siehe oben: 2. Teil, A., II., 1., b), aa) (S. 98 ff.).

364 RG, MuW 1934, 63 (65); *Köhler*, in: Hefermehl/Köhler/Bornkamm, UWG-Kommentar, § 17 Rn. 7; *Nastelski*, GRUR 1957, 1 (2); *Saumweber*, Schutz von Know-how, S. 87; *Reimer*, in: Ulmer, Recht des unlauteren Wettbewerbs III, Nr. 307. Anderer Ansicht noch RGSt 40, 406 (407): Tatsächliche Verbreitung und Leserkreis entscheidend.

365 BGH, GRUR 1975, 206 (208) – Kunststoffschaumbahnen; BGH, GRUR 1976, 140 (142) – Polyurethan; *Kraßer*, GRUR 1977, 177 (179).

366 *Kraßer*, GRUR 1977, 177 (179). Ablehnend insoweit noch: BGH, GRUR 1963, 207 (211) – Kieselsäure.

Je größer der tatsächliche Mitwisserkreis ist, desto höhere Anstrengungen sind erforderlich, um diesen Kreis geschlossen zu halten.

Für vertragliche Sicherungsmaßnahmen – insbesondere: Reverse-Engineering-Verbote – bedeutet der Grundsatz einer faktischen Beurteilung, dass es entscheidend nicht auf die rechtliche Wirksamkeit der jeweiligen Vertragsbedingung, sondern darauf ankommt, ob die Vereinbarung aus Sicht des Verkehrs tatsächlich zu einer wirksamen Absicherung des betroffenen Geheimnisses führt, ob sie ein Konformgehen mit der auferlegten Geheimhaltungsverpflichtung hinreichend sicher erwarten lässt.[367] Häufig dürften dafür tatsächliche (z.B. Kontrollen, Versiegelung, Verschluss) und vertragliche (z.B. Vertragsstrafe) Begleitmaßnahmen erforderlich sein. Die rechtliche Wirksamkeit einer „Know-how" sichernden Vereinbarung ist für eine faktische Verschlusswirkung nicht zwingend, jedoch wirkt sie sich – bei Kenntnis des Reversers – in der Regel mittelbar auf die faktische Wirksamkeit der Wissensabsicherung aus.[368] So wird ein vertragliches Reverse-Engineering-Verbot, dessen rechtliche Unwirksamkeit dem Reverser bekannt ist, diesen nur selten von einer konkret beabsichtigten Produktanalyse abhalten.

(3) Beurteilung des „Reverse Engineering"

Das in einem Produkt verkörperte Herstellungs-Know-how ist besonders großen Gefahren ausgesetzt, da das Produkt nach seinem Erwerb in der Regel ungestört analysiert werden kann. Dennoch ist allgemein anerkannt, dass der freie Vertrieb eines Produkts einen etwaigen Geheimnischarakter des darin verborgenen Herstellungswissens nicht notwendig aufhebt.[369] Die Frage, ab wann bei Produkten, die frei am Markt vertrieben werden, eine Zugriffsmöglichkeit Dritter „ohne weiteres" vorliegt, beurteilt die Literatur nach divergenten Kriterien, ohne dass die Unterschiede hinreichend thematisiert, geschweige denn diskutiert werden.[370]

---

367 *Harte-Bavendamm*, CR 1986, 615 (619).

368 Zur rechtlichen Prüfung ergänzender Vertragsvereinbarungen siehe unten: 4. Teil (S. 251 ff.).

369 RGZ 149, 329 (333) – Stiefeleisenpresse; BAG, AP BGB § 611 Betriebsgeheimnis Nr. 1 – Thrombosol; BayObLG, GRUR 1991, 694 (695) – Geldspielautomat; *Harte-Bavendamm*, GRUR 1990, 657 (660); *A. Maier*, Schutz von Betriebs- und Geschäftsgeheimnissen, S. 273.

370 Ausnahme: *Stadler*, Unternehmensgeheimnis, S. 11 ff.

Eine sehr weite Auslegung des Geheimnisbegriffs verfolgen solche Ansichten, für die als faktische Absicherung genügt, dass der „übliche bestimmungs- und vereinbarungsgemäße Gebrauch“ keine Rückschlüsse auf das verborgene Wissen zulässt.[371] Zugänglichkeit meine bloß „Zugänglichkeit bei sach-, verkehrs- und absprachegemäßer Nutzung“ des frei am Markt erworbenen Produkts.[372]

Andere stellen allein auf den – objektiv zu beurteilenden – Analyseaufwand ab, der erforderlich ist, um das im Produkt verborgene Herstellungs-Know-how aufzudecken. Die jeweils geforderten Maßstäbe sind – trotz gegenseitiger Verweisung der Autoren – heterogen. Während überwiegend von „größeren Schwierigkeiten und Opfern“[373] oder der Notwendigkeit einer „mühsamen technischen Untersuchung“[374] gesprochen wird, fordert ein Teil der Literatur, dass „größte Schwierigkeiten“[375] vorliegen müssen, um das verborgene Wissen zu aufzudecken.[376] Auch an die Qualifikation des Reversers, dem die faktischen Schwierigkeiten der Analyse auferlegt sein sollen, werden unterschiedliche Anforderungen

---

371 *Brammsen*, in: MünchKomm UWG, § 17 Rn. 15. Vgl. auch *Harte-Bavendamm*, in: Gloy/Loschelder, Handbuch Wettbewerbsrecht, § 48 Rn. 10 („auf normalem Weg“, „an sich nicht vorgesehene Zerlegung“).

372 *Brammsen*, in: MünchKomm UWG, § 17 Rn. 15. Ähnlich: LG Freiburg, NJW 1990, 2635 (2635 f.).

373 RGZ, 65, 333 (335) – Pomril; RG, GRUR 1936, 573 (576) – Albertus Stehfix; BayObLG, GRUR 1991, 694 (695) – Geldspielautomat; OLG Düsseldorf, OLGR 1999, 55 (58) – Rollenwechsler; OLG Hamburg, GRUR-RR 2001, 137 (139) – PM-Regler; *Fluck*, NVwZ 1994, 1048 (1052); *Köhler*, in: Hefermehl/Köhler/Bornkamm, UWG-Kommentar, § 17 Rn. 8; *St. Müller*, Schutz von Know-how nach TRIPS, S. 30; *Wiebe*, CR 1992, 134 (135).

374 *A. Maier*, Schutz von Betriebs- und Geschäftsgeheimnissen, S. 273; *Rengier*, in: Fezer, UWG-Kommentar, § 17 Rn. 16. Ähnlich: BAG, AP BGB § 611 Betriebsgeheimnis Nr. 1 – Thrombosol („besondere Mühe“); *Kraßer*, GRUR 1970, 587 (590) („mühselige Zerlegung“); *ders.*, GRUR 1977, 177 (179) („mühevolle Zerlegung“); *Moritz/Tybusseck*, Computersoftware, S. 111 Rn. 394; *Saumweber*, Schutz von Know-how, S. 87 f. („mühselige und schwierige Zerlegung“); *Reimer*, in: Ulmer, Recht des unlauteren Wettbewerbs III, Nr. 307 („mittels schwieriger und mühseliger Zerlegung der Sache“). Abgeschwächt: *Richters/Wodtke*, NZA-RR 2003, 281 (281 f.) („Anstrengungen mittleren Schwierigkeitsgrades“).

375 *Taeger*, CR 1991, 449 (456).

376 Vgl. auch *Stadler*, Unternehmensgeheimnis, S. 12, die darauf abstellt, „ob die entsprechende Erkenntnis mit jedem Interessenten nach dem Stand der Technik verfügbaren rechtlich zulässigen Methoden gewonnen werden kann“.

gestellt. Die Mehrheit der Autoren nimmt keine Einschränkung vor[377] oder spricht von „jedem Interessenten",[378] während andere die Analysefertigkeiten eines „Fachmanns",[379] „Durchschnittsfachmanns"[380] oder „ausgebildeten Fachmanns"[381] voraussetzen.

Ein Teil des Schriftums verknüpft den objektiv erforderlichen Aufwand auch mit wirtschaftlichen Gesichtspunkten. So wird danach gefragt, ob der zu betreibende Aufwand groß genug ist, um dem Geheimnisinhaber einen „gewissen zeitlichen Vorsprung" und somit einen „Wettbewerbsvorteil" zu sichern.[382] Besonders weit reicht insoweit die Auslegung von *Kersting*: So lange dem geheimen Wissen noch ein Wert innewohne, verdiene es den rechtlichen Schutz durch § 17 UWG.[383]

Zunehmend beziehen Stellungnahmen auch Aspekte der „Lauterkeit" in die Beurteilung mit ein. Ein Geheimnis soll hiernach solange vorliegen, wie die zu Grunde liegenden Tatsachen nicht ohne besondere Anstrengung „über lautere Mittel der Kenntnisnahme hinaus" in Erfahrung gebracht werden können.[384]

§ 17 UWG belastet potentielle Täter mit der Gefahr, zu entscheiden, ob das in einem Produkt mittelbar verkörperte „Know-how" faktisch hinrei-

---

377 Vgl. *Kraßer*, GRUR 1970, 587 (590); *ders.*; GRUR 1977, 177 (179); *Saumweber*, Schutz von Know-how, S. 87f.; *Taeger*, CR 1991, 449 (456); *Reimer*, in: Ulmer, Recht des unlauteren Wettbewerbs III, Nr. 307; *Wiebe*, CR 1992, 134 (135).

378 *Fluck*, NVwZ 1994, 1048 (1052); *St. Müller*, Schutz von Know-how nach TRIPS, S. 30.

379 *Köhler*, in: Hefermehl/Köhler/Bornkamm, UWG-Kommentar, § 17 Rn. 8; *A. Maier*, Schutz von Betriebs- und Geschäftsgeheimnissen, S. 273; *Moritz/Tybusseck*, Computersoftware, S. 111 Rn. 394.

380 *Rengier*, in: Fezer, UWG-Kommentar, § 17 Rn. 16. Vgl. auch BGH, GRUR 1980, 750 (751) – Pankreaplex II.

381 *Richters/Wodtke*, NZA-RR 2003, 281 (281f.).

382 *Harte-Bavendamm*, GRUR 1990, 657 (660). Ähnlich *Schlötter*, Schutz von Betriebs- und Geschäftsgeheimnissen, S. 137f. Vgl. auch bereits *Kraßer*, GRUR 1977, 177 (179).

383 Schutz des Wirtschaftsgeheimnisses im Zivilprozess, S. 14f.

384 *Metzler*, Konsequenzen neuartiger Erscheinungsformen, S. 12. Ähnlich *Arians*, Schutz des Geschäfts- und Betriebsgeheimnisses, S. 327f.; *Doepner*, in: FS Tilmann, 105 (108); *Köhler*, in: Hefermehl/Köhler/Bornkamm, UWG-Kommentar, § 17 Rn. 8; *Rengier*, in: Fezer, UWG-Kommentar, § 17 Rn. 12. Aus der Rechtsprechung: BayObLG, GRUR 1991, 694 (695) – Geldspielautomat („unter Zuhilfenahme lauterer Mittel").

chend gegen eine Entschlüsselung durch Dritte abgesichert ist, so dass von einem „Geheimnis“ noch gesprochen werden kann. Angesichts der verdeckt heterogenen Anforderungen, die Rechtsprechung und Literatur für den Geheimnisbegriff aktuell aufstellen, ist dies kein leichtes Unterfangen. Es besteht ein erhebliches Bedürfnis nach einer vorhersehbaren, die Rechtssicherheit fördernden Auslegung der Norm. Auf Grund der potentiellen Ubiquität des Geheimnisses,[385] die eine erhöhte Gefahr einer Offenkundigkeit begründet, sollten bei der Beurteilung des Geheimnisgewahrsams tendenziell strengere Maßstäbe angelegt werden als beim Diebstahlsgewahrsam, der für den Gewahrsaminhaber auf Grund der Körperlichkeit des Gewahrsamsgegenstandes erheblich leichter zu kontrollieren ist.

Eine Abhängigkeit der Definition des Unternehmensgeheimnisses von Aspekten der Lauterkeit findet im Wortlaut des § 17 UWG keine Stütze und stellt das Problem „von den Füßen auf den Kopf“. Ob eine Maßnahme rechtlich „unlauter“ ist oder nicht, hängt nach § 17 UWG entscheidend erst von Ihrer Einordnung als „Geschäfts- oder Betriebsgeheimnis“ sowie dem Vorliegen einer irregulären Eingriffshandlung ab. Darüber hinaus trägt das unbestimmte Definitionsmerkmal „unlauter“ in das Tatbestandsmerkmal des Unternehmensgeheimnisses eine Unsicherheit, die angesichts der nicht unerheblichen Strafandrohung des § 17 UWG nicht gerechtfertigt ist. Klar ist jedoch, dass die generelle Möglichkeit eines gegen § 17 UWG verstoßenden Geheimnisbruchs einem Geheimnischarakter des ausgespähten Wissens nicht entgegensteht.

Eine Maßgeblichkeit des „bestimmungs- und vereinbarungsgemäßen“ Produktgebrauchs bände die Auslegung der Strafnorm zu stark an vertragliche Vereinbarungen. Das Eingreifen strafrechtlicher Sanktionen stünde dann weitgehend zur Disposition des Geheimnisinhabers, der die Reichtweite des § 17 UWG durch geschickte vertragliche Gestaltungen erheblich ausdehnen könnte. Auch würde hierdurch ein hohes, nicht mehr vertretbares Maß an Rechtsunsicherheit in den Tatbestand des § 17 UWG getragen, da häufig unklar oder streitig sein dürfte, wann eine „bestimmungs- oder vereinbarungsgemäße“ Benutzung nach Maßgabe der Vertragsbedingungen vorliegt. § 17 UWG soll keinen ergänzenden Strafrechtsschutz für vertragliche Vereinbarungen gewähren, sondern einen schutzwürdigen – nach objektiv-faktischen Gesichtspunkten zu

385 Siehe oben: 1. Teil, A., I., 1. (S. 22).

beurteilenden – Geheimnisgewahrsam gegen strafwürdige Eingriffe absichern.[386]

Auch eine wirtschaftliche Betrachtungsweise schafft Rechtsunsicherheit. Wann Maßnahmen des „Reverse Engineering" wirtschaftlich vorteilig sind, wird man vor der Analyse zumeist nicht sicher vorhersagen können und hängt entscheidend von der konkreten Position des Reversers respektive seiner Auftraggeber ab.[387] Wollte man einen Marktteilnehmer bestrafen, weil die Analyse für ihn vorteilig ist, während man einen anderen nicht bestraft, für den die Analyse sich letztlich nicht rentiert, so geriete man nicht nur in Konflikt mit Art. 103 Abs. 2 GG, sondern vor allem auch mit dem Gleichheitsgebot aus Art. 3 Abs. 1 GG, der Gesetzgebung und Rechtsprechung verpflichtet, vergleichbar strafwürdige Verhaltensweisen gleichermaßen zu sanktionieren. Beachtenswerte Gründe für eine unterschiedliche strafrechtliche Beurteilung sind nicht ersichtlich.

Entscheidend für die Frage, ob das in einem Produkt verborgene „Know-how" trotz des Produktvertriebs geheim ist, kann bloß der objektive Analyseaufwand sein, der erforderlich ist, um das Herstellungs-Know-how aufzudecken. Art. 103 Abs. 2 GG verlangt, dass das mit Strafe bedrohte Verhalten für potentielle Täter hinreichend ermittelbar ist, er das Risiko einer Bestrafung also erkennen kann.[388] Nur eine an objektiven Gesichtspunkten orientierte Auslegung ist geeignet, dem Tatbestand des § 17 UWG eine hinreichende Trennschärfe zwischen strafbarem und straflosem Verhalten zu verleihen. Bezüglich des anzulegenden Maßstabs wird bislang jedoch nicht hinreichend berücksichtigt, dass § 17 UWG – jedenfalls originär – eine Strafnorm mit erheblichen, grundrechtlich relevanten Sanktionen ist. Nach Maßgabe des materiellen Schuldprinzips („nulla poena sine culpa")[389] müssen die Tatbestandsvoraussetzungen so ausgelegt werden, dass bloß strafwürdige Fälle erfasst werden und das Verhalten des Täters in einem angemessenen Verhältnis zur drohenden

386 Vgl. dazu bereits oben: 2. Teil, A., II., 1., b), bb), (1) (S. 102f.) mit weiteren Nachweisen.

387 Vgl. *Stadler*, Unternehmensgeheimnis, S. 12.

388 BVerfGE 92, 1 (12) – Sitzblockade III; BVerfGE 87, 209 (224) – Tanz der Teufel; BVerfGE 47, 109 (121) – Vorführung pornographischer Filme. In der Tendenz noch strenger („Grenze des straffreien Raums klar vor Augen"): BVerfGE 109, 133 (172) – Lebenslange Sicherungsverfahrung; BVerfGE 32, 346 (362) – Strafbestimmungen in Gemeindesatzungen.

389 Siehe oben: 2. Teil, A., II., 1., b), aa) (S. 101) mit Fn. 353, 354.

Sanktion steht. Auch ist zu beachten, dass § 17 UWG den freien Wettbewerb, dessen Förderung das deutsche Recht grundsätzlich anstrebt, beschränkt.[390] Die Auslegung des § 17 UWG darf jedenfalls nicht dazu führen, dass frei am Markt vertriebene, nicht ganz simpel aufgebaute Produkte von einem Fachmann überhaupt nicht mehr analysiert werden dürfen.[391]

Daraus leiten sich restriktive Anforderungen für die Auslegung des Geheimnisbegriffs ab: Ein Betriebs- und Geschäftsgeheimnis liegt nur dann vor, wenn aus Sicht des sachkundigen Verkehrs nach den aktuellen technischen Gegebenheiten die hinreichend sichere Erwartung besteht, dass selbst ein ausgewiesener Fachmann das Geheimnis durch eine eingehende Analyse des Produkts nicht wird aufdecken können. Auf dieser Linie liegt auch das Urteil des Oberlandesgerichts Düsseldorf im Fall „Rollenwechsler“, in dem die Anforderungen an das Vorliegen eines Geheimnisses – entsprechend der hier favorisierten Lösung – deutlich verschärft wurden.[392] Höherrangiges Recht steht dieser restriktiven Auslegung des Geheimnisbegriffs nicht entgegen. Zwar soll nach Art. 39 Abs. 2a TRIPS für eine schutzwürdige, „geheime“ Information hinreichen, dass diese nicht „leicht zugänglich“ ist; das TRIPS-Abkommen fordert aber nicht notwendig eine *strafrechtliche* Absicherung solcher Informationen. Es verbleibt die Möglichkeit, etwaige weitergehende Schutzforderungen des Art. 39 TRIPS im Rahmen der allgemeinen sowie speziellen Vorschriften des Zivilrechts zu beachten.

Gewährleistet die Produktzusammensetzung selbst keine hinreichende faktische Absicherung, kommt ein Schutz durch zusätzliche, für die Funktionsweise des Produkts selbst nicht erforderliche, faktische Verschlussmaßnahmen in Betracht. So waren in den Spielautomatenfällen die EPROM-Chips, auf denen das Spielprogramm abgespeichert war, innerhalb der Spielautomaten in verplombten Blechgehäusen untergebracht. Diese Absicherung schützte gegen eine Entnahme der Chips durch Dritte im Geschäft des Automatenaufstellers, nicht jedoch gegen ein unbeobachtetes Aufbrechen des Gehäuses durch den Automatenerwerber/-aufsteller selbst. Diesem gegenüber waren weitere tatsächliche Absicherungen

390 Vgl. *Pfaff*, BB 1974, 565 (567).

391 Vgl. auch OLG Düsseldorf, OLGR 1999, 55 (58) – Rollenwechsler; *Beater*, Unlauterer Wettbewerb, § 22 Rn. 31.

392 OLG Düsseldorf, OLGR 1999, 55 (58f.).

(„Versiegelung") sowie faktisch wirksame Vertragsvereinbarungen (z.B. Reverse-Engineering-Verbot) erforderlich. Zu der Frage, ob das Spielprogramm selbst im Quell- oder im Maschinencodeformat auf den CHIPS abgespeichert wurde, liegen hinreichende Erkenntnisse nicht vor.

In den einleitend beschriebenen Beispielen „Coca-Cola" und „Underberg" gewährleistet bereits die Produktzusammensetzung selbst eine hinreichende Absicherung gegen die Entschlüsselung der zu Grunde liegenden Rezepturen. Ergänzende Absicherungen durch ein vertragliches Reverse-Engineering-Verbot sowie dessen tatsächliche Kontrolle kämen hier bereits auf Grund der massenhaften Produktverbreitung sowie deswegen nicht in Betracht, weil diese Produkte zum privaten und damit unbeaufsichtigten Verzehr bestimmt sind. Die Produktzusammensetzung der Maschinen, die Gegenstand der Fälle „Stiefeleisenpresse" und „Rollenwechsler" waren, bietet – zumindest nach den heutigen technischen Möglichkeiten – als solche keine hinreichende Absicherung für das darin verkörperte „Know-how". Es bedurfte lediglich einer – mit durchschnittlichem Aufwand und Kenntnisstand durchführbaren[393] – Zerlegung der Maschinen sowie einer Vermessung der Einzelbestandteile, um die jeweilige Konstruktionsweise zu entschlüsseln. Ergänzende Vertragsvereinbarungen und Vorkehrungen, die eine hinreichende faktische Sicherung des Herstellungs-Know-hows grundsätzlich hätten bewirken können, wurden im konkreten Fall nicht getroffen.

Bei modernen, komplex strukturierten Softwareprodukten erfüllt bereits die Auslieferung im – für den Menschen nicht lesbaren – Maschinencodeformat regelmäßig die Voraussetzungen an eine hinreichende faktische Absicherung, jedenfalls dann, wenn verfügbare Decompiler und Disassembler brauchbare Ergebnisse nicht erzeugen können.[394] Auch hier liegt eine hinreichende Absicherung also bereits in der „Produktzusammensetzung" als solcher. Für kleinere Programme oder Codesequenzen, die ausnahmsweise leicht rückübersetzt werden können, so häufig beim Zwi-

393 Siehe oben: 1. Teil, B., III., 1. (S. 55 ff.).

394 So im Ergebnis auch: *Geissler/Pagenberg*, Software-Lizenzvertrag, in: Lehmann, Rechtsschutz und Verwertung von Computerprogrammen, 629 (636 f.); *Habel*, Nutzungsrechte, S. 196 f.; *Krutisch*, Strafbarkeit des unberechtigten Zugangs, S. 179; *Schulze-Heiming*, Strafrechtlicher Schutz der Computerdaten, S. 95. Anderer Ansicht: *Sucker*, CR 1989, 468 (472), sowie – für „massenhaft vertriebene Standardsoftware" – auch *Schlötter*, Schutz von Betriebs- und Geschäftsgeheimnissen, S. 136 mit Fn. 10.

schencode- bzw. Bytecodeformat,[395] kommt es für das Vorliegen eines Geheimnisses entscheidend darauf an, inwieweit der Hersteller den ausgelieferten Programmcode durch den Einsatz sog. „Obfuskatoren" ergänzend verschleiert hat.[396] Ein Vertrieb im – für den Fachmann unschwer zu analysierenden – Quellcodeformat genügt nicht den Anforderungen an eine Geheimhaltung im Sinne des § 17 UWG.[397] Maßnahmen der Kryptografie sowie der früher häufig eingesetzte Listschutz gewähren in der Regel keinen zuverlässigen Schutz, sondern können vom Fachmann leicht überwunden werden.[398]

c) Unternehmensbezogenes Wissen

Ein „*Betriebs*- oder *Geschäfts*geheimnis" setzt neben der begrenzten Bekanntheit des Wissens voraus, dass die Tatsachen, auf die sich das Geheimnis bezieht, im Zusammenhang mit einem Unternehmen stehen.[399] Der erforderliche Zusammenhang beurteilt sich allein nach den tatsächlichen Verhältnissen, insbesondere geht es nicht um Fragen der rechtlichen Zuordnung des geheimen Wissens.[400] Vom Schutz der entsprechenden Normen ausgeschlossen sind Innovationen, die von wissenschaftlichen Instituten unabhängig von Aufträgen aus der Wirtschaft entwickelt werden.[401] Gleiches gilt für „Geheimnisse", die sich auf reine Verwaltungsbehörden beziehen.[402] Ein zunächst bestehender Unternehmensbezug gewerblicher Informationen erlischt, wenn die Beziehung zwischen Unternehmen und Information so gelockert wurde, dass das Wissen aus Sicht des Verkehrs eher den allgemeinen Marktverhältnissen oder Dritten zuzurechnen ist.[403]

„Know-how" betrifft – jedenfalls nach dem fachlichen Sprachgebrauch – stets eine konkrete Unternehmung.[404] Eine Veräußerung, Vermietung

395 Dazu oben: 1. Teil, B., III., 2., a), cc), (3) (S. 72).
396 Dazu oben: 1. Teil, B., III., 2., b), bb) (S. 76 f.).
397 Anderer Ansicht: *Moritz/Tybusseck*, Computersoftware, S. 111 Rn. 394.
398 Dazu oben: 1. Teil, B., III., 2., b), cc) und dd) (S. 77).
399 OLG Stuttgart, wistra 1990, 277 (278); OLG Hamm, WRP 1993, 118 (119); Rengier, in: Fezer, UWG-Kommentar, § 17 Rn. 11.
400 *Stadler*, Unternehmensgeheimnis, S. 8.
401 *Rengier*, in: Fezer, UWG-Kommentar, § 17 Rn. 11.
402 *Rupp*, WRP 1985, 676.
403 *Ann*, GRUR 2007, 39 (42); *Többens*, NStZ 2000, 505 (506).
404 Siehe oben: 1. Teil, A., I., 2., g) (S. 35 f.).

oder das Leasing eines Produkts, in dem hinreichend exklusives Herstellungs-Know-how verkörpert ist, hebt die Zugehörigkeit des „Know-hows" zu dem veräußernden Unternehmen nicht auf.[405]

d) Willentlich geheim gehaltenes Wissen

„Geschäfts- und Betriebsgeheimnisse" setzen – schon begrifflich –[406] das Vorliegen eines Geheimhaltungswillens voraus. Der Geheimhaltungswille unterscheidet das „Geheimnis" von sonstigen, bloß unbekannten Informationen.[407] Die bereits herausgestellte Parallelität zu § 242 StGB stützt diese Auslegung: So wie für den Gewahrsam an körperlichen Sachen neben der tatsächlichen Sachherrschaft ein sog. „Sachherrschaftswille" erforderlich ist,[408] fordert der durch § 17 UWG geschützte Geheimnisgewahrsam notwendig einen entsprechenden Geheimhaltungswillen. Auf Grundlage der Parallelität zu § 242 StGB werden auch die abgemilderten Anforderungen erklärbar, die von der herrschenden Meinung an den Geheimhaltungswillen gestellt werden. Auch für § 17 UWG genügt nach den maßgeblichen Anschauungen des täglichen Lebens ein bloß „potentieller Geheimhaltungswille". Das bedeutet: Der Geheimnisinhaber muss nicht ständig an das Geheimnis denken, Schlaf oder Bewusstlosigkeit stel-

---

405 RGZ 149, 329 (332f.) – Stiefeleisenpresse; BayOblG, GRUR 1991, 694 (695) – Geldspielautomat; *Arians*, Schutz des Geschäfts- und Betriebsgeheimnisses, S. 329f.; *Harte-Bavendamm*, CR 1986, 615 (619); *Rengier*, in: Fezer, UWG-Kommentar, § 17 Rn. 10.

406 So die überwiegende Meinung: BGH, GRUR 1964, 31 – Petromax II; *Arians*, Schutz des Geschäfts- und Betriebsgeheimnisses, S. 330; *Depenheuer*, Verwertung von Unternehmensgeheimnissen, S. 6; *Fluck*, NVwZ 1994, 1048 (1050); *A. Maier*, Schutz von Betriebs- und Geschäftsgeheimnissen, S. 277; *Möhring*, in: FS Nipperdey, 415 (418f.); *St. Müller*, Schutz von Know-how nach TRIPS, S. 32; *Pfeiffer*, in: FS Nirk, 861 (867); *Schramm*, Betriebsspionage und Geheimnisverrat, S. 3. Anderer Ansicht (ungeschriebenes Tatbestandsmerkmal): *Daub*, Verletzung von Unternehmensgeheimnissen, S. 42; *Harte-Bavendamm*, in: Gloy/Loschelder, Handbuch Wettbewerbsrecht, § 48 Rn. 12; *Pfister*, Das technische Geheimnis „Know how" als Vermögensrecht, S. 27.

407 BGH, GRUR 1964, 31 – Petromax II; *Fluck*, NVwZ 1994, 1048 (1050); *Harte-Bavendamm*, GRUR 1990, 657 (662); *Möhring*, in: FS Nipperdey, 415 (419); *Pfeiffer*, in: FS Nirk, 861 (867).

408 *Tröndle/Fischer*, StGB-Kommentar, § 242 Rn. 13.

len seinen Geheimhaltungswillen nicht in Frage.[409] Darüber hinaus wird man auch einen „generellen Geheimhaltungswillen“ anerkennen müssen, der solches Wissen erfasst, das innerhalb des eigenen Betriebs erzeugt und auf Grund eines mutmaßlichen Willens der Unternehmensführung vertraulich aufbewahrt wird, ohne dieser tatsächlich bekannt zu sein.[410] Zu weit dürfte es allerdings gehen, den Geheimhaltungswillen stets zu vermuten.[411] Um den Anforderungen des Art. 103 Abs. 2 GG zu genügen, muss sich der Geheimhaltungswille zumindest aus den Umständen (z.B. Ort der Aufbewahrung, Instruktion der mit dem Geheimnis befassten Arbeitnehmer) ergeben.[412]

Beim proprietären Softwarevertrieb werden regelmäßig vertragliche Klauseln – vor allem sog. „Reverse-Engineering-Verbote“ – vereinbart, die auf einen Geheimhaltungswillen des Softwareherstellers bezüglich seines im Produkt enthaltenen Programmier-Know-how schließen lassen. Darüber hinaus lässt sich ein entsprechender Geheimhaltungswille zumeist aus dem Umstand ableiten, dass das Programm im für den Menschen nicht interpretierbaren Objektcodeformat vertrieben wird.[413] Dies gilt erst recht, soweit Rückübersetzungen in eine höhere Programmiersprache durch den Einsatz sog. „Obfuskatoren“ zusätzlich erschwert wurden. Beim Vertrieb körperlicher Produkte, die ein unbekanntes Herstellungsverfahren des Produktherstellers verbergen, kann in Ermangelung vertraglicher Regelungen regelmäßig darauf abgestellt werden, wie mit den entsprechenden Informationen innerhalb des herstellenden Be-

---

409 Vgl. zu § 242 StGB: BGHSt 4, 210 (211); BGH, NJW 1985, 1911; *Eser*, in: Schönke/Schröder, StGB-Kommentar, § 242 Rn. 27.

410 Zu § 17 UWG: BGH, GRUR 1977, 539 (540) – Prozessrechner; BayObLG, GRUR 1991, 694 (696) – Geldspielautomat; *Rengier*, in: Fezer, UWG-Kommentar, § 17 Rn. 18; *Köhler*, in: Hefermehl/Köhler/Bornkamm, UWG-Kommentar, § 17 Rn. 10. Vgl. zu § 242 StGB: *Eser*, in: Schönke/Schröder, StGB-Kommentar, § 242 Rn. 30. Anderer Ansicht (positive Kenntnis erforderlich): *Etter*, CR 1989, 1006 (1007).

411 So aber wohl *Ann*, GRUR 2007, 39 (42); *Köhler*, in: Hefermehl/Köhler/Bornkamm, UWG-Kommentar, § 17 Rn. 10 sowie RGZ 149, 329 (333) – Stiefeleisenpresse und OLG Düsseldorf, AfP 1999, 75 (76).

412 Vgl. auch *Rengier*, in: Fezer, UWG-Kommentar, § 17 Rn. 19.

413 *Habel*, Nutzungsrechte, S. 197f.; *ders.*, CR 1991, 257 (259); *Harte-Bavendamm*, GRUR 1990, 657 (662); *ders.*, CR 1986, 615 (619); *Jersch*, Ergänzender Leistungsschutz und Computersoftware, S. 120; *Raubenheimer*, CR 1994, 264 (266).

triebs umgegangen wird, ob sie etwa in einem frei zugänglichen Bereich aufbewahrt werden oder spezielle Sicherungen gegen den Zugriff Dritter existieren (z. B. Tresore, abgeschlossene Werkbereiche).[414]

e) Geheimhaltungsinteresse des Wissensinhabers

Im Gegensatz zum „Geheimhaltungswillen" wird das von der herrschenden Meinung geforderte Tatbestandsmerkmal „Geheimhaltungsinteresse" durch den Begriff des „Geschäfts- oder Betriebsgeheimnisses" nicht vorausgesetzt. Das Merkmal „Geheimhaltungsinteresse" übernimmt vor allem Kontrollfunktionen; der Geheimnisinhaber soll den Schutz des § 17 UWG nur einfordern können, soweit dafür ein berechtigtes Schutzbedürfnis besteht.[415] Davon wird jedoch regelmäßig schon dann ausgegangen, wenn die Geheimhaltung von Bedeutung für die Wettbewerbsstellung des Geheimnisinhabers ist.[416] Darüber hinaus tritt ein beträchtlicher Teil der Literatur für eine Verneinung des Geheimhaltungsinteresses ein, soweit dem betroffenen Geheimwissen ein rechtlicher oder sittlicher Makel anhaftet.[417]

Das begrifflich nicht indizierte Merkmal „Geheimhaltungsinteresse" trägt in den Tatbestand des § 17 UWG eine Unsicherheit hinein, die mit dessen primär strafrechtlichen Charakter nur schwer zu vereinbaren ist. Jedenfalls soweit es sich nicht darauf beschränkt, Geheimnisse vom Schutz des § 17 UWG auszunehmen, die augenfällig nicht von Bedeu-

---

414 Zu lasch insoweit RGZ 149, 329 (333) – Stiefeleisenpresse.

415 BGH, GRUR, 1955, 424 (426) – Möbelwachspaste; BGH, GRUR 1961, 40 (43) – Wurftaubenpresse; *Ann*, GRUR 2007, 39 (42); *Schlötter*, Schutz von Betriebs- und Geschäftsgeheimnissen, S. 141.

416 *Ann*, GRUR 2007, 39 (42); *Diemer*, in: Erbs/Kohlhaas, Strafrechtliche Nebengesetze, § 17 UWG Rn. 9; *Otto*, in: UWG-Großkommentar, § 17 Rn. 15; *Pfeiffer*, in: FS Nirk, 861 (867); *Rengier*, in: Fezer, UWG-Kommentar, § 17 Rn. 20; *Richters/Wodtke*, NZA-RR 2003, 281 (282).

417 So *Diemer*, in: Erbs/Kohlhaas, Strafrechtliche Nebengesetze, § 17 UWG Rn. 11; *Kotthoff/Gabel*, in: Heidelberger Kommentar UWG, § 17 Rn. 8; *A. Maier*, Schutz von Geschäfts- und Betriebsgeheimnissen, S. 281 f.; *Rützel*, GRUR 1995, 557 (558 ff.); *Taeger*, Offenbarung von Betriebs- und Geschäftsgeheimnissen, S. 76 ff. Dagegen: *Köhler/Piper*, in: UWG-Kommentar, § 17 Rn. 7; *Köhler*, in: Hefermehl/Köhler/Bornkamm, UWG-Kommentar, § 17 Rn. 9; *Otto*, in: UWG-Großkommentar, § 17 Rn. 16; *Ohly*, in: Piper/Ohly, UWG-Kommentar, § 17 Rn. 12; *Rengier*, in: Fezer, UWG-Kommentar, § 17 Rn. 21; *Toebbens*, NStZ 2000, 505 (506).

tung für die – auch künftige – Wettbewerbsstellung des Unternehmens sein können, eröffnet es den Gerichten weitreichende Möglichkeiten, um die Strafbarkeit von Geheimnisverletzungen entsprechend eigener Wertvorstellungen im Einzelfall nach Belieben auszuschließen. Dem verfassungsrechtlichen Bestimmtheitsgrundsatz aus Art. 103 Abs. 2 GG wird § 17 UWG unter Zugrundelegung dieser Auslegung nicht hinreichend gerecht.[418]

Für die Fälle rechtlich oder sittlich makelhafter Geheimnisse bedarf es einer entsprechenden Tatbestandseinschränkung auch nicht: Ein solcher Strafbarkeitsausschluss widerspräche der anerkannten Auslegung in vergleichbaren strafrechtlichen Zusammenhängen. Allgemein trachtet das Strafrecht danach, rechtsfreie Räume zu vermeiden, und schützt zur Vermeidung von Selbstjustiz sowie zum Zwecke des Rechtsfriedens auch solche Personen, die Vorteile rechtswidrig erlangt haben.[419] So kann im Rahmen des § 242 StGB auch der Gewahrsam eines Diebes gebrochen werden.[420] § 253 StGB sichert – jedenfalls nach gefestigter Rechtsprechung des Bundesgerichtshofs – auch das Vermögen desjenigen, der eine Geldleistung im Rahmen eines gesetzes- oder sittenwidrigen Geschäfts erbringt.[421] §§ 263, 266 StGB schützen auch ein durch Betrug erlangtes Eigentum sowie andere rechtswidrig erworbene Besitzstände.[422] Potentielle Täter des § 17 UWG werden durch eine Einbeziehnung „illegaler“ Geheimnisse nicht unzumutbar beeinträchtigt: Die allgemeinen Rechtfertigungs- und Entschuldigungsgründe sowie die Möglichkeiten des Prozessrechts bieten – auch im Fall des § 17 UWG – eine hinreichende und rechtsichere Handhabe zur Abwehr rechtswidriger oder gefährlicher Maßnahmen der Konkurrenz.[423]

---

418 Wettbewerbsstrafrechtlich diskutiert wird der Bestimmtheitsgrundsatz bislang vor allem im Zusammenhang mit dem Merkmal „irreführend wirbt“ in § 16 Abs. 1 UWG, vgl. nur *Rengier*, in: Fezer, UWG-Kommentar, § 16 Rn. 36 ff.; *Kempf/Schilling*, wistra 2007, 41. Der BGH, WRP 2008, 1071, äußert insoweit aber keine durchgreifenden Bedenken.

419 BGHSt 48, 322 (330).

420 RGSt 60, 273 (278); RGSt 70, 7 (9); BGH, NJW 1953, 1358; *Tröndle/Fischer*, StGB-Kommentar, § 242 Rn. 11.

421 BGHSt 48, 322 (330); BGH, NStZ 2002, 33; BGH, NStZ 2003, 151 (152). Anderer Ansicht: LG Regensburg, NStZ-RR 2005, 312 (313).

422 BGHSt 2, 364 (366 ff.); BGHSt 8, 254 (256 ff.); BGHSt 48, 322 (330).

423 *Otto*, in: UWG-Großkommentar, § 17 Rn. 16; *Rengier*, in: Fezer, UWG-Kommentar, § 17 Rn. 21.

In dogmatischer Hinsicht müssen sich Rechtsprechung und Literatur fragen lassen, warum sie das Merkmal „Geheimhaltungsinteresse" im Zusammenhang mit der Definition des „Geschäfts- und Betriebsgeheimnisses" und mithin als Tatbestandsmerkmal prüfen, auf das sich dann konsequent auch der Vorsatz des Täters erstrecken müsste. In Konsequenz dieser Auslegung könnte sich der Täter durch etwaige Irrtümer über das Geheimhaltungsinteresse entlasten, vgl. § 16 StGB.[424] Der dem Geheimhaltungsinteresse von Rechtsprechung und Literatur übereinstimmend zuerkannten Korrekturfunktion entspräche mehr, dieses Merkmal als ungeschriebene „objektive Bedingung der Strafbarkeit" einzuordnen.

f) Zwischenergebnis

Das in einem Produkt verkörperte „Know-how" stellt ein „Betriebsgeheimnis" im Sinne des § 17 UWG dar, sofern es auf Grund der Produktzusammensetzung faktisch so hinreichend gegen den Zugriff Anderer abgeschirmt ist, dass aus Sicht des Verkehrs die sichere Erwartung besteht, selbst ein ausgewiesener Fachmann werde das Geheimnis durch eine eingehende Analyse des Produkts nicht aufdecken können. Zur ergänzenden Absicherung kommen weitere tatsächliche Verschlussmaßnahmen (z.B. Verplombungen) sowie faktisch wirkende Vereinbarungen (z.B. Reverse-Engineering-Verbote) in Betracht. Ein Geheimhaltungswille des Produktherstellers muss jedenfalls den Umständen nach erkennbar sein. Das von der herrschenden Meinung geforderte Geheimhaltungsinteresse eignet sich allenfalls zum Zwecke einer Missbrauchskontrolle.

2. „Reverse Engineering" als Tathandlung

Früher wurden Maßnahmen des „Reverse Engineering" ausschließlich an § 17 Abs. 2 UWG a.F. bzw. § 17 Abs. 2 Nr. 2 UWG n.F. gemessen, so dass zusätzlich zu einer gesetzes- oder sittenwidrigen (§ 17 Abs. 2 UWG a.F.) bzw. unbefugten (§ 17 Abs. 2 Nr. 2 UWG n.F.) Ausspähung auch eine unbefugte Verwertung des Unternehmensgeheimnisses vorliegen musste. Nachdem infolge des 2. WiKG auch Ausspähungshandlungen als solche durch § 17 Abs. 1 Nr. 1 UWG bestraft werden können, liegt es nä-

424 Vgl. aber *Diemer*, in: Erbs/Kohlhaas, Strafrechtliche Nebengesetze, § 17 UWG Rn. 14: „Maßgebend sind (...) objektive Gesichtspunkte."

her, Maßnahmen des „Reverse Engineering" vorrangig nach dieser Vorschrift zu beurteilen.

a) § 17 Abs. 2 Nr. 1 UWG

§ 17 Abs. 1 Nr. 1 UWG setzt voraus, dass der Reverser im Rahmen der Produktanalyse technische Mittel anwendet (Nr. 1 a), eine verkörperte Wiedergabe des Unternehmensgeheimnisses herstellt (Nr. 1 b) oder eine das Geheimnis verkörpernde Sache wegnimmt (Nr. 1 c) und sich dadurch das Geheimnis verschafft oder jedenfalls sichert (§ 17 Abs. 2 Nr. 1 UWG a.E.).

aa) Anwendung technischer Mittel

Die Literatur legt den Begriff „technisches Mittel" übereinstimmend weit aus und fasst darunter jede technische Vorrichtung,[425] die für das Verschaffen oder Sichern eines Unternehmensgeheimnisses zumindest mitursächlich ist.[426] Beim „Hardware Reverse Engineering" wird ein körperliches Produkt mittels spezieller Trenn- und Messverfahren zerlegt. Die Einzelbestandteile werden dem Material nach bestimmt sowie vermessen. Nicht selten schließen sich ergänzende, technische Versuche an, um den Konstruktionsplan vollständig zu entschlüsseln.[427] „Hardware Reverse Engineering" erfordert somit in aller Regel den Einsatz „technischer Mittel". Notwendige Voraussetzung eines „Software Reverse Engineering" ist der Einsatz einer Computeranlage mit hinreichender Rechenleistung und Softwareausstattung (System-Monitoring-Tools, Decompiler, Disassembler, Debugger)[428] und daher ebenfalls eine Anwendung technischer – hier:

---

425 *Harte-Bavendamm*, in: Gloy/Loschelder, Handbuch Wettbewerbsrecht, § 48 Rn. 44; *Hartung*, Geheimnisschutz und Whistleblowing, S. 55; *A. Maier*, Schutz von Betriebs- und Geschäftsgeheimnissen, S. 296; *Otto*, wistra 1988, 125 (128); *Rupp*, WRP 1985, 676 (679); *Schlötter*, Schutz von Betriebs- und Geschäftsgeheimnissen, S. 158; Schlüchter, 2. WiKG, S. 131; *Többens*, NStZ 2000, 505 (508).

426 *Hartung*, Geheimnisschutz und Whistleblowing, S. 55; *Kiethe/Groeschke*, WRP 2005, 1358 (1365); *Rupp*, WRP 1985, 676 (679).

427 Dazu oben: 1. Teil, B., III., 1. (S. 55 ff.).

428 Dazu oben: 2. Teil, B., III., 2., c) (S. 78 ff.). Vgl. auch *Harte-Bavendamm*, GRUR 1990, 657 (662); *Rupp*, WRP 1985, 676 (679 f.); *Schulze-Heiming*, Strafrechtlicher Schutz der Computerdaten, S. 110.

computer- und softwaretechnischer – Mittel im Sinne von § 17 Abs. 2 Nr. 1a UWG.

bb) Herstellung einer verkörperten Wiedergabe

Die „Herstellung einer verkörperten Wiedergabe“ gemäß § 17 Abs. 2 Nr. 1b UWG meint jede Form der Vergegenständlichung des Unternehmensgeheimnisses.[429] Die amtliche Gesetzesbegründung nennt beispielhaft „Ablichtungen, Fotografien, Zeichnungen, Tonbandaufzeichnungen, Texte und Abschriften“.[430] Darunter fallen auch digitale Speicherungen, da andernfalls die Strafnorm den Gegebenheiten der heutigen Zeit (Digitalkamera, Scanner) nicht hinreichend gerecht würde. Eine eigenständige Bedeutung besitzt § 17 Abs. 2 Nr. 1b UWG neben § 17 Abs. 2 Nr. 1a UWG nur, wenn eine verkörperte Wiedergabe ohne den Einsatz technischer Mittel hergestellt wird, zum Beispiel durch Abzeichnen oder Abschreiben von Hand.[431]

Jedenfalls am Schluss eines „Hardware Reverse Engineering“ werden die Ergebnisse der Analyse in aller Regel schriftlich festgehalten, und auch beim „Software Reverse Engineering“ wird der erzeugte, höhersprachige Programmcode zumindest digital dauerhaft abgespeichert. Darin ist eine Herstellung verkörperter Wiedergaben im Sinne von § 17 Abs. 2 Nr. 1b UWG zu sehen.

cc) Wegnahme einer das Geheimnis verkörpernden Sache

§ 17 Abs. 2 Nr. 1c UWG sanktioniert die Wegnahme von Sachen, in denen ein Unternehmensgeheimnis verkörpert ist. „Wegnahme“ setzt – wie beim Diebstahl gemäß § 242 StGB – den Bruch fremden sowie die Begründung neuen Gewahrsams voraus.[432] Bezogen auf die Fallkonstellationen des

---

429 *Rengier*, in: Fezer, UWG-Kommentar, § 17 Rn. 58.

430 BT-Drucksache 10/5058, S. 40.

431 *Diemer*, in: Erbs/Kohlhaas, Strafrechtliche Nebengesetze, § 17 UWG Rn. 38; *Rengier*, in: Fezer, UWG-Kommentar, § 17 Rn. 58.

432 So die heute herrschende Meinung: OLG Hamm, WRP 1992, 174; *Diemer*, in: Erbs/Kohlhaas, Strafrechtliche Nebengesetze, § 17 UWG Rn. 39; *Rengier*, in: Fezer, UWG-Kommentar, § 17 Rn. 59; *Schlötter*, Schutz von Betriebs- und Geschäftsgeheimnissen, S. 158f. Anderer Ansicht: *Otto*, in: UWG-Großkommentar, § 17 Rn. 72; *Kotthoff/Gabel*, in: Heidelberger Kommentar UWG, § 17 Rn. 17.

„Reverse Engineering" erfasst diese Handlungsalternative des § 17 Abs. 2 Nr. 1 UWG allenfalls Vorbereitungshandlungen zur eigentlichen Produktanalyse, nämlich eine deliktische Beschaffung des Analyseobjekts. In der Praxis erwirbt der Reverser das Analyseobjekt indes zumeist frei am Markt durch Kauf, Miete oder Leasing. Nur in seltenen Ausnahmefällen findet eine deliktische Inbesitznahme durch „Wegnahme" statt.

dd) Geheimnisverschaffung/-sicherung

Die Tathandlungen aus § 17 Abs. 2 Nr. 1 a–c UWG müssen, um eine Strafbarkeit des Reversers zu begründen, zu einer „Verschaffung" oder „Sicherung" des Unternehmensgeheimnisses führen. Eine Sicherung des Geheimnisses liegt vor, soweit der Täter eine bereits bestehende Kenntnis so „materialisiert", dass er auf das geheime Wissen unabhängig von den Begrenzungen seiner Gedächtnisleistung zugreifen kann.[433] Für eine Verschaffung des Geheimnisses genügt die Kenntnisnahme von dem geheimen Wissen oder jedenfalls eine Gewahrsamserlangung an Gegenständen, die das Geheimnis verkörpern.[434] Erfolgreiches „Reverse Engineering" bedingt eine Kenntnisnahme des im Produkt verkörperten Herstellungs-Know-hows, im Falle eines Geheimnisses also dessen „Verschaffung". Durch Herstellung verkörperter Wiedergaben materialisiert und „sichert" der Reverser die Ergebnisse während und nach der Untersuchung.

Zweifelhaft ist, ob auch bereits die vorbereitende – wenn auch praktisch seltene – Wegnahme des Untersuchungsobjekts zur „Verschaffung" oder „Sicherung" eines darin enthaltenen Unternehmensgeheimnisses führt.[435] Die Konseqenzen wären weitreichend: Der Ladendieb, der aus „Eigennutz" ein entsprechendes Produkt (z. B. Softwareprodukt) stiehlt, verwirklichte neben § 242 StGB regelmäßig auch den objektiven Tatbestand des § 17 Abs. 2 Nr. 1 c UWG. Überzeugender argumentiert, wer von der „Verschaffung" eines Unternehmensgeheimnisses im Fall des § 17 Abs. 2 Nr. 1 c UWG

---

433 *Schlüchter*, 2. WiKG, S. 131. Vgl. auch *Diemer*, in: Erbs/Kohlhaas, Strafrechtliche Nebengesetze, § 17 UWG Rn. 36; *Otto*, in: UWG-Großkommentar, § 17 Rn. 67; *ders.*, wistra 1988, 125 (128); *Rengier*, in: Fezer, UWG-Kommentar, § 17 Rn. 53.

434 *Otto*, in: UWG-Großkommentar, § 17 Rn. 66; *ders.*, wistra 1988, 125 (128); *Rengier*, in: *Fezer*, UWG-Kommentar, § 17 Rn. 53.

435 So wohl *Harte-Bavendamm*, GRUR 1990, 657 (662); *Schulze-Heiming*, Strafrechtlicher Schutz der Computerdaten, S. 110.

nur spricht, wenn der entwendete Gegenstand das Geheimnis „unmittelbar“ enthält, ohne dass es noch eines „Reverse Engineering“ oder ähnlicher Analysemethoden bedarf, bei denen äußerst unsicher ist, ob sie das Geheimnis tatsächlich zu Tage bringen werden. Das legt bereits der Wortlaut „Verschaffung des Geheimnisses“ – nicht: der Sache – nahe. Und auch teleologisch hat § 17 Abs. 1 Nr. 1 c UWG die klassischen Fälle der Industriespionage im Blick, nämlich den Diebstahl von Tresoren, Festplatten und Ordnern, die das unternehmensgeheime Wissen zwar unter Umständen verschlossen (Tresore), aber im Übrigen unmittelbar enthalten.

Entsprechend wird man im Falle einer illegalen Softwarekopie (sog. „Raubkopie“) zu entscheiden haben.[436] Die bloße Kopie eines im Objektcode vertriebenen – und ggf. durch Obfuskatoren zusätzlich geschützten – Computerprogramms ist zwar „Herstellung einer verkörperten Wiedergabe“ (§ 17 Abs. 2 Nr. 1 b UWG) unter Anwendung „technischer Mittel“ (§ 17 Abs. 1 Nr. 1 a UWG). Sie führt jedoch nicht zur Verschaffung eines im Programm bloß mittelbar verkörperten, geheimen Programmier-Know-how.[437] Hierfür sind erst noch aufwändige, technische Maßnahmen des „Software Reverse Engineering“ erforderlich.

b) § 17 Abs. 2 Nr. 2 UWG

§ 17 Abs. 2 Nr. 2 UWG ist ein zweiaktiges Delikt. Neben einer Verschaffungs- oder Sicherungshandlung setzt es die Verwertung oder Mitteilung des Geheimnisses voraus. Soweit die ersten beiden Varianten des § 17 Abs. 2 Nr. 2 UWG für eine Geheimniserlangung an die in § 17 Abs. 1 und Abs. 2 Nr. 1 UWG genannten Tathandlungen anknüpfen, gewähren sie hauptsächlich eine ergänzende Sanktionsmöglichkeit. Das zusätzliche Vorliegen einer unbefugten Geheimnisverwertung bzw. -mitteilung dürfte aber im Rahmen der Strafzumessung erschwerend zu berücksichtigen sein. Selbständige Bedeutung kommt § 17 Abs. 2 Nr. 2 UWG vor allem in den Fällen zu, in denen sich ein Täter das Unternehmensgeheimnis „sonst unbefugt verschafft oder gesichert hat“ (3. Variante).[438]

---

436 Vgl. hierzu *Jersch*, Ergänzender Leistungsschutz und Computersoftware, S. 121 f.

437 Insoweit anders aber wohl *Jersch*, Ergänzender Leistungsschutz und Computersoftware, S. 121 f.

438 Daneben auch dann, wenn ein fremder die Handlungen nach § 17 Abs. 1 und Abs. 2 Nr. 1 UWG vorgenommen hat, § 17 Abs. 2 Nr. 2 UWG.

Die Auslegung der Merkmale „Geheimnisverschaffung“ und „Geheimnissicherung“ richtet sich nach den zu § 17 Abs. 2 Nr. 1 UWG erarbeiteten Grundsätzen. Erfolgreiches „Reverse Engineering“ führt zu einer Kenntnisnahme und mithin Verschaffung des in einem Produkt verkörperten, geheimen „Know-how“. Während und nach der Produktanalyse werden die Ergebnisse und Zwischenergebnisse in aller Regel materialisiert und also gesichert.

Auch den Begriff der „Geheimnisverwertung“ legen Rechtsprechung und Literatur weit aus. Verwertung meint jedes Verhalten, das auf eine wirtschaftliche Nutzung des Geheimnisses abzielt.[439] „Geheimnismitteilung“ ist die Offenbarung des Wissens gegenüber Dritten, so dass diese das Wissen – gleich in welcher Form – ausnutzen können.[440] „Reverse Engineering“ selbst, also die Analyse des Produkts, umfasst nicht die Verwertung oder eine Mitteilung des aufgedeckten Wissens. Doch liegt eine Verwertung vor, soweit der Reverser nach der Untersuchung bestimmte Beweggründe in die Tat umsetzt, so, wenn er das erlangte „Know-how“ für die eigene Produktherstellung oder zum Zwecke des Nachweises einer Rechtsverletzung einsetzt. Auch eine von der Konkurrenz geleitete Produktsabotage sowie die entgeltliche Veröffentlichung der Betriebsgeheimnisse sind wirtschaftliche Nutzung und mithin Verwertung bzw. Mitteilung im Sinne von § 17 Abs. 2 Nr. 2 UWG. Nur wenn es dem Reverser ausschließlich darum geht, die Funktionsweise des Produkts für sich nachzuvollziehen und für rein private oder wissenschaftliche Zwecke zu nutzen, scheiden Mitteilungs- und Verwertungshandlungen aus.

3. „Unbefugtes“ und „sonst unbefugtes“ Handeln

Das Merkmal „unbefugt“ ist relevant für sämtliche Tatbestandsvarianten des § 17 Abs. 2 UWG. Der Täter muss sich das Unternehmensgeheimnis sowohl für § 17 Abs. 2 Nr. 1 UWG als auch für § 17 Abs. 2 Nr. 2 UWG „unbefugt“ bzw. „sonst unbefugt“ verschaffen oder sichern. Im Rahmen des § 17 Abs. 2 Nr. 2 Var. 3 UWG setzt auch die zusätzlich erforderliche

---

439 RGSt 63, 205 (207); OLG Saarbrücken, GRUR-RR 2002, 359 – Kundenlisten; *Otto*, in: UWG-Großkommentar, § 17 Rn. 84; *Pfeiffer*, in: FS Nirk, 861 (883); *Rengier*, in: Fezer, UWG-Kommentar, § 17 Rn. 76.

440 *Otto*, in: UWG-Großkommentar, § 17 Rn. 84; *Rengier*, in: Fezer, UWG-Kommentar, § 17 Rn. 76.

Verwertung bzw. Mitteilung des Geheimnisses ein „unbefugtes“ Handeln des Verwertenden bzw. Mitteilenden voraus.

Inhaltliche Auslegung und dogmatische Einordnung des Merkmals „unbefugt“ sind aktuell mit einigen Unabwägbarkeiten verbunden. In dogmatischer Hinsicht ordnet die Literatur das Merkmal zum Teil als Tatbestandsmerkmal, zum Teil als Merkmal der Rechtswidrigkeit ein, wobei nicht selten innerhalb einer Besprechung beide Wege eingeschlagen werden, je nach dem, ob § 17 Abs. 2 Nr. 1 oder aber Nr. 2 Var. 3 UWG („sonst unbefugtes Verschaffen“) in Rede steht.[441] Die Spannweite der inhaltlichen Auslegung des Merkmals reicht von der Annahme eines bloßen Verweises auf die – ohnehin durchzuführende – Rechtswidrigkeitsprüfung[442] über die Forderung einer willens- oder interessenwidrigen Tatbegehung[443] bis zur Voraussetzung einer positiven Güter- und Interessenabwägung respektive Sittenwidrigkeitsprüfung.[444] Dabei legt die Literatur den Begriff auch in inhaltlicher Hinsicht – je nach zu prüfender Tatbestandsvariante – unterschiedlich aus, und selbst innerhalb ein und derselben Tatbestandsvariante, nämlich § 17 Abs. 2 Nr. 2 Var. 3 UWG, wird das Merkmal „unbefugt“ verschieden gedeutet, je nachdem, ob es um eine „sonst unbefugte“ Verschaffung oder um eine „unbefugte“ Verwertung des Geheimnisses geht.[445]

---

441 Vgl. nur *Krutisch*, Strafbarkeit des unberechtigten Zugangs, S. 183 u. 184; *Rengier*, in: Fezer, UWG-Kommentar, § 17 Rn. 45 ff., 68 ff.; *Harte-Bavendamm*, in: Gloy/Loschelder, Handbuch Wettbewerbsrecht, § 48 Rn. 46, 50.

442 *Rengier*, in: Fezer, UWG-Kommentar, § 17 Rn. 45; *Harte-Bavendamm*, in: Gloy/Loschelder, Handbuch Wettbewerbsrecht, § 48 Rn. 45 f.

443 *Gaul*, Schutz von Betriebs- und Geschäftsgeheimnissen, S. 19; *Harte-Bavendamm*, in: Gloy/Loschelder, Handbuch Wettbewerbsrecht, § 48 Rn. 50; *A. Maier*, Schutz von Betriebs- und Geschäftsgeheimnissen, S. 295, 298; *Pfeiffer*, in: FS Nirk, 861 (880 f.); *Rupp*, WRP 1985, 676 (679).

444 *Hartung*, Geheimnisschutz und Whistleblowing, S. 54 f., 58; *Krutisch*, Strafbarkeit des unberechtigten Zugangs, S. 184; *A. Maier*, Schutz von Betriebs- und Geschäftsgeheimnissen, S. 300; *Metzler*, Konsequenzen neuartiger Erscheinungsformen, S. 32 f.; *St. Müller*, Schutz von Know-how nach TRIPS, S. 77. Vgl. jetzt auch: *Ohly*, Reverse Engineering, in: Prinz zu Waldeck und Pyrmont u. a., Patents and Technological Progress, S. 535 (551), der eine Auslegung in Anlehnung an Art. 39 TRIPS vorschlägt, „as meaning 'contrary to honest commercial practices'“.

445 Vgl. *Harte-Bavendamm*, in: Gloy/Loschelder, Handbuch Wettbewerbsrecht, § 48 Rn. 50, 51; *A. Maier*, Schutz von Betriebs- und Geschäftsgeheimnissen, S. 298, 300; *St. Müller*, Schutz von Know-how nach TRIPS, S. 73, 77.

Gründe der Rechtssicherheit fordern gerade im Strafrecht eine homogene Auslegung des Merkmals „unbefugt" im Rahmen eines Strafzusammenhangs, jedenfalls aber innerhalb ein und derselben Tatbestandsvariante, sog. „Grundsatz von der Einheit der Rechtsordnung". Für eine tatbestandliche Berücksichtigung des Merkmals „unbefugt" spricht, dass der Tatbestand des § 17 Abs. 2 UWG, insbesondere dessen Nr. 2, andernfalls seiner Funktion, das Unrecht der Tat zu indizieren, nicht genügte. Der objektive Tatbestand des § 17 Abs. 2 Nr. 2 Var. 3 UWG erforderte lediglich die Verschaffung/Sicherung und Verwertung/Mitteilung eines Unternehmensgeheimnisses. Diese Handlungen sind – für sich betrachtet – wertneutral und tragen einen hinreichenden Unrechtsgehalt, den eine Strafbarkeit fordert, noch nicht in sich. Ohne weitere Eingrenzung des Tatbestands erfasste § 17 Abs. 2 UWG Verhaltensweisen, welche die für eine Strafwürdigkeit erforderliche Sozialinadäquanz nicht erreichen. Dadurch würde weder dem verfassungsrechtlichen Bestimmtheitsgebot[446] noch dem materiellen Schuldprinzip ausreichend Rechnung getragen.

Der Gedanke, im Rahmen des Merkmals „unbefugt" eine allgemeine Interessenabwägung respektive Sittenwidrigkeitsprüfung vorzunehmen, wie sie § 17 Abs. 2 UWG a.F. („durch eine gegen [...] die guten Sitten verstoßende eigene Handlung") noch ausdrücklich vorsah, führt zwar zu einer weitreichenden Beschränkungsmöglichkeit der Norm, entspricht jedoch seinerseits nicht den verfassungsrechtlichen Anforderungen des Art. 103 Abs. 2 GG. Potentielle Täter des § 17 Abs. 2 UWG könnten die Strafbarkeit ihres Verhaltens nicht hinreichend abschätzen. Die Sittenwidrigkeitsprüfung gewährt einen zu breiten Spielraum für die Berücksichtigung unterschiedlicher, vom jeweiligen Rechtsanwender verschieden gewichtbarer Interessen. Rechtlich, auch verfassungsrechtlich, zugelassen wird das Erfordernis einer positiven „Verwerflichkeitsprüfung" von der noch überwiegenden Meinung zwar im Zusammenhang mit § 240 StGB,[447] aber

446 *Krutisch*, Strafbarkeit des unberechtigten Zugangs, S. 184. Im Ergebnis auch: *Otto*, in: UWG-Großkommentar, § 17 Rn. 94; *Haß*, in: Lehmann, Rechtsschutz und Verwertung von Computerprogrammen, 467 (491). Bedenken gegen die Verfassungsmäßigkeit der Norm äußern auch: *Rengier*, in: Fezer, UWG-Kommentar, § 17 Rn. 68; *Schlüchter*, 2. WiKG, S. 133, 134; *Schulze-Heiming*, Strafrechtlicher Schutz der Computerdaten, S. 107 sowie *Etter*, CR 1989, 115 (120), der die Vorschrift aus diesen Gründen für nichtig hält.

447 BVerfGE 73, 206 (236 ff.) – Sitzblockade I; BGHSt 35, 270 (273); OLG Köln, NStZ 1986, 30 (31 f.); *Lenckner*, JuS, 1968, 304 (307); *Eser*, in: Schönke/Schrö-

auch dort nur, weil § 240 Abs. 2 StGB für die erforderliche Abwägung konkretisierende Vorgaben bereithält und Rechtsanwender auf eine gefestigte Rechtsprechung zurückgreifen können, die eine zuverlässige Grundlage für die Auslegung und Anwendung der Norm gewährt. Das Bundesverfassungsgericht ließ allerdings selbst bei § 240 StGB die Frage der Verfassungsmäßigkeit zuletzt ausdrücklich offen.[448]

Überzeugender ist die Auslegung, nach der das Merkmal „unbefugt" ein Handeln „gegen den Willen des Geheimnisinhabers" voraussetzt.[449] Dies entspricht der zunehmend favorisierten Auslegung in vergleichbaren Strafzusammenhängen, insbesondere zu §§ 201ff. StGB.[450] Ob eine Ausspähungshandlung oder ein Geheimnisverrat gegen den Willen des Berechtigten erfolgte, lässt sich im Einzelfall hinreichend rechtssicher beurteilen. Doch erhält gerade § 17 Abs. 2 Nr. 2 Var. 3 UWG durch diese Auslegung lediglich eine notwendige, aber noch keine hinreichende Tatbestandsbegrenzung. Das Merkmal „unbefugt" vermag eine weitere Einschränkung nicht zu leisten.[451] Ob § 17 Abs. 2 Nr. 2 UWG gegen den Bestimmtheitsgrundsatz und/oder das materielle Schuldprinzip verstößt, hängt entscheidend davon ab, inwieweit der Tatbestand noch durch weitere Merkmale eingeschränkt wird.[452]

Reverser handeln in aller Regel in Widerspruch zum Geheimhaltungswillen des Geheimnisinhabers. Aus dem Verkauf oder der Vermietung des

---

der, StGB-Kommentar, § 240 Rn. 18; *Tröndle/Fischer*, StGB-Kommentar, § 240 Rn. 3; *Brohm*, JZ 1985, 501 (505).

448 BVerfGE 92, 1 (14) – Sitzblockade III.

449 So auch *Jersch*, Ergänzender Leistungsschutz und Computersoftware, S. 31; *Pfeiffer*, in: FS Nirk, 861 (881 f.).

450 Vgl. OLG Köln, NJW 1962, 686 (688) mit zustimmender Anmerkung von *Bindokat*; *Arzt*, Strafrecht BT, S. 266 f.; *Hirsch*, in: Leipziger Kommentar StGB, vor § 32 Rn. 96; *M. Jakobs*, JR 1982, 359; *Lenckner*, in: Schönke/Schröder, StGB-Kommentar, § 201 Rn. 13 f., § 201 a Rn. 8, § 202 a Rn. 11, § 203 Rn. 21 ff.; *Maurach/Schroeder/Maiwald*, Strafrecht – Besonderer Teil I, § 29 I Rn. 13; *Wormer*, Schutz der Privatsphäre, S. 154 ff., 228 ff. Die noch überwiegende Meinung zu §§ 201 ff. StGB ordnet „unbefugt" als Merkmal der Rechtswidrigkeit ein, nimmt jedoch ebenfalls keine positive Rechtswidrigkeitsprüfung vor, sondern prüft insbesondere, ob eine rechtfertigende Einwilligung vorliegt, siehe nur *Hoyer*, Systematischer Kommentar StGB, § 201 Rn. 14 f. mit weiteren Nachweisen.

451 *Jersch*, Ergänzender Leistungsschutz und Computersoftware, S. 31.

452 Dazu unten: 2. Teil, A., II., 4., b) (S. 126 ff.) und insbesondere III. (S. 129 ff.).

Produkts folgt kein Einverständnis zur Vornahme eines „Reverse Engineering“. Verwertet der Reverser das aufgedeckte Wissen anschließend wirtschaftlich oder teilt er es Dritten mit, so verstößt er auch damit gegen den Willen des Geheimnisinhabers. Lediglich dann, wenn ein Produkt dem Reverser vom Geheimnisinhaber ersichtlich zum Zwecke eines „Reverse Engineering“ übergeben wird, liegt ein strafbefreiendes Einverständnis vor.

4. Subjektiver Tatbestand

In subjektiver Hinsicht fordert § 17 Abs. 2 UWG vorsätzliches Verhalten sowie das Vorliegen einer der in § 17 UWG speziell genannten besonderen Absichten.

a) Vorsatz

Um „Reverse Engineering“ strafrechtlich ahnden zu können, muss der Reverser zumindest bedingt vorsätzlich hinsichtlich der Merkmale des objektiven Tatbestands handeln. Ganz überwiegend dürften Reverser davon ausgehen, jedenfalls billigend in Kauf nehmen, dass es sich bei dem im Produkt verkörperten „Know-how“, welches sie aufzudecken versuchen, um ein willentlich geheimgehaltenes Herstellungs-Know-how des Produktherstellers handelt. Andernfalls könnten sie sich die Mühe des – regelmäßig äußerst aufwändigen – „Reverse Engineering“ ersparen und das begehrte Wissen unmittelbar beim Herstellerunternehmen oder bei sonstigen Mitwissern nachfragen. Die herrschende Meinung, die für die Strafbarkeit ein hinreichendes Geheimhaltungsinteresse verlangt, sollte klarstellen, ob es sich dabei um ein objektives Tatbestandsmerkmal, dann Anwendung des § 16 StGB, oder um eine ungeschriebene objektive Bedingung der Strafbarkeit handeln soll.[453]

b) Besondere Absichten

Während der Gesetzgeber bei Einfügung des wettbewerbsrechtlichen Geheimnisschutzes im Jahr 1896 noch darauf bedacht war, die „durch die gesetzgeberische Absicht (...) gezogene Grenze“ zu wahren, und ausschließlich ein Handeln „zu Zwecken des Wettbewerbs“ strafrechtlich

453 Siehe oben: 2. Teil, A., II., 1., e) (S. 117).

sanktionierte,[454] hat er dieses Ziel später durch Kodifizierung zusätzlicher Absichten aus den Augen verloren. Neben dem Handeln „zu Zwecken des Wettbewerbs" wird heute auch ein „eigennützıges" Handeln sowie das Tätigwerden „zugunsten eines Dritten" oder „in Schadenszufügungsabsicht" mit Mitteln des Wettbewerbsrechts unter Strafe gestellt. „Zu Zwecken des Wettbewerbs" handelt jemand, der die Absicht verfolgt, eigenen oder fremden Wettbewerb zum Nachteil des Geheimnisinhabers zu fördern.[455] In dieser Absicht handeln Reverser, die das zu entschlüsselnde „Know-how" im Anschluss an die Untersuchung zu gewerblichen Zwecken (Produktentwicklung, Beweis von Rechtsverletzungen, Produktsabotage) einsetzen wollen. Nicht erfüllt ist das Merkmal, soweit „Reverse Engineering" ausschließlich aus privaten oder wissenschaftlichen Beweggründen betrieben wird.

„Eigennütziges" Handeln setzt seinem Wortlaut nach das Anstreben irgendeines Vorteils voraus. Die Literatur empfindet dies als zu weitreichend und fordert einschränkend, dass der angestrebte Vorteil eine strafwürdige „Erheblichkeitsschwelle" übersteigt.[456] Insbesondere wird für rein immaterielle Besserstellungen verlangt, dass sie einem materiellen Vorteil im Gewicht vergleichbar sind.[457] Geht es dem Reverser allein um die Erkenntnis, um das – zumeist wissenschaftlich intendierte – Aufdecken des „Know-how", soll er nicht nach § 17 UWG strafbar sein.[458] Dem ist zuzustimmen: Jedes menschliche Verhalten verfolgt irgendeinen selbstnützigen Zweck, so dass eine Einschränkung der vorgenannten Art für die Begrenzung des Tatbestands zwingend erforderlich ist. Inhaltlich sollte sich die Auslegung dabei am Teleos des UWG orientieren. Allein zu Forschungszwecken vorgenommene Produktanalysen, ob nun privat oder wissenschaftlich betrieben, sind ohne direkten Einfluss auf die wettbewerbliche Freiheit des Produktherstellers und sollten daher kein

454 Vgl. Ziff. 16 der Regierungsbegründung zum Gesetzesentwurf, abgedruckt bei *P. Schmid*, Fabrik- und Geschäftsgeheimnisse, S. 64.

455 *Rengier*, in: Fezer, UWG-Kommentar, § 17 UWG Rn. 41; *Többens*, NStZ 2000, 505 (507).

456 *Kotthoff/Gabel*, in: Heidelberger Kommentar UWG, § 17 Rn. 14; *Otto*, in: UWG-Großkommentar, § 17 Rn. 46; *Rengier*, in: Fezer, UWG-Kommentar, § 17 Rn. 42.

457 *Otto*, in: UWG-Großkommentar, § 17 Rn. 46; *ders.*, wistra 1988, 125 (128).

458 So *Harte-Bavendamm*, GRUR 1990, 657 (663). Zustimmend: *Kersting*, Schutz des Wirtschaftsgeheimnisses im Zivilprozess, S. 40; *Wiebe*, Know-how-Schutz von Computersoftware, S. 268.

„eigennütziges" Handeln im Sinne des UWG darstellen.[459] Für „wissenschaftliche" Forschung, also ernsthafte und planmäßige Versuche zur Ermittlung der Wahrheit,[460] stützt auch Art. 5 Abs. 3 S. 1 GG dieses Ergebnis.

Das subjektive Tatbestandsmerkmal „zu Gunsten eines Dritten" sollte ausweislich der Gesetzesbegründung vor allem Strafbarkeitslücken schließen, die bestanden, soweit der Täter aus ideologischen Motiven zu Gunsten eines anderen Staates handelte.[461] Der Wortlaut des § 17 UWG beschränkt sich jedoch nicht auf diese Konstellation, sondern erfasst jedes Verhalten zu Gunsten irgendeines Dritten. Bezogen auf die Fälle des „Reverse Engineering" können daher grundsätzlich auch solche Reverser bestraft werden, die ihre Analyse ohne eigenes Interesse für fremde Auftraggeber durchführen. Publiziert indes ein Wissenschaftler die Ergebnisse seiner Forschung allein aus wissenschaftlichem Interesse, scheidet ein Handeln „zu Gunsten eines Dritten" entsprechend der vorstehenden Erläuterungen aus, auch wenn fremde Unternehmen von der Veröffentlichung mittelbar profitieren.

Die „Absicht, dem Inhaber des Unternehmens Schaden zuzufügen" betrifft nach heute ganz überwiegender Meinung materielle und immaterielle Beeinträchtigungen.[462] Bereits die erfolgreiche Analyse eines Produkts führt in aller Regel zu einem Wertverlust des „Know-how" in der Bilanz des betroffenen Unternehmens,[463] und zumindest der gewerblich motivierte Reverser ist sich dessen auch bewusst. Werden die Erkenntnisse der Analyse eingesetzt, um anschließend Produktsabotage zu betreiben, also die fremde Produktreihe gezielt zu beeinträchtigen, stellt auch dies eine Schädigung des Geheimnisinhabers dar.

---

459 Vgl. auch BGH, GRUR 1957, 360 – Phylax, der für diese Fälle eine „Wettbewerbshandlung" im Sinne von § 2 Abs. 1 Nr. 1 UWG a. F. ablehnt.

460 BVerfGE 47, 327 (347) – Hessisches Universitätsgesetz.

461 BT-Drucksache 10/5058, S. 40.

462 *Arians*, Schutz des Geschäfts- und Betriebsgeheimnisses, S. 360f.; *Otto*, in: UWG-Großkommentar, § 17 Rn. 48; *ders.*, wistra 1988, 125 (128); *Pfeiffer*, in: FS Nirk, 861 (878). Anderer Ansicht (nur materielle Vermögensschäden) noch: *Rosenthal/Leffmann*, UWG-Kommentar, § 17 Rn. 34.

463 Siehe oben: 1. Teil, B., IV. (S. 84ff.).

III. Stimmigkeitskontrolle des vorläufigen Ergebnisses

Nach bisherigem Auslegungsstand ist „Reverse Engineering" grundsätzlich tatbestandsmäßig im Sinne des § 17 Abs. 2 UWG. Jedoch wurde der Geheimnisbegriff entgegen der herrschenden Meinung in der Literatur deutlich gestrafft: Nur die Analyse hinreichend komplizierter und/oder ergänzend abgesicherter Produkte erfüllt den Tatbestand. Deliktische Wegnahmen eines das Geheimnis verkörpernden Gegenstandes stellen nur dann eine „Geheimnisverschaffung" im Sinne von § 17 Abs. 2 Nr. 1c UWG dar, wenn der entwendete Gegenstand das Geheimnis als solches „unmittelbar" enthält. „Reverse Engineering" allein zu Forschungszwecken erfüllt nicht die subjektiven Anforderungen des § 17 Abs. 2 UWG, es liegt kein hinreichend erhebliches, „eigennütziges" oder „fremdnütziges" Handeln des Reversers vor. Trotz dieser Restriktionen besitzt der Tatbestand des § 17 Abs. 2 UWG einen Umfang, der von Teilen der Literatur – gerade in Fällen des „Reverse Engineering" – als zu weit kritisiert und zum Anlass ergänzender Tatbestandsbeschränkungen genommen wird.

1. Notwendigkeit einer ergänzenden Tatbestandseingrenzung

Im Folgenden wird die grundsätzliche Kritik an einer strafrechtlichen Sanktion des „Reverse Engineering" dargestellt und auf ihre Berechtigung hin überprüft. Erweist sie sich als zutreffend, ist im Anschluss zu untersuchen, auf welche Weise der Tatbestand des § 17 UWG ergänzend begrenzt werden kann.

a) Meinungsstand in der Literatur

Die Gegner einer Strafbarkeit des „Reverse Engineering" führen häufig den sog. „Grundsatz der Nachahmungsfreiheit" ins Feld, aus dem nicht nur folge, dass Dritte fremde Produkte grundsätzlich frei kopieren können, sondern auch, dass sie berechtigt seien, dafür etwaig erforderliche Analysen vorzunehmen.[464] Andernfalls liefe die Auslegung des § 17 UWG

---

464 *Beater*, Unlauterer Wettbewerb, § 22 Rn. 31; *Kersting*, Schutz des Wirtschaftsgeheimnisses im Zivilprozess, S. 40f.; *Kuhlmann*, CR 1989, 177 (184); *A. Maier*, Schutz von Betriebs- und Geschäftsgeheimnissen, S. 305; *St. Müller*, Schutz von Know-how nach TRIPS, S. 80; *Schlötter*, Schutz von Betriebs- und Geschäftsgeheimnissen, S. 164; *Sucker*, CR 1989, 468 (472).

auf ein „nahezu unbegrenztes Nachahmungsverbot für komplizierte Produkte“ hinaus.[465]

Daneben wird eingewandt, ein gesetzlicher Schutz des geheimen „Know-how“ gegen „Reverse Engineering“ widerspreche dem System und den Intentionen des nationalen Sonderrechtsschutzes.[466] Ein solcher Schutz führe – jedenfall im Ergebnis – neben Patent-, Gebrauchsmuster- und Urheberrecht systemwidrig einen weiteren sonderrechtlichen Schutz für immaterielle Güter ein, nämlich für die Geheimhaltung als solche.[467] Patent- und Gebrauchsmusterrecht wollten indes durch das Erfordernis der Offenlegung, §§ 30ff. PatG und § 8 GebrMG, eine möglichst weite Verbreitung des – bloß gegen unbefugte Verwertung geschützten – Wissens gerade sicherstellen.[468] Wer „Reverse Engineering“ durch § 17 UWG bestrafe, schütze ein Wissen, dass nach den eindeutigen Intentionen der Sonderschutzrechte, vgl. auch § 1 Abs. 2 Nr. 1 PatG, frei bleiben solle.[469] Darüber hinaus gewähre § 17 UWG – jedenfalls theoretisch – einen zeitlich unbeschränkten Schutz des geheimen Wissens, der erst mit dessen Offenkundigkeit endete, während der Schutz durch die Sonderrechte des „Geistigen Eigentums“ gemäß §§ 16 PatG, 23 GebrMG und 5 Abs. 2 HalbLSchG empfindlich limitiert werde.[470]

Gelegentlich bemerkt die Literatur auch einen Wertungswiderspruch zu § 6 Abs. 2 Nr. 2 HalbLSchG, der Maßnahmen des „Reverse Engineering“

---

465 *Beater*, Unlauterer Wettbewerb, § 22 Rn. 31. So auch die Argumentation des OLG Düsseldorf, OLGR 1999, 55 (58) – Rollenwechsler.

466 *Jersch*, Ergänzender Leistungsschutz und Computersoftware, S. 27f., 120f.; *Kuhlmann*, CR 1989, 177 (184); *A. Maier*, Schutz von Betriebs- und Geschäftsgeheimnissen, S. 305; *St. Müller*, Schutz von Know-how nach TRIPS, S. 80; *Ohly*, Reverse Engineering, in: Prinz zu Waldeck und Pyrmont u. a., Patents and Technological Progress, S. 535 (542): „apparent conflict with patent policy“; *Schlötter*, Schutz von Betriebs- und Geschäftsgeheimnissen, S. 164.

467 *Kuhlmann*, CR 1989, 177 (184); *A. Maier*, Schutz von Betriebs- und Geschäftsgeheimnissen, S. 305; *St. Müller*, Schutz von Know-how nach TRIPS, S. 80.

468 *Jersch*, Ergänzender Leistungsschutz und Computersoftware, S. 27f., 120f.; *A. Maier*, Schutz von Betriebs- und Geschäftsgeheimnissen, S. 305f.; *Schlötter*, Schutz von Betriebs- und Geschäftsgeheimnissen, S. 164.

469 *A. Maier*, Schutz von Betriebs- und Geschäftsgeheimnissen, S. 305f.; *Jersch*, Ergänzender Leistungsschutz und Computersoftware, S. 28.

470 *Jersch*, Ergänzender Leistungsschutz und Computersoftware, S. 28.

ausdrücklich zulasse.[471] Selten wird dieser Argumentationsansatz indes näher konkretisiert und etwa darauf hingewiesen, es sei lediglich eine Frage der konkreten Produktgestaltung, ob eine bestimmte Funktion im Zusammenhang mit der – vom Schutzbereich des HalbLSchG erfassten – Halbleiterentwicklung oder durch eine Softwareanwendung realisiert werde.[472]

Kuhlmann gibt zu bedenken, im Falle einer Strafbarkeit des „Reverse Engineering" würden amerikanische Produkte im Geltungsbereich des deutschen UWG besser geschützt als deutsche Produkte in den Vereinigten Staaten, wo man „Reverse Engineering" allgemein als zulässig ansehe.[473]

Jersch abstrahiert von der Problematik des „Reverse Engineering" und hält eine Einschränkung des Tatbestands allgemein für erforderlich, weil durch die Neufassung des § 17 Abs. 2 UWG Tatbestände geschaffen worden seien, die keinen hinreichenden, das Unrecht der Tat indizierenden Unrechtsgehalt offenbaren.[474] Er weist in diesem Zusammenhang darauf hin, dass § 17 Abs. 2 Nr. 1a, b UWG ohne ergänzende Einschränkung auch bloße „Raubkopien" von Softwareprodukten sanktioniere, soweit diese – wie üblich – irgendein Unternehmensgeheimnis des Softwareherstellers enthielten.[475]

Die Befürworter einer – jedenfalls grundsätzlichen – Strafbarkeit des „Reverse Engineering" betonen zunächst, dass Reverser, auch wenn sie Eigentümer oder Mieter des zu analysierenden Produkts sind, nicht notwendig auch die Befugnis besäßen, ein im Produkt enthaltenes, geheimes „Know-how" aufzudecken und für sich zu verwenden.[476] Der „Grundsatz der Nachahmungsfreiheit" gewährleiste die Möglichkeit identischer oder ähnlicher Produktgestaltungen bloß dann, wenn „besondere wett-

---

471 *Schlötter*, Schutz von Betriebs- und Geschäftsgeheimnissen, S. 164 mit Fn. 210; *Kersting*, Schutz des Wirtschaftsgeheimnisses im Zivilprozess, S. 41 f.; *Kuhlmann*, CR 1989, 177 (184). Vgl. auch *Jersch*, Ergänzender Leistungsschutz und Computersoftware, S. 121.

472 So *Kuhlmann*, CR 1989, 177 (184).

473 *Kuhlmann*, CR 1989, 177 (184). Zur Rechtslage in den U.S.A. jetzt: *Ohly*, Reverse Engineering, in: Prinz zu Waldeck und Pyrmont u.a., Patents and Technological Progress, S. 535 (538 ff.).

474 *Jersch*, Ergänzender Leistungsschutz und Computersoftware, S. 30, 121 f.

475 *Jersch*, Ergänzender Leistungsschutz und Computersoftware, S. 121 f.

476 Vgl. *Kim*, Schutz von Geschäfts- und Betriebsgeheimnissen, S. 113 f.; *Otto*, in: UWG-Großkommentar, § 17 Rn. 93.

bewerbsrechtliche Umstände“ nicht vorliegen. Bei unlauteren Handlungen im Sinne von §§ 17f. UWG sei dies jedoch der Fall.[477] Überschneidungen mit dem Anwendungsbereich der Sonderschutzrechte des „Geistigen Eigentums“ seien unvermeidbar und erforderten nicht, sonderrechtlich ungeschützte Gegenstände generell vom wettbewerbsrechtlichen Geheimnisschutz auszunehmen.[478] Der Umstand, dass § 6 Abs. 2 Nr. 2 HalblSchG Maßnahmen des „Reverse Engineering“ für ausdrücklich zulässig erkläre, stelle einen „Bruch im System des Wettbewerbsschutzes“ dar, der dadurch zu erklären sei, dass der Gesetzgeber sich insoweit das amerikanische Recht zum Vorbild genommen habe. Diese Ausnahme sei einer Generalisierung nicht zugänglich.[479]

b) Diskussion und Kritik

Nicht überzeugend ist zunächst der – in der Sache allerdings zutreffende – Einwand, im Falle einer Bestrafung des „Reverse Engineering“ würden amerikanische Produkte im Inland besser geschützt als deutsche Produkte im Ausland. Für die Vermeidung eines Verstoßes gegen den Gleichbehandlungsgrundsatz, vgl. Art. 3 Abs. 1 GG, ist entscheidend, dass bezogen auf ein bestimmtes Hoheitsgebiet eine Gleichbehandlung stattfindet. Dies ist jedoch der Fall. Produktionsgeheimnisse deutscher sowie amerikanischer Unternehmen würden im Falle einer Strafbarkeit des „Reverse Engineering“ gemäß § 17 Abs. 2 UWG im deutschen Hoheitsgebiet gleich behandelt. In den U.S.A. wären beide Unternehmen einem geringeren Rechtsschutz ausgesetzt. Generell sollte – soweit keine europa- oder völkerrechtlich gebotene Vereinheitlichung im Raum steht – sich die Auslegung des nationalen Rechts nicht primär an einem etwaig geringeren Schutzniveau anderer Staaten orientieren. Andernfalls wäre die Aufgabe jeglichen Schutzes bald die Folge.

Die – auch grundrechtlich durch Art. 2 Abs. 1 GG sowie Art. 12 Abs. 1 GG abgesicherte – Nachahmungsfreiheit gilt nur grundsätzlich, nicht uneingeschränkt. Soweit spezielle Normen, zum Beispiel § 17 Abs. 2 UWG, ent-

---

477 *Wiebe*, Know-how-Schutz von Computersoftware, S. 269.

478 *Haberstumpf*, CR 1991, 129; *Wiebe*, Know-how-Schutz von Computersoftware, S. 268.

479 *Harte-Bavendamm*, GRUR 1990, 657 (658); *Haß*, in: Lehmann, Rechtsschutz und Verwertung von Computerprogrammen, S. 467 (490); *Otto*, in: UWG-Großkommentar, § 17 Rn. 93.

gegenstehen, wird dieser Grundsatz erschüttert und die Nachahmungsfreiheit beschränkt. Ein gesetzliches Verbot des „Reverse Engineering" berührte den „Grundsatz der Nachahmungsfreiheit" allenfalls mittelbar: Nachahmungsfreiheit zielt auf bestimmte Formen der Informations*verwertung* ab. „Reverse Engineering" betrifft dagegen eine spezielle Art der Informations*gewinnung*. Der Wille, im Anschluss an die Analyse identische oder ähnliche Produkte zu vertreiben, ist bloß einer von vielen möglichen Beweggründen des „Reverse Engineering". Zumindest wenn hinreichende Anforderungen an die faktische Absicherung des geheimen Wissens gestellt werden,[480] wird der „Grundsatz der Nachahmungsfreiheit" durch ein Verbot des „Reverse Engineering" nicht ausgehöhlt.

Die Sonderrechte des „Geistigen Eigentums" und der wettbewerbsrechtliche Geheimnisschutz verfolgen differente Interessen: Der gewerbliche Sonderrechtsschutz honoriert die Schaffung und Veröffentlichung besonderer gewerblicher Leistungen durch Zuerkennung einer zeitlich befristeten Monopolstellung auf ausschließliche Nutzung der generierten Leistung.[481] Der wettbewerbsrechtliche Geheimnisschutz hingegen sichert die Geheimnissphäre eines Unternehmens gegen bestimmte – vom Gesetzgeber für strafwürdig gehaltene – Eingriffe ab. Es liegen zwei verschiedene, nicht direkt vergleichbare Schutzsysteme vor; von einer Systemwidrigkeit kann schon deshalb nicht gesprochen werden. Der Schutz geheimer, technischer Informationen läuft der Anreiztheorie des gewerblichen Sonderrechtsschutzes stets zuwider. Durch Implementierung des § 17 UWG hat der Gesetzgeber dies unter bestimmten Voraussetzungen in Kauf genommen. Er hat weder den Sondergesetzen des geistigen Eigentums noch dem wettbewerbsrechtlichen Geheimnisschutz eine verdrängende Sonderstellung zuerkannt. Führt der Geheimnisschutz im Einzelfall zu einer stärkeren Absicherung des Wissens als die Spezialgesetze des „Geistigen Eigentums" dies tun, so ist das allenfalls rechtspolitisch oder ökonomisch zu kritisieren.[482]

Es verwundert, dass ausschließlich die Befürworter einer Strafbarkeitsbeschränkung § 6 Abs. 2 Nr. 2 HalbLSchG anführen, um Maßnahmen des „Reverse Engineering" aus dem Anwendungsbereich des § 17 Abs 2 UWG

---

480 Dazu oben: 2. Teil, A., II., 1., b), bb) (S. 97 ff.).

481 *Beier*, GRUR Int. 1979, 227 (234); *Kirchhof*, in: FS Zeidler, 1639 (1650); *Peifer*, UFITA 2007/II, 327 (350).

482 Dazu unten: 3. Teil, D., I., 1., b), dd) (S. 227 f.).

auszuschließen. Betrachtet man die Regelung in ihrem gesetzlichen Gesamtzusammenhang, so spricht dies eher gegen eine Zulässigkeit des „Reverse Engineering“: Der Gesetzgeber strebt grundsätzlich an, bloß solche Interessenkonflikte zu lösen, für die auch ein Regelungsbedarf besteht. Hielte er Maßnahmen des „Reverse Engineering“ für allgemein zulässig, hätte es einer Normierung nicht notwendig bedurft. Allerdings sollte man die Bedeutung der § 6 Abs. 2 Nr. 2 HalbLSchG auch in dieser Hinsicht nicht überbewerten: Der Grundsatz ökonomischer Gesetzgebung wird – das zeigt anschaulich die rechtlich unnötige Regelung des § 90a BGB – vom Gesetzgeber nicht konsequent durchgehalten. Darüber hinaus schürt die u.s.-amerikanisch ausgerichtete Entstehungsgeschichte des § 6 Abs. 2 Nr. 2 HalbLSchG[483] berechtigte Zweifel daran, dass diese Norm sich harmonisch in das sonstige nationale Rechtssystem einfügt.[484]

Beachtung verdient dagegen der allgemeinere Einwand *Jerschs*, der Tatbestand des § 17 Abs. 2 UWG sei nach Maßgabe der bisherigen Auslegung durch eine Weite gekennzeichnet, die Zweifel aufkommen lasse, ob ausschließlich strafwürdige Verhaltensweisen von der nicht nur unerheblichen Strafandrohung[485] betroffen würden.[486] Doch geht das von *Jersch* angeführte Beispiel aus der Softwarebranche nach der hier favorisierten Auslegung des § 17 UWG ins Leere: Die unberechtigte Kopie der vertriebenen Objektcodeversion eines Computerprogramms stellt bereits dem Wortlaut nach keine „Sicherung“ oder „Verschaffung“ eines darin mittelbar verkörperten „Know-how“ dar, das erst noch durch aufwändige Analysearbeiten – mit zweifelhaften Erfolgsaussichten – aufgedeckt werden müsste.[487]

Hinreichende Überzeugungskraft behält dagegen der von *Jersch* erdachte – im Folgenden geringfügig ergänzte – „Stradivarigeigenfall“:[488]

A ist Geigenbauer. Die Einzigartigkeit der von ihm angefertigten Stradivarigeigen beruht auf einer Vorbehandlung des Holzes mit einem bestimmten Mittel, dessen

---

483 Hierzu *Massaguer-Fuentes/Peréz-Frias*, CR 1988, 368 (375 f.).

484 *Harte-Bavendamm*, GRUR 1990, 657 (658); *Haß*, in: Lehmann, Rechtsschutz und Verwertung von Computerprogrammen, S. 467 (490); *Otto*, in: UWG-Großkommentar, § 17 Rn. 93.

485 Freiheitsstrafe bis zu drei – in besonders schweren Fällen: fünf – Jahren oder Geldstrafe, § 17 Abs. 1, 4 UWG.

486 *Jersch*, Ergänzender Leistungsschutz und Computersoftware, S. 30, 121 f.

487 Dazu bereits oben: 2. Teil, II., 2., a), dd) (S. 121).

488 Vgl. *Jersch*, Ergänzender Leistungsschutz und Computersoftware, S. 29 f.

Zusammensetzung nur A kennt. A hatte die Rezeptur während seiner Zeit als Mönch in einem abgelegenen, italienischen Kloster entwickelt und zur Gedankenstütze handschriftlich in den Umschlag eines kaum beachteten Buchs der hiesigen Bibliothek geschrieben. Konkurrent und Klostertourist B, der seit längerem versucht, das geheime Herstellungs-Know-how des A zu entschlüsseln, um es zur eigenen Produktherstellung einzusetzen, entdeckt auf einer Reise nach Italien rein zufällig das Buch mit der Inschrift des A und fotografiert bzw. schreibt sie ab.

Nach bisherigem Auslegungsstand wäre Bs Verhalten strafbar gemäß § 17 Abs. 2 Nr. 1 a, b UWG. Das Herstellungsverfahren ist trotz der einmaligen, handschriftlichen Niederschrift in dem Umschlag eines abgelegenen Buchs ein „Betriebsgeheimnis“ im Sinne von § 17 UWG. Soweit B die Inschrift fotografierte, sicherte er sich das Geheimnis durch Anwendung technischer Mittel, § 17 Abs. 2 Nr. 1 a UWG, soweit er sie abschrieb, stellte er eine verkörperte Wiedergabe des Geheimnisses her, § 17 Abs. 2 Nr. 1 b UWG. B handelte vorsätzlich sowie zu Zwecken des Wettbewerbs. Rechtfertigungs- oder Entschuldigungsgründe sind nicht ersichtlich. B hätte also eine Freiheitsstrafe bis zu drei Jahren oder eine Geldstrafe zu befürchten.

Dieser Befund dürfte im Widerspruch zum moralischen Empfinden Vieler stehen, die das Verhalten des B als nicht unanständig, jedenfalls aber nicht derart inadäquat empfänden, dass eine Ahndung mit solch strengen Sanktionen gerechtfertigt wäre. Eine Tatbestandsfassung des § 17 UWG, die selbst das harmlose Verhalten des B unter Strafe stellt, kollidiert augenfällig mit der Absicht des Gesetzgebers[489] sowie der herrschenden Literatur,[490] durch § 17 Abs. 2 Nr. 1 UWG nur typische und besonders gefährliche Erscheinungsformen der Betriebsspionage sanktionieren zu wollen. Auch der Bericht des Rechtsausschusses des Deutschen Bundestages bringt diesen Willen klar zum Ausdruck:

„(…) es zu weit gehen würde, alle Fälle des unbefugten Sichverschaffens eines Geschäfts- oder Betriebsgeheimnisses unter den im neuen Absatz 2 genannten subjektiven Voraussetzungen auch ohne das weitere Merkmal des unbefugten Verwertens in den Strafschutz einzubeziehen. Dies würde für das Wirtschaftsleben zu

489 BT-Drucksache 10/5058, S. 40.

490 *Harte-Bavendamm*, in: Gloy/Loschelder, Handbuch Wettbewerbsrecht, § 48 Rn. 42; *Hartung*, Geheimnisschutz und Whistleblowing, 53; *A. Maier*, Schutz von Betriebs- und Geschäftsgeheimnissen, S. 294; *Otto*, wistra 1988, 125 (128); *Pfeiffer*, in: FS Nirk, 861 (879); *Rupp*, WRP 1985, 676 (679); *Schlötter*, Schutz von Betriebs- und Geschäftsgeheimnissen, S. 156; *Többens*, NStZ 2000, 505 (508).

schwer erträglichen Unsicherheiten über die Grenze zwischen einer strafbaren und einer straflosen Informationserlangung führen."[491]

Der „Stradivarigeigenfall" veranschaulicht, dass die „Anwendung technischer Mittel" (z.B. Fotografieren) sowie die „Herstellung einer verkörperten Wiedergabe des Geheimnisses" (z.B. durch Abschreiben) für sich noch keine evident gefährlichen und strafbedürftigen Spionagehandlungen sind. Der Tatbestand des § 17 UWG wird seiner wesentlichen Funktion, das Unrecht der Tat zu indizieren, so nicht gerecht. Eine derart weitgehende Tatbestandauslegung kollidiert mit dem verfassungsrechtlich abgesicherten Anspruch des betroffenen Täters, nur für solches Verhalten bestraft zu werden, das einen hinreichenden Schuldgehalt aufweist („nulla poena sine culpa").[492]

Ein Grund für die unzureichende Fassung des Gesetzeswortlauts dürfte darin liegen, dass ein generelles Bedürfnis, den Strafschutz auch auf bloße Ausspähungshandlungen zu erstrecken, in der Sachverständigenkommission, die das 2. WiKG vorbereitet hatte, unumstritten war.[493] Der breite Konsens in dieser Frage bedingte offenbar ein nicht unerhebliches Maß an Sorglosigkeit bei der Abfassung der Tatbestandsvarianten des § 17 Abs. 2 Nr. 1 UWG. Der vereinbarte Wortlaut führt – das zeigt der „Stradivarigeigenfall" deutlich – nicht zu der erhofften Beschränkung auf „einzelne typische und besonders gefährliche Erscheinungsformen des Ausspähens".[494]

Als Zwischenergebnis kann festgehalten werden: Der Tatbestand des § 17 Abs. 2 UWG ist seinem Wortlaut nach zu weit gefasst und genügt in dieser Form nicht den Anforderungen des materiellen Schuldprinzips. Es ist nach Möglichkeiten zu suchen, den Tatbestand so einzuschränken, dass er seine unrechtsindizierende Funktion erfüllt und nur solche Verhaltensweisen mit Strafe bedroht, die hinreichend strafwürdig sind.[495]

---

491 CuR 1986, 232.

492 Siehe oben: 2. Teil, A., II., 1., b), aa) (S. 101) mit Fn. 353, 354.

493 Vgl. die Tagungsberichte der Sachverständigenkommission zur Bekämpfung der Wirtschaftskriminalität – Reform des Wirtschaftsstrafrechts, Bundesministerium der Justiz (Hrsg.), Bonn 1976, XI. Band, S. 57ff. sowie das vorbereitende Referat von *Kraßer*, Anlage 4 (a.a.O.), S. 44f.

494 BT-Drucksache 10/5058, S. 40. Vgl. auch die Tagungsberichte der Sachverständigenkommission (a.a.O.), S. 57.

495 Allerdings besteht für die Beurteilung der Strafwürdigkeit stets ein erheblicher Ermessensspielraum des Gesetzgebers.

2. Dogmatische Anbindung und inhaltliche Ausgestaltung

Bloß gelegentlich bieten Stellungnahmen, die „Reverse Engineering" für im Grundsatz zulässig halten, eine dogmatische Begründung für dieses Ergebnis an. Von einer einheitlichen Konzeption ist die Literatur weit entfernt.

Maier und *Wiebe* sehen Maßnahmen des „Reverse Engineering" als nicht „unbefugt" im Sinne des § 17 UWG an. Dabei beurteilt *Maier* die Frage, wann eine Geheimnisverschaffung „unbefugt" ist, in Ansehung der „Gesamtumstände des Erwerbs" sowie anhand einer umfassenden Abwägung der beteiligten Interessen.[496] *Wiebe* hingegen nimmt im Rahmen des Merkmals „unbefugt" eine konkludente Untersuchungserlaubnis für frei in den Verkehr gelangte Gegenstände an.[497] Daneben betont er, die Verwertung des aufgedeckten „Know-how" widerspreche auch nicht dem „Geheimhaltungsinteresse" des Geheimnisinhabers, da sie den durch das Geheimnis begründeten Wettbewerbsvorsprung nicht unlauter gefährde und mithin eine spürbare Beeinträchtigung der Wettbewerbsposition des Produktherstellers nicht bewirke.[498] Insgesamt tritt *Wiebe* für eine „am Schutzzweck orientierte Beurteilung" des Tatbestandes ein.

Auch *Jersch* nimmt das von der herrschenden Meinung geforderte „Geheimhaltungsinteresse" zum Anknüpfungspunkt einer Einschränkung des § 17 UWG. § 17 UWG schütze nicht das Geheimnis als solches, sondern bestimmte Erscheinungsformen respektive „Quellen" des Geheimnisses.[499] Im Hinblick auf die jeweilige Geheimnisquelle sei festzustellen, ob sich ein berechtigtes Geheimhaltungsinteresse des Geheimnisinhabers darauf beziehe. Für die Fälle des „Reverse Engineering" verneint *Jersch* dies aus den bereits genannten Gründen.

---

496 Schutz von Betriebs- und Geschäftsgeheimnissen, S. 306. Ähnlich jetzt auch: *Ohly*, Reverse Engineering, in: Prinz zu Waldeck und Pyrmont u.a., Patents and Technological Progress, S. 535 (551), der eine Auslegung in Anlehnung an Art. 39 TRIPS vorschlägt, „as meaning 'contrary to honest commercial practices'".

497 CR 1992, 134 (140).

498 *Wiebe*, CR 1992, 134 (140).

499 Ergänzender Leistungsschutz und Computersoftware, S. 29 ff. Sympathisierend: *A. Maier*, Schutz von Betriebs- und Geschäftsgeheimnissen, S. 306; *Schlötter*, Schutz von Betriebs- und Geschäftsgeheimnissen, S. 164.

Das Oberlandesgericht Köln[500] und *Beater*[501] fordern für die Verwirklichung des § 17 Abs. 2 UWG eine „in den Betrieb hineinreichende Entwendungshandlung“, an der es beim „Reverse Engineering“ von frei am Markt erworbenen Produkten gerade fehle.

Eine positive Interessenabwägung unter Beachtung der Gesamtumstände des Einzelfalls trüge in § 17 UWG eine Unsicherheit hinein, die angesichts der erheblichen Strafandrohung gemäß Art. 103 Abs. 2 GG nicht zur rechtfertigen wäre. Aus diesem Grund ist eine entsprechende Auslegung der Merkmale „Geheimhaltungsinteresse“ und „unbefugt“ bereits grundsätzlichen Bedenken ausgesetzt.[502] *Wiebe* legt das Merkmal „unbefugt“ zwar inhaltlich zutreffend aus,[503] die Annahme einer konkludenten Erlaubnis des Produktherstellers beim Vertrieb seiner Produkte stellt jedoch eine reine Fiktion dar und ist mithin ebenfalls untauglich, eine entsprechende Tatbestandsbegrenzung herbeizuführen. Seinem Vorschlag einer „am Schutzzweck orientierten Beurteilung“ ist grundsätzlich zuzustimmen, eine Strafbefreiung für „Reverse Engineering“ oder das Verhalten des B im „Stradivarigeigenfall“ lässt sich damit aber nur dann überzeugend begründen, wenn diese Beurteilung in konkrete, hinreichend sicher zu handhabende Tatbestandsmerkmale einmündet. Für ein entsprechendes ungeschriebenes Tatbestandsmerkmal, wie es auch das Oberlandesgericht Köln und *Beater* zu Grunde legen, bietet § 17 Abs. 2 UWG einige Anhaltspunkte.

Leitender Gesichtspunkt hierfür ist die bereits festgestellte funktionale Parallelität zwischen § 17 UWG und § 242 StGB. Sowohl § 242 StGB als auch § 17 UWG schützen die tatsächliche Herrschaftsmacht über einen – im einen Fall materiellen, im anderen Fall immateriellen – Gegenstand. Während allerdings in den Fällen des § 242 StGB die Wegnahme einer Sache auf Grund deren Körperlichkeit und Einzigartigkeit stets mit einem Eingriff in den vom Gewahrsamsinhaber kontrollierten Herrschaftsbereich verbunden ist, die fremde Sachgewahrsamssphäre durch Wegnahmen also stets beeinträchtigt wird, kann der an einem Unternehmensgeheimnis Interessierte das begehrte Wissen wegen dessen Unkörperlichkeit

---

500 Vorinstanz zur Entscheidung „Stiefeleisenpresse“ des RG, vgl. RGZ 149, 329 (331).

501 Unlauterer Wettbewerb, § 22 Rn. 31.

502 Siehe oben: 2. Teil, A., II., 1., e) (S. 115 ff.) und 3 (S. 122 ff.).

503 Siehe oben: 2. Teil, A., II., 3. (S. 125).

und potentieller Ubiquität[504] auch ohne Eingriff in den faktischen Kontrollbereich des Geheimnisinhabers in „Besitz“ nehmen. Für den Diebstahl einer bestimmten körperlichen Sache existiert bloß eine Zugriffsquelle, die Sache selbst; der an einem Unternehmensgeheimnis Interessierte kann sich dagegen verschiedener Quellen bedienen; er kann das Wissen durch Wegnahme entsprechender Unterlagen aus dem Betrieb des Geheimnisinhabers „stehlen“, mittels „Reverse Engineering“ aufdecken oder von einem Buchumschlag in einer abgelegenen, italienischen Klosterbibliothek abschreiben. Hinreichend strafwürdig sind bloß solche Fälle des § 17 Abs. 2 UWG, in denen der Täter in die vom Gesetzgeber als schutzwürdig angesehene, faktische Gewahrsamssphäre des Geheimnisinhabers eingreift und nicht lediglich Schutzlücken ausnutzt, wie sie bei immateriellen Gütern stets vorliegen. Bedient sich der Industriespion einer Wissensquelle, über die der Geheimnisinhaber keine Kontrolle ausübt, ist dieser nicht schutzbedürftig.

§ 17 UWG und seine Gesetzesbegründung enthalten für diese Tatbestandsbegrenzung einige Anhaltspunkte: So nennt der Rechtsausschuss in seinem Bericht zu § 17 Abs. 2 Nr. 1 a UWG (S. 40) als typische „technische Mittel“ den „Einsatz von Ablichtungsgeräten, Fotoapparaten, Filmkameras, Abhörvorrichtungen, Kleinsende- oder Empfangsgeräten“. Diese Vorrichtungen und Geräte sind klassisches Spionagewerkzeug, das eingesetzt wird, um verschiedene Geheimhaltungsmaßnahmen des Zielobjekts einer Ausspähungshandlung zu frustrieren. „Kleinsendegeräte“ werden regelmäßig verwendet, um die betriebliche Geheimsphäre von innen nach außen zu durchbrechen, „Abhörvorrichtungen“ und „Empfangsgeräte“ gewähren einen Zugriff von außen nach innen. „Ablichtungsgeräte“, „Fotoapparate“ und „Filmkameras“ sind zwar auch allgemein gebräuchliche Gegenstände, zu Zwecken der Industriespionage werden sie jedoch üblicherweise nutzbar gemacht, um nach einem Eindringen in die betriebliche Geheimhaltungssphäre – klassischerweise nach einem Einbruch in die Betriebsräume – geheime Vorgänge zu dokumentieren.

Auch die Stellungnahme des Rechtsausschusses zum Merkmal „unbefugt“ deutet auf das tatbestandliche Erfordernis eines Gewahrsamseingriffs hin: Das Merkmal „unbefugt“ solle klarstellen, dass nicht jede Informationssammlung „in einem Betrieb“ die berechtigten Geheimhaltungsinteres-

504 *Pfister*, Das technische Geheimnis „Know how“ als Vermögensrecht, S. 2, 16 f.; *Saumweber*, Schutz von Know-how, S. 39 mit Fn. 112.

sen des Geheimnisinhabers strafwürdig verletze. Wie selbstverständlich unterstellt der Rechtsausschuss somit, dass Täter des § 17 Abs. 2 UWG das begehrte Geheimwissen „in" dem Betrieb, der regelmäßig die Grenze der Geheimhaltungssphäre bildet, suchen und erlangen.

Darüber hinaus betont der Rechtsausschuss eine enge Kohärenz zwischen § 17 UWG und § 202a StGB („Ausspähen von Daten"). Für § 202a StGB ist aber strafbegründend vor allem der Umstand, dass durch Überwindung einer besonderen, vom Dateninhaber eingerichteten, faktischen Zugangssicherung Daten erlangt werden. Entsprechend vertritt die ganz überwiegende Meinung zu § 202a StGB, diese Strafnorm schütze allein das formelle Geheimhaltungsinteresse des Verfügungsberechtigten,[505] der auch als „Herr der Daten" bezeichnet wird.

§ 17 Abs. 2 Nr. 1c UWG und auch § 17 Abs. 1 UWG harmonieren mit dieser Auslegung: Der für eine „Wegnahme" im Sinne des § 17 Abs. 2 Nr. 1c UWG erforderliche Gewahrsamsbruch geht stets mit einem Eingriff in die Geheimhaltungssphäre einher, jedenfalls dann, wenn man fordert, dass die weggenommene Sache das Geheimnis als solches unmittelbar enthält.[506] Der Angestellte, der das Unternehmensgeheimnis gemäß § 17 Abs. 1 UWG unbefugt mitteilt, kann entweder als Mitgewahrsamsinhaber oder als Gewahrsamsdiener angesehen werden, der die Geheimhaltungssphäre in strafrechtlich relevanter Weise von innen nach außen durchbricht.

Soweit das Oberlandesgericht Köln sowie *Beater* für § 17 Abs. 2 UWG eine „in den Betrieb hineinreichende Entwendungshandlung" fordern, liegt dies im Grundsatz auf der hier eingeschlagenen Linie. Jedoch ist die genannte Einschränkung – zumindest dem Wortlaut nach – zu eng. Typischerweise wird das ausgespähte Wissen in Fällen der Betriebsspionage nicht „entwendet", sondern vervielfältigt; der Gewahrsam am Geheimnis wird – anders als bei § 242 StGB – nicht aufgehoben, sondern bloß relativiert. Auch sollte das Abhören von Hotelzimmern, Kraftfahrzeugen et ce-

---

505 *Haß*, in: Lehmann, Rechtsschutz und Verwertung von Computerprogrammen, 467 (480); *Jessen*, Zugangsberechtigung und besondere Sicherung, S. 37, 43; *Krutisch*, Strafbarkeit des unberechtigten Zugangs, S. 73 f.; *Lackner/Kühl*, StGB-Kommentar, § 202a Rn. 1; *Lenckner*, in: Schönke/Schröder, StGB-Kommentar, § 202a Rn. 1; *Schlüchter*, 2. WiKG, S. 58; *Schünemann*, in: Leipziger Kommentar StGB, § 202a Rn. 2; *Tröndle/Fischer*, StGB-Kommentar, § 202a Rn. 2.

506 Siehe dazu oben: 2. Teil, A., II., 2., a), dd) (S. 120 f.).

tera, also ein Verhalten, das nicht in den (körperlichen) „Betrieb" als solchen hineinreicht, zum strafwürdigen Kern der Betriebsspionage zählen. Der Zweck des § 17 UWG fordert eine Ausweitung des Schutzes auf die vom Geheimnisinhaber kontrollierte „betriebliche Geheimhaltungssphäre", die nicht notwendig an der räumlichen Betriebsgrenze endet.

Wie weit die Kontrollsphäre des Geheimnisinhabers räumlich im Einzelfall reicht, beurteilt sich nach der faktischen Lage aus Sicht des Verkehrs.[507] Erforderlich ist, dass ein vom Geheimnisinhaber tatsächlich beherrschter Bereich aus Sicht des Verkehrs gegen den ungestörten Zugriff Dritter hinreichend sicher geschützt ist. Im Regelfall dürfte die Geheimhaltungssphäre zumindest alle nicht öffentlich zugänglichen Betriebsbereiche umfassen. Befinden sich Betriebsangehörige mit geheimen Unterlagen auf Geschäftsreisen, erstreckt sich die Geheimhaltungssphäre jedenfalls auf ihren körpernahen, persönlichen Bereich (Sakkotasche, getragener Aktenkoffer). Auch abgeschlossene Hotelzimmer und Konferenzräume zählen nach den Anschauungen des Verkehrs zur kontrollierten Geheimsphäre. Schwieriger ist etwa der Fall zu beurteilen, in dem ein Ingenieur im Zug arbeitet und ein hinter ihm sitzender Konkurrent Geschäftsgeheimnisse, die vom Bildschirm des Laptops angezeigt werden, abschreibt. In diesem Fall sprechen gute Gründe gegen einen Eingriff in die Geheimhaltungssphäre des Ingenieurs, der die Sichtsphäre auf den Laptop nach objektiver Verkehrsauffassung nicht hinreichend kontrolliert.

Das ungeschriebene Tatbestandsmerkmal „Eingriff in die Geheimhaltungssphäre" ist geeignet, den Straftatbestand des § 17 Abs. 2 Nr. 1 UWG so einzugrenzen, dass dieser den Vorgaben des Bestimmtheitsgrundsatzes aus Art. 103 Abs. 2 GG genügt. Im „Stradivarigeigenfall" scheidet eine Strafbarkeit des B aus, da die in Anspruch genommene Informationsquelle in einer öffentlich zugänglichen Bibliothek und also nicht im von A kontrollierten Geheimhaltungsbereich lag. Zweifel verbleiben im Hinblick auf § 17 Abs. 2 Nr. 2 Var. 3 UWG. Die Norm schäumt über vor unbestimmten Tatbestandsmerkmalen, die ein strafwürdiges Verhalten nicht ohne Weiteres erkennen lassen.[508] Durch das zusätzliche Merkmal „Eingriff in

---

507 Vgl. oben: 2. Teil, A., II., 1., b), bb), (1) (S. 102 f.).

508 Vgl. auch *Daub*, Verletzung von Unternehmensgeheimnissen, S. 82; *Haß*, in: Lehmann, Rechtsschutz und Verwertung von Computerprogrammen, 467 (491); *Köhler*, in: Hefermehl/Köhler/Bornkamm, UWG-Kommentar, § 17 Rn. 47; *Schulze-Heiming*, Strafrechtlicher Schutz der Computerdaten, S. 107.

die Geheimhaltungssphäre" können Zweifel an der Verfassungsmäßigkeit der Norm zerstreut, aber nicht vollständig beseitigt werden. Überzeugende Konzeptionen zur weiteren Eingrenzung dieser Tatbestandsvariante wurden bislang nicht gefunden. Soweit – in Anknüpfung an die frühere Gesetzesfassung – ein sitten- oder gesetzeswidriges Erlangen des Geheimnisses gefordert wird, wird die Strafbarkeit dadurch zwar deutlich eingeschränkt, jedoch – soweit das Merkmal „Sittenwidrigkeit" betroffen ist – nicht in hinreichend bestimmter Weise.[509] Auch die Forderung einer Handlung, die im Unrechtsgehalt mit § 17 Abs. 1 und Abs. 2 Nr. 1 UWG vergleichbar ist,[510] bewirkt in dieser allgemeinen Form noch keine ausreichende Vorhersehbarkeit des mit Strafe bedrohten Verhaltens.

3. Beurteilung des „Reverse Engineering"

Fordert man ergänzend zu § 17 UWG einen „Eingriff in die Geheimhaltungssphäre", dann hängt die Strafbarkeit des „Reverse Engineering" entscheidend davon ab, ob die vom Reverser untersuchte Quelle, also das Produkt, sich noch im Bereich der vom Geheimnisinhaber kontrollierten, nicht notwendig an der Betriebsgrenze endenden Geheimnissphäre befindet.

Vertreibt der Hersteller ein Produkt ohne Einschränkungen am Markt, so verliert er jegliche faktische Zugriffsmöglichkeit auf dieses Produkt. Es verlässt seine Geheimhaltungssphäre, eine Strafbarkeit gemäß § 17 Abs. 2 UWG scheidet aus. Das gilt auch, soweit das begehrte „Know-how" innerhalb des Produkts in einem verplombten Blechgehäuse untergebracht wurde oder das Produkt auf Grund seiner Zusammensetzung nur äußerst mühsam zu analysieren ist (vgl. Coca-Cola, Underberg). So wie faktische Schwierigkeiten bei der Bergung eines Rings, den der vormalige Sachgewahrsamsinhaber im tiefen Meer verloren hat, keinen Gewahrsam an die-

Anderer Auffassung aber die Gesetzesbegründung, BT-Drucksache 10/5058, S. 40: „Zwar wird auch in Nummer 2 das unbefugte Sichverschaffen als Tatbestandsmerkmal verwendet, jedoch in Verbindung mit der einschränkenden weiteren Voraussetzung, dass ein Verwerten hinzutreten muss. Auf diese Weise wird einer zu weiten Ausdehnung der Strafbarkeit entgegengewirkt."

509 Siehe oben: 2. Teil, A., II., 3. (S. 122 ff.).

510 So *Hartung*, Geheimnisschutz und Whistleblowing, S. 60; *Köhler/Piper*, UWG-Kommentar, § 17 Rn. 39; *Krutisch*, Strafbarkeit des unberechtigten Zugangs, S. 184.

sem körperlichen Gegenstand begründen,[511] führen Schwierigkeiten bei der Aufdeckung geheimen Wissens durch „Reverse Engineering“ nicht zugleich eine Herrschaftsmacht des Geheimnisinhabers über die untersuchte Wissensquelle, das Produkt, herbei. Aus der maßgeblichen Verkehrssicht bestehen keine Eingriffsmöglichkeiten des Geheimnisinhabers, die Analyse des Produkts zu verhindern.

Anders kann es sich verhalten, wenn der Produkthersteller bei Verkauf, Vermietung oder Leasing des Produkts ein Reverse-Engineering-Verbot vereinbart und die Einhaltung dieser Vereinbarung durch ergänzende vertragliche Regelungen (z.B. Vertragsstrafe, Zugangsrecht) und/oder tatsächliche Vorkehrungen (z.B. Versiegelung, Verplombung) aus Sicht des Verkehrs faktisch hinreichend sicherstellt. Unter diesen Voraussetzungen kann die kontrollierte Geheimhaltungssphäre sich grundsätzlich auch auf ein verkauftes oder vermietetes – und also im fremden Sachherrschaftsbereich befindliches – Untersuchungsobjekt erstrecken. Die Anforderungen sollten aber streng sein. Aus Sicht des Verkehrs muss hinreichend sicher zu erwarten sein, dass sich der vertraglich Verpflichtete an das Analyseverbot hält. Die rechtliche Wirksamkeit eines vereinbarten Reverse-Engineering-Verbots ist für die Auslegung des § 17 UWG nicht entscheidend, jedoch von mittelbarer Relevanz. Rechtlich unzulässige Reverse-Engineering-Verbote werden einen Produkterwerber, dem die Rechtslage bekannt ist, nicht von einer Analyse abhalten.[512]

IV. Ergebnis zu § 17 Abs. 2 UWG

Das materielle Schuldprinzip („nulla poena sine culpa“) sowie der Bestimmtheitsgrundsatz aus Art. 103 Abs. 2 GG fordern eine restriktive Auslegung des § 17 Abs. 2 UWG. Für die Frage, ob ein Wissen „ohne Weiteres zugänglich“ ist, kann es allein auf objektive Umstände ankommen, die nicht zu mild beurteilt werden dürfen. Der erforderliche Geheimhaltungswille darf nicht unterstellt werden, sondern bedarf nachprüfbarer Anhaltspunkte. Im Rahmen der Merkmale „Geheimhaltungsinteresse“ und „unbefugt“ sind positive Interessenabwägungen, Sittenwidrigkeitsprüfungen und Ähnliches zu unterlassen. Als zusätzliche, ungeschrie-

---

511 Vgl. nur *Tröndle/Fischer*, StGB-Kommentar, § 242 Rn. 15.

512 Zur rechtlichen Zulässigkeit von Reverse-Engineering-Verboten siehe noch unten: 4. Teil (S. 251 ff.).

bene Voraussetzung des Tatbestands fordert § 17 Abs. 2 UWG einen Eingriff in die Geheimnisgewahrsamssphäre des Geheimnisinhabers. Derjenige, der eine Schutzlücke ausnutzt, so der Reverser, der ein frei am Markt vertriebenes Produkt analysiert, macht sich nicht strafbar.

B. Ausspähen von Daten gemäß § 202a StGB

§ 202a StGB wurde – wie auch § 17 Abs. 2 Nr. 1 UWG – durch das 2. WiKG gesetzlich eingeführt. Die Vorschrift schützt den persönlichen Bereich natürlicher Personen sowie das – regelmäßig wirtschaftliche – Interesse des Verfügungsberechtigten vor unbefugter Ausspähung seiner Datenbank- und Datenverarbeitungssysteme.[513]

I. Datenbegriff des § 202a StGB

Während dem Strafgesetzbuch im Allgemeinen ein weiter Datenbegriff zu Grunde liegt, der alle „codierten, auf einen Datenträger fixierten Informationen über eine außerhalb des verwendeten Zeichensystems befindliche Wirklichkeit"[514] erfasst, schränkt § 202a Abs. 2 StGB den Datenbegriff deutlich ein. Daten im Sinne des § 202a Abs. 1 StGB sollen nur solche Informationen sein, „die elektronisch, magnetisch oder sonst nicht unmittelbar wahrnehmbar gespeichert sind oder übermittelt werden". Daraus folgt, dass ein Schutz des Herstellungs-Know-how über § 202a Abs. 1 StGB bloß gegen die Gefahren des „Software Reverse Engineering" in Betracht kommt, das zum Ziel hat, „digital" abgespeicherte Daten eines Computerprogramms zu analysieren und das enthaltene „Know-how" dadurch aufzudecken. Darüber hinaus ist zu beachten, dass die Rückwärtsanalyse eines im Objektcode vertriebenen Programms nicht zu einer Verschaffung des – zumeist sicher im Herstellungsbetrieb verwahrten – Quellprogramms führt. Ziel der Analyse kann allenfalls eine Programmversion in höherer Programmiersprache sein, das dem Quellprogramm funktional nahe kommt. Als Zwischenergebnis lässt sich somit festhalten, dass ein Schutz gemäß § 202a StGB lediglich für den konkret ausgelieferten Code – in Fällen des „Software Reverse Engineering" zumeist: Objektcode – in Betracht kommt.

II. Besondere Datensicherung

Der überlassene Programmcode müsste, um strafrechtlich nach § 202a StGB geschützt zu sein, vom Verfügungsberechtigten gegen unberechtig-

---

513 *Tröndle/Fischer*, StGB-Kommentar, § 202a Rn. 2.

514 *Haft*, NStZ 1987, 6 (8); *Tröndle/Fischer*, StGB-Kommentar, § 268 Rn. 4.

te Zugriffe besonders gesichert sein. Erforderlich sind besondere Vorkehrungen, die den Zugang Dritter verhindern oder jedenfalls wesentlich erschweren.[515] Proprietäre Softwarehersteller vertreiben ihre Programme heute in aller Regel im Objektcodeformat und schützen den ausgelieferten Programmcode nicht in für § 202a StGB hinreichender Weise gegen eine Kenntnisnahme durch den Programmerwerber. Der Grund liegt darin, dass Programmerwerber den Code in diesem Format – ohne Maßnahmen des „Software Reverse Engineering" – ohnehin nicht verstehen. Schon das Codeformat selbst stellt die entscheidende Sicherung des verkörperten Programmier-Know-how dar.[516]

Früher wurden Programme mitunter auch im Quellcodeformat vertrieben und durch Verschlüsselung oder einen Listschutz gegen Kenntnisnahmen gesichert. Jedoch waren diese Sicherungen für den Kenner leicht zu überwinden und mithin wenig effektiv zum Schutz des Programmier-Know-how. Heute spielen sie in der Praxis des proprietären Software-Vertriebs daher keine Rolle mehr.[517] Ein etwaiger Kopierschutz schützt bereits nicht gegen den *Zugang* zum Programmcode, sondern lediglich gegen unlizenzierte Programmvervielfältigungen.[518]

Im Ergebnis scheidet ein Schutz des Programmcodes gemäß § 202a StGB im praktischen Regelfall des „Reverse Engineering" aus.

III. Zweckbestimmung der Daten

Bloß hilfsweise wird darauf hingewiesen, dass auch erhebliche Zweifel bestehen, ob die an einen Produkterwerber ausgelieferten Programmdaten „nicht für ihn bestimmt" sind. Nicht für einen anderen bestimmt sind solche Daten, auf die dieser nach dem Willen des Verfügungsberech-

515 *Lackner/Kühl*, StGB-Kommentar, § 202a Rn. 4; *Schmitz*, JA 1995, 478 (482).

516 Siehe oben: 1. Teil, B., III., 2., a), cc), (1) (S. 65 ff.) und b), aa) (S. 75 f.).

517 Siehe oben: 1. Teil, B., III., 2., b), cc) und dd) (S. 77).

518 *Haß*, in: Lehmann, Rechtsschutz und Verwertung von Computerprogrammen, 467 (481 f.); *Heinrich*, Strafbarkeit der unbefugten Vervielfältigung, S. 302 f.; *Krutisch*, Strafbarkeit des unberechtigten Zugangs, S. 119 f.; *Schulze-Heiming*, Strafrechtlicher Schutz der Computerdaten, S. 72.

tigten nicht zugreifen können soll.[519] Sofern Reveser die Analyseobjekte frei am Markt erwerben, sind sie jedoch im Grundsatz berechtigt, die Daten des ausgelieferten Programmcodes zu verwenden, andernfalls könnte das Programm nicht ablaufen. Eine etwaige Beschränkung auf bestimmte Verwendungsformen – zum Beispiel: nur nutzen, nicht ansehen – schützt § 202a StGB nach zutreffender Ansicht nicht. Entscheidend ist die generell Bestimmung durch den Programmhersteller.[520]

---

519 *Jessen*, Zugangsberechtigung und besondere Sicherung, S. 59; *Krutisch*, Strafbarkeit des unberechtigten Zugangs, S. 97; *Lackner/Kühl*, StGB-Kommentar, 202 a Rn. 3; *Schünemann*, in: Leipziger Kommentar StGB, § 202 a Rn. 9.

520 BayOblG, NJW 1999, 1727 (1727 f.); *Tröndle/Fischer*, StGB-Kommentar, § 202 a Rn. 7. Anderer Ansicht: *Krutisch*, Strafbarkeit des unberechtigten Zugangs, S. 100 ff.

C. Datenveränderung gemäß § 303a StGB

Auch § 303a StGB liegt der eingeschränkte Datenbegriff des § 202a Abs. 2 StGB zu Grunde, woraus folgt, dass ein Schutz gegen „Reverse Engineering" allenfalls in Bezug auf den konkret ausgelieferten Programmcode – zumeist: Objektcode – in Betracht kommt. Im Rahmen eines „Software Reverse Engineering" findet vielfach nicht nur eine Beobachtung, sondern auch eine „Veränderung" der Daten des Objektcodes statt, insbesondere im Rahmen sog. „Fault Injection Tools".[521] Damit wäre der objektive Tatbestand des § 303a StGB seinem Wortlaut nach erfüllt. Doch besteht in der Literatur Übereinstimmung darüber, dass der Wortlaut des § 303a StGB zu weit geraten ist. § 303a StGB bezweckt bloß einen Schutz solcher Daten, die einem Anderen zugeordnet sind.[522] Ein strafbares Verhalten soll nur dann vorliegen, wenn sich die Handlungen des Täters auf „fremde" Daten beziehen, an denen also das unmmittelbare Recht eines Anderen auf Verarbeitung, Löschung oder Nutzung besteht.[523] Nach Übereignung des Datenträgers oder sonstiger Übermittlung des Objektcodes im Rahmen eines Softwarekaufvertrags verliert aber der vormalige Dateninhaber das Recht, die konkret übermittelten Daten zu verarbeiten, zu löschen oder zu verändern. „Fremde" Daten im Sinne der allgemeinen Meinung zu § 303a StGB liegen dann nicht mehr vor. Eine Strafbarkeit des Reversers wegen „Datenveränderung" scheidet aus.

---

521 Siehe oben: 1. Teil, B., III., 2., c), ee) (S. 84).

522 Umstritten ist indes die dogmatische Anbindung. Für ein ungeschriebenes Tatbestandsmerkmal: *Lenckner/Winkelbauer*, CR 1986, 828; *Stree*, in: Schönke/Schröder, StGB-Kommentar, § 303a Rn. 2; *Welp*, IuR 1988, 443 (447). Für eine entsprechende Rechtswidrigkeitsprüfung auf Tatbestandsebene: *Hoyer*, in: Systematischer Kommentar StGB, § 303a Rn. 2, 12; *Lackner/Kühl*, StGB-Kommentar, § 303a Rn. 4.

523 *Hoyer*, in: Systematischer Kommentar StGB, § 303a Rn. 2; *Tröndle/Fischer*, StGB-Kommentar, § 303a Rn. 4 mit zahlreichen Nachweisen.

3. Teil: Zivilrechtlicher Know-how-Schutz

Zivilrechtliche Schutzpositionen sind dann besonders stark ausgestaltet, wenn das Gesetz für die betroffenen Güter und Interessen einen absoluten Rechtsschutz vorsieht. Spezielle Normen ordnen bestimmten Personen einzelne Güter eindeutig zu, so dass alle anderen diese Zuordnung – jedenfalls im Grundsatz – zu beachten haben. Im Hinblick auf die Interessen an körperlichen Gegenständen bewirkt das zivilrechtliche Eigentum eine inhaltlich umfassende Interessenzuordnung. Durch § 903 S. 1 BGB weist das Gesetz dem Eigentümer einer Sache die grundsätzliche Herrschaftsmacht zu, mit der Sache nach Belieben zu verfahren und andere von jeder Einwirkung auszuschließen. Damit werden dem Eigentümer sämtliche Interessen, die im Hinblick auf einen körperlichen Gegenstand denkbar sind, eindeutig – und auf Grund des Besitzes für andere hinreichend erkennbar – zugeordnet.

Im Zentrum dieses Gutachtens stehen die Interessen des Produktherstellers am unkörperlichen Gegenstand „Know-how". Zum Schutz der Interessen an immateriellen Gegenständen nehmen das Urheberrecht sowie die Spezialgesetze des Gewerblichen Rechtsschutzes Güterzuweisungen vor, die dem zivilrechtlichen Eigentum vergleichbar sind. Inwieweit das „Know-how" durch diese Sonderschutzrechte gegen die Gefahren des „Reverse Engineering" geschützt ist, soll im Folgenden zunächst untersucht werden. Im Anschluss daran werden die Möglichkeiten eines wettbewerbsrechtlichen und allgemein-deliktischen Know-how-Schutzes gegen Maßnahmen des „Reverse Engineering" analysiert. Am Ende der Überprüfung des gesetzlichen Know-how-Schutzes steht die Erörterung der bereicherungsrechtlichen Eingriffskondiktion sowie der angemaßten Geschäftsführung ohne Auftrag, Anspruchsgrundlagen, die in besonderer Weise an die Wertungen anderer, zuvor geprüfter Gesetzesnormierungen anknüpfen.

A. Urheberrecht

Im Rahmen der urheberrechtlichen Analyse wird auf Grund der speziellen Regelung in §§ 69a ff. UrhG, die eine gesonderte Darstellung erfordert, zwischen der Analyse von Software und sonstigen Produkten differenziert. Die Rechtsfolgen eines etwaigen Urheberrechtsverstoßes regeln §§ 97, 98 UrhG einheitlich. Der Anspruchsinhaber kann Beseitigung, Vernichtung, Unterlassung sowie Ersatz seiner materiellen und immateriellen Schäden verlangen.

I. Urheberrechtlicher Softwareschutz

1. Entwicklungsgeschichtlicher Überblick

Ein Abriss über die Entwicklung des urheberrechtlichen Softwareschutzes soll zunächst die Hintergründe der §§ 69a ff. UrhG näher beleuchten und die Auslegung im Folgenden unterstützen.

Bis zum Jahr 1985 enthielt das Urheberrecht keinen Hinweis auf einen Computerprogrammschutz. Die Literatur diskutierte einen solchen mit Fortschreiten der technischen Entwicklung jedoch zunehmend, und bald votierte eine überwiegende Meinung für einen urheberrechtlichen Softwareschutz.[524] Die Rechtsprechung schloss sich dem zunächst ganz überwiegend an.[525] Antriebsmotor der Entwicklung war die generelle Erwägung, dass Computerprogramme auf Grund eines immensen Inves-

---

524 *Von Gamm*, WRP 1969, 99; *Haberstumpf*, GRUR 1982, 142 (144 ff.); *Kolle*, GRUR 1982, 443 (449 ff.); *Möhring*, GRUR 1967, 269 (273 ff.); *Sieber*, BB 1983, 977 ff.; *Skaupy*, BB 1967, 945; *Ulmer*, Urheberschutz wissenschaftlicher Werke, S. 17.

525 BAG, GRUR 1984, 429 (431) – Statikprogramme; OLG Frankfurt, GRUR 1983, 753 (755) – Pengo; OLG Frankfurt, GRUR 1983, 757 – Donkey Kong Junior I; OLG Frankfurt, GRUR 1985, 1049 – Baustatikprogramm; OLG Karlsruhe, GRUR 1983, 300 (305) – Inkasso-Programm; OLG Koblenz, BB 1983, 992; OLG Nürnberg, GRUR 1984, 736 – Glasverschnittprogramm; LAG Schleswig-Holstein, BB 1983, 994; LG Kassel, BB 1983, 992; LG Mosbach GRUR 1983, 70 (71); LG München I, GRUR 1983, 175; LG Düsseldorf, CR 1986, 133 (134). Ablehnend aber: LG Mannheim, BB 1981, 1543: „Computerprogrammen fehlt regelmäßig jeglicher geistig-ästhetischer Gehalt, der auf das Vorhandensein einer schöpferischen Leistung schließen lassen könnte".

titionsaufwands einerseits sowie der einfachen Kopierbarkeit andererseits eines besonderen Rechtsschutzes bedürfen.[526]

Dem Jahr 1985 kommt für den urheberrechtlichen Programmschutz eine ambivalente Bedeutung zu. Zum einen nahm der Gesetzgeber durch das „Gesetz zur Änderung von Vorschriften auf dem Gebiet des Urheberrechts“[527] sog. „Programme für die Datenverarbeitung“ in den Werkartenkatalog des § 2 Abs. 1 Nr. 1 UrhG auf und erkannte die grundsätzliche Schutzfähigkeit von Computerprogrammen auf Grund ihrer zunehmenden Bedeutung nun auch gesetzlich an.[528] Zum anderen stellte der Bundesgerichtshof in der Entscheidung „Inkasso-Programm“[529] hohe inhaltliche Anforderungen an einen Urheberrechtsschutz von Computerprogrammen. Gestaltungsformen, die bloß in der Nähe der sonst bekannten Programmtypen blieben, sprach er einen hinreichend schöpferischen Gestaltungsgrad ab. Das „Können eines Durchschnittsgestalters, das rein Handwerksmäßige, die mechanisch-technische Aneinanderreihung und Zusammenfügung des Materials“ sollte „außerhalb jeder Schutzfähigkeit“ liegen. Die Urheberrechtsschutzfähigkeit setzte nach Ansicht des Bundesgerichtshofs ein „deutliches Überragen der Gestaltungstätigkeit in Auswahl, Sammlung, Anordnung und Einteilung der Informationen und Anweisungen gegenüber dem allgemeinen Durchschnittskönnen“ voraus.[530] In der Entscheidung „Betriebssystem“[531] bestätigte der Bundesgerichtshof diese strengen Maßstäbe, und auch die instanzgerichtliche Rechtsprechung schloß sich weit überwiegend an.[532] In Literatur und Praxis stieß diese Rechtsprechung hingegen verbreitet auf Kritik.[533] Die Entscheidung „Inkasso-Programm“ bedeute „die grundsätzliche Bejahung und praktische Verneinung des Urheberrechtsschutzes für Compu-

---

526 Vgl. *von Gamm*, WRP 1969, 99; *Haberstumpf*, GRUR 1982, 142 (142 f.); *Sucker*, CR 1989, 353 (354).

527 BGBl. I 1985, S. 1137.

528 BT-Drucksache 10/3360, S. 18.

529 BGHZ 94, 276 = GRUR 1985, 1041.

530 BGHZ 94, 276 (286 f.) = GRUR 1985, 1041 (1047) – Inkasso-Programm.

531 BGHZ 112, 264 (274) = GRUR 1991, 449 (451).

532 KG Berlin, CR 1987, 850 (851) – Kontenrahmen; OLG Frankfurt, GRUR 1989, 678 (679) – PAM-Crash; OLG Karlsruhe, CR 1987, 19 (20); LG Braunschweig, CR 1986, 805 (806). Offengelassen in OLG Hamm, GRUR 1990, 185 (187).

533 *Bauer*, CR 1985, 5; *Etter*, CR 1989, 115 (116); *Haberstumpf*, GRUR 1986, 222.

terprogramme."[534] Der wirtschaftlichen Bedeutsamkeit und erheblichen Verletzlichkeit des an sich schutzwürdigen Produkts Software werde hierdurch nicht ausreichend Rechnung getragen.[535]

Entscheidendes Datum für eine erneute Ausweitung des nationalen Urheberrechtsschutzes für Computerprogramme war das Jahr 1993. Mit dem Zweiten Gesetz zur Änderung des Urheberrechts vom 9. Juni 1993 (2. UrhRÄndG)[536] fügte der Gesetzgeber die §§ 69a–69g in das Urheberrechtsgesetz ein und regelte den Bereich des Computerprogrammschutzes dadurch umfassend. Die §§ 69aff. UrhG setzten die Softwarerichtlinie des Rats der Europäischen Gemeinschaft vom 14. Mai 1991 um.[537] Obwohl das deutsche Urheberrecht einen urheberrechtlichen Schutz von Computerprogrammen bereits im Grundsatz vorsah, bejahte der nationale Gesetzgeber einen Umsetzungsbedarf.[538] Im Rahmen der Umsetzung entschied sich der Gesetzgeber gegen eine Verflechtung der neu einzufügenden Regelungen mit dem klassischen Urheberrecht, damit „Ausstrahlungen von Sonderregelungen für Computerprogramme auf das ‚klassische' Urheberrecht möglichst vermieden werden".[539]

Besonders hervorzuheben ist § 69a Abs. 3 UrhG, der für einen Urheberrechtsschutz – weitgehend parallel zur allgemeinen Regelung des § 2 Abs. 2 UrhG – „individuelle Werke" voraussetzt, die das „Ergebnis der eigenen geistigen Schöpfung ihres Urhebers" sind. § 69a Abs. 3 UrhG zielt auf eine Absenkung der zuletzt hohen Schutzvoraussetzungen für Computerprogramme ab,[540] zur Bestimmung der Schutzfähigkeit sollen „keine anderen Kriterien, insbesondere nicht qualitative oder ästhetische, anzuwenden" sein, § 69a Abs. 3 S. 2 UrhG. Der Bundesgerichtshof aktzep-

---

534 *Bauer*, CR 1985, 5 (10); *Etter*, CR 1989, 115 (116); *Haberstumpf*, GRUR 1986, 222. Vgl. auch den Bericht der Bundesregierung über die „Auswirkungen der Urheberrechtsnovelle 1985 und Fragen des Urheber- und Leistungsschutzrechts" vom 7. Juli 1989, BT-Drucksache 11/4929, S. 43: „Allerdings ist nicht zu übersehen, dass der überwiegende Teil dieser Programme in der Praxis schutzlos ist oder der Schutz nicht durchgesetzt werden kann."

535 Vgl. *Bauer*, CR 1985, 5.

536 BGBl. I 1993, S. 910.

537 Richtlinie 91/250/EWG, ABl. Nr. L 122 vom 17. Mai 1991. Vgl. zur Entstehungsgeschichte der Richtlinie *Geiger*, Umarbeitungsrecht, S. 66ff.

538 BT-Drucksache 12/4022, S. 7.

539 BT-Drucksache 12/4022, S. 8.

540 BT-Drucksache 12/4022, S. 9.

tierte die bezweckte Ausdehnung des Computerprogrammschutzes in der Entscheidung „Buchhaltungsprogramm" mittels „obiter dictum".[541] Seitdem erkennt die ganz herrschende Meinung auch für den urheberrechtlichen Softwareschutz den „Grundsatz der kleinen Münze" an.[542]

Der Gesetzgeber änderte die §§ 69a ff. UrhG in der Folgezeit nur marginal: Durch ein Gesetz zur Umsetzung der Richtlinie zur Informationsgesellschaft vom 10. September 2003 erweiterte er § 69a UrhG um dessen jetzigen Abs. 5, der bestimmt, dass die §§ 95a–95d UrhG zum Schutz technischer Maßnahmen für Computerprogramme nicht gelten.

Die Debatte um den Schutz des Software-Know-how gegen „Reverse Engineering" setzte erst ab Mitte der 1980er Jahre ein. Dabei nahm man – wohl auch auf Grund der damals noch deutlich verschärften Anforderungen an einen Softwareschutz durch die Entscheidung „Betriebssystem" – zunächst verstärkt die Vorschriften des wettbewerbsrechtlichen Geheimnisschutzes in den Blick.[543] Die konkreter werdenden Beratungen über die Softwarerichtlinie führten später zu einer Konzentration auf das Urheberrecht, wobei zunächst jedoch eine rechtspolitische Debatte im Vordergrund stand. Mit Verabschiedung der Softwarerichtlinie am 14. Mai 1991 und Einfügung der §§ 69a ff. in das UrhG vermochte man das Problem an speziellen Normen, insbesondere § 69e und § 69d UrhG, festzumachen, was zu einer spürbaren Beflügelung der urheberrechtlichen Diskussion führte. In neuerer Zeit ebbt die Diskussion zunehmend ab, ohne dass wichtige Fragen hinreichend geklärt werden konnten.[544]

---

541 BGHZ 123, 208 (211) = GRUR 1994, 39. Die Literatur hatte daran mitunter gezweifelt, so *Hoeren*, CR 1991, 463 (465); *Wiebe*, BB 1993, 1094 (1097).

542 KG, ZUM 2000, 1089 – Demoversion; OLG Karlsruhe, GRUR 1994, 726 (729) – Bildschirmmasken; OLG Hamburg, CR 1998, 332 (333) – Computerspielergänzung; OLG Frankfurt, CR 1998, 525; OLG Hamburg, CR 1999, 298; OLG München, CR 1999, 688 (689); OLG München, CR 2000, 429 (430); LG Oldenburg, GRUR 1996, 481 (482) – Expertensystem; *Dreier*, CR 1991, 577 (578); *Erdmann/Bornkamm*, GRUR 1991, 877 (878f.); *Grützmacher*, in: Wandtke/Bullinger, Praxiskommentar UrhR, § 69a Rn. 33; *Paschke/Kerfack*, ZUM 1996, 498; *Ullmann*, CR 1992, 641 (642f.).

543 Vgl. die Beiträge von *Harte-Bavendamm*, CR 1986, 615 (618ff.); *ders.*, GRUR 1990, 657ff.; *Taeger*, CR 1991, 449. Siehe aber auch bereits *von Gamm*, WRP 1969, 96 (99): „Schwergewicht eines Schutzes der Rechenprogramme im Wettbewerbsrecht zu suchen".

544 Vgl. auch *Geiger*, Umarbeitungsrecht, S. 15: „Seit Ende der 90er Jahre ist es erstaunlich still geworden."

2. Werkqualität von Software

Ob ein Computerprogramm urheberrechtlichen Schutz genießt, richtet sich maßgeblich nach § 2 Abs. 1 Nr. 1 sowie § 69a UrhG. Mit Umsetzung der Softwarerichtlinie ersetzte der deutsche Gesetzgeber den Begriff „Programme für die Datenverarbeitung" in § 2 Abs. 1 Nr. 1 UrhG durch den international gebräuchlichen Terminus „Computerprogramme".[545] § 69a Abs. 3 UrhG setzt für einen Urheberrechtsschutz „individuelle Werke" voraus, die das „Ergebnis der eigenen geistigen Schöpfung ihres Urhebers" sind.

a) Schöpfung

Der Begriff „Schöpfung" fordert eine für menschliche Sinne wahrnehmbare Formgestaltung des Werks.[546] Das Gesetz stellt keine hohen Anforderungen, sondern schützt „alle Ausdrucksformen eines Computerprogramms", § 69a Abs. 2 S. 1 UrhG.

Der urheberrechtliche Schutz greift also unabhängig davon ein, ob das Programm im binären Maschinencode, in einer Assemblersprache oder in Gestalt einer höheren Programmiersprache vorliegt.[547] Für die erforderliche körperliche Fixierung genügen alle digitalen (Diskette, CD-Rom, DVD, USB-Stick, Festplatte etc.) und analogen (z.B. Ausdruck des Objekt-/Quellcodes) Speicherformen.[548] Der Umstand, dass Programme im Falle einer digitalen Speicherung nur mit Hilfe technischer Geräte durch menschliche Sinne wahrnehmbar sind, schadet nicht.[549] Softwarelösun-

---

545 Eine Legaldefinition des Begriffs „Computerprogramm" enthält das Gesetz allerdings nicht. Grund: Der Gesetzgeber hatte Angst vor einer allzu schnellen technischen Überholung, BT-Drucksache 12/4022, S. 9.

546 *Rehbinder*, Urheberrecht, Rn. 149f.; *Schack*, Urheber- und Urhebervertragsrecht, Rn. 159.

547 *Loewenheim*, in: Schricker, UrhG-Kommentar, § 69a Rn. 10; *Schack*, Urheber- und Urhebervertragsrecht, Rn. 179. Auch: BT-Drucksache 12/4022, S. 9. Zu den verschiedenen Programmiersprachenarten siehe oben: 1. Teil, B., III., 2., a), cc) (S. 65 ff.).

548 *Loewenheim*, in: Schricker, UrhG-Kommentar, § 69a Rn. 16.

549 *Grützmacher*, in: Wandtke/Bullinger, Praxiskommentar UrhR, § 69a Rn. 11; *Schack*, Urheber- und Urhebervertragsrecht, Rn. 179. Vgl. zum alten Recht auch BGHZ 94, 276 (283 f.) = GRUR 1985, 1041 (1047) – Inkasso-Programm.

gen sind folglich, soweit sie nicht ausschließlich in der Vorstellung des Entwicklers existieren, „Schöpfungen“ im Sinne des § 69 a Abs. 3 UrhG.

b) Geistiger Gehalt

Das Erfordernis einer „geistigen“ Schöpfung verlangt, dass in dem Computerprogramm der menschliche Geist zum Ausdruck kommt. Vom Schutz ausgenommen sind unter diesem Gesichtspunkt lediglich solche Programme, die allein von einem Computersystem respektive durch Softwaregeneratorprogramme und daher ohne Mithilfe von Menschen erstellt werden. Dabei hindert jedoch bloß die vollständige Generierung eines Programms von Computerhand den Urheberschutz („computer generated works“); der nur unterstützende Einsatz technischer Hilfsmittel („computer aided works“) steht einer urheberrechtlichen Absicherung nicht entgegen,[550] ist vielmehr – soweit Software betroffen ist – heute unabdingbar, um hinreichend komplexe Programme zu erstellen. Handelsübliche Programme, die Gegenstand eines „Software Reverse Engineering“ sind, beinhalten in aller Regel technisch-wissenschaftliche Aussagen und konkrete Problemlösungen eines menschlichen Programmierers, die der Reverser gerade aufzudecken erstrebt. Sie stellen somit „geistige“ Schöpfungen dar.

c) Individualität

An das Merkmal der „eigenen“, individuell gestalteten Schöpfung sind nach den Vorstellungen des Gesetzgebers – sowie in ausdrücklicher Abgrenzung zu den Entscheidungen „Inkasso-Programm“[551] und „Betriebssystem“[552] – keine hohen Anforderungen zu stellen, der urheberrechtliche Schutz von Software soll die Regel sein.[553] Der bisher gewährte Urheberrechtsschutz von Computerprogrammen, so die Begründung des Gesetzgebers, habe sich auf Grund der Rechtsprechung des Bundesgerichtshofs zur Schöpfungshöhe „als ineffektiv erwiesen“.[554] Rechtspre-

---

550 *Czychowski*, in: Fromm/Nordemann, UrhR-Kommentar, § 69 a Rn. 19; *Harte-Bavendamm/Wiebe*, in: Kilian/Heussen, Computerrechts-Handbuch, Nr. 51 Rn. 20; *Loewenheim*, in: Schricker, UrhG-Kommentar, § 69 a Rn. 15.

551 BGHZ 94, 276 = GRUR 1985, 1041.

552 BGHZ 112, 264 = GRUR 1991, 449.

553 BT-Drucksache 12/4022, S. 9.

554 BT-Drucksache 12/4022, S. 9.

chung und Literatur befolgen diesen gesetzgeberischen Willen ganz überwiegend und erkennen auch für Software den „Grundsatz der kleinen Münze“ an.[555] Computerprogramme sollen bereits dann geschützt sein, wenn sie ein Mindestmaß an Individualität aufweisen. Für schutzfähig wurde insoweit das Programm „MS-DOS“ befunden.[556] Abgelehnt wird ein urheberrechtlicher Softwareschutz lediglich für das „völlig Banale“.[557]

Es schließt sich die Frage an, an welchen Stellen eines Programms sich das erforderliche „Mindestmaß an Individualität“ konkret auswirken kann. Eine entsprechende Differenzierung ist nicht erheblich für den Fall, dass ein grundsätzlich geschütztes Programm vollständig kopiert, bearbeitet, verbreitet oder öffentlich zugänglich gemacht wird. Beschränken sich urheberrechtsrelevante Maßnahmen des Software-Reversers jedoch auf einen speziellen Programmbestandteil, so ist für die Frage einer Urheberrechtsverletzung zentral, ob gerade dieser Bestandteil den urheberrechtlichen Programmschutz begründet oder frei übernommen werden kann.[558]

An einzelnen Befehlen einer problemorientierten Programmiersprache kann bloß dem Entwickler dieser Sprache ein Urheberrecht zustehen.[559] Voraussetzung ist aber, dass die Gestaltung der einzelnen Befehle nicht bloß handwerksmäßig ist. Wegen der Gefahren einer Monopolisierung ist bei der Beurteilung Zurückhaltung geboten. Der Entwickler eines Anwenderprogramms kann aus dem – unter Umständen äußerst geschickten – Einsatz eines einzelnen Programmierbefehls keinen urheberrechtlichen Schutz herleiten. Schutzfähig ist jedoch die individuelle Kombination verschiedener – wenn auch an sich bekannter – Programmierbefehle, wenn der Programmierer dadurch ein bestimmtes softwaretechnisches Problem auf einfallsreiche, nicht ganz banale und also hinreichend individuelle Weise löst. Schützbares Ergebnis kann dabei im Grundsatz auch die Entwicklung einer sog. „Routine“ sein, einem kur-

555 Siehe oben: Fn. 541, 542.

556 BGH, GRUR 2001, 153 – OEM-Version.

557 BT-Drucksache 12/4022, S. 10; OLG Frankfurt, CR 1998, 525; OLG München, CR 1999, 688 (689); *Loewenheim*, in: Schricker, UrhG-Kommentar, § 69a Rn. 19.

558 OLG Hamburg, CR 2001, 434 (436); OLG Karlsruhe, GRUR 1994, 726 (729) – Bildschirmmasken.

559 *Dreier*, in: Dreier/Schulze, UrhG-Kommentar, § 69a Rn. 24. Anderer Ansicht: *Loewenheim*, in: Schricker, UrhG-Kommentar, § 69a Rn. 12.

zen, immer wieder kehrenden Baustein eines Computerprogramms.[560] Allerdings sollte auch hier der Schutz auf Grund der Gefahren einer Monopolisierung bloß restriktiv zuerkannt werden.

Ein oft diskutierter Bereich sind die Programmschnittstellen.[561] Als Schnittstellen werden solche Teile eines Computerprogramms bezeichnet, die eine Verbindung und Interaktion einzelner Programmteile untereinander, verschiedener Programme miteinander oder des Programms mit einer Hardwarekomponente ermöglichen.[562] Dabei ist strikt zu unterscheiden zwischen der Funktionsweise einer Schnittstelle, also der Art und Weise, Daten auszutauschen, und dem „Schnittstellenprotokoll".[563] Die Funktionsweise der Schnittstelle wird im konkreten Programmcode durch Kombination verschiedener Programmierbefehle umgesetzt. Eine hinreichende Individualität ist grundsätzlich denkbar.[564] Schutzvoraussetzung ist jedoch, dass die Programmierung das Problem des Datenaustausches auf hinreichend individuelle Art und Weise löst. Die floride Normierung und Standardisierung von Schnittstellen führt zunehmend dazu, dass Schnittstellen vom Schutz des Urheberrechts ausgeschlossen bleiben.[565] Um Daten austauschen zu können, müssen sich nicht die Funktionsweisen der Schnittstellen, sondern bloß ihre „Protokolle" entsprechen. Das Schnittstellenprotokoll, das im Programmcode selbst nicht notwendig enthalten ist und vom Softwarehersteller mitunter auch nicht ausdrücklich formuliert wird, enthält die Information, wie fremde Daten aufbereitet sein müssen, um über die Schnittstelle mit dem Programm oder einem Programmteil interagieren zu können. In proprietären Herstellerkreisen werden Schnittstellenprotokolle der Konkurrenz zum Teil bewusst vorenthalten. Zur Aufdeckung bedarf es dann regelmäßig einer

---

560 *Dreier*, in: Dreier/Schulze, UrhG-Kommentar, § 69a Rn. 12.

561 Zu den technischen Einzelheiten siehe oben: 1. Teil, B., III., 2., a), bb), (3) (S. 64f.).

562 Vgl. den 11. Erwägungsgrund der Richtlinie: „Teile des Programms, die eine solche Verbindung und Interaktion zwischen den Elementen von Software und Hardware ermöglichen sollen".

563 Auch „Schnittstellenspezifikation" genannt.

564 So auch *Dreier*, CR 1991, 577 (583); *Hoeren*, in: Möhring/Nicolini, UrhG-Kommentar, § 69a Rn. 11; *Lehmann*, NJW 1991, 2112 (2115); *Loewenheim*, in: Schricker, UrhG-Kommentar, § 69a Rn. 13; *Marly*, Urheberrechtsschutz, S. 324; *Schulte*, CR 1992, 648 (648f.); *Vinje*, GRUR Int. 1992, 250 (259f.).

565 *Lehmann*, in: ders., Rechtsschutz und Verwertung von Computerprogrammen, 1 (9); *Loewenheim*, in: Schricker, UrhG-Kommentar, § 69a Rn. 13.

Analyse der Schnittstellenfunktionalität, zumeist anhand des zu Grunde liegenden Programmcodes.

d) Freiheit der Ideen und Grundsätze

§ 69a Abs. 2 S. 2 UrhG nimmt „Ideen und Grundsätze, die einem Element des Computerprogramms zu Grunde liegen", ausdrücklich vom Urheberrechtsschutz aus. Würden auch abstrakte Ideen und Konzepte zu einem Computerprogramm urheberrechtlich geschützt und somit monopolisiert, käme der Softwaremarkt, dessen Teilnehmer zwingend darauf angewiesen sind, auf fremden Konzeptionen und Algorithmen allgemeiner Art aufzubauen, bald zum Erliegen. Die amtliche Begründung ist der Frage, welche Inhalte eines Computerprogramms „Ideen und Grundsätze" darstellen, ausgewichen: Es sei Aufgabe der Rechtsprechung, die Grenzen von Ausdruck und Idee im Einzelfall festzulegen.[566] Auch in der Software-Richtlinie finden sich keine Orientierungspunkte.

Abzugrenzen ist vor allem von der konkreten Ausgestaltung des Programms. Alles, was in zur Verarbeitung geeigneter Codeform vorliegt, ist grundsätzlich schutzfähig. Vom urheberrechtlichen Programmschutz ausgenommen sind dagegen Entwicklungsschritte, die auf einer hohen Abstraktionsebene ansiedeln und deren Monopolisierung erhebliche Gefahren für das Interesse der Allgemeinheit an der freien Zirkulation des Wissens bedingte. Das trifft insbesondere auf allgemeine Prinzipien der mathematischen Logik sowie Algorithmen abstrakter Art zu.[567] Dazu zählt auch das allgemeine Programmier-Know-how, also das Wissen darüber, wie ein bestimmtes softwaretechnisches Problem generell gelöst werden kann. Auch das „Schnittstellenprotokoll", das der konkreten Schnittstellenimplementierung vorgelagert ist, ist urheberrechtlich nicht schutzfähig.[568]

e) Zwischenergebnis

Der urheberrechtliche Schutz eines Computerprogramms ist einfach zu erlangen, die Programmierung darf lediglich „nicht völlig banal" sein.

566 BT-Drucksache 12/4022, S. 9.

567 Vgl. *Loewenheim*, in: Schricker, UrhG-Kommentar, § 69a Rn. 10.

568 *Marly*, Urheberrechtsschutz, S. 324; *Vinje*, GRUR Int. 1992, 250 (259). Vgl. auch Erwägungsgrund 13 der Richtlinie 91/250/EWG.

Jedoch schützt das Softwareurheberrecht unmittelbar bloß die konkrete Implementierung, den Programmcode,[569] nicht aber das dahinter stehende allgemeine Programmier-Know-how, zu dem auch das Schnittstellenprotokoll, also das Wissen, wie Daten aufbereitet sein müssen, um interagieren zu können, zählt.

3. „Software Reverse Engineering" als Eingriffshandlung

Für den Bereich des Computerprogrammschutzes wurden mögliche Eingriffshandlungen speziell – und insoweit vorrangig gegenüber §§ 16, 17 und 23 UrhG – in § 69c UrhG kodifiziert, der Art. 4 der Softwarerichtlinie umsetzt. Hinsichtlich der Gefahren des „Software Reverse Engineering" kommen Eingriffe in die Verwertungsrechte aus § 69c Nr. 1 („Vervielfältigung") und Nr. 2 („Umarbeitung") in Betracht. Öffentliche Wiedergaben (§ 69c Nr. 4) sowie Verbreitungen (§ 69c Nr. 3) des Programmwerks werden bei der Programmanalyse selbst – soweit ersichtlich – nicht vorgenommen.

a) Umarbeitung gem. § 69c Nr. 2 UrhG

§ 69c Nr. 2 UrhG weist dem Urheber eines Computerprogrammwerks das ausschließliche Recht zu, das Werk umzuarbeiten, und nennt als Beispiele für Umarbeitungen Übersetzungen, Bearbeitungen sowie Arrangements.[570] „Übersetzung" erfasst jede Änderung der einem Programm zu Grunde liegenden Codeform, vgl. auch § 69e Abs. 1 UrhG („Übersetzung der Codeform"). Die „Dekompilierung" sowie das – heute zumeist im Rahmen des Debugging vorgenommene – „Disassemblieren" des Objektcodes bewirken eine automatische Rückumwandlung des Objektcodes in eine dem Menschen nähere Programmiersprache und sind mithin Umarbeitungen im Sinne des § 69c Nr. 2 UrhG. „Bearbeitungen", also Verän-

---

569 Grundsätzlich schutzfähig ist auch die konkrete Entwicklungsdokumentation, vgl. § 69a Abs. 1 UrhG. Jedoch liegt sie dem Software-Reverser nicht vor, so dass dieser Themenkomplex hier außer Betracht bleibt.

570 Eine schöpferische Leistung muss dem Umarbeitungsakt nach heute ganz überwiegender Meinung nicht zu Grunde liegen: *Geiger*, Umarbeitungsrecht, S. 86; *Loewenheim*, in: Schricker, UrhG-Kommentar, § 69c Rn. 13; *Marly*, Softwareüberlassungsverträge, Rn. 1190; *Harte-Bavendamm/Wiebe*, in: Kilian/Heussen, Computerrechts-Handbuch, Nr. 51 Rn. 72. Zur alten Rechtslage anderer Ansicht noch: *Haberstumpf*, CR 1991, 129 (135 f.).

derungen – auch: Ergänzungen – des konkreten Programmcodes, werden im Rahmen eines „Software Reverse Engineering“ vor allem beim Einsatz sog. „Fault Injection Tools“[571] hevorgerufen. Darüber hinaus liegen Bearbeitungen vor, soweit spezielle Motivationen, die aus dem Interesse am Produktgebrauch resultieren, in die Tat umgesetzt werden, insbesondere bei der Produktanpassung und -reparation sowie beim Produktcracking. Auch eine Produktsabotage zielt häufig darauf ab, den anvisierten Programmcode schädigend zu verändern.

b) Vervielfältigung gem. § 69c Nr. 1 UrhG

§ 69c Nr. 1 UrhG gewährt dem Rechteinhaber das ausschließliche Recht zur Vervielfältigung des geschützten Programmwerks. „Vervielfältigung“ meint – in Anlehnung an § 16 UrhG – jede Festlegung des geschützten Programmcodes auf analogen oder digitalen Speichermedien, vgl. § 69c Nr. 1 S. 1 UrhG („dauerhafte oder vorübergehende Speicherung“) sowie auch § 16 Abs. 1 UrhG („gleichviel [...] in welchem Verfahren“). Reverser nehmen zumeist bloß eine digitale Kopie des Zielprogramms zum Gegenstand der weiteren Analyse, um ein unbeeinträchtigtes Arbeitsexemplar zu behalten. Eine Vervielfältigung im Sinne des § 69c Nr. 1 UrhG liegt dann vor. Darüber hinaus könnten auch Disassemblierung und Dekompilierung, der bloße Programmablauf (Live-Code-Analysen) sowie das Anzeigen des Programmcodes Vervielfältigungen nach § 69c Nr. 1 UrhG bedingen. Lediglich die Durchsicht des Programmbegleitmaterials (Benutungsanweisungen, Bedienerhandbücher etc.) begründet ersichtlich keinen Verstoß gegen § 69c Nr. 1 UrhG.

aa) Programmablauf

„System-Monitoring”, „Line-Tracing” und „Fault Injection Tools” sind sog. „Live-Code-Analysen“ und erfordern daher den Ablauf des untersuchten Programms.[572] Der Programmablauf bedingt technisch an verschiedenen Stellen ein jedenfalls partielles Kopieren des Programmcodes, nämlich im Arbeitsspeicher, in den Prozessoren (CPU und GPU) sowie in deren Cachespeicher.[573] Ob diese technisch bedingten Kopien auch Ver-

---

571 Siehe oben: 1. Teil, B., III., 2., c), ee) (S. 84).

572 *Eilam*, Reversing, S. 110.

573 Siehe oben: 1. Teil, B., III., 2., a), dd) (S. 74 f.).

vielfältigungen im Sinne des Urheberrechts sind, ist in der Literatur zum Teil umstritten.

(1) „Upload" in den Arbeitsspeicher

Nach dem Programmstart und während des Programmablaufs werden ständig wesentliche Teile des Programmcodes in den Arbeitsspeicher geladen bzw. „kopiert", um sodann – ggf. nach einer weiteren Pufferung in den Cachespeichern – vom Grafik- oder Hauptprozesser verarbeitet zu werden. Eine Ansicht, die bei der Auslegung des Vervielfältigungsbegriffs auf die Partizipationsinteressen des Urhebers besondere Rücksicht nimmt, verneint eine urheberrechtliche Vervielfältigung für den normalen Programmablauf.[574] Hierfür spricht rechtspolitisch zwar einiges, der eindeutige Wortlaut des geltenden Urheberrechtsgesetzes streitet jedoch gegen diese Auslegung: § 69c Nr. 1 UrhG schützt ausdrücklich „dauerhafte oder vorübergehende Vervielfältigungen" (S. 1) eines Computerprogramms und nennt als Handlungen mit potentiellen Auswirkungen auf das Vervielfältigungsrecht „das Laden, Anzeigen, Ablaufen, Übertragen oder Speichern des Computerprogramms" (S. 2). Auch der Gesetzgeber legt seiner Begründung zu § 69d Abs. 1 UrhG einen weiten Vervielfältigungsbegriff zu Grunde, der das bloße Ablaufen des Programms umfasst:[575]

> „Artikel 5 Abs. 1 der Richtlinie – und damit auch § 69d Abs. 1 – stellt die Möglichkeit der bestimmungsgemäßen Verwendung eines Programms sicher, wenn die näheren Einzelheiten der Benutzung nicht vertraglich geregelt sind. Artikel 4 Buchstaben a und b würde sonst *jede Benutzung* ausschließen."

Das Kopieren des Programms oder wesentlicher Programmteile in den Arbeitsspeicher eines Rechners ist somit de lege lata eine „Vervielfältigung" im Sinne des Urheberrechts.

---

574 *Loewenheim*, in: Schricker, UrhG-Kommentar, § 69c Rn. 9. Dagegen die heute ganz überwiegende Meinung: OLG Köln, CR 2001, 708 (710); OLG Celle, CR 1994, 16; OLG Hamburg, CR 2001, 704 (705); LG Hamburg, CR 2000, 776 (777); *Bartsch*, CR 1999, 361 f.; *Dreier*, in: Dreier/Schulze, UrhG-Kommentar, § 69c Rn. 8; *Grützmacher*, in: Wandtke/Bullinger, Praxiskommentar UrhR, § 69c Rn. 5; *Haberstumpf*, in: Lehmann, Rechtsschutz und Verwertung von Computerprogrammen, 69 (133 ff.); *Koch*, NJW-CoR 1994, 293; *Lehmann*, in: FS Schricker, 543 (566); *Marly*, Softwareüberlassungsverträge, Rn. 159 ff.; *Pres*, Gestaltungsformen, 110 ff.; *Schack*, Urheber- und Urhebervertragsrecht, Rn. 379.

575 BT-Drucksache 12/4022, S. 12.

(2) Sukzessives Einlesen in die Prozessorregister

Die Verarbeitung der Programmbefehle durch Grafik- oder Hauptprozessoren bedingt ein erneutes Kopieren des Programmcodes. Allerdings werden hierbei bloß einzelne Maschinenbefehle des Computerprogramms in die Register des Prozessors kopiert, dann analysiert und schließlich umgesetzt.[576] Zu keiner Zeit befinden sich wesentliche Teile eines Computerprogramms gleichzeitig in den Prozessorregistern, der Programmiercode durchläuft sie – im Gesamtumfang abhängig von der Intensität der Programmnutzung – bloß sukzessiv. Für eine Vervielfältigung im Sinne des Urheberrechts genügt dies nicht.[577]

(3) Zwischenspeicherungen in den Caches

Heutige Prozessoren nutzen neben dem Arbeitsspeicher einen weiteren „flüchtigen" Speicherort, den sog. „Cachesspeicher". Darin werden Teile des im Arbeitsspeicher befindlichen Programmcodes vor der Verarbeitung durch den Prozessor – aus Gründen der Ablaufoptimierung – nochmals zwischengespeichert („gepuffert").[578] Die Literatur nähert sich diesem Thema aus urheberrechtlicher Sicht allenfalls zögerlich.[579] Zum Teil wird die Beantwortung der Frage, ob die Cachespeicherung eine Vervielfältigung im Sinne von § 69c Nr. 1 UrhG ist, auch der Rechtsprechung überantwortet.[580]

Es ist nicht einzusehen, warum die Speicherung im Cachespeicher anders beurteilt werden sollte als beim technisch äquiparablen Arbeitsspeicher. Sowohl Arbeitsspeicher als auch Cachespeicher stellen flüchtige Speichermedien dar, die den Zugriff des Prozessors zu Beschleunigungszwecken puffern. Der Unterschied besteht lediglich darin, dass der Arbeits-

---

576 Vgl. *König*, Computerprogramm im Recht, S. 162 Rn. 548. Siehe oben: 1. Teil, B., III., 2., a), dd) (S. 74 f.).

577 Allgemeine Ansicht: *König*, Computerprogramm im Recht, S. 163 Rn. 552; *Marly*, Softwareüberlassungsverträge, Rn. 188 ff.; *Grützmacher*, in: Wandtke/Bullinger, Praxiskommentar UrhR, § 69c Rn. 7.

578 Siehe oben: 1. Teil, B., III., 2., a), aa) (S. 61 f.) und dd) (S. 74 f.).

579 *Caduff*, Die urheberrechtlichen Konsequenzen der Veräußerung von Computerprogrammen, S. 26 Fn. 153, 156 a. E.; *Hoeren/Schuhmacher*, CR 2000, 137 (139 Fn. 17); *Marly*, Softwareüberlassungsverträge, Rn. 190; *ders.*, JurPC 1989, 18 (22).

580 *Grützmacher*, in: Wandtke/Bullinger, Praxiskommentar UrhR, § 69c Rn. 7.

speicher den Zugriff auf die permanenten Speichermedien (v.a. Festplatte) puffert, während der noch schnellere Cachespeicher wiederum den Zugriff auf den langsameren Arbeitsspeicher puffert. Für die urheberrechtliche Bewertung ist entscheidend, ob der jeweilige Cachespeicher technisch so eingerichtet ist, dass er wesentliche Teile des geschützten Programms gleichzeitig aufzunehmen vermag.[581]

Von der Rechtsprechung ist eine Klärung der Frage, ob auch die Cachespeicherung urheberechtliche Befugnisse verletzt, nicht zu erwarten, solange der Programmablauf technisch eine vorherige Kopie wesentlicher Programmteile in den Arbeitsspeicher und also einen bequemer festzustellenden Eingriff in § 69c Nr. 1 UrhG voraussetzt.

bb) Anzeigen des Programmcodes

„System-Monitoring", Dekompilierung, Disassemblierung sowie auch Debugging erfordern ein Anzeigen wesentlicher Teile des Programmcodes auf dem Computermonitor oder vergleichbaren peripheren Ausgabegeräten. Die bloße Anzeige selbst stellt trotz der missverständlichen Formulierung in § 69c Nr. 1 S. 2 UrhG („soweit das [...] Anzeigen [...] eine Vervielfältigung erfordert") keine Vervielfältigung im Sinne des Urheberrechts,[582] sondern bloß eine unkörperliche Wiedergabe dar.[583] Allerdings setzt die visuelle Ausgabe des Programmcodes – sei es während des Programmablaufs (z.B. „Line-Tracing") oder auch unabhängig davon (z.B. mittels „Hex-Viewer") – technisch stets ein davorgeschaltetes Hochladen der entsprechenden Codezeilen in den Arbeitsspeicher voraus.[584] Darin ist eine urheberrechtsrelevante Vervielfältigung zu sehen.[585] Wird der Programmcode ausgedruckt oder als Textdatei auf die Festplatte, eine CD

---

581 So im Ergebnis auch *Marly*, JurPC 1989, 18 (22 mit Fn. 53).

582 Allgemeine Ansicht: *Grützmacher*, in: Wandtke/Bullinger, Praxiskommentar UrhR, § 69c Rn. 8; *Hoeren/Schuhmacher*, CR 2000, 137 (143); *Loewenheim*, in: Schricker, UrhG-Kommentar, § 69c Rn. 9; *Marly*, Softwareüberlassungsverträge, Rn. 158, 1000; *Pres*, Gestaltungsformen, 112. Zur alten Rechtslage bereits: *Katzenberger*, GRUR 1973, 629 (632); *Ulmer*, GRUR 1971, 297 (301).

583 BGHZ 112, 264 (278) = GRUR 1991, 449 (453) – Betriebssystem; *Loewenheim*, in: Schricker, UrhG-Kommentar, § 69c Rn. 9.

584 *Marly*, Urheberrechtsschutz, S. 178.

585 Siehe oben: 3. Teil, A., I., 3., b), aa), (1) (S. 164).

oder andere permanente Speichermedien kopiert, liegt eine weitere Vervielfältigung im Sinne des § 69c Nr. 1 UrhG vor.[586]

cc) Disassemblierung und Dekompilierung

In der Literatur wird darüber gestritten, ob die Disassemblierung oder Dekompilierung des Objektcodes – jedenfalls auch – eine „Vervielfältigung" des Programmcodes bewirkt.[587] Im technischen Grundlagenteil wurde gezeigt, dass der Programmcode in höheren Programmiersprachen anders strukturiert und durch erklärende Informationsinhalte angereichert ist.[588] Es liegen keine codegleichen, nicht einmal funktional identische Darstellungen des Programmcodes vor. Dies spricht gegen die Annahme einer Vervielfältigung. Im Ergebnis kann die Frage jedoch dahingestellt bleiben, denn jedenfalls sind Disassemblierungen und Dekompilierungen „Übersetzungen" des Objektcodes[589] und die den Computerprogrammschutz beschränkenden Vorschriften – vor allem §§ 69d, 69e UrhG – privilegieren Übersetzungen und Vervielfältigungen eines Programmcodes ex aequo. Darüber hinaus ist zu beachten, dass der Vorgang der Disassemblierung bzw. Dekompilierung technisch ein Hochladen des zu übersetzenden Programmcodes voraussetzt.[590] Zumindest darin liegt eine Vervielfältigung im Sinne von § 69c Nr. 1 UrhG.

dd) Zwischenergebnis

§ 69c UrhG erfasst in extensiver Weise nahezu alle gängigen Methoden eines „Software Reverse Engineering". Bereits der bloße Programmablauf, der für sog. „Live-Code-Analysen" erforderlich ist, greift in das urheberrechtlich geschützte Vervielfältigungsrecht ein. Disassemblierungen und Dekompilierungen des Programmcodes sind jedenfalls „Übersetzungen" im Sinne des § 69c Nr. 2 UrhG. Ob darüber hinaus auch

586 BGHZ 112, 264 (278) = GRUR 1991, 449 (453) – Betriebssystem; *Haberstumpf*, CR 1991, 129 (135). Zur alten Rechtslage bereits: *Katzenberger*, GRUR 1973, 629 (632); *Ulmer*, GRUR 1971, 297 (301).

587 Dafür: *Marly*, Rechtsschutz, S. 212. Bzgl. Disassemblierungen: *Ilzhöfer*, CR 1990, 578 (580). Dagegen: *Loewenheim*, in: Schricker, UrhG-Kommentar, § 69c Rn. 17.

588 Siehe oben: 1. Teil, B., III., 2., a), cc) (S. 65 ff.) und b), aa) (S. 75 f.).

589 Siehe oben: 3. Teil, A., I., 3., a) (S. 162 f.).

590 Vgl. *Dreier*, in: Dreier/Schulze, UrhG-Kommentar, § 69e Rn. 9.

Vervielfältigungen bewirkt werden, kann mit Recht bezweifelt werden, mangels rechtlicher Relevanz jedoch im Ergebnis dahinstehen. Allein die Durchsicht des Begleitmaterials berührt keine urheberrechtlichen Befugnisse. Jedoch kommt ihr für das „Software Reverse Engineering" bestenfalls ergänzende Bedeutung zu.

Der extensive urheberrechtliche Schutz des Programmcodes gegen die Schlüsselwerkzeuge des Reversers bewirkt mittelbar auch einen weitreichenden Verschluss der hinter dem Programmcode stehenden Ideen und Grundsätze, die eigentlich – vgl. § 69a Abs. 2 S. 2 UrhG – frei bleiben sollen.[591] Entsprechend hoch ist das Bedürfnis nach kompensierenden Normen, die das Interesse der Programmanwender, aber auch der Reverser stärker in den Blick nehmen.

4. Begrenzungen des Softwareschutzes

Begrenzungen des urheberechtlichen Computerprogrammschutzes enthalten §§ 69d und 69e UrhG, von denen § 69e UrhG einen spezielleren Anwendungsbereich besitzt.

a) Herstellung von Interoperabilität gem. § 69e UrhG

§ 69e UrhG ist ausweislich seines Wortlauts („die Zustimmung ist nicht erforderlich") eine Schrankenregelung[592] und setzt Artikel 6 der Softwarerichtlinie um, eine der rechtspolitisch umkämpftesten Bestimmungen dieser Richtlinie.[593] Erklärtes Ziel der Regelung ist, die konfligierenden Interessen – hohes Schutzniveau für Software einerseits, Erhaltung eines funktionstüchtigen Marktes andererseits – in einen gerechten Aus-

---

591 Vgl. auch BT-Drucksache 12/4022, S. 13: „Die Richtlinie schützt zwar nicht die einem Computerprogramm zugrunde liegenden Ideen (Artikel 1 Abs. 2, 13. und 14. Erwägungsgrund). Artikel 4 verleiht jedoch dem Rechtsinhaber – im Urheberrecht im Grunde genommen systemwidrig – die Befugnis, den Zugang zu den ungeschützten Ideen zu versperren, und ermöglicht so im Endeffekt einen mittelbaren Schutz des Inhaltes von Computerprogrammen, einen Know-how-Schutz."

592 *Loewenheim*, in: Schricker, UrhG-Kommentar, § 69e Rn. 3; *Rüting*, Überlassung von Standardsoftware, S. 289.

593 Vgl. BT-Drucksache 12/4022, S. 13; *Pres*, Gestaltungsformen, S. 137; *Schulte*, CR 1992, 648 (653).

gleich zu bringen.[594] Die Vorschrift soll den Zugang zu den Schnittstellen eines Computerprogramms und die Möglichkeit der Interoperabilität zwischen verschiedenen Elementen eines Computersystems sicherstellen.[595]

Die sprachliche Fassung des § 69e UrhG wird bisweilen kritisiert.[596] Der nationale Gesetzgeber hatte die zu Grunde liegende Regelung der Softwarerichtlinie annähernd wörtlich übernommen, um nicht „Anlass zu der unbegründeten Vermutung zu geben, dass bei der Umsetzung der Richtlinie der Gesamtcharakter des Kompromisses verändert werden" sollte.[597]

aa) Zweckbeschränkung

§ 69e UrhG ermöglicht „Vervielfältigungen" und „Übersetzungen" des Programmcodes zu einem bestimmten, eng umschriebenen Zweck, nämlich „um die erforderlichen Informationen zur Herstellung der Interoperabilität eines unabhängig geschaffenen Computerprogramms mit anderen Programmen zu erhalten". Der Begriff „Interoperabilität" wird im Rahmen der §§ 69a ff. UrhG nicht näher definiert, sondern vorausgesetzt. Der Richtliniengeber versteht darunter allgemein die „Fähigkeit zum Austausch von Informationen und zur wechselseitigen Verwendung der ausgetauschten Informationen".[598] Auch Erwägungsgrund 22 ist entsprechend weit gefasst:

> „Ein Ziel dieser Ausnahme ist es, die Verbindung aller Elemente eines Computersystems, auch solcher verschiedener Hersteller, zu ermöglichen, so dass sie zusammenwirken können."

Unter diesen weiten Interoperabilitätsbegriff fallen grundsätzlich sowohl der Datenaustausch unter Softwareprodukten als auch die Interaktion zwischen Software und Hardware. Aus der konkreten Gesetzesformulierung in § 69e UrhG sowie Art. 6 der zu Grunde liegenden Softwarericht-

---

594 Erwägungsgründe 1.–5. sowie 22. der Richtlinie 91/250/EWG; BT-Drucksache 12/4022, S. 13.

595 Erwägungsgründe 10.–15. sowie 19.-23. der Richtlinie 91/250/EWG; BT-Drucksache 12/4022, S. 13.

596 *Marly*, Urheberrechtsschutz, S. 325 („bereits sprachlich holprige Vorschrift").

597 BT-Drucksache 12/4022, S. 13.

598 Erwägungsgrund 12 der Richtlinie 91/250/EWG.

linie („mit anderen Programmen“) folgt jedoch einschränkend, dass die Herstellung von Interoperabilität zu Hardwareprodukten nicht gesetzlich gewährleistet wird. Die Literatur kritisiert diese Begrenzug und tritt vereinzelt für eine Anwendung auch auf Hardwareprodukte ein.[599] Letzteres ist nach derzeitiger Gesetzeslage indes nicht zu rechtfertigen. Voraussetzung wäre angesichts des insoweit präzisen Wortlauts eine analoge Anwendung des § 69e UrhG und also eine planwidrige Regelungslücke sowie eine vergleichbare Interessenlage. Bestrebungen, Art. 6 der Softwarerichtlinie auf den Zweck der Interoperabilität zu Hardwareprodukten auszudehnen, wurden innerhalb des europäischen Rechtssetzungsverfahrens diskutiert, konnten aber im Ergebnis nicht durchgesetzt werden.[600] Rechtsprechung und Literatur haben diese bewusste Entscheidung des Gesetzgebers de lege lata zu akzeptieren und können sie ohne Verstoß gegen das Gewaltenteilungsprinzip, vgl. Art. 20 Abs. 3 GG, nicht korrigieren.[601] Mangels planwidriger Regelungslücke scheidet eine analoge Anwendung auf Fälle der Herstellung von Interoperabilität zu Hardwareprodukten aus.

Das Computerprogramm, zu dem Interoperabilität hergestellt werden soll, muss nicht das untersuchte Programm selbst sein. Auch dies folgt aus der Formulierung „mit anderen Programmen“, § 69e Abs. 1 UrhG bzw. Art. 6 der Softwarerichtlinie. Reverser dürfen also grundsätzlich Programme vervielfältigen und übersetzen, um Interoperabilität eines weiteren Programms zu einem dritten Programm herzustellen. Dabei ist es nach dem eindeutigen Wortlaut des § 69e UrhG sogar möglich, die Schnittstellenspezifikationen eines Programms zu entschlüsseln, um sodann ein konkurrierendes – vielleicht sogar ersetzendes – Programm zu erstellen, das mit einem anderen Programm vergleichbar interagiert.[602]

---

599 Vgl. *Marly*, Urheberrechtsschutz, S. 323 f.; *Lehmann*, NJW 1991, 2112 (2115 f.); *ders.*, GRUR Int. 1991, 327 (333 f.).

600 KOM (90) 509 endg. – SYN 183 vom 18. 10. 1990; BT-Drucksache 12/4022, S. 13.

601 Im Ergebnis auch *Blocher*, in: Walter (Hrsg.), Europäisches Urheberrecht, S. 230, Art. 6 Software-Richtlinie Rn. 46; *Grützmacher*, in: Wandtke/Bullinger, Praxiskommentar UrhR, § 69e Rn. 26; *Haberstumpf*, in: Mestmäcker/Schulze, UrhG-Kommentar, § 69e Rn. 7; *Koch*, NJW-CoR 1994, 293 (298).

602 So die ganz herrschende Meinung: OLG Düsseldorf, CR 2001, 371 (372); *Dreier*, CR 1991, 577 (582); *ders.*, in: Dreier/Schulze, UrhG-Kommentar, § 69e Rn. 11; *Haberstumpf*, in: Lehmann, Rechtsschutz und Verwertung von Computerprogrammen, 69 (164); *Lehmann*, NJW 1991, 2112 (2115 f.); *ders.*, GRUR

Neben dem Zweck der Interoperabilität erfordert § 69e UrhG, dass die angestrebte Programmerstellung im Übrigen unabhängig vorgenommen wird. Für die Herstellung eines interoperablen Programms ist in aller Regel bloß die Verwendung des Schnittstellenprotokolls erforderlich, nicht jedoch eine Übernahme der konkret implementierten Schnittstellenfunktionalität.[603] Daraus folgt: Eine Vervielfältigung der konkreten Schnittstellenprogrammierung ist urheberrechtlich nur dann unbedenklich, wenn für diesen Programmteil mangels hinreichend individueller Gestaltung kein Urheberrechtsschutz besteht.[604]

Durch § 69e Abs. 2 UrhG wird der allein zulässige Zweck „Herstellung interoperabler Programme" nochmals betont und gestärkt. Die erlangten Informationen dürfen nach der Analyse nicht für weitere Zwecke verwendet, § 69e Abs. 2 Nr. 1 UrhG, oder an Dritte weitergegeben werden, § 69e Abs. 2 Nr. 2 UrhG, es sei denn, dies ist für die Interoperabilität des unabhängig geschaffenen Programms notwendig. Nach § 69e Abs. 2 Nr. 3 UrhG dürfen sie auch nicht für die Entwicklung, Herstellung oder Vermarktung eines Programms mit im Wesentlichen ähnlicher Ausdrucksform oder für irgendwelche anderen, das Urheberrecht verletzenden Handlungen verwendet werden.

bb) Kreis berechtigter Personen

Gemäß § 69e Abs. 1 Nr. 1 UrhG werden Vervielfältigungen und Übersetzungen eines Programmcodes, die ein Reverser zum Zwecke der Interoperabilität erstellt hat, bloß dann bevorrechtigt, wenn er Lizenznehmer oder eine andere zur Verwendung bestimmte Person ist. Var. 3 des § 69e

---

Int. 1991, 327 (334); *Marly*, Urheberrechtsschutz, S. 316f.; *Vinje*, GRUR Int. 1992, 250 (255f.); *ders.*, CR 1993, 401 (408); *Blocher*, in: Walter (Hrsg.), Europäisches Urheberrecht, S. 220f., Art. 6 Software-Richtlinie Rn. 23. Die mit Art. 6 Abs. 3 der Softwarerichtlinie (§ 69e Abs. 3 UrhG) begründete Gegenansicht von *Moritz*, CR 1993, 257 (266) ist angesichts des klar und bewusst formulierten Wortlauts in Abs. 1 („anderen Programmen") nicht zu rechtfertigen.

603 Siehe oben: 1. Teil, B., III., 2., a), bb), (3) (S. 64f.).

604 Vgl. *Dreier*, CR 1991, 577 (583); *Grützmacher*, in: Wandtke/Bullinger, Praxiskommentar UrhR, § 69e Rn. 10; *Vinje*, GRUR Int. 1992, 250 (259f.). Zum Nachweis einer unabhängigen Programmerstellung empfiehlt sich eine sog. „Clean-Room-Programmierung", siehe hierzu *Vinje*, GRUR Int. 1992, 250 (259).

Abs. 1 Nr. 1 UrhG stellt darüber hinaus klar, dass der Auftrag zur Analyse des Programms – bei Einhaltung der sonstigen Voraussetzungen des § 69e UrhG – auch an externe Spezialisten vergeben werden kann, ohne dass diese selbst ein Nutzungsrecht besitzen müssten.[605] Computerprogramme, die zum Gegenstand eines „Software Reverse Engineering" genommen werden sollen, werden in aller Regel regulär am Markt erworben, so dass eine Berechtigung zur Verwendung des Vervielfältigungsstücks beim Reverser bzw. dessen Auftraggeber vorliegt.

cc) Erforderlichkeit („Unerlässlichkeit")

§ 69e Abs. 1 UrhG setzt voraus, dass Vervielfältigungen des Codes bzw. Übersetzungen der Codeform zur Herstellung von Interoperabilität „unerlässlich" sind. Dieses Merkmal entspricht dem aus dem Verfassungs- und Strafrecht (§ 32 StGB) bekannten Merkmal der „Erforderlichkeit". Für § 69e UrhG bedeutet dies: Die Herstellung von Interoperabilität darf nicht mit milderen Mitteln erzielbar sein.

§ 69e UrhG selbst nennt einige Konstellationen, in denen das Gesetz selbst Vervielfältigungen und Übersetzungen nicht als „unerlässlich" ansieht. So soll „Unerlässlichkeit" ausscheiden, wenn die notwendigen Informationen, vor allem also die Schnittstellenprotokolle, den berechtigten Personen ohne Weiteres zugänglich sind, § 69e Abs. 1 Nr. 2 UrhG. Daraus folgen konkrete Erkundigungs- und Nachfragepflichten desjenigen, der interoperable Produkte herstellen möchte.[606] Nur soweit Andere, insbesondere die Programmhersteller selbst, zu einer zeitnahen und kostenfreien Herausgabe der bestimmten Informationen nicht bereit oder fähig sind, kommen durch § 69e UrhG gebilligte Eingriffe in fremde Softwareurheberrechte in Betracht. Verlangen Programmhersteller für die Bereitstellung der erforderlichen Informationen ein Entgelt, ist eine

605 *Grützmacher*, in: Wandtke/Bullinger, Praxiskommentar UrhR, § 69e Rn. 12; *Blocher*, in: Walter (Hrsg.), Europäisches Urheberrecht, S. 222, Art. 6 Software-Richtlinie Rn. 26. Anderer Ansicht, entgegen dem klaren Wortlaut: *Moritz*, CR 1993, 257 (265).

606 *Grützmacher*, in: Wandtke/Bullinger, Praxiskommentar UrhR, § 69e Rn. 15; *Haberstumpf*, in: Lehmann, Rechtsschutz und Verwertung von Computerprogrammen, 69 (163 f.); *Dreier*, in: Dreier/Schulze, UrhG-Kommentar, § 69e Rn. 15. Anderer Ansicht: *Marly*, Urheberrechtsschutz, S. 319 mit Fn. 319; *Loewenheim*, in: Schricker, UrhG-Kommentar, § 69e Rn. 15 und wohl auch *Vinje*, GRUR Int. 1992, 250 (257).

Zugänglichkeit „ohne Weiteres“ abzulehnen.[607] Dies entspricht dem Regelungszweck der Vorschrift, Interoperabilität zu fördern. Die Programmhersteller werden nicht unzumutbar beeinträchtigt, sondern erhalten gewöhnlich einen Ausgleich dadurch, dass mit dem verstärkten Vertrieb kompatibler Softwareprodukte auch die Absatzchancen des Zielprogramms steigen.[608] Auch sind die entsprechenden Informationen im herstellenden Betrieb regelmäßig ohne Weiteres verfügbar.

Gemäß § 69e Abs. 1 Nr. 3 UrhG müssen sich die Untersuchungsmaßnahmen auf solche Programmteile beschränken, die zur Herstellung von Interoperabilität „notwendig“ sind. Auch der Begriff der „Notwendigkeit“ entspricht dem der „Erforderlichkeit“ und soll den Reverser zu maßvollem Handeln anhalten. Jedoch ist dem Reverser – für die „ex ante“ zumeist nicht exakt vornehmbare Beurteilung – ein gewisser Entscheidungsspielraum zuzubilligen. „Notwendig“ sind bloß solche Untersuchungsmaßnahmen, die er nach den ihm bekannten Umständen aus Sicht eines objektiven, fachlich versierten Betrachters für erforderlich halten durfte.[609] Problematisch ist insoweit der unkontrollierte Einsatz von Decompilern oder Disassemblern, die den gesamten Objektcode eines Programms automatisch zurück übersetzen. § 69e Abs. 1 Nr. 3 UrhG fordert, solche umfassenden und tiefgehenden Codeanalysen – soweit technisch möglich und dem Aufwand nach zumutbar – auf bestimmte, für die Herstellung von Interoperabilität relevante Codebestandteile zu begrenzen, zum Beispiel durch ein vorgeschaltetes „System Monitoring“[610] oder eine genaue Durchsicht des Softwarebegleitmaterials.[611]

---

607 *Grützmacher*, in: Wandtke/Bullinger, Praxiskommentar UrhR, § 69e Rn. 14; *Haberstumpf*, in: Lehmann, Rechtsschutz und Verwertung von Computerprogrammen, 69 (163 f.); *ders.*, in: Mestmäcker/Schulze, UrhG-Kommentar, § 69e Rn. 11; *Loewenheim*, in: Schricker, UrhG-Kommentar, § 69e Rn. 15. Abweichend („reine Aufwandsentschädigung“ möglich) noch: *Marly*, NJW-CoR 4/1993, 21 (24); *Czychowski*, in: Fromm/Nordemann, UrhR-Kommentar, § 69e Rn. 11.

608 *Haberstumpf*, in: Lehmann, Rechtsschutz und Verwertung von Computerprogrammen, 69 (164).

609 *Grützmacher*, in: Wandtke/Bullinger, Praxiskommentar UrhR, § 69e Rn. 16; *Loewenheim*, in: Schricker, UrhG-Kommentar, § 69e Rn. 16.

610 Siehe oben: 1. Teil, B., III., 2., c), aa) (S. 78 f.).

611 Vgl. auch *Haberstumpf*, in: Mestmäcker/Schulze, UrhG-Kommentar, § 69e Rn. 12.

dd) Relevanz des § 69e Abs. 3 UrhG

§ 69e Abs. 3 UrhG wird häufig kritisiert. *Marly* bezeichnet die Vorschrift als „in höchstem Maße nebulös".[612] Inhaltlich sieht § 69e Abs. 3 UrhG lediglich eine Stimmigkeitskontrolle für den Einzelfall vor. Durch die Auslegung von § 69e Abs. 1, 2 UrhG dürfen weder eine normale Werkauswertung beeinträchtigt noch berechtigte Interessen des Rechtsinhabers unzumutbar verletzt werden. Nicht möglich ist es, über § 69e Abs. 3 UrhG – neben dem Interoperabilitätsgedanken – weitere Beweggründe des „Reverse Engineering" (Fehlerbehebung, Beweis von Rechtsverletzungen, Forschungszwecke etc.) zu berücksichtigen. Eine entsprechende „Auslegung" des § 69e UrhG setzte einen auslegungs*fähigen* Wortlaut voraus. § 69e Abs. 1 UrhG umgrenzt den allein zulässigen Zweck der „Interoperabilität" jedoch in präziser, einer erweiternden Auslegung nicht zugänglicher Weise. Zu dem Bedürfnis, mittels „Software Reverse Engineering" fremde Rechtsverletzungen nachzuweisen, hat der Gesetzgeber im Übrigen eigens abschlägig Stellung genommen. Dieses Problem könne „durch Anwendung des Prozessrechts sachgerecht je nach den Besonderheiten und Notwendigkeiten des jeweiligen Einzelfalls gelöst werden".[613] Der beweispflichtigen Partei wird angeraten, sich im Prozess auf das Gutachten eines zur Verschwiegenheit verpflichteten Sachverständigen zu berufen, der die Quellcodes beider Programme dann vergleicht. Im Falle einer Weigerung des Prozessgegners, den Quellcode für diese Untersuchung verfügbar zu stellen, könne das Gericht zu Gunsten der klägerischen Partei die Grundsätze der Beweisvereitelung anwenden.[614]

ee) Zwischenergebnis

§ 69e UrhG hilft dem Reverser nur in sehr eng umschriebenen Konstellationen, nämlich dann, wenn „Software Reverse Engineering" erforderlich ist, um ein Programm zu erstellen, das zu einem anderen Programm interoperabel ist, im Übrigen jedoch unabhängig geschaffen wird. Zulässg sind unter diesen Voraussetzungen Vervielfältigungen und Übersetzungen des untersuchten Programmcodes. Die im Rahmen von „Fault Injec-

---

612 *Marly*, Urheberrechtsschutz, S. 325.
613 BT-Drucksache 12/4022, S. 14.
614 BT-Drucksache 12/4022, S. 14.

tion Tools“[615] regelmäßig vorgenommenen Programmcodeänderungen stellen „Bearbeitungen“ dar und fallen daher schon generell nicht in den Anwendungsbereich des § 69 e UrhG („Übersetzung“, „Vervielfältigung“).

b) Bestimmungsgemäße Benutzung gem. § 69 d Abs. 1 UrhG

§ 69 d Abs. 1 UrhG entspricht Art. 5 der Softwarerichtlinie und schützt bestimmungsgemäße Verwendungen eines Computerprogramms. Anders als § 69 e UrhG privilegiert § 69 d Abs. 1 UrhG nicht nur Vervielfältigungen und Übersetzungen, sondern auch sonstige Umarbeitungshandlungen im Sinne von § 69 c Nr. 2 UrhG. Nicht bevorrechtigt werden hingegen Verbreitungs- und Wiedergabehandlungen im Sinne des § 69 c Nr. 3 und 4 UrhG, die für ein „Software Reverse Engineering“ aber ohnehin irrelevant sind.

In dogmatischer Hinsicht streitet die Literatur darüber, ob § 69 d UrhG – zumindest primär – eine urheberrechtliche Schrankenbestimmung[616] oder – in Anlehnung an § 31 Abs. 5 UrhG – eine Konkretisierung der Zweckübertragungsregel[617] ist. Für diese Ansicht wird die – jedenfalls dem Wortlaut nach – weitgehende Disponibilität der Vorschrift („soweit keine vertraglichen Bestimmungen vorliegen“) angeführt,[618] für jene, dass § 69 d Abs. 1 UrhG nach ganz überwiegender Auslegung einen zwingenden Befugniskern gewährleiste, den der Vorveräußerer nicht vertraglich beschränken könne.[619]

Die von den Vertretern der „Schrankentheorie“ geltend gemachte Annahme eines durch § 69 d Abs. 1 UrhG zwingend gewährleisteten Befug-

---

615 Siehe oben: 1. Teil, B., III., 2., c), ee) (S. 84).

616 *Hilty*, MMR 2003, 3 (13 f.); *Hoeren*, in: Möhring/Nicolini, UrhG-Kommentar, § 69 d Rn. 4; Lehmann, in: FS Schricker, 543 (549); *Loewenheim*, in: Schricker, UrhG-Kommentar, § 69 d Rn. 1; *Sahin/Haines*, CR 2005, 241 (245).

617 OLG Karlsruhe, CR 1996, 341 (342); *Czychowski*, in: Fromm/Nordemann, UrhR-Kommentar, § 69 d Rn. 3; *Geiger*, Umarbeitungsrecht, S. 93 f.; *Haberstumpf*, GRUR Int. 1992, 715 (719); *ders.*, in: Mestmäcker/Schulze, UrhG-Kommentar, § 69 d Rn. 2, 5; *Junker/Benecke*, Computerrecht, Rn. 75; *Lehmann*, GRUR Int. 1991, 327 (332); *Pres*, Gestaltungsformen, S. 128, 132 f.

618 *Geiger*, Umarbeitungsrecht, S. 93.

619 *Hilty*, MMR 2003, 3 (14); *Loewenheim*, in: Schricker, UrhG-Kommentar, § 69 d Rn. 1; *Sahin/Haines*, CR 2005, 241 (245).

niskerns ist angesichts Erwägungsgrund 17 der zu Grunde liegenden Softwarerichtlinie in der Sache begründet und weitgehend anerkannt:[620]

„Zu dem Ausschließlichkeitsrecht des Urhebers, die nicht erlaubte Vervielfältigung seines Werkes zu untersagen, sind im Fall eines Computerprogramms begrenzte Ausnahmen für die Vervielfältigung vorzusehen, die für die bestimmungsgemäße Verwendung des Programms durch den rechtmäßigen Erwerber technisch notwendig sind. Dies bedeutet, dass das Laden und Ablaufen, sofern es für die Benutzung einer Kopie eines rechtmäßig erworbenen Computerprogramms erforderlich ist, sowie die Fehlerberichtigung nicht vertraglich untersagt werden dürfen. Wenn spezifische vertragliche Vorschriften nicht vereinbart worden sind, und zwar auch im Fall des Verkaufs einer Programmkopie, ist jede andere Handlung eines rechtmäßigen Erwerbers einer Programmkopie zulässig, wenn sie für eine bestimmungsgemäße Benutzung der Kopie notwendig ist."

Aus dieser Annahme lässt sich jedoch nicht der Schluss ziehen, § 69d UrhG stelle eine urheberrechtliche Schrankenregelung dar. Eine vertragliche Auslegungsvorschrift setzt nicht zwingend voraus, dass die ergänzenden Regelungen, die das Gesetz vorsieht, vollständig abbedungen werden können, sie kann auch gesetzlich zwingend ausgestaltet werden.[621] Das Erfordernis einer „bestimmungsgemäßen Benutzung" sowie eines „zur Verwendung eines Vervielfältigungsstücks des Programms Berechtigten" impliziert, dass zuvor Rechte auf den Programmverwender übertragen wurden.[622] § 69d UrhG ist daher jedenfalls primär[623] eine vertragliche Auslegungsvorschrift mit partiell zwingendem Gehalt.

aa) Berechtigung zur Programmverwendung

Voraussetzung für eine Zulässigkeit von Vervielfältigungs- und Umarbeitungsmaßnahmen ist zunächst, dass derjenige, der sie vornimmt, zur

620 BGH, GRUR 2000, 866 (868) – Programmfehlerbeseitigung; *Grützmacher*, in: Wandtke/Bullinger, Praxiskommentar UrhR, § 69d Rn. 33; *Günther*, CR 1994, 321 (326f.); *Lehmann*, NJW 1993, 1822 (1824f.); *ders.*, in: FS Schricker, 543 (555ff.); *Loewenheim*, in: Schricker, UrhG-Kommentar, § 69d Rn. 12; *Marly*, Softwareüberlassungsverträge, Rn. 1202. Vgl. auch BT-Drucksache 12/4022, S. 12: „§ 69d Abs. 1 hat daher einen gewissermaßen zwingenden Kern, dessen Ausmaß und Bedeutung festzulegen der Rechtsprechung überlassen werden kann." Anderer Ansicht – soweit ersichtlich – nur *Moritz*, MMR 2001, 94 (96).

621 Vgl. *Dreier*, in: Dreier/Schulze, UrhG-Kommentar, § 69d Rn. 2.

622 *Geiger*, Umarbeitungsrecht, S. 93.

623 Zu sekundären Schrankenfunktionen des § 69d UrhG sogleich: 3. Teil, A., I., 5., b), aa) (S. 178).

Verwendung einer Programmkopie berechtigt ist.[624] Das setzt grundsätzlich eine dinglich wirksame Nutzungsrechtseinräumung voraus, unabhängig davon, ob diese auf einem Kauf-, Lizenz- oder sonstigem schuldrechtlichen Vertrag beruht.[625] Einfach zu beurteilen sind Fälle, in denen der Programmnutzer das Programm unmittelbar vom Hersteller oder einem zur Nutzungsrechtseinräumung berechtigten Zwischenhändler bezieht; der Enderwerber erhält in aller Regel ein hinreichendes Nutzungsrecht.

Probleme stellen sich aber in Fällen, in denen der Programmhersteller das Programm über Zwischenhändler vertreibt, sich die dingliche Einräumung der erforderlichen Nutzungsrechte – neben weiteren ergänzenden Vertragsregelungen – jedoch selbst vorbehält, so zum Beispiel bei sog. „Schutzhüllen-" oder „Enter-Verträgen".[626] Findet eine Rechteeinräumung in diesen Fällen auf Grund einer unwirksamen vertragstechnischen Konstruktion nicht statt, ist der Programmerwerber – jedenfalls dem Wortlaut des § 69d Abs. 1 UrhG nach – nicht „zur Verwendung eines Vervielfältigungsstücks (...) Berechtigter". Dennoch ist sich die Literatur im Ergebnis einig, dass auch dem rechtmäßigen Erwerber eines Programms – trotz einer unwirksamen Lizenzvereinbarung mit dem Hersteller – die Rechte zur bestimmungsgemäßen Benutzung zustehen sollen.[627] Es ist nicht davon auszugehen, dass der Gesetzgeber bei Schaffung des § 69d UrhG die komplizierten – für Deutschland mitunter auch unüblichen – rechtlichen Gestaltungen berücksichtigt hat, wie sie den Schutzhüllen-, Enter- und ähnlichen Verträgen zu Grunde liegen. Vielmehr wollte er die weitreichenden, urheberrechtlichen Befugnisse des Programmherstellers im Einzelfall des Produktvertriebs auf das erforderliche Maß begrenzen und so bestimmungsgemäße Benutzungen eines sonst rechtmäßig han-

---

624 Die Richtlinienformulierung „rechtmäßiger Erwerber" beruht auf einem Redaktionsversehen und wurde im Rahmen des nationalen Umsetzungsverfahrens korrigiert, vgl. die Begründung des Regierungsentwurfs, BT-Drucksache 12/4022, S. 12.

625 *Geiger*, Umarbeitungsrecht, S. 94; *Loewenheim*, in: Schricker, UrhG-Kommentar, § 69d Rn. 4; *Marly*, Softwareüberlassungsverträge, Rn. 484.

626 Hierzu *Geiger*, Umarbeitungsrecht, S. 94 ff.; *Marly*, Softwareüberlassungsverträge, Rn. 469 ff.

627 *Baus*, MMR 2002, 14 (16); *Geiger*, Umarbeitungsrecht, S. 95 f.; *Grützmacher*, in: Wandtke/Bullinger, Praxiskommentar UrhR, § 69d Rn. 26; *Kotthoff*, in: Heidelberger Kommentar UrhR, § 69d Rn. 9; *Marly*, Softwareüberlassungsverträge, Rn. 485; *Sahin/Haines*, CR 2005, 241 (246 f.).

delnden Enderwerbers sicherstellen.[628] Daher spricht auch der zu Grunde liegende Art. 5 Abs. 1 der Softwarerichtlinie – wenn auch im Übrigen zu eng und daher vom nationalen Gesetzgeber korrigiert –[629] vom „rechtmäßigen Erwerber" und nicht vom „rechtmäßigen Verwender" eines Vervielfältigungsstücks.[630] Vor diesem Hintergrund ist § 69d UrhG seinem Rechtsgedanken nach – und über den Wortlaut des § 69d UrhG hinaus – auch auf solche Fallkonstellationen anzuwenden, in denen Vervielfältigungsstücke eines Programms rechtmäßig über Zwischenpersonen erworben werden, auch wenn die – vom Hersteller an sich gewollte – Nutzungsrechtseinräumung auf Grund einer unwirksamen – vom Hersteller gewählten – lizenzvertraglichen Konstruktion scheiterte. Soweit die dinglichen Nutzungsbefugnisse für diesen Fall unmittelbar aus § 69d UrhG abgeleitet werden, besitzt diese Vorschrift auch Schrankenfunktionen.

Zum gleichen Ergebnis gelangt man, wenn man § 69d UrhG im Verhältnis zwischen Hersteller und Zwischenhändler anwendet und daraus die indisponible Befugnis des Zwischenhändlers ableitet, dem Enderwerber die zur bestimmungsgemäßen Benutzung erforderlichen Rechte einzuräumen.[631] Der Charakter des § 69d UrhG als „gesetzliche Auslegungsvorschrift" bliebe durch diese Konstruktion gewahrt. Jedoch ist zweifelhaft, ob der bloße Weitervertrieb eines Programms durch einen Zwischenhändler noch als „Benutzung" im Sinne von § 69d Abs. 1 UrhG angesehen werden kann. § 69d Abs. 1 UrhG ist ersichtlich auf die Befugnisse von Endnutzern zugeschnitten.

bb) Notwendige Benutzungsbefugnisse

In der Sache gewährleistet § 69d Abs. 1 UrhG „bestimmungsgemäße Benutzungen". Die insoweit eingeräumten Benutzerbefugnisse hängen maßgeblich von den Vereinbarungen zwischen Programmhersteller, Lieferant und berechtigtem Nutzer ab.[632] Sie können sowohl aus schuld-

---

628 *Baus*, MMR 2002, 14 (16); *Sahin/Haines*, CR 2005, 241 (246). Vgl. auch *Hoeren/Schuhmacher*, CR 2000, 137 (138 f.).

629 Vgl. die Begründung des Regierungsentwurfs, BT-Drucksache 12/4022, S. 12.

630 Vgl. auch *Grützmacher*, in: Wandtke/Bullinger, Praxiskommentar UrhR, § 69d Rn. 26; *Kotthoff*, in: Heidelberger Kommentar UrhR, § 69d Rn. 9.

631 *Geiger*, Umarbeitungsrecht, S. 95; *Marly*, Softwareüberlassungsverträge, Rn. 485.

632 *Dreier*, in: Dreier/Schulze, UrhG-Kommentar, § 69d Rn. 7; *Pres*, Gestaltungsformen, S. 128.

rechtlichen Verträgen als auch aus dinglichen Nutzungsrechtseinräumungen abgeleitet werden.[633]

(1) Privilegierte Eingriffshandlungen

Die „bestimmungsgemäße Benutzung" eines berechtigten Endbenutzers umfasst jedenfalls die Erstellung einer sichernden Programmkopie, an der Reverser ihre weiteren Analysen in der Regel vornehmen. Diese Befugnis folgt bereits aus § 69d Abs. 1 UrhG.[634] § 69d Abs. 2 UrhG, der die Sicherungskopie ausdrücklich nennt, dient lediglich dem Zweck, abzusichern, dass das Recht zur Erstellung einer Sicherungskopie nicht durch Vereinbarung abbedungen werden kann, vgl. § 69g Abs. 2 UrhG sowie § 69d Abs. 2 UrhG selbst („darf nicht vertraglich untersagt werden").[635] Auch der einfache Programmablauf sowie das reine Beobachten der dabei ablaufenden, durch das Programm verursachten Vorgänge mit Werkzeugen des Betriebssystems („System Monitoring", „Black-Box-Testing") oder mit Hilfe einfacher Debugger (d.h.: ohne Assemblerfunktion) zählen zu einer „bestimmungsgemäßen Benutzung" im Sinne von § 69d Abs. 1 UrhG.[636] Der Reverser kann solche Methoden ungehemmt auf den ausgelieferten Programmcode anwenden. Welche Zwecke er dabei verfolgt (Produktherstellung/-gebrauch/-anpassung, Beweis von Rechtsverletzungen, Forschungszwecke), ist – im Gegensatz zu § 69e UrhG – nicht erheblich.[637]

§ 69d Abs. 1 UrhG nennt als „bestimmungsgemäße Benutzung" ausdrücklich die „Fehlerbehebung", zu der nicht nur die Behebung von Fehl-

---

633 *Dreier*, in: Dreier/Schulze, UrhG-Kommentar, § 69d Rn. 7; *Grützmacher*, in: Wandtke/Bullinger, Praxiskommentar UrhR, § 69d Rn. 6. Vgl. auch *Marly*, Softwareüberlassungsverträge, Rn. 1203.

634 Vgl. *Haberstumpf*, in: Lehmann, Rechtsschutz und Verwertung von Computerprogrammen, 69 (155); *Hoeren/Schuhmacher*, CR 2000, 137 (139); *Pres*, Gestaltungsformen, S. 129, 134.

635 BT-Drucksache, 12/4022, S. 12.

636 So im Ergebnis – jedoch zu Abs. 3 – auch: *Grützmacher*, in: Wandtke/Bullinger, Praxiskommentar UrhR, § 69d Rn. 63; *Haberstumpf*, in: Mestmäcker/Schulze, UrhG-Kommentar, § 69d Rn. 13; *Koch*, NJW-CoR 1994, 293 (295f.); *Loewenheim*, in: Schricker, UrhG-Kommentar, § 69d Rn. 21.

637 *Haberstumpf*, GRUR Int. 1992, 715 (719f.); *ders*, in: Mestmäcker/Schulze, UrhG-Kommentar, § 69d Rn. 14; *Harte-Bavendamm*, GRUR 1990, 657 (659); *Loewenheim*, in: Schricker, UrhG-Kommentar, § 69d Rn. 21.

funktionen des Programms, sondern auch die Beseitigung von „Viren" und dergleichen zählt.[638] Dabei erlaubt § 69d Abs. 1 UrhG jedenfalls solche Veränderungen des Programmcodes, die den Fehler beseitigen.[639] Vor der eigentlichen Fehlerbehebung sind allerdings häufig umfangreiche Analysemaßnahmen erforderlich, um den Fehler zu identifizieren, einzuordnen und Gegenstrategien entwickeln zu können. Ob ein breites „Software Reverse Engineering" zur Behebung des Programmfehlers nach § 69d Abs. 1 UrhG durchgeführt werden darf, ist für die wichtigen Methoden der „Dekompilierung" und „Disassemblierung" bereits im Grundsatz umstritten. Ablehnende Ansichten bemühen regelmäßig einen Umkehrschluss zu § 69e UrhG, der die Möglichkeiten einer Rückübersetzung des Programmcodes speziell und daher abschließend regle.[640] Wolle man neben § 69e UrhG auch noch § 69d UrhG zur Privilegierung automatischer Rückübersetzungen anwenden, könnten die Beschränkungen des § 69e UrhG allzu leicht umgangen werden, da fehlerfreie Programme nicht existierten.[641] Die Gegenansicht lässt „Dekompilierungen" und „Assemblierungen" zur Fehlerbehebung zumindest als „ultima ratio" zu.[642]

---

638 *Grützmacher*, in: Wandtke/Bullinger, Praxiskommentar UrhR, § 69d Rn. 17; *Junker/Benecke*, Computerrecht, Rn. 73; *Lehmann*, NJW 1993, 1822 (1823 f.); *Loewenheim*, in: Schricker, UrhG-Kommentar, § 69d Rn. 9.

639 BGH, GRUR 2000, 866 (868) – Programmfehlerbeseitigung; *Grützmacher*, in: Wandtke/Bullinger, Praxiskommentar UrhR, § 69d Rn. 17; *Haberstumpf*, in: Lehmann, Rechtsschutz und Verwertung von Computerprogrammen, 69 (160).

640 *Grützmacher*, in: Wandtke/Bullinger, Praxiskommentar UrhR, § 69d Rn. 22; *Harte-Bavendamm/Wiebe*, in: Kilian/Heussen, Computerrechts-Handbuch, Nr. 51 Rn. 80; *Hoeren/Schuhmacher*, CR 2000, 137 (140 f.); *Lehmann*, NJW 1993, 1822 (1823 f.); *ders.*, in: FS Schricker, 543 (558, 567 f.); *Loewenheim*, in: Schricker, UrhG-Kommentar, § 69d Rn. 3; *Marly*, Urheberrechtsschutz, S. 212 f.; *ders.*, Softwareüberlassungsverträge, Rn. 1171; *Raubenheimer*, CR 1996, 69 (76); *ders.*, CR 1994, 264 (268 f.); *Redeker*, IT-Recht, Rn. 68. Vgl. auch *Junker/Benecke*, Computerrecht, Rn. 73 („nicht ohne weiteres").

641 *Grützmacher*, in: Wandtke/Bullinger, Praxiskommentar UrhR, § 69d Rn. 22.

642 *Czychowski*, in: Fromm/Nordemann, UrhR-Kommentar, § 69d Rn. 20; *Günther*, CR 1994, 321 (327 f.); *Haberstumpf*, GRUR Int. 1992, 715 (723); *Hoeren*, in: Möhring/Nicolini, UrhG-Kommentar, § 69d Rn. 9; *ders./Schuhmacher*, CR 2000, 137 (140); *Koch*, NJW-CoR 1994, 293 (296 f.); *Kotthoff*, in: Heidelberger Kommentar UrhR, § 69d Rn. 7; *Lehmann*, in: FS Schricker, 543 (558); *Pres*, Gestaltungsformen, S. 130 f.; *Vinje*, CR 1993, 401 (404 f.).

Gesetzeswortlaut und -teleologie sprechen für diese Ansicht: § 69d Abs. 1 UrhG privilegiert urheberrechtsrelevante Eingriffshandlungen nach „§ 69c Nr. 1 und 2 UrhG", zu denen auch „Dekompilierungen" und „Disassemblierungen", also „Übersetzungen" des Programmcodes im Sinne des § 69c Nr. 2 UrhG,[643] zählen. Darüber hinaus haben § 69d UrhG und § 69e UrhG gänzlich unterschiedliche Fallkonstellationen respektive Motivationslagen im Blick. Bei § 69e UrhG geht es darum, fremde Programme herzustellen oder anzupassen, die mit dem untersuchten Programm zusammenarbeiten können („Interoperabilität"); § 69d UrhG regelt dagegen die Interessen eines Endnutzers im Hinblick auf das untersuchte Produkt selbst.[644] Konsequent privilegiert § 69e UrhG daher auch nicht die Herstellung von Kompatibilität durch Bearbeitung des untersuchten Produkts selbst (§ 69e Abs. 1 UrhG: „mit anderen Programmen"), weil es in diesem Fall um Gebrauchsinteressen an einem erworbenen Produkt geht, die gerade § 69d UrhG im Blick hat.

Versagte man dem berechtigten Nutzer das Recht zur Dekompilierung oder Disassemblierung, verbliebe für die in § 69d UrhG durchaus exponiert genannte Fehlerberichtigung kaum ein relevanter Anwendungsbereich: Die meisten Programme sind proprietär, das heißt, sie werden im Objektcodeformat ausgeliefert. Anhand dieses – für den Menschen nicht verständlichen – Formats ist eine unmittelbare Fehlerbehebung jedoch in aller Regel nicht möglich. Erforderlich ist zumindest die Übersetzung in eine Assemblersprache, beispielsweise im Rahmen eines „Line-Tracing".[645]

Der Einwand, die meisten Programme seien an irgendeiner Stelle fehlerhaft, trifft sachlich zu, jedoch besteht keine bemerkenswerte Gefahr, dass dieser Umstand treuwidrig zu einer umfassenden Analyse des Programms ausgenutzt würde. Das Merkmal der „Notwendigkeit" erfordert die Darlegung einer tatsächlichen Beeinträchtigung durch einen konkreten Programmfehler und die zur Fehlerbehung ergriffenen Maßnahmen müssen – soweit als möglich – auf die Identifizierung und Behebung dieses Fehlers beschränkt werden. Darüber hinaus ist dem Programmhersteller die Möglichkeit zu geben, den Fehler selbst zu beheben.[646]

643 Dazu oben: 3. Teil, A., I., 3., a) (S. 162).

644 So auch *Geiger*, Umarbeitungsrecht, S. 97.

645 Dazu oben: 1. Teil, B., III., 2., c), dd) (S. 82 f.).

646 Vgl. zum Merkmal „Notwendigkeit" im Einzelnen sogleich unten: 3. Teil, A., I., 4., b), bb), (2) (S. 184 f.).

Dekompilierungen und Disassemblierungen fallen also, wenn sie auf den Gebrauch des Produkts gerichtet sind, nicht schon grundsätzlich aus dem Anwendungsbereich des § 69d UrhG heraus. Auch sog. „Fault Injection Tools", die regelmäßig eine Veränderung des konkreten Programmcodes voraussetzen, wird man zu Zwecken der Fehlerbehebung oder sonstigen Herstellung eines bestimmungsgemäßen Gebrauchs im Grundsatz zulassen müssen.

Nicht zur erlaubten Fehlerbeseitigung im Sinne des § 69d Abs. 1 UrhG zählt die Beseitigung spezieller Sicherungsvorkehrungen des Programmherstellers (z.B. sog. „Dongles"), soweit es dem Reverser allein darum geht, eine unbeschränkte Verwendung sicherzustellen. Der Betrieb ohne entsprechende Sicherungsvorkehrung ist dann nicht „bestimmungsgemäß" im Sinne des § 69d UrhG.[647] Anders ist zu entscheiden, wenn eine vorhandene Sicherungsvorkehrung selbst fehlerhaft ist und die normale Nutzung des Programms nicht nur unerheblich behindert. In diesem Fall gewährleistet § 69d Abs. 1 UrhG zumindest die Möglichkeit, den Fehler durch Reparatur der Sicherheitsvorkehrung zu beheben.[648] Darüber hinaus wird man im Einzelfall auch die vollständige Entfernung der Sicherung zulassen müssen;[649] jedoch sind an die „Notwendigkeit" dieser Maßnahme auf Grund der erheblichen Gefahren für den Programmhersteller erhöhte Anforderungen zu stellen.

Allgemeine Schwachstellenanalysen zählen nicht zur Fehler*behebung* und sind auch im Übrigen keine bestimmungsgemäßen Benutzungen nach § 69d UrhG. Ein ungutes Gefühl allein genügt nicht, um den vom Gesetzgeber angestrebten starken Softwareschutz einzuschränken und den Programmcode umfassend analysieren zu dürfen.

---

647 OLG Karlsruhe, CR 1996, 341 (342); OLG Düsseldorf, CR 1997, 337 (338); LG Düsseldorf, CR 1996, 737 (738); *Grützmacher*, in: Wandtke/Bullinger, Praxiskommentar UrhR, § 69d Rn. 18; *Raubenheimer*, NJW-CoR 1996, 174 (176ff.).

648 BGH, GRUR 2000, 866 (868) *Dreier*, in: Dreier/Schulze, UrhG-Kommentar, § 69d Rn. 9; *Grützmacher*, in: Wandtke/Bullinger, Praxiskommentar UrhR, § 69d Rn. 19; *Schack*, Urheber- und Urhebervertragsrecht, Rn. 428.

649 Vgl. *Baus*, Verwendungsbeschränkungen, S. 193, 196; *Dreier*, in: Dreier/Schulze, UrhG-Kommentar, § 69d Rn. 9; *Geiger*, Umarbeitungsrecht, S. 110; *Grützmacher*, in: Wandtke/Bullinger, Praxiskommentar UrhR, § 69d Rn. 19; *Schack*, Urheber- und Urhebervertragsrecht, Rn. 428. Zu streng dagegen die Rechtsprechung (generell keine eigenständige Beseitigung zulässig): OLG Düsseldorf, CR 1997, 337 (338f.); OLG Karlsruhe, CR 1996, 341 (342); LG Düsseldorf, CR 1996, 737 (738).

Bedürfnisse nach Produktanpassungen und -aktualisierungen, die unmittelbar nach dem Kauf offenbar werden, unterfallen in aller Regel entweder dem Gewährleistungsrecht oder sind – mangels hinreichender Vereinbarung – keine „bestimmungsgemäße" Benutzung im Sinne des § 69d UrhG. Der Programmverwender kann das Programm dann nicht selbst analysieren und verändern. Entstehen Bedürfnisse nach einer Produktanpassung erst im Laufe der Zeit infolge geänderter äußerer Rahmenbedingungen, ist danach zu differenzieren, ob die veränderten Rahmenbedingungen absehbar waren[650] und der Vereinbarung zu Grunde gelegt wurden: Im Falle einer Software „Lohnsteuererklärung 2008" ist unübersehbar, dass die intendierte Benutzung bloß die Erstellung einer Lohnsteuererklärung für das Jahr 2008 erfasst. Der Nutzer ist dann nicht nach § 69d UrhG berechtigt, das Programm zu analysieren und selbst an geänderte Bedürfnisse des Jahres 2009 anzupassen. Regelmäßig werden Computerprogramme auch erkennbar auf eine bestimmte Hardwareumgebung – insbesondere einen speziellen Prozessortyp – zugeschnitten. Ändern sich die technischen Hardwarevoraussetzungen, darf der Nutzer das Programm nicht selbst analysieren und verändern.

Insbesondere private und kleingewerbliche Nutzer sind mangels eigener Fachkompetenz daran interessiert, die zur Fehlerbehebung erforderlichen Analysemaßnahmen in Auftrag geben zu können. Ob eine Beauftragung Dritter unter Übergabe des Programms gemäß § 69d UrhG zulässig sein kann, ist im Hinblick auf Wortlaut und Systematik zweifelhaft: Anders als § 69e Abs. 1 Nr. 1 UrhG erfasst der Kreis berechtigter Personen gerade nicht solche, die Analysemaßnahmen „im Namen" des zur Programmnutzung Berechtigten vornehmen. Dennoch, schlösse man die Möglichkeit einer Beauftragung Dritter grundsätzlich aus, benachteiligte man den privaten Programmnutzer, der durch § 69d UrhG gerade geschützt werden soll, selbst aber regelmäßig keine eigenen Fachkenntnisse besitzt und auch nicht auf eine eigene spezialisierte Abteilung zurückgreifen kann. Seinen Zweck erreicht § 69d UrhG nur, wenn man – jedenfalls im Grundsatz – die Befugnis solcher Endnutzer anerkennt, Vervielfältigungs- und Umarbeitungsmaßnahmen in Auftrag zu geben.[651]

650 Vgl. zur alten Urheberrechtslage auch *Haberstumpf*, GRUR Int. 1992, 715 (723).

651 So im Ergebnis auch *Haberstumpf*, in: Mestmäcker/Schulze, UrhG-Kommentar, § 69d Rn. 4; *Kotthoff*, in: Heidelberger Kommentar UrhR, § 69d Rn. 7; *Loewenheim*, in: Schricker, UrhG-Kommentar, § 69d Rn. 5. Vgl. auch: BGH,

(2) „Notwendigkeit" des Eingriffs

Eine wichtige Einschränkung zu Gunsten des Programmherstellers gewährt das Erfordernis der „Notwendigkeit". Maßnahmen des „Reverse Engineering" dürfen zur Fehlerberichtigung nur vorgenommen werden, soweit keine milderen Mittel existieren, um den Programmfehler zu beseitigen. Nicht notwendig sind eigenständige Fehlerbehebungen, soweit gegenüber dem Programmhersteller durchsetzbare Gewährleistungsrechte existieren, dieser zur Beseitigung des Fehlers bereit ist oder er zumindest die zur Fehlerbeseitigung erforderlichen Informationen preisgibt.[652] Der Programmhersteller darf für diese Leistung jedoch – auch außerhalb der softwarerechtlichen Gewährleistung – keine gesonderten Kosten erheben.[653] Anderfalls folgte aus § 69d Abs. 1 UrhG ein Zwang zur Abnahme von Leistungen eines bestimmten Herstellers.[654] Dadurch würde die – grundrechtlich durch Art. 2 Abs. 1 GG abgesicherte – Vertragsfreiheit des Programmerwerbers, die unter anderem eine freie Wahl des Vertragspartners gewährleistet, unangemessen beeinträchtigt.[655]

Ist eine technische Sicherung fehlerhaft und kann der Fehler nur durch ihre Beseitigung behoben werden, darf der beeinträchtigte Nutzer die Programmsicherung mittels „Software Reverse Engineering" aufspüren, analysieren und entfernen, soweit der Programmhersteller – die für ihn in der Regel unschwer vorzunehmende – Fehlerbehebung (z.B. Dongleaustausch, Programmaustausch) nicht selbst anbietet.[656] Jedoch sind gerade in diesem Bereich – zur Vermeidung von Missbräuchen – hohe Anforderungen an die Beurteilung der Notwendigkeit zu stellen. Die ei-

---

GRUR 2000, 866 (868) – Programmfehlerbeseitigung; allerdings erörtert der BGH die Regelung des § 69d UrhG hier bloß hilfsweise.

652 *Hoeren*, in: Möhring/Nicolini, UrhG-Kommentar, § 69d Rn. 9; *Kotthoff*, in: Heidelberger Kommentar UrhR, § 69d Rn. 8; *Lehmann*, in: FS Schricker, 543 (558). Anders aber wohl (eigene Fehlerbeseitigung neben Gewährleistungsansprüchen): *Koch*, NJW-CoR 1994, 293 (296).

653 *Hoeren*, in: Möhring/Nicolini, UrhG-Kommentar, § 69d Rn. 9. Anderer Ansicht: *Haberstumpf*, in: GRUR Int. 1992, 715 (723).

654 Vgl. *Günther*, CR 1994, 321 (327).

655 Anders kann zu entscheiden sein, wenn der Softwarehersteller ein vorrangiges Fehlerbeseitigungsrecht zu gewöhnlichen Bedingungen vertraglich vereinbart. Vgl. dazu unten: 4. Teil, B., I. (S. 257 f.).

656 Siehe bereits oben: 3. Teil, A., I., 4., b), bb), (1) (S. 182) mit Fn. 649.

gene Entfernung der Sicherung muss erkennbar das letztmögliche Mittel sein, um den reibungslosen Programmablauf zu gewährleisten.[657] Kann die Sicherungsvorkehrung mit zumutbarem Aufwand repariert werden, scheidet ihre Beseitigung aus.[658] Sollen beauftragte Dritte die Sicherung entfernen, hat der Auftraggeber hinreichend sicherzustellen, dass ungeschützte Programmkopien später nicht vervielfältigt und sodann unberechtigt verwendet oder gar vertrieben werden.[659]

Werden Bedürfnisse nach einer Produktanpassung im Einzlfall durch § 69d Abs. 1 UrhG privilegiert, ist dem Programmhersteller zuvor ebenfalls die Möglichkeit zu gewähren, die erforderlichen Anpassungsmaßnahmen selbst vorzunehmen oder jedenfalls die hierfür erforderlichen Programminformationen preiszugeben.

Damit ist der von § 69d UrhG beabsichtige angemessene Ausgleich der widerstreitenden Interessen erreicht. Dem Produkthersteller wird ein weitgehender Schutz des Programmcodes gewährt. Er wird jedoch im Gegenzug verpflichtet, den Programmnutzer im Falle von – regelmäßig auftauchenden – Problemen bei der Programmnutzung ausreichend zu unterstützen.

cc) Relevanz des § 69d Abs. 3 UrhG

§ 69d Abs. 3 UrhG erlaubt die Ermittlung der dem Programm zu Grunde liegenden Ideen und Grundsätze durch Beobachten, Untersuchen und Testen des Programms, vorausgesetzt, dies geschieht durch berechtigte Handlungen. Der Anwendungsbereich dieser Vorschrift ist äußerst begrenzt. *Loewenheim* formuliert dies treffend wie folgt:

> „Ihrem Wortlaut nach besagt sie, dass der Benutzer durch Handlungen, zu denen er ohnehin berechtigt ist, etwas feststellen darf, was urheberrechtlich nicht geschützt ist.“[660]

---

657 *Baus*, Verwendungsbeschränkungen, S. 193, 196 („ultima ratio“); *Dreier*, in: Dreier/Schulze, UrhG-Kommentar, § 69d Rn. 9; *Geiger*, Umarbeitungsrecht, S. 123; *Raubenheimer*, CR 1996, 69 (73 ff.). Zu mild insoweit noch: LG Mannheim, CR 1995, 542.

658 *Raubenheimer*, CR 1996, 69 (75).

659 Vgl. *Raubenheimer*, CR 1996, 69 (74 f.).

660 In: Schricker, UrhG-Kommentar, § 69d Rn. 20.

Der Kreis zulässiger Nutzungshandlungen wird durch § 69d Abs. 3 UrhG selbst nicht erweitert. Eigenständige Bedeutung erhält § 69d Abs. 3 UrhG erst durch § 69g Abs. 2 UrhG: Eine etwaig angestrebte Ermittlung der Ideen und Grundsätze des Programms durch an sich berechtigte Handlungen darf vertraglich nicht untersagt werden.[661]

dd) Zwischenergebnis

§ 69d UrhG erweitert die Möglichkeiten des „Software Reverse Enigneering“ deutlich. In jedem Fall zulässig sind die Erstellung einer Sicherungskopie sowie solche Handlungen, die bloß den einfachen Programmablauf bzw. dessen Beobachtung voraussetzen („System-Monitoring“, „Black-Box-Testing“, einfaches Debugging). Zum Zwecke „bestimmungsgemäßer“ Fehlerbehebungen und Produktanpassungen darf der Programmcode – im Rahmen des „Notwendigen“ – auch dekompiliert, disassembliert sowie durch sog. „Fault Injection Tools“ verändert werden. Nicht zugelassen ist dagegen eine allgemeine Schwachstellenanalyse ohne Hinweis auf bestimmte, die konkrete Nutzung beeinträchtigende Programmfehler. Soweit der Produktnutzer Maßnahmen zur Gewährleistung einer „bestimmungsgemäßen Benutzung“ mangels technischer Expertise nicht selbst vornehmen kann, darf er sie grundsätzlich auch in Auftrag geben.

5. Rechtswidrigkeit und Verschulden

Die für § 97 UrhG erforderliche Rechtswidrigkeit der Tat wird duch die Verwirklichung des Tatbestands indiziert. Eine rechtfertigende Einwilligung in umfassende Maßnahmen des „Software Reverse Engineering“ findet bei proprietären Softwareprodukten nicht statt, regelmäßig enthalten die Lizenzbedingungen vielmehr ausdrückliche Reverse-Engineering-Verbote.[662]

Soweit das Begehren des Betroffenen auf Schadensersatz gerichtet ist, erfordert § 97 Abs. 1 S. 1 Var. 3 UrhG vorsätzliches oder fahrlässiges Verhalten. Rechtsprechung und Literatur nehmen zu den Sorgfaltspflichten des

---

661 *Haberstumpf*, GRUR Int. 1992, 715 (720); *Loewenheim*, in: Schricker, UrhG-Kommentar, § 69d Rn. 20; *Ullrich*, in: Ullrich/Körner, Der internationale Softwarevertrag, S. 75.

662 Zur rechtlichen Wirksamkeit noch unten: 4. Teil, B. (S. 255 ff.).

Verletzers einen strengen Standpunkt ein. Danach muss derjenige, der ein fremdes urheberrechtlich geschütztes Werk nutzen will, sich Gewissheit über den Bestand des Schutzes und den Umfang seiner Nutzungsberechtigung verschaffen.[663] Wird eine urheberrechtliche Fragestellung in der Literatur streitig diskutiert und/oder von den Instanzgerichten unterschiedlich beurteilt, so soll das Risiko eines Rechtsirrtums beim Verletzer liegen.[664]

II. Urheberrechtlicher Schutz von Integritätsinteressen

Für körperliche Produkte (z.B. Stiefeleisenpresse, automatischer Rollenwechsler) kommt ein Schutz gegen „Hardware Reverse Engineering" nach den allgemeinen Vorschriften des Urheberrechts in Betracht. Allerdings schützt das Urheberrecht auch generell bloß die konkrete Ausdrucksform einer Idee, nicht jedoch die Idee – auch: Konstruktions-Idee – als solche.[665] Gemäß § 14 UrhG kommt aber ein urheberrechtlicher Schutz gegen die Beeinträchtigung der Produktgestaltung und also eine mittelbare Absicherung des in dem Produkt verkörperten „Know-how" in Betracht.

1. Urheberrechtlicher Werkbegriff des § 2 UrhG

Die vom „Hardware Reverse Engineering" betroffenen körperlichen Gegenstände müssen die Anforderungen für ein urheberrechtlich geschütztes Werk erfüllen. Einige schutzfähige Werkarten zählt das Gesetz durch § 2 Abs. 1 UrhG in einem nicht abschließenden Katalog selbst auf. Im Visier des Hardware-Reversers stehen in aller Regel Gegenstände des täglichen Gebrauchs. Für sie kommt eine Einordnung in § 2 Abs. 1 Nr. 4 UrhG

---

663 *Dreier*, in: Dreier/Schulze, UrhG-Kommentar, § 97 Rn. 57.

664 BGH NJW 1975, 2064 (2065) – Reichswehrprozess; BGHZ 141, 267 (284) = GRUR 1999, 984 (988) – Laras Tochter; *Dreier*, in: Dreier/Schulze, UrhG-Kommentar, § 97 Rn. 57; *Wild*, in: Schricker, UrhG-Kommentar, § 97 Rn. 54.

665 BGHZ 5, 1 (4) – Hummelfiguren I; BGH, GRUR 1970, 250 (251) – Hummelfiguren III; BGH, GRUR 1977, 547 (550) – Kettenkerze; BGH, GRUR 1987, 704 (706) – Warenzeichenlexika; BGH, GRUR 1995, 47 (48) – Großer roter Elefant; *Bullinger*, in: Wandtke/Bullinger, Praxiskommentar UrhR, § 2 Rn. 39; *Peifer*, UFITA 2007/II, 327 (353); *Schack*, Urheber- und Urhebervertragsrecht, Rn. 166.

(„angewandte Kunst“) in Betracht. Angewandte Kunst meint Bedarfs- und Gebrauchsgegenstände mit künstlerischer Formgebung und erfasst zum Beispiel Gegenstände industrieller Formgebung, kunstgewerbliche Gegenstände sowie Gebrauchsgraphiken, Modeschöpfungen und Möbel.[666]

Um vom Urheberrecht geschützt zu werden, muss das Produkt gemäß § 2 Abs. 2 UrhG eine „persönliche geistige Schöpfung“ sein. „Schöpfung“ erfordert eine äußerlich wahrnehmbare Werkgestaltung.[667] Diese Voraussetzung liegt bei industriell geschaffenen Produkten, die im Zentrum des „Hardware Reverse Engineering“ stehen, ab Fertigstellung vor. Die Schöpfung ist „geistig“, wenn sie einen geistigen Inhalt gedanklicher oder ästhetischer Art zum Ausdruck bringt.[668] Der menschliche Geist muss im Werk zum Ausdruck kommen.[669] Nicht geschützt werden Gestaltungen, die allein von Maschinen- oder Computerhand generiert werden („computer generated works“), unschädlich ist hingegen eine bloß maschinen- oder computergestützte Entwicklung („computer aided works“). Produkte, denen ein spezielles „Know-how“ zu Grunde liegt, setzen zumindest im Stadium der Produktentwicklung eine Gestaltung von Menschenhand voraus; eine spätere, vollautomatisierte Fertigung steht dem Urheberrechtsschutz nicht entgegen. Ob die Produkte einen gedanklichen oder ästhetischen Inhalt zum Ausdruck bringen, hängt von den Umständen des Einzelfalls ab.

Eine „persönliche“ Schöpfung liegt vor, wenn die Gestaltung einen hinreichenden Grad an Individualität aufweist, sog. „Gestaltungshöhe“. Der Grad an Individualität, der für einen urheberrechtlichen Schutz genügt, wird häufig diskutiert und im Hinblick auf verschiedene Werkarten des § 2 Abs. 1 UrhG unterschiedlich beurteilt. Im Fokus des „Hardware Reverse Engineering“ stehen primär technisch geprägte Gebrauchsprodukte und also Gegenstände der „angewandten Kunst“, § 2 Abs. 1 Nr. 4 UrhG. Für solche Werke sieht aber auch das Geschmacksmusterrecht einen Ausschließlichkeitsschutz vor. Um die zeitlichen Begrenzungen (§ 27 Abs. 2) und formellen Anforderungen (§ 11) des GeschmMG nicht zu unterlaufen,

---

666 *Loewenheim*, in: Schricker, UrhG-Kommentar, § 2 Rn. 156.

667 *Rehbinder*, Urheberrecht, Rn. 149 f.; *Schack*, Urheber- und Urhebervertragsrecht, Rn. 159.

668 *Schulze*, in: Dreier/Schulze, UrhG-Kommentar, § 2 Rn. 11 ff.

669 *Loewenheim*, in: Schricker, UrhG-Kommentar, § 2 Rn. 18.

werden an den urheberrechtlichen Schutz von Werken der „angewandten Kunst“ hohe Anforderungen gestellt.[670] Die „kleine Münze“ soll in Fällen der „angewandten Kunst“ urheberrechtlich nicht abgesichert werden, sondern dem Geschmacksmusterschutz vorbehalten bleiben.[671] Um Urheberrechtsschutz zu erlangen, muss sich die Gestaltung eines Gebrauchsprodukts deutlich aus der Masse des Alltäglichen herausheben. Der ästhetische Gehalt des Produkts muss so hoch sein, dass nach Auffassung der für Kunst empfänglichen und mit Kunstanschauungen einigermaßen vertrauten Kreise von einer „künstlerischen“ Leistung gesprochen werden kann.[672] Für den Schutz gegen „Reverse Engineering“ folgt hieraus eine empfindliche Beschränkung: Industriell gefertigte Produkte erreichen bloß selten die für ein „Kunstwerk“ erforderliche Gestaltungshöhe. Vielmehr steht gewöhnlich der Produktgebrauchszweck (z.B. Fertigung von Stiefeleisen in einem Arbeitsgang, automatische Auswechslung von Papierrollen) im Zentrum des Gestaltungsinteresses. Ein urheberrechtlicher Schutz gegen Maßnahmen des „Hardware Reverse Engineering“ scheitert somit regelmäßig bereits am Fehlen einer hinreichend individuellen Gestaltung im Sinne von § 2 Abs. 2 UrhG.

2. Potential des § 14 UrhG für den Schutz von „Know-how“

Liegt eine urheberrechtlich schutzfähige Gestaltung im Ausnahmefall vor, ist zu beachten, dass unmittelbar nur die konkrete Gestaltung des betroffenen Produkts geschützt wird, nicht jedoch das darin verborgene abstrakte Herstellungs-Know-how. Doch könnte der urheberrechtliche Integritätsschutz aus § 14 UrhG einen Schutz gegen einzelne Maßnah-

---

670 So die ganz herrschende Meinung: RGZ 76, 339 (344); BGH, GRUR 1995, 581 (582) – Silberdistel; BGH, GRUR 1983, 377 (378) – Brombeer-Muster; BGH, GRUR 1979, 332 (336) – Brombeerleuchte; BGH, GRUR 1974, 669 (671) – Tierfiguren; BGHZ 22, 209 (217) – Europapost; *Bullinger*, in: Wandtke/Bullinger, Praxiskommentar UrhR, § 2 Rn. 97; *Erdmann*, in: FS von Gamm, 389 (402f.); *Loewenheim*, in: Schricker, UrhG-Kommentar, § 2 Rn. 158; *Ohly*, GRUR 2007, 731 (733); *Schack*, Urheber- und Urhebervertragsrecht, Rn. 202.

671 Verfassungsrechtlich insoweit nicht zu beanstanden: BVerfG, GRUR 2005, 410 – Laufendes Auge.

672 Ständige Rechtsprechung: BGH, GRUR 1983, 377 (378) – Brombeer-Muster; BGH, GRUR 1979, 332 (336) – Brombeerleuchte; BGH, GRUR 1974, 669 (671) – Tierfiguren; BGH, GRUR 1973, 478 (479) – Modeneuheit; BGH, GRUR 1981, 517 (519) – Rollhocker.

men des „Reverse Engineering“ und damit eine mittelbare Absicherung des in dem Produkt verkörperten „Know-how“ bewirken. Voraussetzung ist, dass „Reverse Engineering“ zu einer Entstellung oder anderen Beeinträchtigung des geschützten Werks führt, die geeignet ist, berechtigte Interessen des Urhebers an dem analysierten Produkt zu gefährden. „Beeinträchtigung“ meint insbesondere die Umarbeitung sowie – als massivste Form – die Zerstörung eines Werks.[673] „Entstellung“ kennzeichnet einen besonders schwerwiegenden Fall der Werkbeeinträchtigung, als klassische Anwendungsfälle werden Verstümmelungen,[674] Übermalungen[675] sowie „stümperhafte“ Vervielfältigungen genannt.[676]

„Reverse Engineering“ erfordert in aller Regel eine vollständige Zerlegung des zu analysierenden Produkts. Für das Vorliegen einer „Beeinträchtigung“ im Sinne des § 14 UrhG ist entscheidend, inwieweit dieser Schritt umkehrbar ist. Wenn und soweit das Produkt nach der Analyse ohne Weiteres wieder zusammengesetzt werden kann, so wohl in den Fällen „Stiefeleisenpresse“ und „Rollenwechsler“, fehlt es an einer hinreichend erheblichen Beeinträchtigung der Produktgestaltung. Befindet sich das Produkt jedoch nach der Analyse in einem nicht mehr reparablen Zustand, liegt eine Beeinträchtigung im Sinne des § 14 UrhG vor.

Für einen Schutz des Produktherstellers bzw. -designers ist dann zu untersuchen, ob die Produktanalyse den Urheber in seinen „berechtigten geistigen oder persönlichen Interessen am Werk“ gefährdet. Interesse „am Werk“ meint ausschließlich das Interesse an der künstlerischen Gestaltung, nicht dagegen das – regelmäßig größere – Interesse des Produktherstellers am Schutz der in dem Produkt verkörperten Geheimnisse. Auch richtet sich die Beurteilung der Interessengefährdung allein nach objektiven Kriterien und nicht nach dem persönlichen Empfinden des Urhebers.[677] Nur soweit objektiv ein genügendes Interesse an der Er-

673 *Loewenheim*, in: Schricker, UrhG-Kommentar, § 14 Rn. 38; *Schack*, Urheber- und Urhebervertragsrecht, Rn. 344 f.; *Schulze*, in: Dreier/Schulze, UrhG-Kommentar, § 14 Rn. 27. Anderer Ansicht (Werkvernichtung kein Eingriff in § 14 UrhG): *Bullinger*, in: Wandtke/Bullinger, Praxiskommentar UrhR, § 14 Rn. 22 ff.; *Goldmann*, GRUR 2005, 639 (643).

674 BGH, GRUR 1971, 525 – Petite Jacqueline.

675 RGZ 79, 397 – Felseneiland mit Sirenen.

676 Zum Ganzen: *Schack*, Urheber- und Urhebervertragsrecht, Rn. 343.

677 *Schack*, Urheber- und Urhebervertragsrecht, Rn. 348.

haltung der künstlerischen Gestaltung besteht, verbietet § 14 UrhG eine irreparable Zerlegung des Werks.

Produkte, die Gegenstand eines „Reverse Engineering“ sind, werden in aller Regel massenhaft hergestellt und vertrieben, so dass nach der Zerlegung eines konkreten Produkts die Gestaltung als solche in ausreichender Zahl bestehen bleibt.[678] Darüber hinaus erreichen die analysierten Produkte als Gebrauchsgegenstände nur selten ein ansehnliches – wenn auch für § 2 Abs. 2 UrhG noch hinreichendes – künstlerisches Gestaltungsniveau. Schließlich ist zu berücksichtigen, dass Maßnahmen des „Reverse Engineering“ in aller Regel vom Eigentümer des Produkts vorgenommen oder in Auftrag gegeben werden. Eine auf § 14 UrhG gestützte Untersagung von Produktanalysen griffe in seine – verfassungsrechtlich durch Art. 14 Abs. 1 GG geschützten – Eigentümerbefugnisse aus § 903 S. 1 BGB ein, mit der ihm gehörigen Sache „nach Belieben“ zu verfahren. Diese Umstände sprechen im Regelfall des „Hardware Reverse Engineering“ gegen ein Interesse des Produktherstellers bzw. -designers an einer Erhaltung der konkret analysierten Werkstücke.

Das allgemeine Urheberrecht hält also nur äußerst begrenzte, praktisch kaum relevante Möglichkeiten eines Schutzes gegen „Hardware Reverse Engineering“ bereit.

III. Schutz technischer Maßnahmen

Mit Umsetzung der Richtlinie 2001/29/EG vom 22. Mai 2001[679] („Informationsrichtlinie“) haben zur Absicherung technischer Schutzmaßnahmen §§ 95 a ff. UrhG Eingang in das Urheberrecht gefunden. § 95 a UrhG definiert in Abs. 2 den Begriff der „technischen Maßnahmen“ und sieht in Abs. 3 und 4 einen weitreichenden Umgehungsschutz vor. „Reverse Engineering“ selbst, also die Analyse eines Produkts, stellt hierfür aber allenfalls eine Vorbereitungshandlung dar. Erst durch den gezielten Einsatz des durch „Reverse Engineering“ aufgedeckten Wissens wird der Schutz in für § 95 a UrhG relevanter Weise durchbrochen: Die individuelle Umgehung einer technischen Schutzmaßnahme im Sinne des § 95 a Abs. 2 UrhG verstößt gegen dessen Abs. 1. Werden im Anschluss an die Analyse

678 Vgl. *Schack*, Urheber- und Urhebervertragsrecht, Rn. 359.
679 ABl. EU Nr. L 167/10.

spezifische „Cracking-Tools" entwickelt und vertrieben oder wird „Cracking" als Dienstleistung angeboten und erbracht, liegt ein Verstoß gegen § 95 a Abs. 3 UrhG vor.

Für Computerprogramme gelten die §§ 95 a ff. UrhG wegen § 69 a Abs. 5 UrhG nicht. Die Softwarerichtlinie hatte eine entsprechende Geltung der §§ 95 a ff. UrhG nicht gefordert, vielmehr die vom Anwendungsbereich der Richtline betroffenen Staaten in Erwägungsgrund 50 (S. 2) dazu angehalten, den harmonisierten Rechtsschutz von Computerprogrammen nicht auszudehnen.[680] Folglich schützt das Computerurheberrecht gemäß § 69 f Abs. 2 UrhG nicht gegen die individuelle Umgehung technischer Programmschutzmechanismen, sondern bloß gegen das Eigentum an bzw. den Besitz von Mitteln, die „allein dazu bestimmt sind, die unerlaubte Beseitigung oder Umgehung technischer Programmschutzmechanismen zu erleichtern".

Die Standardwerkzeuge des Software-Reversers („System-Monitorin-Tools", Decompiler, Disassembler, Debugger) sind Bestandteile des Betriebssystems bzw. Hilfsmittel der Softwareentwicklung. Sie dienen nicht originär der Beseitigung von Sicherungsvorkehrungen. Gegen den Besitzer bzw. Eigentümer der entsprechenden Datenträger können Rechteinhaber somit nicht nach § 69 f UrhG vorgehen. Werden aber im Anschluss an eine Programmanalyse sog. „Cracking-Tools" entwickelt, die allein darauf abzielen, Programmschutzmechanismen auszuschalten oder sonstwie zu frustrieren, können Rechteinhaber – im Rahmen der §§ 69 f Abs. 1, 98 Abs. 2, 3 UrhG – deren Vernichtung verlangen.

Die Literatur sieht sich mitunter vor Abgrenzungsproblemen, soweit ein technischer Schutz nicht bloß auf ein Computerprogramm gerichtet ist, sondern sich zugleich auf andere urheberrechtlich geschützte Werke oder Schutzgegenstände bezieht.[681] Doch lassen §§ 69 a Abs. 5, 69 f Abs. 2 UrhG die gesetzliche Marschroute klar erkennen: Computerprogramme werden, auch wenn sie in Kombination mit anderen Werken oder sonst geschützten Leistungen vertrieben werden, nur gegen die Herstellung und Verbreitung von Mitteln geschützt, die „allein" eine Umgehung des Computerpro-

680 *Grützmacher*, in: Wandtke/Bullinger, Praxiskommentar UrhR, § 69 a Rn. 81.

681 Vgl. *Arlt*, MMR 2005, 148 (154 f.); *S. Bechtold*, Vom Urheber- zum Informationsrecht, S. 215 Fn. 1087; *Grützmacher*, in: Wandtke/Bullinger, Praxiskommentar UrhR, § 69 a Rn. 83. Vgl. auch bereits *Lindhorst*, Schutz von und vor technischen Maßnahmen, S. 143 f.

grammschutzes bezwecken, § 69f Abs. 2 UrhG. Richtet sich ein Hilfsmittel sowohl gegen den Schutz des Computerprogramms als auch gegen den Schutz anderer Werkgestaltungen, kommt bloß hinsichtlich deren Umgehung ein Schutz durch § 95a UrhG in Betracht, § 69a Abs. 5 UrhG.[682] Diese Orientierung am Wortlaut gewährleistet eine hinreichend rechtssichere Handhabung und Abgrenzung der §§ 69a ff. UrhG und §§ 95a ff. UrhG. Ein Verstoß gegen Erwägungsgrund 50 der Softwarerichtlinie[683] liegt nicht vor, da – auch im praktischen Regelfall kombinierter Werke – das Computerprogramm selbst nicht durch §§ 95a ff. UrhG geschützt wird, sondern allenfalls mittelbar vom Schutz verbundener Werke oder verwandter Schutzrechte profitiert.

IV. Ergebnis der urheberrechtlichen Betrachtung

Das Softwareurheberrecht schützt unmittelbar bloß den konkreten Programmcode, nicht jedoch das abstrakte Programmier-Know-how. § 69c UrhG versperrt aber im Falle proprietärer Produkte den Zugang zum allgemeinen Programmierwissen und bewirkt damit dessen mittelbaren Schutz. Nur in präzise umrissenen Ausnahmefällen ist es erlaubt, das einem Programm zu Grunde liegende „Know-how" durch Maßnahmen des „Software Reverse Engineering" aufzudecken. § 69e UrhG privilegiert Vervielfältigungen und Übersetzungen, insbesondere Dekompilierungen und Disassemblierungen des Objektcodes, soweit sie erforderlich sind, um ein Programm zu erstellen, das zu einem anderen Programm interoperabel ist, im Übrigen jedoch unabhängig geschaffen wird. § 69d UrhG gestattet dem Programmnutzer in jedem Fall das bloße Beobachten des Programmverhaltens mittels „System Monitoring" oder einfachem „Debugging". Dekompilierungen, Disassemblierungen sowie der Einsatz sog. „Fault Injection Tools" sind dagegen bloß im Einzelfall zulässig, um eine erforderliche Fehlerbehebung oder Produktanpassung selbst oder durch beauftragte Dritte vorzunehmen.

Auch das in körperlichen Produkten verborgene Herstellungs-Know-how wird durch das Urheberrechtsgesetz nicht unmittelbar geschützt. Aus

---

682 So im Ergebnis auch *Arlt*, MMR 2005, 148 (154 f.).

683 Vgl. *Grützmacher*, in: Wandtke/Bullinger, Praxiskommentar UrhR, § 69a Rn. 83.

§ 14 UrhG folgt ein sehr begrenzter, praktisch kaum relevanter, mittelbarer Know-how-Schutz.

Soweit Reverser im Anschluss an die Produktananlyse Motivationen des „Produktcrackings" in die Tat umsetzen, gewähren §§ 95a, 69f Abs. 2 UrhG einen – für Computerprogramme jedoch erheblich begrenzten, § 69a Abs. 5 UrhG – Schutz.

B. Gewerbliche Schutzrechte

Zu den Sondergesetzen der gewerblichen Schutzrechte zählen PatentG, GebrMG, HalblSchG, SortenSchG, GeschMG und MarkenG. Wie das Urheberrecht ordnen diese Gesetze einer rechtsfähigen Person Schutzbefugnisse an immateriellen Gegenständen – unter zumeist eng umschriebenen Voraussetzungen – eindeutig und für jeden erkennbar zu. Für den Schutz des „betriebstechnischen Handlungswissens“,[684] das von Maßnahmen des „Reverse Engineering“ bedroht wird, kommt ein Schutz durch das PatG, das GebrMG sowie das HalblSchG in Betracht.

Jedoch setzen die technischen Sonderrechte des Geistigen Eigentums in formeller Hinsicht regelmäßig eine Anmeldung des Schutzrechts voraus, vgl. §§ 34 Abs. 1 PatG, 4 Abs 1 GebrMG, 3 Abs. 1 HalbLSchG. Im Rahmen der Schutzrechtsanmeldung ist die gewerbliche Leistung, für die Schutz begehrt wird, so deutlich und vollständig offenzulegen, dass ein Fachmann sie ausführen kann, vgl. §§ 34 Abs. 4 PatG, 4 Abs. 3 GebrMG, 3 Abs. 2 HalbLSchG. Die notwendige Veröffentlichung der Anmeldung soll – im Gegenzug für die gesetzlich gewährte Monopolstellung – gerade eine weite Verbreitung des sonderrechtlich geschützten Wissens sicherstellen.[685] Andere sollen – nach Einholung einer etwaig erforderlichen Lizenz – auf dem Wissen aufbauen und so die weitere technische Entwicklung schneller vorantreiben können. Entsprechend schützen die genannten Sonderrechte auch nur gegen eine unberechtigte Verwertung des geschützten Wissens, §§ 9 PatG, 11 GebrMG, 6 Abs. 1 HalbLSchG, nicht aber gegen seine Erforschung, auch durch Produktanalysen, vgl. §§ 11 Nr. 2 PatG, 12 Nr. 2 GebrMG, 6 Abs. 2 Nr. 2 HalbLSchG. Maßnahmen des „Reverse Engineering“ sind ab Veröffentlichung in aller Regel nicht mehr erforderlich. Der Fachmann kann die Erfindung anhand der Schutzrechtsunterlagen regelmäßig leichter nachvollziehen.

---

684 Liegt ein Sonderrechtsschutz vor, spricht man in Fachkreisen nicht mehr von „Know-how“, siehe oben: 1. Teil, A., I., 2., f) (S. 32 ff.).

685 *Beier*, GRUR Int. 1979, 227 (234); *Peifer*, UFITA 2007/II, 327 (350).

C. Wettbewerbsrecht: §§ 3 Abs. 1, 4 UWG

Das Wettbewerbsrecht überlagert als „Sonderdeliktsrecht" die allgemeinen Vorschriften der §§ 823 ff. BGB. Zum Schutz des „Know-how" gegen „Reverse Engineering" kommen – neben den originär strafrechtlichen Tatbeständen des § 17 Abs. 2 UWG – Ansprüche auf Unterlassung, Beseitigung, Schadensersatz und Gewinnabschöpfung aus §§ 3 Abs. 1, 4 Nr. 9c, 10 und 11 UWG in Verbindung mit §§ 8 ff. UWG in Betracht.

I. Allgemeine Voraussetzungen

Gemeinsame Voraussetzung der vorgenannten Anspruchsgrundlagen ist das Vorliegen einer „geschäftlichen Handlung" (§§ 3, 2 Abs. 1 Nr. 1 UWG a. F.: „Wettbewerbshandlung") sowie eine hinreichende Eignung des „Reverse Engineering", fremden Wettbewerb spürbar zu beeinträchtigen, § 3 Abs. 1 UWG.

1. „Reverse Engineering" als geschäftliche Handlung

„Wettbewerb" findet auf verschiedenen Ebenen des menschlichen Zusammenlebens statt, im Sport, in der Kunst, im Beruf, in der Politik sowie in der Wirtschaft.[686] Das UWG regelt ausschließlich geschäftlich relevantes Verhalten. § 2 Abs. 1 Nr. 1 UWG versteht insoweit unter „geschäftliche Handlung" jedes „Verhalten einer Person zugunsten des eigenen oder eines fermden Unternehmens vor, bei oder nach einem Geschäftsabschluss, das mit der Förderung des Absatzes oder des Bezugs von Waren oder Dienstleistungen oder mit dem Abschluss oder der Durchführung eines Vertrags über Waren oder Dienstleistungen objektiv zusammenhängt".

Dadurch, dass § 2 Abs. 1 Nr. 1 UWG allgemein von „Personen" spricht, ist es möglich, auch Handlungen von Dritten, die selbst nicht am Markt agieren, wettbewerbrechtlich zu sanktionieren.[687] Folglich regelt das Wettbewerbsrecht im Grundsatz auch das Verhalten eines privaten Re-

686 *Köhler*, in: Hefermehl/Köhler/Bornkamm, UWG-Kommentar, Einl UWG Rn. 1.1.

687 Vgl. *Köhler*, in: Hefermehl/Köhler/Bornkamm, UWG-Kommentar, § 2 Rn. 54.

versers, vorausgesetzt sein Verhalten ist geeignet, die Verhältnisse eines wirtschaftlichen Marktes zu beeinflussen.

Das Verhalten gewerblicher Reverser bzw. ihrer Auftraggeber hängt mit der „Förderung des Absatzes“ objektiv zusammen, soweit „Reverse Engineering“ befähigen soll, die eigene Produktentwicklung zu verbessern und dadurch den Produktvertrieb anzukurbeln. Zu Zwecken der Absatzbehinderung erfolgt die Produktanalyse, wenn im Anschluss die fremde Produktreihe sabotiert werden soll. Zielt die Analyse darauf ab, dem Produkthersteller eine Rechtsverletzung nachzuweisen, handelt der Reverser regelmäßig sowohl zur Absatzförderung als auch zur Absatzbehinderung. Zum einen wird es ihm darum gehen, den monopolisierten Lizenzmarkt für das Schutzrecht zu verteidigen, zum anderen beeinträchtigt eine Untersagung der Schutzrechtsverwendung den fremden Produktvertrieb. Geht es dem Reverser um eine Reparatur des Produkts oder um eine Anpassung an geänderte Rahmenbedingungen, kommt es für eine Anwendung des § 2 Abs. 1 Nr. 1 UWG darauf an, inwieweit das Produkt gewerblich eingesetzt oder bloß privat benutzt wird. Im letzteren Fall scheidet eine „geschäftliche Handlung“ aus.

Ist ein Reverser allein an der Erkenntnis, am Aufdecken des produktspezifischen „Know-how“ interessiert, so kommt eine „geschäftliche Handlung“ ebenfalls nicht in Betracht. Anders kann indes zu entscheiden sein, wenn die Ergebnisse einer Produktanalyse anschließend veröffentlicht oder auf andere Weise – zum Beispiel im Rahmen eines Studierendenseminars – mitgeteilt werden sollen. Handelt es sich dabei um eine wissenschaftliche Tätigkeit, fordert Art. 5 Abs. 3 GG, auf die Interessen des Reversers besonders Rücksicht zu nehmen; an den Nachweis einer „geschäftlichen Handlung“ sind dann erhöhte Anforderungen zu stellen.[688] Bei rein wissenschaftlichen Beiträgen und fachlichen Äußerungen, die anerkannten wissenschaftlichen Maßstäben genügen, also die Wahrheit nach Inhalt und Form ernsthaft zu ermitteln versuchen,[689] scheidet eine geschäftliche Handlung selbst dann aus, wenn die Publikation einem Mitbewerber mittelbar förderlich oder hinderlich ist.[690] Die Grenze ist indes erreicht, wenn die betroffene Mitteilung bloß einen wissenschaftli-

688 *Köhler*, in: Hefermehl/Köhler/Bornkamm, UWG-Kommentar, § 2 Rn. 51. Zu § 2 UWG a.F.: KG, GRUR-RR 2005, 162 (163).

689 BVerfGE 47, 327 (347) – Hessisches Universitätsgesetz.

690 Vgl. KG, GRUR-RR 2005, 162 (163); BGH, GRUR 1957, 360 (361) – Phylax. Vgl. hierzu auch: BGH, GRUR 2002, 633 (635) – Hormonersatztherapie.

chen Anstrich aufweist, der eine vorrangig bezweckte Absatzbeeinflussung kaschiert.[691] Gewichtiges Indiz gegen den Vorrang der Wissenschaftsfreiheit und für das Vorliegen einer geschäftlichen Handlung ist das eigene wirtschaftliche Interesse des „Wissenschaftlers" an einem – durch die Mitteilung geförderten – Warenabsatz oder -bezug.[692]

2. Eignung zur spürbaren Wettbewerbsbeeinträchtigung

Die geschäftliche Handlung muss objektiv geeignet sein, den Wettbewerb spürbar zu beeinträchtigen, also Mitbewerber, Verbraucher oder sonstige Marktteilnehmer zu benachteiligen. Sie muss hinreichende „Außenwirkung am Markt" entfalten.[693]

Erfolgreiches „Reverse Engineering" führt zu einer – mitunter erheblichen – Wertminderung des „Know-how".[694] Mit diesem Wertverlust geht eine Wettbewerbsbeeinträchtigung jedoch nur einher, soweit das betroffene „Know-how" selbst als Produkt am Markt gehandelt wird. Wird das „Know-how" bloß zur Produktherstellung eingesetzt, bedingt die fremde Kenntnisnahme allein noch keine Auswirkungen auf den Wettbewerb. Die Produktanalyse selbst führt nicht zu einer „Wegnahme", sondern bloß zu einer Duplizierung des betrieblichen Wissens. Der Know-how-Inhaber kann es weiterhin uneingeschränkt zur Herstellung von Produkten einsetzen. Erst die Umsetzung bestimmter Beweggründe des „Reverse Engineering" führt in diesem Fall zu einer Beeinträchtigung der wirtschaftlichen Betätigungsfreiheit, so, wenn der Reverser das geheime „Know-how" nach der Analyse zu Konkurrenzzwecken, zu Zwecken der Produktsabotage, zur Entwicklung von „Cracking-Tools" oder zum Nachweis einer Rechtsverletzung verwendet. Keine hinreichende Wettbewerbsbeeinträchtigung liegt dagegen vor, wenn der Reverser lediglich anstrebt, das untersuchte Produkt zu reparieren oder an eigene – wenn auch gewerbliche – Nutzungsbedürfnisse anzupassen.

Die Rechtsprechung hat mitunter bereits Maßnahmen zur Vorbereitung künftigen Wettbewerbs eine hinreichende Marktrelevanz zuerkannt, wenn sich der künftige Wettbewerb ausreichend konkret abzeich-

691 Vgl. KG, GRUR-RR 2005, 162 (163).
692 Vgl. KG, GRUR-RR 2005, 162 (163).
693 *Fezer*, UWG-Kommentar, § 3 Rn. 12 ff.
694 Siehe oben: 1. Teil, B., IV. (S. 84 ff.).

nete.[695] So bejahte der Bundesgerichtshof im Fall „Charterfluggesellschaften“ eine wettbewerbsrechtliche Beeinträchtigung der Beklagten, obwohl die klägerische Fluggesellschaft sich noch in Gründung befand, insbesondere ihren Flugbetrieb nicht aufgenommen hatte.[696] Im Fall „Maschinenbeseitigung“ hatte ein – von der Arbeit frei gestellter – Angestellter zur Vorbereitung einer konkurrierenden Unternehmung Maschinen an sich gebracht, die nach dem Willen der Eigentümerin zerstört und beseitigt werden sollten. Nach Ansicht des Bundesgerichtshofs führte bereits die unlautere Inbesitznahme zu einem wettbewerbswidrigen Störungszustand; auch die Vorbereitung künftigen Wettbewerbs sei schon eine „Wettbewerbshandlung“ (jetzt: „geschäftliche Handlung“).[697] Eine unmittelbare Eignung zur Wettbewerbsbeeinträchtigung lag in den vorgenannten Fallkonstellationen zwar noch nicht vor. Handlungen mit Wettbewerbsrelevanz waren jedoch so konkret geplant, dass es gerechtfertigt war, Maßstäbe des Wettbewerbsrechts bereits zum Zeitpunkt der Vorbereitungshandlung anzulegen.

In Konsequenz der vorgenannten Rechtsprechung liegt es, in Fällen des „Reverse Engineering“ auch bereits der Produktanalyse selbst eine Eignung zur Wettbewerbsbeeinträchtigung zuzuerkennen, wenn der Reverser oder seine Auftaggeber hinreichend konkret und zeitnah planen, das erlangte „Know-how“ im Anschluss an die Analyse zu Zwecken einzusetzen, die den Wettbewerb beeinträchtigen werden (Konkurrenzprodukte, Cracking-Tools, Produktsabotage, Nachweis einer Rechtsverletzung).

II. Unlautere Nachahmung gem. §§ 3 Abs. 1, 4 Nr. 9 c UWG

§§ 3 Abs. 1, 4 Nr. 9 c UWG richten sich primär nicht gegen die Produktausspähung selbst, sondern gegen das „Anbieten“ von Nachahmungen am Markt. Schutz kommt daher allenfalls in Betracht, wenn eine bestimmte Motivation des „Reverse Engineering“ in die Tat umgesetzt wird, nämlich das untersuchte Produkt nachgeahmt und eine solche Nachahmung anschließend am Markt angeboten wird. Wie das Urheberrecht schützen

695 Vgl. BGH, GRUR 1955, 342 – Holländische Obstbäume; BGH, GRUR 1984, 823 – Charterfluggesellschaften; BGH, WRP 1993, 396 – Maschinenbeseitigung.

696 BGH, GRUR 1984, 823.

697 BGH, WRP 1993, 396 (397).

auch §§ 3 Abs. 1, 4 Nr. 9 UWG nur konkrete Produktgestaltungen, nicht jedoch eine dahinter stehende, abstrakte Werbe-, Geschäfts- oder Konstruktions*idee*.[698] Allgemeine Methoden, Techniken und Ideen einer konkreten Gestaltung, zu denen auch das abstrakte Herstellungs-Know-how zählt, sollen im Interesse der Wettbewerber an einer freien Zirkulation dieser wichtigen Güter auch wettbewerbsrechtlich nicht monopolisiert und dadurch dem freien Wettbewerb entzogen werden.[699]

Voraussetzung für einen Verstoß gegen § 4 Nr. 9c UWG ist die Nachahmung eines Produkts mit wettbewerblicher Eigenart sowie eine unredliche Erlangung der für die Nachahmung erforderlichen Kenntnisse und Unterlagen. Die einzelnen Merkmale des § 4 Nr. 9 UWG – wettbewerbliche Eigenart, Nachahmung, besondere wettbewerbliche Umstände – stehen zueinander in einer Wechselwirkung.[700] Das heißt: Die Anforderungen, die an eine Merkmalsverwirklichung gestellt werden, hängen von der Intensität ab, in der der Täter die übrigen Tatbestandsvoraussetzungen erfüllt. Je mehr wettbewerbliche Eigenart vorliegt und je höher der Nachahmungsgrad ist, desto geringere Anforderungen sind an die besonderen, die Wettbewerbswidrigkeit begründenden Merkmale zu stellen, und umgekehrt.[701]

1. Wettbewerbliche Eigenart des untersuchten Produkts

Das Produkt, für das ein Nachahmungsschutz begehrt wird, muss nach ständiger Rechtsprechung[702] eine hinreichende „wettbewerbliche Eigen-

698 BGH, GRUR 1977, 547 (551) – Kettenkerze; BGH, GRUR 1979, 119 (120) – Modeschmuck; BGH, GRUR 2005, 166 (168) – Puppenausstattungen; *Götting*, in: Fezer, UWG-Kommentar, § 4–9 Rn. 27; *Köhler*, in: Hefermehl/Köhler/Bornkamm, UWG-Kommentar, § 4 Rn. 9.23.

699 BGH, GRUR 2005, 166 (168) – Puppenausstattungen; *Götting*, in: Fezer, UWG-Kommentar, § 4–9 Rn. 27; *Köhler*, in: Hefermehl/Köhler/Bornkamm, UWG-Kommentar, § 4 Rn. 9.23.

700 *Ohly*, GRUR 2007, 731 (734); *Sack*, in: FS Wilburg, 177 (190 ff.).

701 BGH, NJW-RR 2008, 124 (125 f.) – Handtaschen; BGH, GRUR 2005, 166 (167) – Puppenausstattungen; BGH, GRUR 2004, 941 (942) – Metallbett; BGH, GRUR 2001, 443 (445) – Vienetta; BGH, GRUR 1999, 1106 (1108) – Rollstuhlnachbau; *Köhler*, in: Hefermehl/Köhler/Bornkamm, UWG-Kommentar, § 4 Rn. 9.69; *Götting*, in: Fezer, UWG-Kommentar, § 4–9 Rn. 65 f.

702 BGH, GRUR 2007, 339 (342) – Stufenleitern; BGH, GRUR 2005, 166 (167) – Puppenausstattungen; BGH, GRUR 2003, 973 (974) – Tupperwareparty. Zu § 1 UWG a. F.: BGHZ 60, 168 (170) = GRUR 1973, 478 (480) – Modeneuheit;

art" aufweisen. Dafür ist erforderlich, dass die konkrete Ausgestaltung des Produkts oder jedenfalls einzelne Produktmerkmale sich eignen, die angesprochenen Verkehrskreise auf die betriebliche Herkunft oder die Besonderheiten des Produkts hinzuweisen.[703] Begründet werden kann eine hinreichende wettbewerbliche Eigenart vor allem durch ästhetische[704] oder technische[705] Merkmale sowie durch bestimmte, markenrechtlich nicht abgesicherte Kennzeichnungen.[706] Nicht notwendig – im Einzelfall jedoch förderlich – ist dafür eine „Bekanntheit" des nachgeahmten Produkts.[707]

Die Frage, ob ein Produkt wettbewerbliche Eigenart aufweist, ist im Einzelfall durch Abwägung der Gesamtumstände zu beurteilen[708] und kann für die Fallkonstellationen des „Reverse Engineering" daher nicht allgemein beantwortet werden. Für die Fälle „Stiefeleisenpresse" und „Rollenwechsler" liegen hinreichende, tatsächliche Anhaltspunkte für eine abschließende Prüfung nicht vor.[709] Grundsätzlich in Betracht kam aber eine wettbewerbliche Eigenart auf Grund technischer Merkmale. Soweit die Getränke „Coca Cola" und „Underberg" hinsichtlich der zu Grunde liegenden Rezeptur nachgeahmt und sodann unter der (gemeinfreien)

BGH, GRUR 1984, 453 (454) – Hemdblusenkleid; BGH, GRUR 1995, 581 (582 f.) – Silberdistel.

703 BGH, GRUR 2007, 339 (342) – Stufenleitern; BGH, GRUR 2005, 166 (167) – Puppenausstattungen; BGH, GRUR 2003, 973 (974) – Tupperwareparty.

704 BGH, GRUR 1984, 453 (453 f.) – Hemdblusenkleid; BGH, GRUR 1985, 876 (877) – Tchibo/Rolex.

705 BGH, GRUR 1999, 751 (752) – Güllepumpen; BGH, GRUR 1999, 1106 (1108) – Rollstuhlnachbau; BGH, GRUR 2002, 86 (90) – Laubhefter; BGH, GRUR 2000, 521 (523) – Modulgerüst; BGH, GRUR 2002, 820 (822) – Bremszangen; BGH, GRUR 2007, 339 (342) – Stufenleitern.

706 BGH, GRUR 2003, 973 (974) – Tupperwareparty; BGH, GRUR 2001, 251 (253) – Messerkennzeichnung; BGH, GRUR 1977, 614 (615) – Gebäudefassade. Zum Ganzen: *Köhler*, in: Hefermehl/Köhler/Bornkamm, UWG-Kommentar, § 4–9 Rn. 9.30; *Kur*, GRUR 1990, 1 (8 ff.).

707 BGH, GRUR 2005, 600 (602) – Handtuchklemmen; BGH, GRUR 2007, 984 (986) – Gartenliege. Anderer Ansicht noch: BGH, GRUR 2002, 275 (277) – Noppenbahnen. Dagegen mit überzeugender Begründung: *Götting*, in: Fezer, UWG-Kommentar, § 4–9 Rn. 32 f.

708 BGH, GRUR 1999, 751 (753) – Güllepumpen; *Götting*, in: Fezer, UWG-Kommentar, § 4–9 Rn. 35.

709 Das Oberlandesgericht Düsseldorf hat die Frage ausdrücklich offen gelassen, OLGR 1999, 55 (56) – Rollenwechsler.

Bezeichnung „Cola" oder „Magenbitter" ausgeschenkt würden, käme es darauf an, ob Farbe oder Getränkegeschmack, der auf einer streng geheim gehaltenen Rezeptur beruht, eine hinreichende wettbewerbliche Eigenart begründet. Die Getränkefarbe „Braun" ist heute weder für Erfrischungsgetränke noch für Digestifs geeignet, auf ihre betriebliche Herkunft oder produktspezifische Besonderheiten hinzuweisen. Soweit der Getränkegeschmack in Rede steht, ist eine entsprechende Eignung zweifelhaft, weil ein bestimmtes Geschmackserlebnis entscheidend von subjektiven Wertungen abhängig und nur sehr begrenzt objektivierbar ist. Auch im Markenrecht bestehen deshalb erhebliche Schwierigkeiten bei der Eintragung gustatorischer, olfaktorischer und haptischer Marken.[710]

2. Nachahmungsformen

Der Begriff „Nachahmung" wird vom UWG nicht definiert, sondern vorausgesetzt. In Anknüpfung an die Rechtsprechung zu § 1 UWG a.F. kann man drei Formen der Nachahmung unterscheiden, die im Nachahmungsgrad voneinander abweichen: Eine „unmittelbare Leistungsübernahme" liegt vor, wenn der Wettbewerber – zumeist mittels technischer Reproduktionsmittel (Kopierer, Scanner) – ein identisches Produkt gestaltet.[711] „Fast identische Nachahmungen" weichen in der Gestaltung leicht vom Original ab, ohne dass sich dies jedoch wesentlich auf den Gesamteindruck auswirkt.[712] Bei der „nachschaffenden Leistungsübernahme" benutzt der Mitbewerber ein fremdes Produkt bloß als Vorbild, um unter Einsatz eigener Leistung ein ähnliches, an das Original angelehntes Produkt zu erstellen; eine „Nachahmung" im Sinne des § 4 Nr. 9 UWG liegt vor, soweit das nachschaffend gestaltete Produkt wesentliche, wiedererkennbare Elemente seines Vorbilds aufweist und sich nicht deutlich

---

710 Vgl. zum Diskussionsstand nur *Fabry*, Mitteilungen der deutschen Patentanwälte 2008, 160; *Fezer*, WRP 1999, 575 und *Hölk*, in: FS Ullmann, 239 – jeweils mit weiteren Nachweisen auf die nationale sowie europäische Rechtsprechung und Literatur. Für § 4 Nr. 9 UWG ist dieses Problem – soweit ersichtlich – noch unbeleuchtet.

711 BGHZ 28, 387 (392 f.) = GRUR 1959, 240 (242) – Nelkenstecklinge; BGHZ 51, 41 (45 f.) = NJW 1969, 46 – Reprint; BGH, GRUR 1999, 923 (927) – Tele-Info-CD.

712 BGH, GRUR 2000, 521 (524) – Modulgerüst; BGH, GRUR 1996, 210 (211) – Vakuumpumpen; BGH, GRUR 1999, 1106 (1108) – Rollstuhlnachbau.

davon absetzt.[713] Den Fällen „Stiefeleisenpresse" und „Rollenwechsler" lagen „fast identische Nachahmungen" zu Grunde.[714]

3. „Reverse Engineering" als unredliche Kenntniserlangung

§ 4 Nr. 9 UWG ahndet nicht bereits den Vertrieb einer – womöglich identischen – Nachahmung, sondern fordert zusätzlich besondere wettbewerbliche Umstände, die die Wettbewerbswidrigkeit des Verhaltens erst begründen. Forderungen, im Zusammenhang mit § 4 Nr. 9 UWG nicht mehr von einem „ergänzenden Leistungsschutz" zu sprechen, sind angesichts dieser gesetzlichen Ausgangslage nicht unberechtigt.[715] Für die Fallkonstellationen des „Reverse Engineering" kommt allein eine Verwirklichung des § 4 Nr. 9c UWG in Betracht. Dazu müsste der Reverser die zur Produktnachahmung erforderlichen Kenntnisse „unredlich" erlangen.

Unredlich werden Kenntnisse jedenfalls dann erlangt, wenn die Kenntniserlangung den strafrechtlichen Verboten der §§ 17, 18 UWG zuwiderläuft.[716] „Reverse Engineering" erfüllt jedoch nach zutreffender Ansicht nicht die Voraussetzungen einer Geheimnisausspähung im Sinne des § 17 Abs. 2 UWG, weil durch die Analyse eines frei zugänglichen Produkts nicht in die Geheimhaltungssphäre des „Know-how-Inhabers" eingegriffen wird.[717] Bei Verstößen gegen sonstige, außerwettbewerbs-

---

713 BGH, GRUR 1963, 152 (155) – Rotaprint; OLG München, GRUR-RR 2003, 329 (330) – Hit Bilanzen.

714 Vgl. RGZ 149, 329 (329f.) – Stiefeleisenpresse („fast genaue und daher eine sog. sklavische Nachahmung"); OLG Düsseldorf, OLGR 1999, 55 („weitgehend [...] übereinstimmt, allerdings eine andere Steuerung und eine andere Betriebssoftware [...] aufweist").

715 Hierzu eingehend *Köhler*, GRUR 2007, 548 (551ff.). Vgl. auch *Ohly*, GRUR 2007, 731 (734), der jedenfalls zweifelt, ob die Unlauterkeit einer Handlung angesichts § 4 Nr. 9 UWG noch aus der Nachahmung selbst folgen kann.

716 Vgl. BGH, GRUR 2003, 356 (357f.) – Präzisionsmessgeräte; *Köhler*, in: Hefermehl/Köhler/Bornkamm, UWG-Kommentar, § 4 Rn. 9.61; *Wiebe*, in: MünchKomm UWG, § 4 Nr. 9 Rn. 200. Vgl. auch die Begründung des Regierungsentwurfs zu § 4 Nr. 11 UWG, BT-Drucksache, 15/1487, S. 18: „Fälle der unredlichen Kenntniserlangung, in denen sich der Nachahmer die erforderlichen Kenntnisse durch Erschleichung eines fremden Betriebsgeheimnisses oder durch Vertrauensbruch verschafft hat".

717 Siehe oben: 2. Teil, A., III. (S. 129ff.).

rechtliche Normen kommt es entscheidend darauf an, ob diese – zumindest auch – wettbewerbliche Maßstäbe kodifizieren, also das Marktverhalten im Interesse der Marktteilnehmer regulieren. Es ist nicht Aufgabe des Wettbewerbsrechts, sämtliche Rechtsverstöße zu sanktionieren, die bloß bei Gelegenheit einer geschäftlichen Handlung begangen werden, vgl. § 1 UWG.[718] „Dekompilierungen" und „Disassemblierungen" des Programmcodes sowie Codeveränderungen im Rahmen sog. „Fault Injection Tools" verstoßen – soweit §§ 69d, e UrhG nicht privilegierend eingreifen – gegen § 69c Nr. 2 UrhG.[719] Das Urheberrecht schützt jedoch als „Individualrecht" allein die Interessen des Urhebers sowie derer, die ihre Rechtsposition vom Urheber ableiten.[720] Es zielt nicht darauf ab, den Wettbewerb der Softwarehersteller durch Aufstellung gleicher Schranken zu regeln und dadurch zur Chancengleichheit beizutragen.[721] Auch soll der in seinen Urheberrechten Verletzte frei darüber entscheiden können, ob er gegen Eingriffe in urheberrechtliche Befugnisse vorgehen möchte oder nicht.[722] Dem liefe das wettbewerbsrechtliche Verbandsklagerecht aus § 8 Abs. 3 Nr. 2 UWG zuwider. Ein Verstoß des Reversers gegen das Urheberrecht begründet daher nicht zwingend auch eine „unredliche Erlangung" im Sinne des § 4 Nr. 9c UrhG.

Existieren zureichende gesetzliche Verbote nicht, ist unklar, wann eine Kenntniserlangung „unredlich" ist, ob also die durch „Reverse Engineering" unterstützte Herstellung eines mit „Coca-Cola" identischen Produkts – eine hinreichende wettbewerbliche Eigenart unterstellt – gegen §§ 3 Abs. 1, 4 Nr. 9c UWG verstieße. Der Begriff „Unredlichkeit" weist mit dem der „Unlauterkeit" aus § 3 Abs. 1 UWG einen synonymen Bedeutungsinhalt auf und ist in gleicher Weise unbestimmt. Im Interesse einer rechtssicheren Auslegung dieses unpräzisen Merkmals sollten – entsprechend der herkömmlichen Auslegung zu § 3 Abs. 1 UWG (bzw. § 1 UWG a.F.) – Fallgruppen herausgebildet werden, die sich an den sonstigen Wertungen des Wettbewerbsrechts orientieren und auch höherrangigen

---

718 Vgl. die Begründung des Regierungsentwurfs zu § 4 Nr. 11 UWG, BT-Drucksache 15/1487, S. 19.

719 Siehe oben: 3. Teil, A., I. (S. 153 ff.).

720 BGHZ 140, 183 (188) = GRUR 1999, 325 (326) – Elektronische Pressearchive.

721 BGHZ 140, 183 (188) = GRUR 1999, 325 (326) – Elektronische Pressearchive.

722 BGHZ 140, 183 (188) = GRUR 1999, 325 (326) – Elektronische Pressearchive; *Köhler*, in: Hefermehl/Köhler/Bornkamm, UWG-Kommentar, § 4 Rn. 11.40; *Stieper*, WRP 2006, 291 (293). Anderer Ansicht: *Schricker*, JZ 1999, 635 (636).

Wertungen (Grundgesetz, Europarecht) gerecht werden. Rechtsprechung und Literatur folgen dieser Vorgabe bisher jedenfalls unbewusst. So werden – in Anlehnung an die wettbewerbsrechtlichen Wertungen aus § 4 Nr. 3, 4, 5, 8 Hs. 2, 9a, § 5, § 6 Abs. 2 Nr. 3 und § 7 Abs. 2 Nr. 4 UWG – Kenntniserlangungen als „unredlich" angesehen, die auf einer „Täuschung" des Kenntnisinhabers beruhen.[723] Entsprechend der gesetzlichen Wertung aus § 17 Abs. 1 UrhG wird es als „unredlich" eingestuft, wenn die zur Nachahmung erforderlichen Kenntnisse durch „Vertrauensbruch" oder Ausnutzung eines solchen beschafft werden.[724]

Formen der Informationsausspähung regelt das UWG in § 17 Abs. 2 und setzt – nach zutreffender Auslegung – dafür notwendig einen Eingriff in eine fremde, unternehmerische Geheimhaltungssphäre voraus. Die Unterrichtung aus einem allgemein zugänglichen, frei erwerbbaren Produkt greift aber nicht in die durch § 17 UWG geschützte Geheimhaltungssphäre des Produktherstellers ein.[725] Und auch im Übrigen haftet ihr kein den Wertungen des Wettbewerbsrechts widersprechender Makel an. Vielmehr unterstützt der Gesetzgeber das Anliegen, auf fremdem „Know-how" aufzubauen: Patent- und Gebrauchsmusterrecht, dessen Schutz der Produkterwerber für sein Konstruktions-Know-how grundsätzlich in Anspruch nehmen kann, gewähren gerade keinen Schutz gegen fremde Kenntnisnahmen, sondern verlangen ausdrücklich die Veröffentlichung der geschützten Leistung, damit Andere – nach Abschluss eines Lizenzvertrages – darauf aufbauen können.

---

723 *Köhler*, in: Hefermehl/Köhler/Bornkamm, UWG-Kommentar, § 4 Rn. 9.62. Vgl. auch *Sambuc*, in: Harte-Bavendamm/Henning-Bodewig, UWG-Kommentar, § 4 Nr. 9 Rn. 156.

724 BGH, GRUR 2003, 356 (357) – Präzisionsmessgeräte; *Fezer*, in: Rengier, UWG-Kommentar, § 4–9 Rn. 63; *Köhler*, in: Hefermehl/Köhler/Bornkamm, UWG-Kommentar, § 4 Rn. 9.62; *Sambuc*, in: Harte-Bavendamm/Henning-Bodewig, UWG-Kommentar, § 4 Nr. 9 Rn. 157; *Wiebe*, in: MünchKomm UWG, § 4 Nr. 9 Rn. 203.

725 Vgl. Ziff. 11 der Regierungsbegründung zum Gesetzesentwurf, abgedruckt bei *P. Schmid*, Fabrik- und Geschäftsgeheimnisse, S. 63: „Auch ist ein Akt des unlauteren Wettbewerbs erst dann vollzogen, wenn das auf rechtmäßigem Wege erlangte Geheimnis gewerblich verwertet wird."

III. Gezielte Behinderung gem. §§ 3 Abs. 1, 4 Nr. 10 UWG

Die Literatur behandelt Fälle der Betriebsausspähung bzw. -spionage gelegentlich auch im Zusammenhang mit §§ 3 Abs. 1, 4 Nr. 10 UWG.[726] „Gezielte Behinderungen" im Sinne des § 4 Nr. 10 UWG setzen voraus, dass eine geschäftliche Handlung geeignet ist, konkrete Mitbewerber in ihrer wettbewerblichen Entfaltung am Markt zielgerichtet zu stören.[727] Erfolgreiches „Reverse Engineering" führt jedoch bloß zu einer Duplizierung des im Produkt verkörperten „Know-how". Das ausgeforschte Unternehmen kann es weiterhin uneingeschränkt zur Herstellung von Produkten verwenden.

„Gezielte Behinderungen" kommen allerdings in Betracht, soweit im Anschluss an die Produktanalyse bestimmte Beweggründe des „Reverse Engineering" in die Tat umgesetzt werden. So ist ein Verstoß gegen § 4 Nr. 10 UWG anzunehmen, wenn die erlangten Kenntnisse zu Zwecken der Produktsabotage eingesetzt werden, um den Absatz des ausgespähten Produkts zu stören und/oder den Ruf des Produktherstellers zu beeinträchtigen, sog. „produktbezogene Behinderung".[728] Werden mit Hilfe der ausgespähten Kenntnisse Konkurrenzprodukte entwickelt oder verbessert, führt dies allenfalls zu einer mittelbaren Umsatzbeeinträchtigung, die § 4 Nr. 10 UWG nicht sanktioniert. Konkurrenz bewirkt stets eine Verschärfung der wettbewerblichen Bedingungen und wird vom UWG ausdrücklich gefördert. Selbst der Vertrieb von – unter Umständen identischen – Produktnachahmungen stellt für sich keine Behinderung im Sinne des § 4 Nr. 10 UWG dar, sondern verstößt nur unter den in § 4 Nr. 9 UWG genannten zusätzlichen Voraussetzungen gegen das Wettbewerbsrecht.

Geht es dem Reverser um eine Erstellung sog. „Cracking-Tools", die dazu dienen sollen, technische Sicherungen (z. B. Kopierschutz, Dongelabfrage) des untersuchten Produkts zu umgehen, hängt es von den Umständen

726 *Götting*, in: Fezer, UWG-Kommentar, § 4–10 Rn. 39; *Köhler*, in: Hefermehl/Köhler/Bornkamm, UWG-Kommentar, § 4 Rn. 10.164 f.

727 Vgl. BGH, GRUR 2004, 877 (879) – Werbeblocker; BGH, GRUR 2002, 902 (905) – Vanity-Nummer; BGHZ 148, 1 = GRUR 2001, 1061 (1062) – Mitwohnzentrale; *Köhler*, in: Hefermehl/Köhler/Bornkamm, UWG-Kommentar, § 4 Rn. 10.7.

728 Vgl. BGH, GRUR 2004, 877 (879) – Werbeblocker; *Köhler*, in: Hefermehl/Köhler/Bornkamm, UWG-Kommentar, § 4 Rn. 10.48.

des Einzelfalls ab, ob damit eine „gezielte" Behinderung bezweckt wird. Wird der Markt mit kostenlosen Cracking-Tools überschwemmt, um den Interessenten die Produktnutzungen ohne Erwerb des Originalprodukts zu gewähren, so regelmäßig bei der Beseitigung von Kopierschutzmechanismen und Dongleabfragen, kann von einer „gezielten" Behinderung noch gesprochen werden, auch wenn der Einsatz der Umgehungswerkzeuge von der Entscheidung des jeweiligen Nutzers abhängt. Strebt der Hersteller von „Cracking-Tools" dagegen vorrangig deren gewinnbringenden Vertrieb an, ist er auf eine möglichst weite Verbreitung des Originalprodukts gerade angewiesen. In diesem Fall scheidet eine „gezielte" Behinderung aus,[729] in Betracht kommt jedoch ein sonst „unlauteres" Handeln gemäß § 3 Abs. 1 UWG.

IV. Rechtsbruch gem. §§ 3 Abs. 1, 4 Nr. 11 UWG

§§ 3 Abs. 1, 4 Nr. 11 UWG setzen den Verstoß gegen eine gesetzliche Vorschrift voraus, die zumindest auch dazu bestimmt ist, das Marktverhalten im Interesse der Marktteilnehmer zu regeln. „Reverse Engineering" erfüllt jedoch nicht den Tatbestand des § 17 UWG, und etwaige Verstöße gegen urheberrechtliche Befugnisse bleiben für § 4 Nr. 11 UWG außer Betracht, weil das Urheberrecht keine Marktverhaltensregeln aufstellt, sondern allein die Interessen des Urhebers und von ihm abgeleitete Rechtspositionen in den Blick nimmt.[730]

V. Unlauterkeit gem. § 3 Abs. 1 UWG

Die Begriffe „unlauter", § 3 Abs. 1 UWG, und „unredlich", § 4 Nr. 9c UWG, sind kongruent. Die bloße Analyse eines frei am Markt vertriebenen Produkts verstößt daher nicht gegen § 3 Abs. 1 UWG, sondern stellt ein wettbewerbsrechtlich neutrales Verhalten dar.[731] In Betracht kommt aber ein unlauteres Handeln, soweit der Reverser im Anschluss an die Produktanalyse bestimmte Beweggründe in die Tat umsetzt, die durch

---

729 Vgl. BGH, GRUR 2005, 581 (582) – The Colour of Elégance; BGH, GRUR 2007, 800 (802) – Außendienstmitarbeiter.

730 BGHZ 140, 183 (188) = GRUR 1999, 325 (326) – Elektronische Pressearchive. Siehe auch bereits oben: 3. Teil, C., II., 3. (S. 205).

731 Siehe oben: 3. Teil, C., II., 3. (S. 204 ff.).

die Beispielstatbestände des § 4 UWG nicht abschließend geregelt werden, jedoch einen vergleichbaren Unrechtsgehalt aufweisen, so beim Vertrieb sog. „Cracking-Tools“, der regelmäßig keine „gezielte“ Behinderung im Sinne von § 4 Nr. 10 UWG darstellt.

Die wettbewerbsrechtliche Generalklausel setzt keine gezielten oder unmittelbaren Behinderungen voraus, auch mittelbare Beeinträchtigungen können unlauter sein,[732] wenn der betroffene Marktteilnehmer seine Leistung am Markt durch eigene Anstrengung nicht mehr in angemessener Weise zur Geltung bringen kann.[733] Erforderlich ist eine Abwägung und Gesamtwürdigung der im Einzelfall konfligierenden Interessen.[734]

Vertreibt ein Anbieter Waren oder Dienstleistungen, die geeignet sind, Dritten einen unberechtigten Zugang zu einer entgeltlich angebotenen Leistung zu verschaffen (z. B. „Pay-TV-Piratenkarten“), nehmen Rechtsprechung[735] und Literatur[736] – soweit ersichtlich: übereinstimmend – ein unlauteres Handlen an. Die Begründung des Oberlandesgerichts Frankfurt, der Vertrieb von Pay-TV-Piratenkarten beeinträchtige unangemessen den Ruf des Herstellers der Originalkarten,[737] überzeugt allerdings nicht: Durch Erstellung und Vertrieb der Piratenkarten hatte der Piratenkartenhersteller zwar erhebliche Sicherheitslücken des Pay-TV-Anbieters aufgedeckt und ausgenutzt, dadurch korrigierte er jedoch allenfalls einen bis dato „zu guten Ruf“ des Originalkartenherstellers, der angesichts der tatsächlichen Qualität der Sicherheitsvorkehrungen nicht gerechtfertigt war.

Höchstrichterlich abgelehnt wurde ein unlauteres Handeln für den Vertrieb eines TV/Video-Vorschaltgerätes, das Nutzer einsetzen können, um Werbeblöcke in Fernsehprogrammen automatisch auszublenden.[738] Der

---

732 BGH, GRUR 2004, 877 (879) – Werbeblocker; *Köhler*, in: Hefermehl/Köhler/Bornkamm, UWG-Kommentar, § 4 Rn. 10.48.

733 BGHZ 148, 1 (5) – Mitwohnzentrale; BGH, GRUR 2002, 902 (905) – Vanity-Nummern; BGH, GRUR 2007, 800 (802) – Außendienstmitarbeiter.

734 BGH, GRUR 2004, 877 (879) – Werbeblocker.

735 BGH, GRUR 2004, 877 (879) – Werbeblocker; OLG Frankfurt, NJW 1996, 264.

736 *Hoeren*, EWiR 1995, 1021; *Köhler*, in: Hefermehl/Köhler/Bornkamm, UWG-Kommentar, § 4 Rn. 10.48.

737 OLG Frankfurt, NJW 1996, 264 (265).

738 BGH, GRUR 2004, 877 (879 f.) – Werbeblocker. Zustimmend: *Götting*, in: Fezer, UWG-Kommentar, § 4–10 Rn. 89; *Köhler*, in: Hefermehl/Köhler/Born-

Anbieter eines solchen Geräts bediene sich wettbewerbseigener Mittel und hindere die Sendeunternehmen insbesondere nicht daran, ihre Leistungen auf dem Markt angemessen zur Geltung zu bringen.[739] Insbesondere lasse sich auch aus der institutionellen Garantie des Staates für die Freiheit des Rundfunks, vgl. Art. 5 Abs. 1 GG, kein Anspruch der Fernsehsender auf ungestörte geschäftliche Betätigung herleiten.[740]

VI. Ergebnis der wettbewerbsrechtlichen Betrachtung

„Reverse Engineering" selbst, also die bloße Analyse fremder Produkte, ist wettbewerbsrechtlich neutral. Verstöße gegen §§ 3 Abs. 1, 4 Nr. 10 UWG kommen jedoch in Betracht, sofern der Reverser seine Kenntnisse nach der Analyse dazu einsetzt, um die fremde Produktreihe „gezielt" zu sabotieren. Dazu zählt auch die bewusste Überschwemmung des Marktes mit sog. „Cracking-Tools". Bezweckt der Vertrieb von „Cracking-Tools" vorrangig eine eigene Gewinnerzielung, kommt es auf eine Abwägung der Einzelfallumstände im Rahmen des § 3 Abs. 1 UWG an.

---

kamm, UWG-Kommentar, § 4 Rn. 10.48. Anderer Ansicht: *Ladeur*, GRUR 2005, 559 (562).

739 BGH, GRUR 2004, 877 (879) – Werbeblocker.

740 BGH, GRUR 2004, 877 (879 f.) – Werbeblocker.

D. Allgemeines Deliktsrecht

Für einen deliktsrechtlichen Know-how-Schutz gegen Maßnahmen des „Reverse Engineering“ kommen §§ 823, 826 BGB in Betracht. Rechtsfolgen eines Verstoßes sind Ansprüche auf Schadensersatz sowie – in Verbindung mit § 1004 BGB (analog) – Ansprüche auf Beseitigung und Unterlassung.

I. Verletzung eines „sonstigen Rechts“ gem. § 823 Abs. 1 BGB

§ 823 Abs. 1 BGB gewährt einen leistungsfähigeren Rechtsschutz als § 17 UWG. Neben fünf ausdrücklich geschützten Rechtsgütern bzw. Rechten enthält § 823 Abs. 1 BGB die offene Formulierung „oder ein sonstiges Recht“ und damit die prinzipielle Möglichkeit, verschiedenste schutzbedürftige Interessen deliktsrechtlich abzusichern. Da zivile Eigentumsrechte am „geistigen“ Gegenstand „Know-how“ nicht bestehen, kommt für den Schutz gegen „Reverse Engineering“ bloß die Verletzung eines solchen „sonstigen Rechts“ in Betracht.

Über die Auslegung des Merkmals „sonstiges Recht“ wird in Rechtsprechung und Literatur seit Inkrafttreten des Bürgerlichen Gesetzbuchs gestritten. Durch die Aufzählung einzelner Rechtsgüter (Leben, Körper, Gesundheit, Freiheit) und Rechte (Eigentum, sonstiges Recht) gab der Gesetzgeber klar zu erkennen, dass er einen lückenlosen, generalklauselartigen Deliktsschutz, wie ihn andere Rechtsordnungen enthalten,[741] ablehnt. Er hielt stattdessen für erforderlich,

> „dem Richter zu seiner Entscheidung schon im Gesetz einen gewissen objektiven Maßstab an die Hand zu geben“.[742]

Entsprechend dieser gesetzgeberischen Maßgabe erkannten Rechtsprechung und Literatur anfangs vor allem absolut geschützte Rechte, insbesondere Immaterialgüterrechte, als „sonstige Rechte“ im Sinne des § 823 Abs. 1 BGB an. In der Folgezeit offenbarten sich außerhalb dieser – ohnehin stark ausgestalteten – Rechtspositionen indes Lücken für den Schutz persönlicher Interessen sowie der wirtschaftlichen Betätigung, die Recht-

---

741 Zum Beispiel Frankreich: Art. 1382 Code Civil.

742 Mugdan, Materialien BGB, Band 2, S. 1075.

sprechung und Literatur durch Herausbildung zweier Generalklauseln – allgemeines Persönlichkeitsrecht und Recht am Gewerbebetrieb – zu schließen suchten.[743] Für „Know-how" bzw. Unternehmensgeheimnisse im Sinne von § 17 UWG wird ein deliktsrechtlicher Schutz über eben diese Generalklauseln sowie auf Grundlage eines „sonstigen Rechts" am „Know-how" selbst diskutiert.

1. Absoluter oder rahmenrechtlicher Schutz des „Know-how"

Ein eigenständiger Schutz des „Know-how" als „sonstiges Recht" wird – soweit ersichtlich – nur für „geheimes" Wissen bejaht,[744] so dass im Folgenden zwischen Stellungnahmen, die ein „sonstiges Recht" am „Know-how" diskutieren, und solchen, die „Unternehmensgeheimnisse" subsumieren, nicht unterschieden werden muss.

a) Meinungsstand in Rechtsprechung und Literatur

Einzelne Stimmen in der Literatur schützen geheimes „Know-how" absolut, soweit es sonderrechtlich geschützten Positionen besonders angenähert, mit ihnen „vergleichbar" ist.[745] Dies sei insbesondere für bedeutsame Geheimverfahren eines Unternehmens, auf die sich gerade Maßnahmen des „Reverse Engineering" beziehen, der Fall; der Eingriff in eine solche Position indiziere das Unrecht der Tat.[746] Zumindest in die Nähe dieser Ansicht stellte sich der Bundesgerichtshof im Jahr 1955 mit seiner Entscheidung im Fall „Dücko", in der er zu Gunsten eines Konkursschuldners an einem „im Betriebe genutzten Geheimverfahren ein

---

743 *Von Caemmerer*, in: FS 100 Jahre deutscher Juristentag, 49 (71), der als dritte Generalklausel noch die Entwicklung der – für dieses Gutachten allerdings irrelevanten – „Verkehrssicherungspflichten" wiedergibt.

744 *Pfister*, Das technische Geheimnis „Know how" als Vermögensrecht, S. 53; *Stadtmüller*, Recht am Unternehmen, 278 ff.; *Tiedemann*, in: FS E. von Caemmerer, 343 (347 f.).

745 *Ploch-Kumpf*, Schutz von Unternehmensgeheimnissen im Zivilprozess, S. 61 ff. Wohl auch: *Nastelski*, GRUR 1958, 1 (6); *Tetzner*, Gesetz gegen den unlauteren Wettbewerb, § 19 Rn. 1; *Westermann*, Handbuch Know-how-Schutz, S. 116. In der Tendenz auch: *Tiedemann*, in: FS E. von Caemmerer, 643 (653): „Dem System des Zivilrechts dürfte daher eher die Annahme eines (subjektiven) Rechts am know how (...) entsprechen".

746 *Ploch-Kumpf*, Schutz von Unternehmensgeheimnissen im Zivilprozess, S. 63.

Ausschlussrecht" anerkannte, „das ihm im Verletzungsfall Unterlassungs- und Schadensersatzansprüche aus § 823 BGB" gewähre.[747] In der Entscheidung „Industrieböden" aus dem Jahr 1962 ließ der Bundesgerichtshof die Frage, ob Unternehmensgeheimnisse selbständigen Schutz als „sonstige Rechte" genießen, dann offen,[748] und kürzlich sprach er sich ausdrücklich dagegen aus:

„Geschäftsidee und -organisation, Know-how, good will, Kundenstamm, Lieferantenbeziehungen und ähnliche immaterielle Betriebsmittel sind für sich genommen kein sonstiges Recht im Sinne des § 823 Abs. 1 BGB. Sie werden einem solchen nur gleichgestellt, wenn auf ihrer Grundlage ein Betrieb eingerichtet und ausgeübt wird, also nur, soweit sie Teil einer bestehenden wirtschaftlichen Einheit sind."[749]

Pfister differenziert nach verschiedenen Eingriffshandlungen in die Beziehung zwischen Unternehmensgeheimnis und Geheimnisinhaber.[750] Das Recht am geheimen „Know-how" sei „janusköpfig". Werde der „Besitz" des Berechtigten am „technischen Geheimnis Know-how" gestört, dieses vernichtet, beschädigt oder dem Berechtigten in sonstiger Weise entzogen, so liege ein Verstoß gegen die durch Art. 14 GG bewirkte Güterzuordnung vor. In diesen Fällen indiziere der Eingriff das Unrecht der Tat (= absoluter Rechtsschutz). Werde hingegen das dem Geheimnis zu Grunde liegende Wissen bloß verwendet, ohne es dem Inhaber zu entziehen, bleibe die verfassungsrechtliche Güterzuordnung unangetastet, mit der Konsequenz, dass die Rechtswidrigkeit des Verhaltens positiv festgestellt werden müsse (= rahmenrechtlicher Schutz).[751] Maßnahmen des „Reverse Engineering" ordnet *Pfister* in die zweite Kategorie ein, die erforderliche Interessen- und Güterabwägung führt seiner Ansicht nach zur Zulässigkeit entsprechender Produktanalysen.[752]

Die überwiegende Meinung schützt geheimes „Know-how" – unabhängig von der jeweiligen Eingriffshandlung – rahmenrechtlich.[753] Die kon-

---

747 BGHZ 16, 172 (175) = GRUR 1955, 388 (389).

748 BGH, GRUR 1963, 367 (369) – Industrieböden.

749 BGHZ 163, 9 (15) = NJW-RR 2005, 1175 (1177).

750 *Pfister*, Das technische Geheimnis „Know how" als Vermögensrecht, S. 93 ff. Zustimmend: *Berkemeier*, Verwertung von Immaterialgüterrechten, S. 42 f.

751 *Pfister*, Das technische Geheimnis „Know how" als Vermögensrecht, S. 99.

752 *Pfister*, Das technische Geheimnis „Know how" als Vermögensrecht, S. 119 f.

753 *Daub*, Verletzung von Unternehmensgeheimnissen, S. 116 ff.; *Henkels*, Betriebsgeheimnisse, S. 59; *Kersting*, Schutz des Wirtschaftsgeheimnisses im Zi-

krete Reichweite des Schutzes hänge – wie bei den sonstigen Rahmenrechten – von einer Interessenabwägung im Einzelfall ab. Maßnahmen des „Reverse Engineering" werden nur im Einzelfall konkret subsumiert.[754]

Sämtliche Stellungnahmen, die einen Schutz des geheimen „Know-how" im Grundsatz befürworten, ob nun rahmenrechtlich oder absolut, berufen sich zur Begründung auf enorme, praktische Schutzbedürfnisse der Wirtschaft sowie eine verfassungsrechtliche Absicherung des „Unternehmensgeheimnisses" durch Art. 14 Abs. 1 GG.[755]

Die Gegenansicht[756] lehnt einen eigenständigen Schutz des geheimen „Know-how" ab und verweist zumeist auf den auffangenden Schutz über das Recht am eingerichteten und ausgeübten Gewerbebetrieb. Geheimnisse vermittelten lediglich eine faktische, keine rechtliche Exklusivität.[757] Es dürfe nicht vom wirtschaftlichen Wert des Unternehmensge-

---

vilprozess, S. 42 ff.; *Köhler*, in: Hefermehl/Köhler/Bornkamm, UWG-Kommentar, § 17 Rn. 53; *ders.*, in: UWG-Großkommentar, § 19 Rn. 18; *Mes*, Arbeitsplatzwechsel und Geheimnisschutz, GRUR 1979, 584 (590 ff.); *Paul*, NJW 1963, 2249 (2251). Wohl auch: *Stadtmüller*, Recht am Unternehmen, S. 284 ff., insbesondere S. 287: „(...) wird man i.d.R. ohne Interessenabwägung Ansprüche aus § 823 I BGB nicht zusprechen können."

754 *Kersting*, Schutz des Wirtschaftsgeheimnisses im Zivilprozess, S. 43, lehnt einen Schutz insoweit ab. Offen gelassen bei *Daub*, Verletzung von Unternehmensgeheimnissen, S. 123.

755 *Mes*, GRUR 1979, 584 (591); *Pfister*, Das technische Geheimnis „Know how" als Vermögensrecht, S. 42 ff.; *Ploch-Kumpf*, Schutz von Unternehmensgeheimnissen im Zivilprozess, S. 62.

756 *Brachtel*, Gruppenfreistellung, S. 2; *Habel*, Nutzungsrechte, S. 192 ff.; *ders.*, CR 1991, 257 (258); *Hauck*, Wirtschaftsgeheimnisse, 298 ff.; *Kraßer*, GRUR 1970, 587 (596); *ders.*, GRUR 1977, 177 (189 ff.); *Loewenheim*, ZHR 135 (1971), 97 (139); *A. Maier*, Schutz von Betriebs- und Geschäftsgeheimnissen, S. 346 ff.; *St. Müller*, Schutz von Know-how nach TRIPS, S. 19 f., 25; *Pfaff*, BB 1974, 565 (567); *Platzer*, Schutz des Unternehmensgeheimnisses, S. 37; *Saumweber*, Schutz von Know-how, S. 148 ff., 288; *Schiemann*, in: Erman, § 823 Rn. 40; *Schlötter*, Schutz von Betriebs- und Geschäftsgeheimnissen, S. 178 f.; *Steffen*, in: RGRK, § 823 Rn. 35; *Stumpf*, Der Know-how-Vertrag, S. 29 f., 35; *Wiemer*, Vertragsstrafe, S. 37 ff. Vgl. auch bereits: *Seligsohn*, Geheimnis und Erfindungsbesitz, S. 64. Zweifelnd: *Ann*, GRUR 2007, 37 (43).

757 *A. Maier*, Schutz von Betriebs- und Geschäftsgeheimnissen, S. 346 mit Fn. 440; *St. Müller*, Schutz von Know-how nach TRIPS, S. 25; *Pfaff*, BB 1974,

heimnisses auf seine rechtliche Schutzfähigkeit geschlossen werden.[758] Ein selbständiger Schutz des geheimen „Know-how" als „sonstiges Recht" verstoße gegen den „Numerus Clausus der Immaterialgüterrechte", demzufolge es grundsätzlich dem Gesetzgeber vorbehalten sei, hinreichende Schutzpositionen an immateriellen Gegenständen auszugestalten. Für Unternehmensgeheimnisse habe der Gesetzgeber jedoch keine entsprechende Güter- oder Interessenzuordnung vorgenommen.[759] Der gesetzliche Schutz des geheimen Know-how (insbesondere: § 17 UWG) sei mit dem Schutz, den gewerbliche Schutzrechte oder das Urheberrecht gewähren, nicht vergleichbar.[760] Nur im Ausnahmefall, bei „unerträglichen Ergebnissen infolge fehlerhaftem oder unzureichendem Rechtsschutz", dürfe der Grundsatz vom „Numerus Clausus der Immaterialgüterrechte" durchbrochen werden.[761] Dafür bestehe für gewerbliche Geheimnisse angesichts des existierenden zivil- und wettbewerbsrechtlichen Schutzes aber kein Bedürfnis.[762] Grundrechte, allen voran die Eigentumsgarantie aus Art. 14 GG, könnten eine Durchbrechung des „Numerus Clausus der Immaterialgüterrechte" nicht rechtfertigen.[763] Vielmehr konterkarierte eine Verstärkung der Position des Geheimnisinhabers die Anreizfunktion des Patentrechts, Erfindungen zu Gunsten der Allgemeinheit offen zu legen.[764]

---

565 (567); *Saumweber*, Schutz von Know-how, S. 149; *Schlötter*, Schutz von Betriebs- und Geschäftsgeheimnissen, S. 178.

758 *Kraßer*, GRUR 1970, 587 (596).

759 *Pfaff*, BB 1974, 565 (567); *Saumweber*, Schutz von Know-how, S. 153.

760 *Brachtel*, Gruppenfreistellung, S. 2; *Loewenheim*, ZHR 135 (1971), 97 (139); *Saumweber*, Schutz von Know-how, S. 288; *Stumpf*, Der Know-how-Vertrag, S. 29.

761 *Pfaff*, BB 1974, 565 (567).

762 *Pfaff*, BB 1974, 565 (567); *Saumweber*, Schutz von Know-how, S. 153.

763 *Hauck*, Wirtschaftsgeheimnisse, S. 234 ff.

764 *Habel*, Nutzungsrechte, S. 193; *ders.*, CR 1991, 257 (258); *A. Maier*, Schutz von Betriebs- und Geschäftsgeheimnissen, S. 346 mit Fn. 440; *Pfaff*, BB 1974, 565 (567); *Platzer*, Schutz des Unternehmensgeheimnisses, S. 37. Vgl. auch *Forkel*, in: FS von Carolsfeld, 105 (120); *Kraßer*, GRUR 1977, 177 (194 f.); *Maass*, Information und Geheimnis, S. 103 ff.; *Schlötter*, Schutz von Betriebs- und Geschäftsgeheimnissen, S. 178; *Wiemer*, Vertragsstrafe, S. 40.

b) Diskussion und Kritik

Die häufig zu findende Aussage, Unternehmensgeheimnisse vermittelten keine rechtliche, sondern ausschließlich eine faktische Exklusivität, stellt, soweit sie eigenständig als Argument eingesetzt wird,[765] eine Petitio Principii dar. Ob Unternehmensgeheimnisse eine rechtliche Exklusivitätsstellung vermitteln, hängt von einer entsprechenden rechtlichen Prüfung dieser Frage erst ab. Im Folgenden wird untersucht, inwieweit ein Grundsatz vom „Numerus Clausus der Immaterialgüterrechte" anzuerkennen ist und der Billigung eines absoluten Rechts oder eines Rahmenrechts am geheimen „Know-how" entgegensteht. Aus dieser Prüfung folgt, welche Anforderungen notwendig sind, um entsprechende Rechte durch § 823 Abs. 1 BGB abzusichern, und inwieweit der Verweis auf Art. 14 Abs. 1 GG eine zureichende Begründung liefern kann.

aa) „Numerus Clausus der Immaterialgüterrechte"

Die deutsche Rechtsordnung basiert auf einer liberalistisch-individualistischen Grundhaltung. Den Mitgliedern einer Gesellschaft wird die Fähigkeit sowie das natürliche Recht zugeschrieben, die sie betreffenden Angelegenheiten privatautonom – und also ohne Unterstützung des Staates – zu regeln. Zu dieser Freiheit zählt auch die Wettbewerbsfreiheit, also die Freiheit, sich auf einem bestimmten, frei gewählten Markt ungehindert zu betätigen. Grundrechtlich verbürgt ist die allgemeine Handlungsfreiheit des Einzelnen in Art. 2 Abs. 1 GG, die spezielle Wettbewerbsfreiheit auch in Art. 12 Abs. 1 GG. Eingriffe des Staates sind rechtfertigungsbedürftig.

Der Gesetzgeber nimmt diese Ausgangslage zum Anlass, nur in hinreichend erforderlichen Fällen in die Freiheit der Einzelnen einzugreifen. Gesetzgebungstechnisch können dabei zwei Vorgehensweisen unterschieden werden, erstens die spezielle Regelung bestimmter, einzelner Verhaltensweisen (relativer Rechtsschutz), und zweitens die Begründung gesetzlicher Monopole durch Implementierung einer von jedermann – zumindest im Grundsatz – zu beachtenden Güter- und Interessenzuordnung (absoluter Rechtsschutz).

765 Ausnahme: *Pfaff*, BB 1974, 565 (567).

Im Falle eines geringeren Schutzbedürfnisses begnügt sich der Gesetzgeber mit der Implementierung eines relativen Rechtsschutzes und sichert bestimmte Interessen bloß gegen einzelne, konkret oder allgemein umschriebene Verletzungshandlungen ab, so im Bereich des Wettbewerbsrechts, das Schutz bloß gegen „unlautere geschäftliche Handlungen" gewährt, vgl. § 3 Abs. 1 UWG, nicht jedoch eine konkrete Wettbewerbsposition als solche schützt.[766] Gesetzlich begründete Monopolstellungen an immateriellen Gegenständen, die das Prinzip der grundsätzlich gewollten Wettbewerbsfreiheit im Hinblick auf bestimmte Interessen und Güter ins Gegenteil verkehren, gewährt der Gesetzgeber nur in Ausnahmefällen für besonders schutzwürdige und schutzfähige Güter und Interessen. Gesetzestechnisches Mittel ist die Festschreibung einer von jedermann zu beachtenden Güter- und Interessen*zuordnung*. So ordnen Patent- und Gebrauchsmusterrecht dem Schutzrechtsinhaber die alleinige Befugnis zu, die sonderrechtlich geschützten Erfindungen im Rahmen des geltenden Rechts zu benutzen, §§ 9 S. 1 PatG, 11 Abs. 1 S. 1 GebrMG. Das Urheberrecht weist dem Schöpfer eines geschützten Werks durch §§ 11 ff. UrhG persönlichkeits- und verwertungsrechtliche Befugnisse eindeutig zu. Die Grenzen der eingeräumten Rechtsposition werden vom Gesetzgeber jeweils selbst durch eng umschriebene Voraussetzungen und Schranken möglichst präzise festgelegt. Eingriffe in die entsprechenden Positionen indizieren die Rechtswidrigkeit des Verhaltens.

Aus dieser Vorgehensweise des Gesetzgebers leitet sich der Grundsatz vom „Numerus Clausus der Sachen- und Immaterialgüterrechte" ab. Es ist davon auszugehen, dass sich der Gesetzgeber die Entscheidung darüber, ob eine Position absolut geschützt werden soll, vorbehalten will.[767] In Respekt vor der grundrechtlich vorgesehenen Gewaltenteilung, Art. 20 Abs. 3 GG, ist dieser erkennbare gesetzgeberische Wille grundsätzlich hinzunehmen. Auch Stimmen, die den Grundsatz vom „Numerus Clausus der Immaterialgüterrechte" kritisch betrachten, bestätigen dessen Wirkungen jedenfalls für den – hier allein interessierenden – „Bereich des technischen Nachbaus",[768] bei dem der gesetzgeberische Wille zu einer abschließenden Regelung unverkennbar ist.

766 Vgl. auch oben: 3. Teil, C., II., 3. (S. 204).

767 *Saumweber*, Schutz von Know-how, S. 153; *Sucker*, CR 1989, 353 (360).

768 *Müller-Laube*, ZHR 156 (1992), 480 (498); *Ohly*, in: FS Schricker, 105 (119 f.); *Roth*, Lizenzen, S. 107.

Das geheime Herstellungs-Know-how eines Unternehmens wird durch die einfache Rechtsordnung nicht absolut geschützt. Der wettbewerbsrechtliche Geheimnisschutz nach § 17 UWG kodifiziert kein dem Urheberrecht oder den Sonderrechten des gewerblichen Rechtsschutzes vergleichbares Schutzniveau, sondern sichert Unternehmensgeheimnisse bloß gegen einzelne, besonders gefährliche Eingriffe ab. Der urheberrechtliche Softwareschutz nach §§ 69a ff. UrhG bewirkt allenfalls eine mittelbare Absicherung des abstrakten Programmier-Know-how, § 69a Abs. 2 S. 2 UrhG, unmittelbar geschützt wird bloß die konkrete Umsetzung des „Know-how“ im Rahmen einer Programmerstellung.

Damit ist der einfachgesetzliche Rahmen abgesteckt, innerhalb dem die Anerkennung eines absoluten oder rahmenrechtlichen Schutzes von Unternehmensgeheimnissen begründbar ist: Der absolute Schutz von Unternehmensgeheimnissen setzt eine Durchbrechung des – jedenfalls im technischen Bereich – grundsätzlich zu beachtenden „Numerus Clausus der Immaterialgüterrechte“ voraus. Eine solche Durchbrechung kommt insbesondere auf Grund höherrangiger Rechtsbefehle in Betracht, wie sie das Grundgesetz sowie die Vorschriften des Völkerrechts formulieren. Dogmatischer Weg für die Anerkennung eines absoluten Rechts am geheimen „Know-how“ wäre die Auslegung des Merkmals „sonstiges Recht“, einer Generalklausel des Zivilrechts, die für eine mittelbare Berücksichtigung verfassungs- und völkerrechtlicher Wertungen in besonderer Weise offen steht.[769] Für die Begründung eines Rahmenrechts am geheimen „Know-how“ kann freier argumentiert werden, der Grundsatz vom „Numerus Clausus der Immaterialgüterrechte“, der lediglich einer gerichtlichen Anerkennung vergleichbarer, also absoluter Rechtspositionen entgegensteht, wird dadurch nicht angetastet.

bb) Verfassungsrechtlich indizierter Schutzauftrag

Es schließt sich die Frage an, ob das geheime „Know-how“ an der verfassungsrechtlichen Gewährleistung des Art. 14 GG teilnimmt, und gegebenenfalls, ob diese Gewährleistung zur Anerkennung einer absolut oder jedenfalls rahmenrechtlich geschützten Position am „Know-how“ drängt.

---

769 Einer „richterlichen Rechtsfortbildung“ – so aber *Hauck*, Wirtschaftsgeheimnisse, 201 ff. – bedarf es nicht.

Nach weit verbreiteter Ansicht wird das geheime „Know-how" jedenfalls mittelbar von Art. 14 Abs. 1 GG erfasst, nämlich als Bestandteil des Rechts am eingerichteten und ausgeübten Gewerbebetrieb.[770] Aus einer solchen verfassungsrechtlichen Absicherung könnte jedoch allenfalls ein deliktsrechtlicher Schutz des Gewerbebetriebs, nicht jedoch des dadurch nur indirekt abgesicherten „Know-how" selbst abgeleitetet werden. Zur verfassungsrechtlichen Begründung eines absoluten Rechts oder Rahmenrechts am geheimen „Know-how" wäre notwendig, dass die Eigentumsgarantie des Art. 14 Abs. 1 GG das geheime „Know-how" selbst unmittelbar beschützt. Diese Frage ist umstritten.[771] Das Bundesverfassungsgericht hat sie zuletzt offengelassen.[772]

Die überwiegende Meinung in der zivil- und öffentlichrechtlichen Literatur spricht sich – häufig ohne eingehende Begründung – für eine verfassungsrechtliche Absicherung des geheimen „Know-how" aus.[773] Das geheime „Know-how" beruhe auf einer gewerblichen Leistung[774] und sei

770 *Bullinger*, NJW 1978, 2173 (2178); *Deutsch*, Heimliche Erhebung, S. 127f.; *Ploch-Kumpf*, Schutz von Unternehmensgeheimnissen im Zivilprozess, S. 15.

771 Anderer Ansicht: *Ann*, GRUR 2007, 39 (42): Art. 14 GG erfasse „unstreitig auch Know-how".

772 BVerfGE 115, 205 (248) = MMR 2006, 375 (382) – Geschäfts- und Betriebsgeheimnis.

773 *Brammsen*, DöV 2007, 10 (12ff.); *Bullinger*, NJW 1978, 2173 (2176ff.); *Cosack/Tomerius*, NVwZ 1993, 841 (843); *von Danwitz*, DVBl. 2005, 597 (600); *Denninger*, GRUR 1984, 627 (631ff.); *Eberz*, Schutz der Geheimnissphäre, S. 19ff.; *Engel*, NVwZ 1992, 111; *Fluck*, NVwZ 1994, 1048 (1053f.); *E. Gurlit*, Verwaltungsöffentlichkeit im Umweltrecht, S. 119ff.; *Hahn*, Offenbarungspflichten, S. 170ff.; *Hartung*, Geheimnisschutz und Whistleblowing, S. 124; *Heitsch*, Genehmigung, S. 116f.; *Hitzfeld*, Geheimnisschutz, S. 42; *Kim*, Schutz von Geschäfts- und Betriebsgeheimnissen, S. 88; *Knemeyer*, DB 1993, 721 (724); *Pfister*, Das technische Geheimnis „Know how" als Vermögensrecht, S. 46; *Pisani*, Koorperation, S. 58; *Ploch-Kumpf*, Schutz von Unternehmensgeheimnissen im Zivilprozess, S. 14; *Richler*, Schutz von Betriebs- und Geschäftsgeheimnissen, S. 22ff.; *Schleich*, Untersuchungsrecht, S. 36f.; *Scholz*, Konkurrenzprobleme, S. 31ff.; *M. Schröder*, UPR 1985, 394 (396f.); *Schröder*, Geheimhaltungsschutz, S. 22ff.; *Stabel*, Kooperations- versus Geheimhaltungsprinzip, S. 160f.; *Steinberg*, UPR 1988, 1 (2); *Stober*, Handbuch Wirtschaftsverwaltungs- und Umweltrecht, S. 252; *Taeger*, Offenbarung von Betriebs- und Geschäftsgeheimnissen, S. 62ff.; *Wolfrum*, GRUR 1986, 512 (513ff.).

774 *Von Danwitz*, DVBl. 2005, 597 (600); *Dennninger*, GRUR 1984, 627 (632); *Richler*, Schutz von Betriebs- und Geschäftsgeheimnissen, S. 25f.; *Scholz*, Konkurrenzprobleme, S. 31f.; *Wolfrum*, GRUR 1986, 512 (515).

„vermögenswertig“,[775] damit erfülle es die wesentlichen Merkmale für die Qualifizierung einer Position als Eigentum. Regelmäßig sei das geheime Unternehmenswissen sogar wertvoller als gewerbliche Schutzrechte, gerade in der Form eines Geheimverfahrens oder Geheimrezepts bilde es nicht selten den wesentlichen Wertfaktor einer Unternehmung.[776] Auch das einfache Gesetz erkenne den enormen wirtschaftlichen Wert des geheimen „Know-how“ durch zahlreiche Schutzvorschriften, insbesondere §§ 17, 18 UWG, ausdrücklich an.[777]

Insbesondere für Herstellungsgeheimnisse wird ein Bedürfnis nach verfassungsrechtlicher Absicherung aus der funktionalen Parallelität zu den Gegenständen des gewerblichen Rechtsschutzes abgeleitet.[778] Die Geheimhaltung eines Konstruktions-Know-how diene in gleicher Weise der Sicherung der Wettbewerbsfähigkeit des Unternehmens wie dessen Patentierung, in beiden Fällen werde eine durch Informationsvorsprung begründete Vorzugsstellung gewahrt.[779] Durch die gesetzlichen Schutzvorschriften werde die Vermögensposition am Geheimnis „verdichtet“, es liege eine „geronnene“ wirtschaftliche Leistung vor, vergleichbar den Gegenständen der gewerblichen Sonderschutzrechte.[780]

Soweit die aus Art. 14 Abs. 1 S. 2 GG gefolgerte Normprägung des Schutzbereichs in den Blick genommen wird, geht man davon aus, dass §§ 17f. UWG[781] sowie weitere Vorschriften des Geheimnisschutzes (§ 30

---

775 *Cosack/Tomerius*, NVwZ 1993, 841 (843); *Dennninger*, GRUR 1984, 627 (631 f.); *von Danwitz*, DVBl. 2005, 597 (600); *Kim*, Schutz von Geschäfts- und Betriebsgeheimnissen, S. 88; *Knemeyer*, DB 1993, 721 (724); *Ploch-Kumpf*, Schutz von Unternehmensgeheimnissen im Zivilprozess, S. 13 f.; *Richler*, Schutz von Betriebs- und Geschäftsgeheimnissen, S. 26; *Stabel*, Kooperations- versus Geheimhaltungsprinzip, S. 160.

776 *Ploch-Kumpf*, Schutz von Unternehmensgeheimnissen im Zivilprozess, S. 13 f.

777 *Ploch-Kumpf*, Schutz von Unternehmensgeheimnissen im Zivilprozess, S. 14.

778 *Ploch-Kumpf*, Schutz von Unternehmensgeheimnissen im Zivilprozess, S. 13 f.; *Richler*, Schutz von Betriebs- und Geschäftsgeheimnissen, S. 25; *Stober*, Handbuch Wirtschaftsverwaltungs- und Umweltrecht, S. 252; *Wolfrum*, GRUR 1986, 512 (515).

779 *Ploch-Kumpf*, Schutz von Unternehmensgeheimnissen im Zivilprozess, S. 13.

780 *Hartung*, Geheimnisschutz und Whistleblowing, S. 124; *Stober*, Handbuch Wirtschaftsverwaltungs- und Umweltrecht, S. 252; *Wolfrum*, GRUR 1986, 512 (515).

781 *Stabel*, Kooperations- versus Geheimhaltungsprinzip, S. 161; *Taeger*, Offenbarung von Betriebs- und Geschäftsgeheimnissen, S. 64.

VwVfG[782], §§ 4 Abs. 7, 7 Abs. 3 ChemikalienG[783]) eine hinreichende Ausgestaltung der Eigentumsposition enthalten. Gelegentlich wird der verfassungsrechtliche Schutz auch mit einer rechtlichen Absicherung des Geheimnisses als „sonstiges Recht" gemäß § 823 Abs. 1 BGB begründet.[784] Zumindest aber fordere die Institutsgarantie aus Art. 14 Abs. 1 S. 1 GG die Anerkennung eines verfassungsrechtlichen Eigentumsschutzes von Unternehmensgeheimnissen.[785] Zweck der Eigentumsgarantie sei es, dem Träger des Grundrechts durch Zubilligung und Sicherung von Herrschafts-, Nutzungs- und Verfügungsrechten einen Freiraum im vermögensrechtlichen Bereich zu gewährleisten und mithin eine eigenverantwortliche Lebensgestaltung zu ermöglichen. So wie die verfassungsrechtliche Eigentumsgarantie verlangte, Eigentum an den vermögenswerten Werkinteressen des Urhebers anzuerkennen,[786] fordere sie aktuell eine entsprechende Anerkennung für Unternehmensgeheimnisse.[787]

Die Gegenansicht lehnt einen verfassungsrechtlichen Eigentumsschutz des geheimen „Know-how" ab.[788] Es dürfe nicht vom wirtschaftlichen Wert einer Position auf dessen verfassungsrechtliche Absicherung geschlossen werden.[789] Entscheidend sei nach § 14 Abs. 1 S. 2 GG die einfachgesetzliche Ausgestaltung als „Eigentum" im Sinne des Art. 14 Abs. 1 GG; entsprechende Regelungen sehe das Gesetz jedoch nicht vor.[790]

Für die Begründung verfassungsrechtlichen Eigentums am geheimen „Know-how" kann nicht allein auf dessen wirtschaftliche Bedeutung, einen Erwerb durch eigene Leistung und/oder eine funktionale Parallelität

---

782 *Bullinger*, NJW 1978, 2173 (2178).

783 *Wolfrum*, GRUR 1986, 512 (514).

784 *Denninger*, GRUR 1984, 627 (633).

785 Vgl. *Brammsen*, DÖV, 2007, 10 (13 f.); *Eberz*, Schutz der Geheimnissphäre, S. 19 ff.; *Hahn*, Offenbarungspflichten, S. 171. Vgl. auch *Hauck*, DB 1985, 1927 (1930 f.).

786 Vgl. hierzu BVerfGE 31, 229 (239 ff.) – Schulbuchprivileg: „Die sichernde und abwehrende Bedeutung der Eigentumsgarantie gebietet, die vermögenswerten Befugnisse des Urhebers an seinem Werk als ‚Eigentum' im Sinne des Art. 14 GG anzusehen und seinem Schutzbereich zu unterstellen."

787 *Hahn*, Offenbarungspflichten, S. 171. Vgl. auch *Bullinger*, NJW 1978, 2173 (2178).

788 *Hauck*, Wirtschaftsgeheimnisse, S. 246 ff.; *ders.*, DB 1985, 1927 (1930); *Wolff*, NJW 1997, 98 (99 ff.); *Stadler*, Unternehmensgeheimnis, S. 36 ff.

789 *Wolff*, NJW 1997, 98 (100).

790 *Wolff*, NJW 1997, 98 (99 f.).

zu den Sonderrechten des geistigen Eigentums abgestellt werden. Diese Merkmale sind allenfalls notwendig, nicht jedoch hinreichend zur Begründung einer grundrechtlichen Eigentumsposition.[791] Art. 14 Abs. 1 S. 2 GG bringt eindeutig zum Ausdruck, dass Inhalt und Entstehen einer verfassungsrechtlich geschützten Eigentumsposition entscheidend von einer konkreten Ausgestaltung durch den Gesetzgeber abhängen.[792] Dadurch unterscheidet sich Art. 14 GG wesentlich von anderen Grundrechten, deren Schutzobjekte (z.B. Würde, körperliche Unversehrtheit, Wohnung) durch unmittelbare Subsumtion unter die jeweils betroffene verfassungsrechtliche Norm bestimmt werden können.

Diese „Normprägung“ des Schutzbereichs bewirkt nicht, wie zum Teil eingewandt wird,[793] dass der Gewährleistungsgehalt der Eigentumsgarantie vollständig dem Gutdünken des einfachen Gesetzgebers überantwortet bzw. ausgeliefert ist. Der einfache Gesetzgeber entscheidet durch Implementierung einer entsprechenden Regelung lediglich über das Entstehen des Verfassungseigentums. Hat der Gesetzgeber dem Einzelnen eine Position eingeräumt, die den Anforderungen des Art. 14 GG genügt, greift die verfassungsrechtliche Gewährleistung voll ein und kann er diese Position ohne Rechtfertigung nicht nachteilig verändern oder gar entziehen (Art. 14 Abs. 3 GG). Darüber hinaus wird die Entscheidungsbefugnis des Gesetzgebers zur Begründung einer Eigentumsposition dadurch begrenzt, dass die wesentlichen Strukturmerkmale, die eine einfachgesetzliche Position aufweisen muss, um verfassungsrechtlich als Eigentum anerkannt zu werden, sich aus der Verfassung selbst ableiten. Das Bundesverfassungsgericht hat zu den insoweit erforderlichen Merkmalen bereits mehrfach Stellung genommen. Für den Bereich des Privatrechts fordert es,

> „dass ein vermögenswertes Recht dem Berechtigten ebenso ausschließlich wie Eigentum an einer Sache zur privaten Nutzung und zur eigenen Verfügung zugeordnet ist“.[794]

---

791 *Wolff*, NJW 1997, 98 (100f.).

792 *Hauck*, Wirtschaftsgeheimnisse, S. 255; *Wolff*, NJW 1997, 98 (101).

793 *Denninger*, GRUR 1984, 627 (634). Vgl. auch *Brammsen*, DöV 2007, 10 (14).

794 BVerfGE 83, 201 (208) – Vorkaufsrecht; BVerfGE 78, 58 (71) – Ausstattungsschutz; BVerfGE 89, 1 (6) – Eigenbedarfskündigung; BVerfGE 51, 193 (216f.) – Warenzeichenrecht. Aus der Literatur: *Kirchhof*, in: FS Zeidler, 1639 (1650ff.); *Rozek*, Unterscheidung von Eigentumsbindung und Enteignung, S. 46f.; *Wolff*, NJW 1997, 98 (100f.).

Geheimes „Know-how" weist eine entsprechende „Vermögenswertigkeit" regelmäßig auf.[795] Jedoch vermittelt es seinem Inhaber keine dem Eigentum vergleichbare ausschließliche Rechtsposition. Die einfachgesetzlichen Vorschriften zum Schutz gewerblicher Geheimnisse, insbesondere §§ 17, 18 UWG sowie auch § 30 VwVfG und §§ 4 Abs. 7, 7 Abs. 3 ChemikalienG, ordnen dem Geheimnisinhaber Interessen nicht mit absoluter, für jedermann zu beachtender Wirkung zu, sondern gewähren Schutz bloß in besonders gefährlichen Situationen gegen bestimmte Ausspähungs- und Verwertungshandlungen. Die Begründung des Eigentumsschutzes mit einer (angeblichen) Absicherung des geheimen „Know-how" nach § 823 Abs. 1 BGB ist – jedenfalls für die Zwecke dieser Untersuchung – zirkulär.

Schon ihrer Struktur nach eignen sich Geheimnisse nicht für eine absolute Güter- bzw. Interessenzuordnung, wie sie das Gesetz für körperliche Sachen (Eigentum), Erfindungen (Patent-, Gebrauchsmusterrecht) und Schöpfungen (Urheberrecht) vornimmt. Absolute Rechtszuweisungen setzen auf Grund der dinglichen Wirkung gegen jedermann eine hinreichende Erkennbarkeit für Dritte voraus. Für das Eigentum an beweglichen Sachen vermittelt die Beherrschbarkeit der konkreten Sache eine entsprechende Tranzparenz. § 1006 Abs. 1 S. 1 BGB enthält daher eine Eigentumsvermutung zu Gunsten des Besitzers, und §§ 929ff. BGB fordern für den Eigentumsübergang an beweglichen Sachen – jedenfalls grundsätzlich – eine Besitzverschaffung. Bei den immateriellen Gegenständen des Gewerblichen Rechtsschutzes gewährleisten die Eintragung des Schutzrechts sowie die Offenlegung des geschützten Gegenstands eine ausreichende Erkennbarkeit der gesetzlichen Zuordnung. Für das Urheberrecht ist das Vorliegen einer wahrnehmbaren Schöpfung Schutzvoraussetzung. Soweit gewerbliche Geheimnisse in Rede stehen, existieren entsprechend qualifizierte, objektiv wahrnehmbare Anhaltspunkte für eine etwaige gesetzliche Zuordnung nicht.[796] Das Wesen des Geheimnisses liegt ja gerade darin, gegenüber möglichst vielen Anderen verborgen zu bleiben.

---

795 Vgl. bereits oben 1. Teil, A., I., 2., d) (S. 30f.) und II. (S. 37ff.).

796 Vgl. *Wiebe*, Know-how-Schutz von Computersoftware, S. 219. Für „Know-how" auch: *Habel*, CR 1991, 257 (258); *St. Müller*, Schutz von Know-how nach TRIPS, S. 25.

Die Forderung des Bundesverfassungsgerichts, Eigentumspositionen im Sinne des Art. 14 Abs. 1 GG müssten ihrem Inhaber ebenso ausschließlich wie Eigentum zugewiesen sein, wird gelegentlich kritisiert. Der Zweck der Eigentumsgarantie, dem Grundrechtsträger einen Freiraum im vermögensrechtlichen Bereich zu erhalten und damit eine eigenverantwortliche Lebensgestaltung zu ermöglichen, setze einfachgesetzliche Ausschließlichkeitsrechte nicht zwingend voraus.[797] Art. 14 GG verlange kein „Eigentum ‚de luxe' mit vielfältigen Schutzmöglichkeiten für (...) alle denkbaren Positionen".[798] Selbst wenn man dem zustimmte und auch Unternehmensgeheimnisse im Sinne von § 17 UWG durch Art. 14 Abs. 1 GG absicherte, folgte aus der Normprägung des verfassungsrechtlichen Schutzbereichs, dass dieser nicht weiter reichte als die zu Grunde liegende einfachgesetzliche Absicherung. § 17 UWG sowie §§ 39 VwVfG, 4 Abs. 7, 7 Abs. 3 ChemikalienG, die weder einen absoluten noch einen rahmenrechtlichen Schutz am Unternehmensgeheimnis einfachgesetzlich begründen, könnten somit selbst im Falle einer verfassungsrechtlichen Absicherung nicht zur Begründung eines „sonstigen Rechts" am Unternehmensgeheimnis herangezogen werden. Eine etwaige verfassungsrechtliche Gewährleistung schützte lediglich gegen eine Reduzierung des aktuell einfachgesetzlich gewährleisteten Schutzes.

Geht man davon aus, dass das einfache Gesetz für das geheime „Know-how" keine Rechtsposition vorsieht, die es rechtfertigt, von „Eigentum" im Sinne des Art. 14 GG zu sprechen, wird die Frage virulent, inwieweit die Instituts- bzw. Einrichtungsgarantie aus Art. 14 Abs. 1 S. 1 GG geheimes „Know-how" erfasst, und ggf., ob sie zu einer gerichtlichen Anerkennung des Know-how als „sonstiges Recht" nötigt. In Abweichung zum Grundsatz des Art. 14 Abs. 1 S. 2 GG, dass der einfache Gesetzgeber verfassungsrechtliches Eigentum – nach Vorgabe bestimmter Strukturmerkmale – erst ausgestalten muss, stellt die Institutsgarantie des Art. 14 Abs. 1 S. 1 GG zunächst sicher, dass es Privateigentum als Rechtseinrichtung überhaupt gibt.[799] Darüber hinaus gewährleistet sie aber auch einen Kernbestand an Eigentumspositionen, der verhindert,

„dass solche Sachbereiche der Privatrechtsordnung entzogen werden, die zum elementaren Bestand grundrechtlich geschützter Betätigung im vermögensrecht-

797 *Brammsen*, DöV 2007, 10 (13).

798 *Brammsen*, DöV 2007, 10 (13); *Hauck*, DB 1985, 1927 (1932 mit Fn. 98).

799 BVerfGE 24, 367 (389) – Hamburger Deichordnungsgesetz.

lichen Bereich gehören, und damit der durch das Grundrecht geschützte Freiheitsbereich aufgehoben oder wesentlich geschmälert wird".[800]

Bei „Werken" im Sinne des Urheberrechts rechtfertigt die stets erforderliche schöpferische Leistung, dem Urheber – neben persönlichkeitsrechtlichen Befugnissen, vgl. §§ 11ff. UrhG – auch die vermögensrechtlichen Befugnisse am Werk schon institutionell zuzusichern.[801] Dem geheimen „Know-how" liegt eine vergleichbare Leistung jedoch nicht zu Grunde. Häufig bilden Industriespionage oder bloßer Zufall den Grund für seine Erlangung. Vor diesem Hintergrund bestehen erhebliche Bedenken, Unternehmensgeheimnisse zum „elementaren Bestand grundrechtlich geschützter Betätigung im vermögensrechtlichen Bereich" zu zählen.

Selbst wenn man eine Absicherung durch die Institutsgarantie des Art. 14 Abs. 1 GG anerkennte, folgte daraus noch keine richterliche Verpflichtung, Unternehmensgeheimnisse als „sonstige Rechte" zu schützen. Die Institutsgarantie enthält grundsätzlich nur einen Auftrag an den Gesetzgeber, entsprechende Eigentumsbereiche auszugestalten. Bloß im Ausnahmefall ist die Rechtsprechung auf den Plan gerufen, korrigierend einzugreifen und verfassungsrechtliches Eigentum übergesetzlich – etwa durch Auslegung des § 823 Abs. 1 BGB – auszubilden. Die Anforderungen sind streng; erforderlich ist ein rechtlicher „Notfall".[802] Nach *Hauck*, der diese Frage eingehend untersucht hat, kann die Rechtsprechung Schutzgebote aus Art. 14 Abs. 1 S. 1 GG nur herleiten, soweit

> „besonders schutzwürdige Leistungen nach derzeitiger Rechtslage dem Zugriff Dritter schutzlos preisgegeben sind, so dass neben der als individuelle Ungerechtigkeit empfundenen Schutzlosigkeit ein gesamtgesellschaftlicher Schaden daraus erwächst, dass ohne Rechtsschutz die Leistung auf längere Sicht nicht mehr erbracht wird, und wenn sich zudem aus der Rechtsordnung für die Gerichte greifbar ableiten lässt, dass die spezifische Leistung erbracht werden soll und dass als Mittel zur Sicherung der Leistung gerade die Begründung von Ausschließlichkeitsrechten und dies in spezifischem Umfang gerade an Geheimnissen geboten ist."[803]

---

800 BVerfGE 24, 367 (389) – Hamburger Deichordnungsgesetz. Vgl. auch BVerfGE 58, 300 (339) – Nassauskiesung. Aus der Literatur: *Grzeszick*, ZUM 2007, 344 (349); *Wendt*, in: Sachs, GG-Kommentar, Art. 14 Rn. 10ff.

801 Vgl. hierzu: BVerfGE 31, 229 (239ff.) – Schulbuchprivileg.

802 Vgl. *Hauck*, Wirtschaftsgeheimnisse, S. 267.

803 Wirtschaftsgeheimnisse, S. 265.

Unternehmensgeheimnisse werden vom Gesetz ausgewogen durch § 17 UWG und zahlreiche andere Vorschriften des Wirtschaftsrechts – zum Beispiel §§ 49, 93, 116, 144, 404 AktG, § 85 GmbHG, §§ 34, 41 GenG, §§ 90, 323, 333 HGB, § 79 BetrVG, §§ 202a, 203 StGB – gegen unbillige Eingriffshandlungen geschützt. Ein darüber hinausgehender allgemeiner vermögensrechtlicher Schutz gemäß § 823 Abs. 1 BGB ist nicht erforderlich, würde vielmehr den bestehenden spezialgesetzlichen Schutz für Unternehmensgeheimnisse entwerten und aufweichen.[804]

Insgesamt ist bei der gesetzlichen und auch richterlichen Ausgestaltung von Eigentumspositionen Vorsicht geboten. Steht ein verfassungsrechtlicher Schutz nach Art. 14 GG erst einmal im Raum, kann dieser nur schwer und/oder kostenintensiv wieder eingeschränkt oder gar beseitigt werden.

cc) Völkerrechtlich indizierter Schutzauftrag

Auf internationaler Ebene regelt Art. 39 Abs. 2 TRIPS den Schutz geheimer Informationen. Art. 39 TRIPS siedelt in Teil II, Abschnitt 7 des Übereinkommens an, und Art. 1 Abs. 2 TRIPS spricht von „Arten des geistigen Eigentums, die Gegenstand der Abschnitte 1 bis 7 des Teils II sind". Bei unbefangener, systematischer Betrachtung deutet dies auf eine Gleichstellung der nicht geheimen Informationen mit den Gegenständen des „geistigen Eigentums" (Patent, Gebrauchsmuster etc.) hin, die nach übereinstimmender Ansicht gerade durch einen absoluten Rechtsschutz gekennzeichnet sind.[805] Gegen eine solche Auslegung spricht jedoch der Wortlaut des Art. 39 Abs. 2 TRIPS, der auf einer lauterkeitsrechtlichen Konzeption basiert,[806] und Schutz bloß gegen Verhaltensweisen fordert, „die den anständigen Gepflogenheiten in Gewerbe und Handel" zuwiderlaufen. Daraus folgt, dass auch völkerrechtlich keine Verpflichtung besteht, geheime Informationen dem Geheimnisinhaber mit absoluter

804 Vgl. – zum persönlichkeitsrechtlichen Schutz der gewerblichen Geheimsphäre – auch: *Peifer*, in: Gedächtnisschrift Sonnenschein, 687 (700); *Klippel*, JZ 1988, 625 (632).

805 Vgl. auch *Meili*, Schutz des Know-how, S. 139; *St. Müller*, Schutz von Know-how nach TRIPS, S. 121.

806 Vgl. *St. Müller*, Schutz von Know-how nach TRIPS, S. 121 mit Fn. 693.

oder auch nur rahmenrechtlicher Wirkung zuzuordnen.[807] Es genügt die Implementierung eines relativen Schutzes gegen wettbewerbswidrige Handlungen. Der deutsche Gesetzgeber trägt den Anforderungen aus Art. 39 Abs. 2 TRIPS durch §§ 17, 18 UWG und §§ 3 Abs. 1, 4 Nr. 9c UWG hinreichend Rechnung.[808]

dd) Rechtspolitische und ökonomische Betrachtung

Soweit im Rahmen der Diskussion zum Schutz des geheimen „Know-how" die Anreizfunktion der gewerblichen Schutzrechte ins Feld geführt wird, handelt es sich um ein vorrangig rechtspolitisches Argument. Grundsätzlich ist es dem Gesetzgeber nicht verwehrt, in der Wirkung gegenläufige Anreize zu schaffen, um unterschiedliche Interessen zu befriedigen. Es obliegt seiner Entscheidung, den gewerblichen Geheimnisschutz zu stärken und mithin eine Alternative zum gewerblichen Rechtsschutz für die Praxis attraktiver auszugestalten. Die politische und ökonomische Zweckmäßigkeit eines solchen Verhaltens kann jedoch mit Recht bezweifelt werden.

Durch die Ausgestaltung gewerblicher Ausschließlichkeitsrechte schafft der nationale Gesetzgeber einen Anreiz, die Investitionsrisiken für – unter Umständen langfristige und aufwändige – technische Entwicklungen zu übernehmen.[809] Die Aussicht auf eine ausschließliche Verwertung der gewerblichen Leistung weckt die begründete Hoffnung, dass sich auch größere Forschungsinvestitionen während der Schutzrechtsdauer amortisieren werden.[810] Die patent- und gebrauchsmusterrechtliche Verpflichtung, das Schutzrecht anzumelden und die zu Grunde liegenden Erfindungen offenzulegen, gewährleistet zugleich, dass Andere – nach Einholung einer entsprechenden Lizenz – auf dem Wissen aufbauen und es weiterentwickeln können. Ein allgemeiner Schutz gewerblicher Ge-

807 *Meili*, Schutz des Know-how, S. 140; *St. Müller*, Schutz von Know-how nach TRIPS, S. 121.

808 Zu der Frage, ob sich nationale Personen, Gerichte und Behörden überhaupt unmittelbar auf Art. 39 TRIPS berufen könnten: *Meili*, Schutz des Know-how, S. 134 ff.; *St. Müller*, Schutz von Know-how nach TRIPS, S. 106 ff.

809 *Beier*, GRUR Int. 1979, 227 (234).

810 *Peifer*, UFITA 2007/II, 327 (350).

heimnisse würde die – etablierte und bewährte –[811] Anreizfunktion der Schutzrechte des Geistigen Eigentums deutlich relativieren. Ein Schutz des geheimen „Know-how“ als „sonstiges Recht“ führte in verschiedener Hinsicht zu einem stärkeren und damit attraktiveren Schutzumfang als ihn die gewerblichen Schutzrechte gewähren. Schützte man geheimes „Know-how“ absolut gegen jegliche willenswidrige Kenntnisnahme, so gewährleistete man einen Zugangsschutz, den die Sonderrechte des Geistigen Eigentums nicht nur nicht gewähren, sondern durch eine Pflicht zur Offenlegung des geschützten Gegenstands augenfällig bekämpfen.

Auch in zeitlicher Hinsicht unterliefe ein Geheimnisschutz nach § 823 Abs. 1 BGB, der erst mit Verlust der Geheimniseigenschaft erlischte, die deutlichen Befristungen des gewerblichen Rechtsschutzes, vgl. nur § 16 Abs. 1 PatG (maximal 10 Jahre) und § 23 Abs. 1 GebrMG (maximal 10 Jahre). Praktische Folge wäre eine Schwächung des Patent- und Gebrauchsmusterwesens und also der dahinter stehenden Anreizwirkung. Die Wirtschaft nähme zunehmend den attraktiveren und regelmäßig auch kostengünstiger zu erlangenden Geheimnisschutz für sich in Anspruch. Die freie – wenn auch nicht kostenfreie – Zirkulation des Erfindungswissens als Folge der Offenlegungspflicht im gewerblichen Rechtsschutz reduzierte sich deutlich. Die Tatsache, dass Andere nicht mehr auf ein im Rahmen der Schutzrechtsanmeldung offenbartes Erfindungswissen aufbauen könnten, führte zu unwirtschaftlichen Doppel- und Similärerfindungen und bremste den technologischen und damit auch wirtschaftlichen Fortschritt spürbar aus.

Aus alledem folgt: Die Ablehnung eines „sonstigen Rechts“ am geheimen „Know-how“ ist nicht nur gesetzlich vorgegeben, sondern hält auch einer rechtspolitischen und ökonomischen Stimmigkeitskontrolle stand.

2. „Know-how“ und das Recht am Gewerbebetrieb

Es schließt sich die Frage an, ob das „Recht am eingerichteten und ausgeübten Gewerbebetrieb“ das Herstellungs-Know-how gegen die Risiken

---

811 Hierzu *Peifer*, Einführung und Bilanz, in: Depenheuer/Peifer, Geistiges Eigentum: Schutzrecht oder Ausbeutungstitel?, S. 1 (17): „Das Recht des Geistigen Eigentums als Anreizinstrument ist zum Schutz von Investitionen in kulturelle und technologische Leistungen etabliert und im Grundsatz auch unverzichtbar geworden.“

des „Reverse Engineering“ absichert. Das Recht am Gewerbebetrieb ist zum Schutz des geheimen „Know-how“ neben § 17 UWG anwendbar:[812] § 17 UWG stellt – jedenfalls originär – eine Strafnorm dar und gewährleistet also seiner Natur nach bloß einen fragmentarischen Schutz. Normen des Strafrechts sichern lediglich ein sozialethisches Minimum und schließen einen weniger einschneidenden zivilrechtlichen Schutz in aller Regel nicht aus.[813]

Bemühungen, den eingerichteten und ausgeübten Gewerbebetrieb deliktsrechtlich zu schützen, gehen auf die Zeit vor Kodifizierung des Bürgerlichen Gesetzbuchs zurück. Die zunehmende Erkenntnis, dass das „Gesetz zur Bekämpfung des unlauteren Wettbewerbs“ vom 27. Mai 1896 zum Schutz der freien wirtschaftlichen Betätigung nicht in jedem Fall genügte, nährte Bestrebungen, diese ergänzend durch ein allgemeines „Recht jedermanns zu freier gewerblicher Betätigung“ abzusichern, das man entweder aus dem Persönlichkeitsrecht oder aus § 1 GewO ableitete.[814] Nach der Kodifizierung des Bürgerlichen Gesetzbuchs versuchte man einen Schutz zunächst über §§ 824, 826 sowie 823 Abs. 2 BGB in Verbindung mit strafrechtlichen oder wettbewerbsrechtlichen Vorschriften. Auf Grund einer Zunahme von Fällen unberechtigter Schutzrechtsverwarnung,[815] die man mit Hilfe der vorgenannten Vorschriften nicht zu lösen vermochte,[816] nahmen Rechtsprechung und Literatur dann das „sonstige Recht“ aus § 823 Abs. 1 BGB stärker in den Blick und bauten es in der Folgezeit zu einer Generalklausel für die Abwehr bestimmter Eingriffe in den „eingerichteten und ausgeübten Gewerbebetrieb“ aus.[817]

Inhaltlich setzte die Rechtsprechung den Schutz des Gewerbebetriebs einigen Wandlungen aus. Ausgangspunkt war dabei die allgemeine Über-

---

812 *Daub*, Verletzung von Unternehmensgeheimnissen, S. 106.

813 *Nastelski*, GRUR 1957, 1 (5); *Reimer*, in: Ulmer, Recht des unlauteren Wettbewerbs III, Nr. 342; *ders.*, Wettbewerbs- und Warenzeichenrecht, S. 785; *Stadtmüller*, Recht am Unternehmen, S. 282. Zu streng dagegen: *Kim*, Schutz von Geschäfts- und Betriebsgeheimnissen, S. 164 f.; *A. Maier*, Schutz von Betriebs- und Geschäftsgeheimnissen, S. 352; *St. Müller*, Schutz von Know-how nach TRIPS, S. 89: Zivilrechtlicher Leistungsschutz könne dann nur unter ganz besonderen Umständen eingreifen.

814 *Von Caemmerer*, in: FS 100 Jahre deutscher Juristentag, 49 (83 f.).

815 Grundlegend hierzu: RGZ 58, 24 (28 ff.).

816 Jetzt aber: § 4 Nr. 10 UWG.

817 *Von Caemmerer*, in: FS 100 Jahre deutscher Juristentag, 49 (84).

zeugung, dass durch § 823 Abs. 1 BGB keine grenzenlose Absicherung der gewerblichen Betätigung gewährt werden sollte. Durch spezifische Anforderungen an die Eingriffshandlung wollte man die Konturenschwäche ausgleichen, die mit dem Begriff des Gewerbebetriebs naturgemäß einhergeht.[818] Folglich schützte das Reichsgericht den Gewerbebetrieb bloß gegen solche Störungen und Beeinträchtigungen, die sich „unmittelbar gegen den Gewerbebetrieb selbst" richteten.[819] In einigen Entscheidungen forderte es darüber hinaus einen „Eingriff in den Bestand" des Gewerbebetriebs.[820] Der Bundesgerichtshof nahm erstmalig im Jahr 1951 zum Recht am Gewerbebetrieb Stellung und gab darin letztgenannte Voraussetzung wieder auf: So wie das Eigentum nicht nur in seiner Subsistenz, sondern auch in den einzelnen Ausstrahlungen durch § 823 Abs. 1 BGB vor unmittelbaren Eingriffen geschützt werde, müsse auch das Recht am eingerichteten und ausgeübten Gewerbebetrieb

> „nicht nur in seinem Bestand, sondern auch in seinen einzelnen Erscheinungsformen, wozu der gesamte gewerbliche Tätigkeitsbereich zu rechnen ist, vor unmittelbaren Störungen bewahrt bleiben".[821]

Im bekannten „Stromkabelfall" aus dem Jahr 1958 konkretisierte der Bundesgerichtshof sodann das Kriterium des „unmittelbaren" Eingriffs. Unmittelbar seien nur solche Eingriffe,

> „die irgendwie gegen den Betrieb als solchen gerichtet, also betriebsbezogen sind und nicht vom Gewerbebetrieb ohne weiteres ablösbare Rechte oder Rechtsgüter betreffen".[822]

Die Rechtsprechung sowie die ganz herrschende Literatur übernahmen diese Voraussetzugen in der Folgezeit, ohne sie bemerkenswert zu konturieren.[823]

Bloß wenige Stimmen aus der Literatur lehnen das Recht am Gewerbebetrieb bereits im Grundsatz ab und kritisieren, durch dieses Rechtsinstitut

---

818 *Peifer*, Individualität im Zivilrecht, S. 468.

819 RGZ 58, 24 (30); RGZ 163, 21 (32).

820 RGZ 79, 224 (226); RGZ 102, 223 (225); RGZ 126, 93 (96); RGZ 135, 243 (247). Anderer Ansicht für den Bereich der Schutzrechtsverwarnungen: RG, JW 1939, 484 (485); RGZ 163, 21 (32).

821 BGHZ 3, 270 (279f.) – Constanze I. Fortgeführt in: BGHZ 29, 65 (69) – Stromkabelfall.

822 BGHZ 29, 65 (75) – Stromkabelfall.

823 *Peifer*, Individualität im Zivilrecht, S. 468.

würden entgegen der Regelungsstruktur des § 823 Abs. 1 BGB im Wege der „Normenerschleichung" reine Vermögensschäden ersetzt.[824] Diese Arbeit ist keine geeignete Stelle, das Recht am eingerichteten und ausgeübten Gewerbebetrieb einer grundsätzlichen Kritik zu unterziehen. Angesichts einer geschlossenen Rechtsprechungskette, die bis vor Kodifizierung des Bürgerlichen Gesetzbuches zurückgreift, erscheinen die Aussichten, dieses Recht in seinen Grundmauern erschüttern zu können, gering; jedenfalls bedürfte es hierzu einer umfassenden eigenständigen Analyse. Die folgenden Erörterungen beschränken sich daher auf die Frage, ob das Recht am eingerichteten und ausgeübten Gewerbebetrieb, wie es die heute ganz herrschende Meinung anerkennt, Know-how-Inhaber gegen Maßnahmen des „Reverse Engineering" absichern kann und soll.

Das Recht am Gewerbebetrieb ist ein offener Tatbestand, dessen Inhalt und Grenzen sich erst aus einer Abwägung mit der im Einzelfall konkret kollidierenden Interessensphäre Anderer ergibt.[825] Die Rechtswidrigkeit eines Eingriffs wird – jedenfalls im Grundsatz[826] – nicht indiziert, sondern ist im Einzelfall unter Heranziehung aller Umstände und Interessen zu prüfen.[827] Entsprechend seiner Funktion, Lücken im Bereich des sonstigen gewerblichen Rechtsschutzes zu schließen, tritt das Recht am Gewerbebetrieb gegenüber spezielleren Schutzvorschriften, insbesondere des unlauteren Wettbewerbs sowie des geistigen Eigentums, zurück.[828] Doch wird das „Know-how" eines Unternehmens durch die Vorschriften des unlauteren Wettbewerbs nicht gegen „Reverse Engineering" abgeschirmt. Und auch das Urheberrecht bewirkt allenfalls einen reflexartigen Schutz des Programmier-Know-how. Insoweit verbleibt ein Anwendungsbereich für das subsidiäre Recht am Gewerbebetrieb. Anders ist nur zu entscheiden, soweit ein Reverser das erlangte Wissen im Anschluss an die Produktanalyse einsetzt, um fremde Produkte – evtl. auch durch sys-

824 *Larenz/Canaris*, Schuldrecht II/2, S. 545, 560ff.; *Wiethölter*, KritJ 1971, 121. Sehr kritisch zuletzt auch *Sack*, VersR 2006, 1001.

825 BGHZ 163, 9 (16) = NJW-RR 2005, 1175 (1177); BGHZ 138, 311 (318) = NJW 1998, 2141 (2143).

826 Zu Ausnahmen – insbesondere für Schutzrechtsverwarnungen – vgl. *Schiemann*, in: Erman, BGB-Kommentar, § 823 Rn. 66.

827 BGHZ 166, 84 (109) = NJW 2006, 830 (840) – Kirch/Breuer; BGHZ 163, 9 (16) = NJW-RR 2005, 1175 (1177); BGHZ 138, 311 (318) = NJW 1998, 2141 (2143); BGHZ 59, 30 (34) = GRUR 1973, 90 (92) – Demonstrationsschaden.

828 *Faust*, JZ 2006, 365 (368); *Sack*, VersR 2006, 1001.

tematische Verbreitung sog. „Cracking-Tools" – gezielt zu sabotieren. Für diese Fälle existiert ein verdrängender Spezialschutz nach § 4 Nr. 10 UWG.

a) „Know-how" als Bestandteil des Gewerbebetriebs

Der Kreis dessen, was zum geschützten Gewerbebetrieb zählt, wird von der Rechtsprechung des Bundesgerichtshofs sehr weit gezogen. Der Gewerbebetrieb umfasst alles, was in seiner Gesamtheit den wirtschaftlichen Wert des Betriebs als bestehende Einheit ausmacht. Dazu gehören insbesondere Geschäftsideen, Kundenstämme, Lieferantenbeziehungen sowie Unternehmensgeheimnisse und – soweit gewerblich erfolgreich verwertet – auch „Know-how".[829]

b) „Reverse Engineering" als betriebsbezogener Eingriff

Anders als zu Zeiten des Reichsgerichts teils gefordert, setzt der deliktische Schutz des Gewerbebetriebs heute nicht mehr einen Eingriff in dessen „Bestand" voraus, sondern genügt eine Beeinträchtigung „in seinen einzelnen Erscheinungsformen".[830] Der Eingriff muss jedoch, um Ansprüche nach § 823 Abs. 1 BGB auszulösen, von einigem Gewicht sein, ihm muss eine Schadensgefahr eigen sein, die über bloße Belästigungen oder sozialübliche Behinderungen hinausgeht und geeignet ist, den Betrieb „empfindlich" zu beeiträchtigen.[831]

Ob „Reverse Engineering" diese Anforderungen erfüllt, ist zweifelhaft: Die Analyse als solche führt lediglich zu einer Duplizierung des „Know-how", nicht zu dessen Entziehung. Das aufgedeckte Konstruktionswissen kann weiterhin zur Herstellung von Produkten eingesetzt werden. Jedoch verliert das „Know-how" durch die Verbreiterung des Mitwisserkreises – zum Teil erheblich – an Wert.[832] Allenfalls auf dieser Grundlage

829 BGHZ 163, 9 (15) = NJW-RR 2005, 1175 (1177); BGHZ 107, 117 (122) = GRUR 1990, 221 (222) – Forschungskosten; BGHZ 16, 172 (176) = GRUR 1955, 388 (390) – Dücko.

830 BGHZ 3, 270 (279 f.) – Constanze I; BGHZ 29, 65 (69) = GRUR 1959, 282 (283) – Stromkabelfall.

831 BGHZ 138, 311 (317 f.) = NJW 1998, 2141 (2143); BGH, GRUR 1985, 470 (471) – Mietboykott.

832 Siehe oben: 1. Teil, B., IV. (S. 84 ff.).

ließe sich ein hinreichend gewichtiger Eingriff in den Gewerbebetrieb im Einzelfall noch begründen.

Eine stärkere Einschränkung des im Übrigen sehr weit gefassten Tatbestands wird durch das Merkmal des „betriebsbezogenen“ Eingriffs herbeigeführt. Der Eingriff muss sich „gegen den betrieblichen Organismus oder die unternehmerische Entscheidungsfreiheit richten“.[833] Erforderlich sind Beeinträchtigungen, die

> „die Grundlagen des Betriebs bedrohen, den Funktionszusammenhang der Betriebsmittel auf längere Zeit aufheben oder die Tätigkeit des Inhabers als solche in Frage stellen“.[834]

Durch eine fremde Kenntnisnahme von einem bis dato verborgenen Konstruktions-Know-how werden jedoch die Grundlagen des Betriebs in aller Regel nicht bedroht. Das aufgedeckte Wissen kann betriebsintern weiterhin zur Herstellung von Produkten verwendet werden. Die bloße Produktanalyse greift somit nicht „betriebsbezogen“ in den Herstellerbetrieb ein.[835]

Ein „betriebsbezogener Eingriff“ scheidet ebenfalls aus, soweit die erlangten Kenntnisse nach der Produktanalyse eingesetzt werden, um den eigenen Produktgebrauch zu gewährleisten oder selbständige, interoperable und konkurrierende Produkte zu erstellen. Konkurrenz ist vom Gesetzgeber ausdrücklich gewollt und bewirkt bloß eine mittelbare, als solche hinzunehmene Beeinträchtigung auf Grund verschärfter Marktbedingungen. Auch die Verwendung des erlangten Wissens in einem Zivilprozess ist – soweit der Prozess nicht treuwidrig geführt wird – kein betriebsbezogener Eingriff, sondern eine prozessual ausdrücklich vorgesehene Möglichkeit der Rechtsverteidigung. Soweit der Hersteller sog. „Cracking-Tools“ primär einen eigenen Gewinn anstrebt und die Beeinträchtigung des Gewerbebetriebs noch von einer Kaufentscheidung der Nutzer abhängt, fehlt ebenfalls ein „betriebsbezogener“ Eingriff und scheiden Ansprüche aus § 823 Abs. 1 BGB daher aus. Bezweckt das „Cracking“ im Ausnahmefall primär eine Schädigung des betroffenen Unternehmens, ist § 4 Nr. 10 UWG vorrangig zu beachten. Bestimmte Pro-

833 BGH, GRUR 1985, 470 (471) – Mietboykott.

834 BGHZ 163, 9 (15 f.) = NJW-RR 2005, 1175 (1177); BGH, NJW 1983, 812 (813).

835 Anders wäre allenfalls in dem – eher theoretischen – Fall zu entscheiden, in dem das „Know-how“ selbst auch ein wesentliches Produkt des Betriebs ist und durch die erfolgreiche Analyse unverkäuflich wird.

duktsicherungen schützt im Übrigen das Urheberrecht speziell durch §§ 95a, 69f Abs. 2 UrhG.

Im Ergebnis gewährt das Recht am eingerichteten und ausgeübten Gewerbebetrieb keinen wirksamen Schutz gegen ausspähende Produktanalysen. Die Umsetzung bestimmter Beweggründe des „Reverse Engineering" regelt zum Teil vorrangig das Wettbewerbsrecht, im Übrigen liegt kein „betriebsbezogener" Eingriff vor.

3. Persönlichkeitsschutz für den gewerblichen Geheimbereich

Der gerichtliche Schutz des allgemeinen Persönlichkeitsrechts blickt auf eine fast 60-jährige Vergangenheit zurück. Zur Zeit der Kodifizierung des Bürgerlichen Gesetzbuchs sah das deliktsrechtliche System nur den Schutz einzelner Persönlichkeitsinteressen durch §§ 12, 824, 826 BGB sowie durch § 823 Abs. 2 BGB in Verbindung mit §§ 185ff. StGB vor. Der Schutz durch ein „allgemeines Persönlichkeitsrecht" wurde zunächst ausdrücklich abgelehnt[836] und insoweit eine Sicherung durch Ausweitung und Fortbildung sonstiger, teils speziellerer Rechtsbehelfe (§§ 12, 826 BGB) versucht. Erst nach dem zweiten Weltkrieg führten gestiegene – vorwiegend technisch bedingte – Gefahren für persönlichkeitsgeprägte Interessen (Abhöranlagen u.ä.) sowie eine veränderte verfassungsrechtliche Lage (Art. 1, 2 GG) zur Anerkennung eines allgemeinen Persönlichkeitsrechts auch im privatrechtlichen Bereich.[837]

Gerichtlicher Ausgangspunkt ist die Entscheidung des Bundesgerichtshofs im Fall „Leserbriefe" aus dem Jahr 1954, in der der Bundesgerichtshof den zunehmenden Forderungen der Literatur, ein umfassendes Persönlichkeitsrecht anzuerkennen,[838] nachgab:

„Nachdem nunmehr das Grundgesetz das Recht des Menschen auf Achtung seiner Würde (Art. 1 GrundG) und das Recht auf freie Entfaltung seiner Persönlichkeit auch als privates, von jedermann zu achtendes Recht anerkennt, soweit dieses

[836] RGZ 51, 369 (372ff.); RGZ 56, 271 (275); RGZ 58, 24 (28f.); RGZ 64, 155 (156); RGZ 69, 401 (403f.) – Nietzsche-Briefe; RGZ 79, 397 (398) – Felseneiland mit Sirenen; RGZ 113, 413 (414).

[837] Zum Ganzen: *Von Caemmerer*, in: FS 100 Jahre deutscher Juristentag, 49 (102ff.).

[838] *Callmann*, Der unlautere Wettbewerb, S. 29ff.; *von Gierke*, Deutsches Privatrecht I, S. 702ff. sowie III, S. 887f.; *G. Müller*, UFITA 2 (1929), 367 (383ff.); *Smoschewer*, UFITA 3 (1930), 119.

Recht nicht die Rechte anderer verletzt oder gegen die verfassungsmäßige Ordnung oder das Sittengesetz verstößt (Art. 2 GrundG), muss das allgemeine Persönlichkeitsrecht als ein verfassungsmäßig gewährleistetes Grundrecht angesehen werden."[839]

In der Literatur hat diese Entscheidung überwiegend Zustimmung erfahren, wenn auch die verfassungsrechtliche Herleitung aus Art. 1 Abs. 1, 2 Abs. 1 GG mitunter bezweifelt wurde.[840] Heute ist in Rechtsprechung und Literatur anerkannt, dass § 823 Abs. 1 BGB auch ein allgemeines Persönlichkeitsrecht natürlicher Personen absichert. Als Ausprägungen des allgemeinen Persönlichkeitsrechts werden unter anderem geschützt die Ehre, das Bildnis, das Charakterbild, das Lebensbild sowie der private Geheimbereich natürlicher Personen.[841]

Am Schutz eines geheimen „Know-how" gegen „Reverse Engineering" bestehen allein wirtschaftliche Interessen. Spätestens mit der Entscheidung des Know-how-Entwicklers, sein Wissen – im Wege der Lizenzierung oder im Rahmen einer Produktentwicklung – gewerblich zu verwerten, verlässt es dessen privaten Bereich. Der verwertenden Unternehmung geht es ab diesem Zeitpunkt ausschließlich darum, das überlegene „Know-how" exklusiv zur Produktherstellung einzusetzen und den dadurch begründeten Wettbewerbsvorsprung zu bewahren. Ein persönlichkeitsrechtlicher *Privat*sphärenschutz des „Know-how" scheidet mangels hinreichenden Bezugs zum Privatbereich des Entwicklers bzw. Unternehmers dann aus.[842]

Ob das aus Art. 1 Abs. 1, 2 Abs. 1 GG abgeleitete allgemeine Persönlichkeitsrecht auch einen gewerblichen Geheimbereich absichert, ist in der

---

839 BGHZ 13, 334 = GRUR 1955, 197 – Leserbriefe.

840 *Larenz*, NJW 1955, 521 (524).

841 Zum Ganzen: *Baston-Vogt*, Der sachliche Schutzbereich des zivilrechtlichen allgemeinen Persönlichkeitsrechts, S. 207 ff.; *Peifer*, Individualität im Zivilrecht, S. 151 ff.

842 BGHZ 16, 172 (175) = GRUR 1955, 388 (389) – Dücko; *Deutsch*, Heimliche Erhebung, S. 127; *Forkel*, FS von Carolsfeld, 105 (111); *Habel*, Nutzungsrechte, S. 194 f.; *ders.*, CR 1991, 257 (258); *Maass*, Information und Geheimnis, S. 110; *Pfister*, Das technische Geheimnis „Know how" als Vermögensrecht, S. 18 f.; *Scholz*, Konkurrenzprodukte, S. 31; *M. Schröder*, UPR 1985, 394 (397); *Wiebe*, Know-how-Schutz von Computersoftware, S. 213; *Wiemer*, Vertragsstrafe, S. 35 f.

Literatur umstritten.[843] Dafür werden vor allem hohe Schutzbedürfnisse der Wirtschaft ins Feld geführt: Der sonstige gesetzliche Schutz für Unternehmensgeheimnisse, beispielsweise über § 17 UWG, sei unzureichend, der gewerbliche Geheimbereich aber ebenso schutzwürdig wie der private.[844] Ihm müsse daher ein vergleichbarer Persönlichkeitsschutz über § 823 Abs. 1 BGB zu Teil werden.[845]

Rechtsprechung und Literatur haben das zivile, allgemeine Persönlichkeitsrecht natürlicher Personen vor dem Hintergrund entwickelt, dass das Bürgerliche Gesetzbuch vorwiegend den Schutz von Vermögensinteressen im Blick hatte.[846] Das allgemeine Persönlichkeitsrecht sollte besonders schutzbedürftige, ideelle Interessen absichern, die §§ 12, 826 BGB nicht hinreichend erfassten. Man wollte natürlichen Personen einen privaten Freiraum garantieren, in dem sie ihre individuellen Besonderheiten entwickeln und entfalten können.[847] Vor diesem geschichtlichen Hintergrund bestehen bereits grundsätzliche Bedenken, wirtschaftliche Interessen natürlicher oder juristischer Personen über das allgemeine Persönlichkeitsrecht zu schützen.[848]

Jedenfalls soweit ein Schutz der gewerblichen Geheimsphäre zur Diskussion steht, ist zu beachten, dass das sonstige Recht diese bereits umfangreich gegen verschiedene Beeinträchtigungen absichert. §§ 17 Abs. 1 UWG,

---

843 Dafür: *Brauer*, Persönlichkeitsrecht der juristischen Person, S. 59f.; *Kohler*, Der unlautere Wettbewerb, S. 246f.; *Leßmann*, AcP 170 (1970), 266 (285f.); *Wronka*, Persönlichkeitsrecht juristischer Personen, S. 136f. Dagegen: *St. Müller*, Schutz von Know-how nach TRIPS, S. 17f., 24f.; *Peifer*, in: Gedächtnisschrift Sonnenschein, 687 (699ff.); *ders.*, GRUR 2002, 495; *Taeger*, Offenbarung von Betriebs- und Geschäftsgeheimnissen, S. 58.

844 *Brauer*, Persönlichkeitsrecht der juristischen Person, S. 60; *Kohler*, Der unlautere Wettbewerb, S. 246. Vgl. auch *Leßmann*, AcP 170 (1970), 266 (285f.), der jedoch einige Einschränkungen vornimmt.

845 Vgl. *Wronka*, Persönlichkeitsrecht juristischer Personen, S. 136f.

846 § 253 Abs. 1 BGB bringt dies noch heute zum Ausdruck, *Peifer*, in: Gedächtnisschrift Sonnenschein, 687 (693); *ders.*, GRUR 2002, 495 (496).

847 *Peifer*, in: Gedächtnisschrift Sonnenschein, 687 (700).

848 So aber: BGHZ 143, 214 = GRUR 2000, 709 – Marlene Dietrich: „Das allgemeine Persönlichkeitsrecht und seine besonderen Erscheinungsformen (...) dienen dem Schutz nicht nur ideeller, sondern auch kommerzieller Interessen der Persönlichkeit.“ Zustimmend: *Ullmann*, WRP 2000, 1049 (1051ff.); *Götting*, NJW 2001, 585. Dagegen: *Peifer*, GRUR 2002, 495; *Schack*, JZ 2000, 1060 (1062).

49, 93, 116, 144, 404 AktG, 85 GmbHG, 34, 41 GenG, 90, 323, 333 HGB, 79 BetrVG, 203 StGB sehen einen zivil- und strafrechtlichen Schutz gegen den Verrat durch eigene Mitarbeiter, Geschäftsführer, Vorstände und andere zur Geheimhaltung besonders verpflichtete Personen vor. § 17 Abs. 2 Nr. 1 UWG sowie § 202a StGB schützen gegen bestimmte gefährliche Formen der Geheimnisausspähung. § 17 Abs. 2 Nr. 2 UWG – sofern die Norm für verfassungsgemäß gehalten wird[849] – bewahrt vor unbefugter „Geheimnishehlerei". Greifen diese speziellen Vorschriften nicht ein, bietet das – für wirtschafltliche Vermögensinteressen erdachte – „Recht am eingerichteten und ausgerichteten Gewerbebetrieb" im Einzelfall ausreichende Möglichkeiten eines auffangenden Rechtsschutzes gegen betriebsbezogene Eingriffe in wirtschaftlich wertvolle Unternehmensgeheimnisse.[850] Für eine zusätzliche Absicherung des gewerblichen Geheimbereichs über das allgemeine Persönlichkeitsrecht besteht angesichts dieser gesetzlichen Ausgangslage kein Bedürfnis. Vielmehr würde ein solcher Geheimnisschutz den ausgewogenen Rechtsschutz, den die vorgenannten Normen bereits einige Jahrzehnte erfolgreich gewährleisten, entwerten und aufweichen.[851]

Die grundsätzliche Frage, ob das allgemeine Persönlichkeitsrecht – entgegen seiner ursprünglichen Zweckbestimmung – auch wirtschaftliche Interessen natürlicher und juristischer Personen absichern kann und soll, darf an dieser Stelle dahingestellt bleiben. Jedenfalls für den gewerblichen Geheimbereich besteht insoweit kein Schutzbedürfnis.

4. Ergebnis zu § 823 Abs. 1 BGB

§ 823 Abs. 1 BGB gewährt keinen Schutz des „Know-how" gegen die Gefahren des „Reverse Engineering". Für die Anerkennung einer absoluten oder rahmenrechtlichen Absicherung des geheimen „Know-how" selbst besteht weder ein rechtliches noch ein rechtspolitisches Bedürfnis. Vielmehr konterkarierte eine entsprechende Absicherung die Anreizfunktion der gewerblichen Schutzrechte. „Know-how" zählt zwar zu den schützbaren Bestandteilen des eingerichteten und ausgeübten Gewerbebetriebs,

---

849 Vgl. oben: 2. Teil, A., II., 3. (S. 125) und III., 2. (S. 141 f.).

850 Wenn auch ein Schutz für die Fallkonstellationen des „Reverse Engineering" in concreto zu versagen ist, siehe oben: 3. Teil, D., I., 2. (S. 228 ff.).

851 *Peifer*, in: Gedächtnisschrift Sonnenschein, 687 (700). Vgl. auch *Klippel*, JZ 1988, 625 (632).

„Reverse Engineering" greift jedoch nicht betriebsbezogen in diesen ein. Für einen persönlichkeitsrechtlichen Schutz des gewerblichen Geheimbereichs besteht angesichts des existierenden gesetzlichen Geheimnisschutzes kein Bedürfnis.

II. Schutzgesetzverletzung gem. § 823 Abs. 2 BGB

§ 823 Abs. 2 BGB liegt der Gedanke zu Grunde, dass konkrete Schutzgebote, die in anderen Bereichen des Rechts gelten, auch für das Recht der unerlaubten Handlungen maßgeblich sein sollen.[852] Voraussetzung ist der schuldhaft begangene Verstoß gegen ein sog. „Schutzgesetz". Dazu zählen alle Rechtsnormen (Art. 2 EGBGB), die – jedenfalls auch – bezwecken, hinreichend konkrete Personenkreise vor Rechtsverletzungen zu schützen. Ob eine Norm neben diesem Zweck oder gar vorrangig auch Interessen der Allgemeinheit schützt, ist unerheblich.[853]

§ 17 UWG ist ein Schutzgesetz im Sinne von § 823 BGB, Art. 2 EGBGB.[854] Es schützt die Inhaber von Unternehmensgeheimnissen gegen bestimmte Formen des Verrats (Abs. 1), der Ausspähung (Abs. 2 Nr. 1) sowie der Geheimnishehlerei (Abs. 2 Nr. 2).[855] Maßnahmen des „Reverse Engineering" sind jedoch in Ermangelung eines Eingriffs in die kontrollierte „Geheimhaltungssphäre" des betroffenen Unternehmens nicht tatbestandsmäßig, so dass auch zivilrechtliche Ansprüche nach § 823 Abs. 2 BGB ausscheiden. §§ 14 und 69c UrhG, gegen die „Reverse Engineering" im Einzelfall verstößt, bezwecken einen Individualschutz des Urhebers und sind daher ebenfalls „Schutzgesetze" im Sinne des § 823 Abs. 2 BGB. Inhaltlich reicht der durch § 823 Abs. 2 BGB gewährte Schutz jedoch nicht über den des Urheberrechts hinaus.

---

852 *Schiemann*, in: Erman, BGB-Kommentar, § 823 Rn. 1.

853 BGH, NJW 2004, 356 (357); BGH, NJW 2004, 1949 (1950); BGHZ 116, 7 (13) = NJW 1992, 241 (242); *Sprau*, in: Palandt, BGB-Kommentar, § 823 Rn. 57.

854 BGHZ 166, 84 (104) = NJW 2006, 830 (838) – Kirch/Breuer; BGH, GRUR 1966, 152 (153) – Nitrolingual; *Kiethe/Groeschke*, WRP 2005, 1358 (1361); *Köhler*, in: UWG-Großkommentar, § 19 Rn. 24; *Kraßer*, GRUR 1977, 177 (178); *Mes*, GRUR 1979, 584 (586); *Reimer*, in: Ulmer, Recht des unlauteren Wettbewerbs III, Nr. 343; *Tetzner*, Gesetz gegen den unlauteren Wettbewerb, § 19 Rn. 1; *Tiedemann*, in: FS E. von Caemmerer, 643 (647).

855 § 19 UWG a.F., der einen Schadensersatzanspruch bei Verletzung der §§ 17, 18 UWG vorsah, konnte daher mit der UWG-Reform 2004 entfallen, BT-Drucksache 15/1487, S. 15.

III. Sittenwidrige Schädigung gem. § 826 BGB

§ 826 BGB setzt weder eine Anknüpfung an ein bestimmtes Rechtsgut (§ 823 Abs. 1 BGB), noch einen Verstoß gegen gesetzliche Verhaltensverbote voraus (§ 823 Abs. 2 BGB) und gewährt daher einen prinzipiell umfassenden Schutz. In der Literatur wird § 826 BGB aus diesem Grund auch als „eigentliche Generalklausel“ des Deliktsrechts bezeichnet.[856] Der bloß fragmentarische Schutz des Unternehmensgeheimnisses durch § 17 UWG schließt § 826 BGB nicht aus.[857] Voraussetzungen eines Anspruchs aus § 826 BGB sind das Vorliegen einer vorsätzlichen Schädigung und eines damit einhergehenden Sittenverstoßes.

1. „Reverse Engineering“ als vorsätzliche Schädigung

Für den Schädigungsvorsatz genügt „dolus eventualis“, das heißt der Anspruchsgegner muss den Eintritt eines Schadens zumindest für möglich halten und ihn im Rechtssinne „billigen“.[858] Jedenfalls der gewerblich motivierte Reverser weiß regelmäßig, dass bereits die erfolgreiche Analyse des Produkts – und erst recht die gewerbliche Verwertung der erlangten Kenntnisse – zu einer Wertminderung des „Know-how“ und mithin einer Schädigung des Know-how-Inhabers führen wird.[859] Beim „Reverse Engineering“ zu privaten Zwecken oder zu Zwecken der Forschung wird man eine entsprechende Kenntnis dagegen nicht ohne Weiteres voraussetzen können. Zumindest dürfte der konkrete Nachweis einer Schädigungsabsicht im Einzelfall prozessual schwer zu führen sein.

2. „Reverse Engineering“ als Sittenverstoß

Entscheidende Frage für Ansprüche aus § 826 BGB ist, ob die Durchführung der Produktanalyse einen „Sittenverstoß“ begründet. Der Begriff der „guten Sitten“ erlaubt eine Anpassung des Rechtsschutzes an herrschende Wertvorstellungen sowie deren Änderungen.[860] Als zivilrechtli-

---

856 *Schiemann*, in: Erman, BGB-Kommentar, § 826 Rn. 1. Vgl. auch *Sprau*, in: Palandt, BGB-Kommentar, § 826 Rn. 1.

857 Vgl. bereits oben: 3. Teil, D., I., 2. (S. 229).

858 BGHZ 59, 1 (2) = NJW 1972, 1463 (1463 f.); BGH, NJW 2000, 2896 (2897); *Schiemann*, in: Erman, BGB-Kommentar, § 826 Rn. 14.

859 Siehe oben: 1. Teil, B., IV. (S. 84 ff.).

860 *Sprau*, in: Palandt, BGB-Kommentar, § 826 Rn. 1.

che Generalklausel ist er insbesondere offen für eine mittelbare Berücksichtigung grundgesetzlicher Wertungen. Nach einer allgemeinen Formulierung in Rechtsprechung und Literatur ist eine schädigende Handlung sittenwidrig, soweit sie nach dem Inhalt oder Gesamtcharakter gegen das Anstandsgefühl aller billig und gerecht Denkenden verstößt, also mit den grundlegenden Wertungen der Rechts- und Sittenordnung nicht vereinbar ist.[861] Dem Verhalten muss eine besondere Verwerflichkeit innewohnen, die aus dem verfolgten Ziel, den eingesetzten Mitteln, der zutage tretenden Gesinnung oder den eintretenden Folgen resultieren kann.[862]

Das Bedürfnis, fremde Produkte frei analysieren zu können, ist in der Praxis weit verbreitet und weder aus wettbewerbsrechtlicher Sicht[863] noch im Übrigen zu beanstanden. Nach zutreffender Ansicht fällt „Know-how" auch nicht in den Schutzbereich der Eigentumsgarantie aus Art. 14 Abs. 1 GG. Vielmehr kann der Reverser, sofern er – wie im Regelfall – Eigentümer des Produkts ist, grundsätzlich darauf vertrauen, mit dem Produkt „nach Belieben verfahren" zu können, § 903 S. 1 BGB.

Eine Sittenwidrigkeit der Produktanalyse könnte jedoch durch bestimmte Beweggründe für das „Reverse Engineering" begründet werden. Handelt der Reverser zu Zwecken der Produktsabotage, richtet sich dieser Angriff konkret gegen einzelne – durch Art. 14 GG geschützte – Produkte des Unternehmens bzw. der Produkterwerber. Auch beeinträchtigt eine Produktsabotage die freie Berufsausübung (Art. 12 Abs. 1 GG) des Produktherstellers. Ein sittenwidriges Verhalten liegt vor. Auf ein Produktcracking bzw. die Herstellung entsprechender „Cracking-Tools" trifft dies nicht ohne Weiteres zu; entscheidende Frage ist, ob der Hacker damit vorrangig eine Schädigung des fremden Unternehmens bezweckt.[864] Analysen zur Anpassung an eigene Gebrauchsbedürfnisse, zur Herstellung konkurrierender, interoperabler oder völlig unabhängiger Produkte sowie zum Nachweis einer Rechtsverletzung geraten nicht in die Nähe eines Sittenverstoßes.

861 OLG Hamm, VersR 2006, 376 (377); *Sprau*, in: Palandt, BGB-Kommentar, § 826 Rn. 4.

862 *Sprau*, in: Palandt, BGB-Kommentar, § 826 Rn. 4.

863 Siehe oben: 3. Teil, C. (S. 197 ff.).

864 Vgl. dazu auch oben: 3. Teil, C., III. (S. 207 f.).

E. Recht der Eingriffskondiktion

Ansprüche aus Eingriffskondiktion setzen voraus, dass der Reverser vom Know-how-Inhaber etwas „in sonstiger Weise auf dessen Kosten ohne rechtlichen Grund erlangt". In den Rechtsfolgen gewähren §§ 812 I 1 Var. 2, 818 BGB Ansprüche auf Herausgabe des Erlangten sowie etwaiger Nutzungen und Surrogate bzw. Wertersatz. Soweit die Literatur den rechtlichen Schutz des (geheimen) „Know-how" untersucht, befürwortet oder verneint sie Ansprüche aus Eingriffskondiktion zumeist pauschal, ohne einzelne Konstellationen konkret zu subsumieren.[865] An keiner Stelle wird konkret dazu Stellung genommen, ob erfolgreiches „Reverse Engineering" kondiktionsrechtlich relevant ist.

I. Rechtsgrundlose Vorteilserlangung in sonstiger Weise

Ansprüche aus Eingriffskondiktion erfordern zunächst, dass „etwas erlangt" wurde. In Betracht kommt jeder Vorteil, durch den das wirtschaftliche Vermögen des Eingreifenden vermehrt wird.[866] Erfolgreiches „Reverse Engineering" führt zur Aufdeckung des in einem Produkt verborgenen Herstellungs-Know-how. Dabei handelt es sich regelmäßig um ein Wissen, das für den Reverser wirtschaftlich wertvoll ist, mithin um eine vorteilhafte Vermögensstellung im vorgenannten Sinne.[867]

In „sonstiger Weise" wird dieser Vermögensvorteil erlangt, wenn er nicht auf einer – vorrangig zu beachtenden –[868] Leistungsbeziehung beruht. Der Verkauf und die Vermietung eines Produkts beinhalten eine „bewusste zweckgerichtete Vermögensmehrung"[869] bloß in Bezug auf das

---

865 Vgl. *Hauck*, Wirtschaftsgeheimnisse, S. 151 f. mit einigen Nachweisen in Fn. 225, 226.

866 BGHZ 55, 128 (131) = NJW 1971, 609 (610); BGH, NJW 1995, 53 (54); *Peifer*, Schuldrecht – gesetzliche Schuldverhältnisse, S. 212 § 8 Rn. 10; *Sprau*, in: Palandt, § 823 Rn. 16.

867 Siehe oben: 1. Teil, A., I., 2., d) (S. 30) und II. (S. 37 ff.).

868 Sog. Grundsatz vom „Vorrang der Leistungskondiktion", siehe nur BGHZ 40, 272, 278; *Peifer*, Schuldrecht – gesetzliche Schuldverhältnisse, S. 245 § 10 Rn. 9.

869 So die vorherrschende Definition des Begriffs „Leistung", siehe nur BGHZ 40, 272 (277); *Peifer*, Schuldrecht – gesetzliche Schuldverhältnisse, S. 223 § 9 Rn. 2.

Produkt als solches, nicht jedoch im Hinblick auf ein darin mittelbar verkörpertes Herstellungs-Know-how. Dieses soll nach dem Willen der Produkthersteller in aller Regel verborgen bleiben.[870]

Der Vertrag, auf dessen Grundlage das zu untersuchende Produkt in Besitz genommen wird, gewährt gewöhnlich keinen Rechtsgrund für die Vornahme eingehender Analysemaßnahmen. Software-Verträge untersagen entsprechende Maßnahmen zumeist sogar ausdrücklich.

II. Vorteilserlangung „auf Kosten eines anderen“

Im Unterschied zu § 823 Abs. 1 BGB sieht § 812 Abs. 1 S. 1 BGB keinen Katalog vor, der den Kreis geschützter Rechtsgüter näher eingrenzt. Die Formulierung „auf Kosten eines anderen“ lässt seinem Wortlaut nach einen umfassenden Schutz verschiedenster Vermögensinteressen zu. Wissenschaft und Rechtsprechung standen daher vor der Aufgabe, Anwendungsbereich und Grenzen der Haftung aus Eingriffsbereicherung näher zu bestimmen. In Wahrnehmung dieser Aufgabe entwickelten sie drei grundsätzliche Auffassungen, von denen eine heute als ganz herrschend bezeichnet werden kann.

Die in den Anfängen der Diskussionen stark vertretene „Lehre von der Vermögensverschiebung“[871] fußt auf grundlegenden Vorarbeiten *F.C. von Savignys*. Beeinflusst von der Kondiktion des klassischen römischen Rechts leitete dieser den Bereicherungsanspruch einheitlich „aus einem einfachen, gemeinschaftlichen Princip“,[872] der Vermögensverschiebung, ab:

> „Alle diese Fälle also haben miteinander gemein die Erweiterung eines Vermögens durch Verminderung eines anderen Vermögens, die entweder stets ohne Grund war, oder ihren ursprünglichen Grund verloren hat.“[873]

---

870 Siehe oben: 2. Teil, A., II., 1., d) (S. 114 f.).

871 Vgl. nur *Collatz*, Ungerechtfertigte Vermögensverschiebung, S. 1 ff.; *Guilleaume*, Ungerechtfertigte Bereicherung, S. 2 ff., 42 f.; *Jung*, Bereicherungsansprüche und Mangel des rechtlichen Grundes, S. 126 ff.; *Krawielicki*, Grundlagen des Bereicherungsanspruchs, S. 1 ff.; *von Mayr*, Der Bereicherungsanspruch, S. 193 ff.; *Nebenzahl*, Erfordernis der unmittelbaren Vermögensverschiebung.

872 *F.C. von Savigny*, System des heutigen römischen Rechts V, S. 507 ff.

873 *F.C. von Savigny*, System des heutigen römischen Rechts V, S. 525.

Voraussetzung für eine Vermögensverschiebung sollte sein,

„dass Dasjenige, welches dem Anderen zur Bereicherung diente, vorher schon wirklich einmal zum Vermögen Dessen gehört habe, welcher darauf eine Condiction gründen will."[874]

In der Konsequenz dieser Ansicht lag es, Fallgruppen, die eine rechtsgrundlose Nutzung von Sachen oder immateriellen Gütern zum Gegenstand hatten, vom Anwendungsbereich der Kondiktion vollständig auszuschließen, denn Vorteile einer Nutzung entstehen erst originär im Vermögen des Nutzenden, können also nicht „verschoben" werden.[875] Angesichts der wirtschaftlichen Verhältnisse zu Zeiten *F.C. von Savignys* wurde dieser Ausschluss nicht als tragisch empfunden.[876] Mit dem Wechsel der agrarisch strukturierten Gesellschaft hin zu einer Informationsgesellschaft rückten aber immaterielle Interessen zunehmend ins Zentrum der wirtschaftlichen Aufmerksamkeit; die Lehre von der Vermögensverschiebung stieß an ihre Grenzen. Anfängliche Versuche, die Schwächen der Lehre durch Aufweichung des Vermögensbegriffs[877] oder des Begriffs der Vermögensverschiebung[878] aufzufangen, erwiesen sich bald als unzureichend und haben sich daher zu Recht nicht durchgesetzt.

Die von *Schulz* in seinem Beitrag „System der Rechte auf den Eingriffserwerb"[879] begründete „Rechtswidrigkeitstheorie" sah die Grundlage der Ansprüche aus Eingriffskondiktion in der Rechtswidrigkeit des eingreifenden Verhaltens. Nach *Schulz* war derjenige, der einen Vermögensvorteil durch rechtswidriges Handeln erwarb, nicht schutzwürdig, er sollte eine etwaig fortbestehende Bereicherung herausgeben müssen.[880] Gegen

---

874 *F.C. von Savigny*, System des heutigen römischen Rechts V, S. 526f.

875 *Ellger*, Bereicherung durch Eingriff, S. 68 mit entsprechenden Nachweisen.

876 *Ellger*, Bereicherung durch Eingriff, S. 48 mit entsprechenden Nachweisen.

877 *Lobe*, Der unlautere Wettbewerb als Rechtsverletzung, S. 359ff. („der Gewinnerzielung günstige Lage"); *Orth*, Bereicherung im Patentrecht, S. 83 („jede Verwertungsmöglichkeit ist Vermögensbestandteil").

878 Ausreichend sei, wenn zwischen „der Vermögensminderung des einen und der Vermögensmehrung des anderen ein unmittelbarer ursächlicher Zusammenhang besteht", RGZ 97, 65; RGZ 121, 258 (263); *Batsch*, Vermögensverschiebung und Bereicherungsherausgabe, S. 45 ff.

879 AcP 105 (1909), 1.

880 In Konsequenz dieser Auffassung, die das rechtswidrige Eingriffsverhalten als solches für kondiktionsauslösend ansah, lag es, den Bereicherungsanspruch auch auf einen etwaig erzielten Gewinn zu erstrecken, so *H. Jakobs*,

die Rechtswidrigkeitstheorie spricht rechtspolitisch, dass sie einen Ausgleich auch für solche Nutzungen gewährt, die nach den Wertungen der sonderrechtlichen Regelungen zum Leistungsschutz gerade frei bleiben sollen.[881] Vor allem aber genügt es für die Begründung eines Kondiktionsanspruchs nicht, die mangelnde Schutzwürdigkeit des Eingreifers darzulegen. Erforderlich ist auch der Nachweis eines Schutzbedürfnisses auf Seiten des Kondizienten, das es rechtfertigt, ihm einen Anspruch auf Herausgabe des erlangten Etwas zu gewähren.[882]

Heute ganz herrschend ist daher die von *Wilburg*[883] begründete und durch *von Caemmerer*[884] näher ausgestaltete „Lehre vom Zuweisungsgehalt".[885] Nach dieser Lehre, der sich übereinstimmend auch die Rechtsprechung angeschlossen hat,[886] ist der Anwendungsbereich der Eingriffskondiktion nicht abhängig von einer Rechtswidrigkeit des eingreifenden Verhaltens, sondern davon, ob der Bereicherungsschuldner in ein Interesse eingegriffen hat, das dem Bereicherungsgläubiger im Zeitpunkt des Eingriffs rechtlich zugewiesen war. Gefordert wird der Eingriff in eine Rechtsposition, die dem Bereicherungsgläubiger nach dem Willen der Rechtsordnung „zu dessen ausschließlicher Verfügung und Verwertung zugewiesen ist".[887]

Eingriffserwerb und Vermögensverschiebung, S. 64 ff.; *Schulz*, AcP 105 (1909), 1 (468 f.).

881 Dazu bereits oben: 3. Teil, D., I., 1., b), dd) (S. 227 f.).

882 *Fournier*, Bereicherungsausgleich, S. 56 ff.; *Loewenheim*, Bereicherungsrecht, S. 81 f.; *Medicus*, Bürgerliches Recht, Rn. 710.

883 Die Lehre von der ungerechtfertigten Bereicherung nach österreichischem und deutschem Recht. *Wilburg* wiederum stützte sich auf eine Idee von *Heck*, Grundriss des Schuldrechts, S. 421.

884 Bereicherung und unerlaubte Handlung, in: FS Rabel, 333.

885 *Köhler*, in: UWG-Großkommentar, Vor § 13 Rn. 369; *Koppensteiner/Kramer*, Ungerechtfertigte Bereicherung, S. 75 ff.; *Loewenheim*, WRP 1997, 913 (915 f.); *ders.*, in: Ahrens, Wettbewerbsprozess, S. 1392; *Medicus*, Bürgerliches Recht, Rn. 710 ff.; *Peifer*, Schuldrecht – Gesetzliche Schuldverhältnisse, S. 243 f.; *Reuter/Martinek*, Ungerechtfertigte Bereicherung, S. 234 ff.; *Schlechtriem*, ZHR 149 (1985), 327 (332); *Teplitzky*, Wettbewerbsrechtliche Ansprüche und Verfahren, S. 526; *Ullmann*, GRUR 1978, 615 (619); *Weitnauer*, DB 1984, 2496 (2498).

886 BGHZ 82, 299 (306) = GRUR 1982, 301 (303) – Kunststoffhohlprofil II; BGHZ 99, 244 (247) = GRUR 1987, 520 (523) – Chanel Nr. 5 I; BGHZ 107, 117 (120) = GRUR 1990, 221 (222) – Forschungskosten.

887 BGHZ 107, 117 (120) = GRUR 1990, 221 (222) – Forschungskosten.

Als Paradefälle einer entsprechenden rechtlichen Güterzuordnung werden das Eigentum, die gewerblichen Schutzrechte sowie das Urheberrecht genannt.[888] § 903 BGB weist die Herrschaft über eine Sache in umfassender Weise dem Sacheigentümer zu. §§ 9 PatG, 11 GebrMG ordnen dem Patent- bzw. Gebrauchsmusterinhaber die alleinige Berechtigung zu, die sonderrechtlich geschützte Erfindung auszunutzen. Für das Urheberrecht kodifiziert § 15 UrhG, aber auch § 69c UrhG das ausschließliche Recht des Urhebers, sein urheberrechtlich geschütztes Werk auf die genannten Arten zu verwerten. Wer in diese gesetzliche Interessenzuordnung eingreift, handelt „auf Kosten eines anderen“.

Maßnahmen des „Software Reverse Engineering“ verstoßen regelmäßig gegen § 69c Nr. 1 und 2 GG. Jedoch ordnen diese Vorschriften dem Rechtsinhaber lediglich bestimmte Verwertungsinteressen in Bezug auf den konkreten Programmcode zu, nicht jedoch das abstrakte Programmier-Know-how als solches. Das hinter der konkreten Programmierung stehende „Know-how“ soll – auf Grund der erheblichen Gefahren einer Monopolisierung in diesem zentralen Bereich – nicht einer Person zugewiesen werden, sondern frei verfügbar bleiben, vgl. § 69a Abs. 2 S. 2 UrhG. Daraus folgt, dass auf Grundlage der Lehre vom Zuweisungsgehalt nur solche Vermögensvorteile herauszugeben sind, die auf einer urheberrechtswidrigen Verwendung des konkreten Programmcodes beruhen, nicht aber solche, die aus der Entdeckung und Nutzung eines durch die Programmanalyse erschlossenen „Know-how“ resultieren.

Eine Beschränkung der Eingriffskondiktion auf absolut geschützte Rechtspositionen wird von den Vertretern der Lehre vom Zuweisungsgehalt heute nur noch vereinzelt vertreten.[889] Weit überwiegend erkennt man auch anderen Rechtspositionen einen hinreichenden Zuweisungsgehalt zu, sofern sie ihrem Inhaber eine „marktfähige Verwertungsmöglichkeit“ gewähren.[890] Gefordert wird eine Rechtsposition, die gegenüber Dritten einen Schutz gewährt, der den Sonderrechten des geistigen Eigentums ähnlich ist. Davon sei bereits dann auszugehen, wenn ein

888 *Hüffer*, JuS 1981, 263 (265); *Loewenheim*, Bereicherungsrecht, S. 83.

889 So aber neuerdings wieder *Ellger*, Bereicherung durch Eingriff, S. 845 f.

890 *Loewenheim*, WRP 1997, 913 (915 f.); *ders.*, in: Ahrens, Wettbewerbsprozess, S. 1393; *Reuter/Martinek*, Ungerechtfertigte Bereicherung, S. 280.

Rechtsinhaber Dritten eine von Gesetzes wegen grundsätzlich verbotene Benutzung entgeltlich gestatten könne.[891]

Das in einem Produkt verborgene „Know-how" stellt nicht selten ein „Betriebsgeheimnis" im Sinne von § 17 UWG dar, und Vertreter der Zuweisungslehre halten diese Vorschrift auch grundsätzlich für geeignet, eine „marktfähige Verwertungsmöglichkeit" zu begründen. Doch soll die Möglichkeit der marktfähigen Verwertung stets nur soweit reichen wie der zu Grunde liegende wettbewerbsrechtliche Verbotsanspruch.[892] „Reverse Engineering" kann vom Geheimnisinhaber nicht nach § 17 UWG untersagt werden. Ansprüche aus Eingriffskondiktion scheiden daher aus.

III. Ergebnis zum Recht der Eingriffskondiktion

Ein kondiktionsrechtlicher Schutz des „Know-how" gegen „Reverse Engineering" scheitert nach der heute maßgeblichen Lehre vom Zuweisungsgehalt daran, dass die Rechtsordnung das „Know-how" – auch soweit es geheim ist – seinem faktischen Inhaber nicht in hinreichender Weise rechtlich zuordnet.

---

891 *Reuter/Martinek*, Ungerechtfertigte Bereicherung, S. 280. Vgl. auch BGHZ 35, 329 (333).

892 *Hüffer*, JuS 1981, 263 (265) („im Rahmen"); *Köhler*, in: UWG-Großkommentar, Vor § 13 Rn. 369; *Loewenheim*, Bereicherungsrecht, 94; *ders.*, WRP 1997, 913 (916); *Reuter/Martinek*, Ungerechtfertigte Bereicherung, S. 280 f.; *Teplitzky*, Wettbewerbsrechtliche Ansprüche und Verfahren, S. 526.

F. Recht der angemaßten Eigengeschäftsführung

Handelte es sich bei den Maßnahmen des „Reverse Engineering" um eine Geschäftsanmaßung im Sinne des § 687 Abs. 2 BGB, sog. „unechte" Geschäftsführung ohne Auftrag, könnte der Know-how-Inhaber („Geschäftsherr") gegen den Reverser („Geschäftsführer") dieselben Rechte geltend machen, wie sie ihm bei der „echten" Geschäftsführung ohne Auftrag zustünden. Rechtsfolge wären Ansprüche auf Auskunft und Rechnungslegung, §§ 681 S. 2, 666 BGB, ein verschuldensunabhängiger Schadensersatzanspruch, § 678 BGB, sowie ein Anspruch auf Gewinnherausgabe, §§ 681 S. 2, 667 BGB. Der Regelung des § 687 Abs. 2 BGB liegt eine Billigkeitserwägung des Gesetzgebers dahingehend zu Grunde, dass der Geschäftsherr im Falle einer angemaßten Geschäftsführung nicht schlechter stehen soll als im Falle einer „echten" Geschäftsführung ohne Auftrag.[893] Ein Schutz des geheimen „Know-how" wird im Zusammenhang mit § 687 Abs. 2 BGB gewöhnlich pauschal bejaht,[894] ohne auf die einzelnen Tatbestandsmerkmale dieser Anspruchsnorm näher einzugehen.

I. Geschäftsbesorgung ohne Berechtigung

Der Begriff „Geschäftsbesorgung" ist – wie bei § 662 BGB – weit zu verstehen und umfasst insbesondere auch selbständige, eigeninitiative Handlungen tatsächlicher Art.[895] „Reverse Engineering" bzw. dessen Inauftraggabe stellt ein solche Tätigkeit dar. Die Verträge, auf deren Grundlage die zu analysierenden Produkte in Besitz genommen werden (Kauf, Miete, Leasing), berechtigen in aller Regel nicht zu tiefgehenden Analysemaßnahmen. Softwareüberlassungsverträge untersagen entsprechende Untersuchungen zumeist sogar explizit.

---

893 Hierzu sowie zu weiteren Hintergründen: *Wenckstern*, Die Geschäftsanmaßung als Delikt, AcP 200 (2000), 240 (242 ff.), der – de lege ferenda – eine Einordnung der Eingriffskondiktion in das Deliktsrecht vorschlägt, 263 ff.

894 *Köhler*, in: Hefermehl/Köhler/Bornkamm, UWG-Kommentar, § 17 Rn. 56; *St. Müller*, Schutz von Know-how nach TRIPS, S. 93; *Seiler*, in: MünchKomm BGB, § 687 Rn. 19; *Westermann*, Handbuch Know-how-Schutz, S. 118.

895 *Ehmann*, in: Erman, BGB-Kommentar, § 677 Rn. 2 mit weiteren Nachweisen.

II. Fremdheit des angemaßten Geschäfts

Entscheidende Voraussetzung eines Anspruchs aus angemaßter Geschäftsführung ist die „Fremdheit" der Geschäftsbesorgung. § 687 Abs. 2 BGB setzt voraus, dass der Geschäftsführer „ein fremdes Geschäft als eigenes" behandelt, so dass es bei der Bestimmung der Fremdheit des Geschäfts – anders als nach dem Wortlaut des § 677 BGB – allein auf objektive Gesichtspunkte ankommen kann.[896] Nach übereinstimmender Meinung sind Geschäfte – in Anlehnung an die ganz vorherrschende Meinung zur Eingriffskondiktion – objektiv fremd, wenn sie zum rechtlich anerkannten Wirtschafts- oder Interessenkreis eines Dritten gehören.[897] Jedenfalls das zivilrechtliche Eigentum sowie die absoluten Immaterialgüterrechte begründen in ihrem unmittelbaren Anwendungsbereich einen entsprechenden Rechtskreis.[898] Jedoch wird „Know-how" vom Urheberrecht allenfalls mittelbar geschützt.[899] Nur urheberrechtswidrige Verwendungen des konkreten Programmcodes, nicht aber eine Entdeckung und Benutzung des Programmier-Know-how, begründen Ansprüche aus Eingriffskondiktion. In der Sache reichen die Ansprüche aus Eingriffskondiktion nicht über § 97 UrhG hinaus. Insbesondere sieht § 97 UrhG in Abs. 1 S. 2 bereits selbst eine Gewinnherausgabe vor.

Außerhalb des Bereichs der absoluten Rechte herrscht Übereinstimmung darüber, dass die Eingrenzung „fremder" Geschäfte in § 687 Abs. 2 BGB nicht neue, weitergehende Rücksichtnahmepflichten bzw. keine anderen Güterzuordnungen etablieren soll, als sie dem Gesetz im Übrigen zu Grunde liegen. Nur wenn in einen durch die Rechtsordnung anderweitig abgegrenzten Interessenkreis des Geschäftsherrn eingegriffen wird, soll § 687 Abs. 2 BGB anzuwenden sein.[900] In Konsequenz dieser Auslegung

---

896 *Gursky*, AcP 185, 13 (17); *Sprau*, in: Palandt, § 687 Rn. 1; *Steffen*, in: RGRK, § 687 Rn. 3 ff.

897 RGZ 100, 142 (145); RGZ 135, 94 (103); OLG Saarbrücken, NJW 1960, 2339 (2340); *Ehmann*, in: Erman, BGB-Kommentar, § 687 Rn. 4; *Hauck*, Wirtschaftsgeheimnisse, S. 132; *Reichard*, AcP 193 (1993), 567 (576); *Seiler*, in: MünchKomm BGB, § 687 Rn. 18 ff.

898 *Daub*, Verletzung von Unternehmensgeheimnissen, S. 145; *Ehmann*, in: Erman, BGB-Kommentar, § 687 Rn. 18; *Wittmann*, Begriff und Funktionen, S. 152 f.

899 Vgl. oben: 3. Teil, A. (S. 153 ff.).

900 *Daub*, Verletzung von Unternehmensgeheimnissen, S. 145 f.; *Ehmann*, in: Erman, BGB-Kommentar, § 687 Rn. 4; *Hauck*, Wirtschaftsgeheimnisse, S. 132 f.;

liegt es, „Know-how“ keinen Schutz gegen „Reverse Engineering“ zu gewähren. Denn insoweit hat die Untersuchung gezeigt, dass ein entsprechender gesetzlicher Schutz nicht vorliegt.

III. Ergebnis zum Recht der angemaßten Eigengeschäftsführung

Wie beim Recht der Eingriffskondiktion hängen auch Ansprüche aus § 687 Abs. 2 BGB entscheidend von den Wertungen anderer Normzusammenhänge ab. Diese sichern das „Know-how“ als solches jedoch nicht gegen Maßnahmen des „Reverse Engineering“ ab. Ansprüche aus angemaßter Eigengeschäftsführung kommen daher – wie bei § 812 Abs. 1 S. 1 Alt. 2 BGB – ausschließlich für die urheberrechtswidrige Verwendung eines konkreten Programmcodes in Betracht und scheiden im Übrigen aus.

Seiler, in: MünchKomm BGB, § 687 Rn. 19. Vgl. auch *Gursky*, AcP 185, 13 (18f.).

4. Teil: Vertraglicher Know-how-Schutz

An die Beurteilung des gesetzlichen Know-how-Schutzes gegen Maßnahmen des „Reverse Engineering“, der – aus Sicht von Know-how-Inhabern – deutliche Lücken aufweist, schließt sich die Frage an, inwieweit die Möglichkeiten des Vertragsrechts geeignet sind, einen ergänzenden bzw. auffangenden Schutz des „Know-how“ zu gewährleisten. Auszugehen ist dabei von einem Interesse des Produktherstellers, Maßnahmen des „Reverse Engineering“ möglichst vollständig zu unterbinden.

A. Feststellung des vertraglichen Gestaltungsbedarfs

Ein Bedarf nach vertraglichen Gestaltungen kann sowohl aus rechtlichen als auch aus praktischen Erwägungen folgen.

In rechtlicher Hinsicht sind individuelle Vereinbarungen immer dann erforderlich, wenn ein gesetzlicher Schutz nicht besteht oder aber von bestimmten vertraglichen Gestaltungen gerade abhängt. Das geltende Gesetz lässt Maßnahmen des „Reverse Engineering“ im Grundsatz zu. Lediglich wenn Computerprogramme außerhalb des durch §§ 69d und e UrhG abgesteckten Rahmens untersucht werden, verstoßen Dekompilierungen, Disassemblierungen sowie der Einsatz von „Fault Injection Tools“ gegen § 69c Nr. 1 und 2 UrhG. Daraus folgt ein weitreichendes, rechtliches Bedürfnis an vertraglichen Vereinbarungen, die dem Erwerber eines Produkts dessen Untersuchung versagen.

Daneben können auch rein praktische Bedürfnisse eine Vertragsvereinbarung fordern. Häufig sind – rechtlich nicht angezeigte – Vereinbarungen allein auf Grund ihrer verhaltensleitenden Wirkung zweckmäßig.[901] Das ist insbesondere dann der Fall, wenn nicht hinreichend sicher zu erwarten ist, dass das Bestehen rechtlicher Verbote selbst schon zu einem gesetzmäßigen Verhalten anhält, etwa weil sie den Parteien nicht ausreichend bekannt sind. In Vorsorge für etwaige Änderungen der Sach- und Rechtslage kommen rechtlich *noch nicht* erforderliche Regelungen in Betracht.[902] Soweit der gesetzliche Status zutreffend wiedergegeben wird, sind deskriptive Vereinbarungen rechtlich unbedenklich. Ob sie einen effektiven Schutz gegen künftige Gesetzesänderungen gewähren, hängt von deren Disponibilität ab.

901 *Rittershaus/Teichmann*, Anwaltliche Vertragsgestaltung, S. 99 Rn. 247. Vgl. auch *Zankl*, Anwaltliche Praxis in Vertragssachen, S. 60 Rn. 280.

902 *Rittershaus/Teichmann*, S. 99 Rn. 247.

B. Vertragliches Reverse-Engineering-Verbot

Für den vertraglichen Schutz des „Know-how" gegen ausspähende Produktanalysen ist vorrangig die Vereinbarung eines Reverse-Engineering-Verbots, also einer Untersagung, durch technische Maßnahmen einen vertieften Einblick in den Aufbau und die Struktur des Produkts zu nehmen, in Betracht zu ziehen. Proprietäre Softwarehersteller vereinbaren entsprechende Klauseln häufig,[903] und hierauf konzentrieren sich auch die Stellungnahmen in der Literatur. Für körperliche Produkte ist eine entsprechende Praxis dagegen nicht bekannt.

Bei der rechtlichen Überprüfung von Reverse-Engineering-Verboten ist vom „Grundsatz der Vertragsfreiheit" auszugehen. Aus dem Grundrecht auf freie Entfaltung der Persönlichkeit, Art. 2 Abs. 1 GG, folgt unter anderem die Freiheit des Einzelnen, seine Lebensverhältnisse durch Vertrag eigenverantwortlich zu gestalten.[904] Produkthersteller sind daher prinzipiell berechtigt, die von Ihnen hergestellten Produkte mit einem umfassenden Verbot von Maßnahmen des „Reverse Engineering" zu belegen. Allerdings gewährt das Grundgesetz das Recht auf freie Entfaltung der Persönlichkeit und daher auch die Vertragsfreiheit nicht grenzenlos, sie unterliegt den Schranken der verfassungsmäßigen Ordnung und des Sittengesetzes, Art. 2 Abs. 1 GG a. E. Entsprechend schränken Gesetzgeber und Rechtsprechung die Vertragsfreiheit zum Ausgleich sozialer oder wirtschaftlicher Ungleichgewichte ein, damit die verfassungsrechtlich verbürgte Selbstbestimmung für Andere nicht in eine schrankenlose Fremdbestimmung einmündet.[905] Konkret findet der Grundsatz der Vertragsfreiheit seine Grenze unter Anderem in spezialgesetzlichen Vereinbarungsverboten, kartellrechtlichen Beschränkungen, dem allgemeinen Sittenwidrigkeitsverbot sowie den Regelungen über Allgemeine Geschäftsbedingungen.

---

903 *Moritz/Tybusseck*, Computersoftware, S. 113 f. Rn. 401; *Rüting*, Überlassung von Standardsoftware, S. 284; *Sucker*, CR 1989, 468 (470); *Vinje*, CR 1993, 401 (403).

904 BVerfGE 8, 274 (328); BVerwG 1, 321 (323).

905 BVerfGE 81, 242 – Wettbewerbsverbot; BVerfGE 89, 214 – Bürgschaft; *Heinrichs*, in: Palandt, Einf. v. § 145, Rn. 7.

I. Vereinbarungsverbote aus §§ 69g Abs. 2, 69d Abs. 1 UrhG

Ein spezialgesetzliches Vereinbarungsverbot, das der Vereinbarung von Reverse-Engineering-Verboten teils entgegensteht, enthält das Softwareurheberrecht. Gemäß § 69g Abs. 2 UrhG sind vertragliche Bestimmungen, die sich in Widerspruch zu den rechtlichen Gewährleistungen aus § 69d Abs. 2 und 3 UrhG oder § 69e UrhG stellen, nichtig.[906] Daraus folgt zunächst, dass der Programmhersteller dem Nutzungsberechtigten nicht pauschal untersagen darf, das in dem Programm enthaltene Herstellungs-Know-how durch an sich berechtigte Nutzungshandlungen zu entschlüsseln, vgl. §§ 69d Abs. 3, 69g Abs. 2 UrhG. Auch müssen Maßnahmen des „Software Reverse Engineering“ zugelassen werden, soweit sie gemäß § 69e UrhG berechtigterweise vorgenommen werden, um „Interoperabilität eines unabhängig geschaffenen Computerprogramms mit anderen Programmen“ herzustellen. Gemäß §§ 69d Abs. 2, 69g Abs. 2 UrhG sind schließlich solche Vereinbarungen nichtig, die dem Nutzer die Erstellung einer Sicherungskopie untersagen.

Die Gewährleistungen aus § 69d Abs. 1 UrhG sind dem Wortlaut nach weitgehend abhängig von der individualvertraglichen Parteivereinbarung („soweit keine besonderen vertraglichen Bestimmungen vorliegen“). § 69g Abs. 2 UrhG findet auf sie keine Anwendung. Eine gänzliche Unterwerfung des § 69d Abs. 1 UrhG unter die vertraglichen Vereinbarungen der Parteien widerspräche jedoch dem augenfälligen Willen des europäischen Gesetzgebers. Aus Erwägungsgrund 17 der zu Grunde liegenden Softwarerichtlinie folgt die Annahme eines zwingenden Kerns von Benutzerbefugnissen, der vertraglich nicht untersagt werden kann.[907] Das bedeutet konkret: Die in § 69d Abs. 1 UrhG genannten Handlungen, die zur bestimmungsgemäßen Benutzung erforderlich sind, können auch vertraglich nicht generell untersagt werden, jedoch können die näheren Umstände der Benutzung durch Vereinbarung ausgestaltet werden.[908] Gesetzlich nicht hinreichend geklärt ist, wo konkret die Grenze zwischen

---

906 Da § 69g Abs. 2 UrhG die Rechtsfolge „Nichtigkeit der Bestimmung“ selbst enthält, bedarf es eines Rückgriffs auf die allgemeine Norm des § 134 BGB nicht.

907 Ganz herrschende Meinung. Siehe oben: 3. Teil, A., I., 4., b) (S. 175 f.) mit Fn. 620.

908 BT-Drucksache, 12/4022, S. 12.

der vertraglichen Gestaltungsfreiheit des Softwareherstellers und den zwingenden Benutzerbefugnissen aus § 69d Abs. 1 UrhG verläuft. Nach dem Willen des Gesetzgebers soll die Rechtsprechung „Ausmaß und Bedeutung" des zwingenden Befugniskerns im Einzelfall festlegen.[909]

Zum Kern der durch § 69d Abs. 1 UrhG unabdingbar eingeräumten Benutzerbefugnisse zählt unstreitig der normale Programmablauf, so dass Maßnahmen des „Reverse Engineering", die lediglich den einfachen Programmablauf voraussetzen („System Monitoring", einfaches Debugging des Objektcodes, „Black-Box-Testing"), auch vertraglich nicht untersagt werden können. Effektive Gestaltungspotentiale des Programmherstellers bestehen jedoch darin, die „Nutzungsbestimmung" des Programms konkret festzuschreiben und dadurch den Auslegungsspielraum, den § 69d Abs. 1 UrhG lässt („bestimmungsgemäße Nutzung", „Fehlerberichtigung"), soweit als möglich einzuengen.[910] Für eine „Steuererklärungssoftware 2008" ist klar, dass diese eben nur für Steuerklärungen des Jahres 2008 taugen und nicht durch den Programmerwerber – unterstützt durch Maßnahmen des „Software Reverse Engineering" – an die Bedürfnisse der folgenden Jahre angepasst werden soll. Wird ein Produkt ersichtlich auf eine bestimmte Hardewareumgebung zugeschnitten, kann der Nutzer nicht Maßnahmen des „Software Reverse Engineering" einsetzen, um das Programm an andere bzw. geänderte technische Hardwarevoraussetzungen anzupassen.

Rechtlich unbedenklich ist es auch, wenn Softwarehersteller vertraglich vereinbaren, dass etwaig erforderliche Fehlerbeseitigungen oder Produktanpassungen vorrangig von ihnen oder explizit autorisierten Personen zu üblichen Konditionen vorgenommen werden dürfen.[911] Nicht zulässig und also nichtig gemäß § 134 BGB[912] wäre dagegen die pauschale Entziehung der Möglichkeit, Fehler selbst zu beheben oder notwendige Produktanpassungen eigenständig vorzunehmen. Dadurch würde in den Kern der durch § 69d Abs. 1 UrhG gewährleisteten Benutzerbefugnisse

---

909 BT-Drucksache, 12/4022, S. 12.

910 Vgl. auch *Günther*, CR 1994, 321 (326); *Lehmann*, in: FS Schricker, 543 (559f.).

911 Vgl. *Geiger*, Umarbeitungsrecht, S. 156; *Haberstumpf*, GRUR Int. 1992, 715 (724); *Hoeren*, in: Möhring/Nicolini, UrhG-Kommentar, § 69d Rn. 17; *Kotthoff*, in: Heidelberger Kommentar UrhR, § 69d Rn. 11.

912 § 69g Abs. 2 UrhG, der die Nichtigkeit widersprechender Vertragsvereinbarungen bestimmt, gilt für § 69 Abs. 1 UrhG nicht. Vgl. auch *Geiger*, Umarbeitungsrecht, S. 159; *M. Schmid/Wirth*, UrhG-Kommentar, § 69d Rn. 3.

eingegriffen, eine bestimmungsgemäße Programmnutzung wäre nicht hinreichend gewährleistet.[913] Für den Fall, dass der Produkthersteller eine notwendige Fehlerberichtigung nicht durchführen kann oder will, muss dem berechtigten Nutzer die Möglichkeit verbleiben, den Fehler mittels Dekompilierung, Disassemblierung und „Fault Injection Tools" selbst aufzuspüren und zu beseitigen.[914]

II. Kartellrechtliche Beurteilung

Ein Reverse-Engineering-Verbot versperrt den Zugang zu einer – für die Praxis wichtigen – Know-how-Quelle, dem Produkt, und beschränkt damit die Möglichkeiten der Konkurrenz, auf dem fremden Wissen aufzubauen. Die mit dem Verbot einhergehenden Beschränkungen legen nahe, es an kartellrechtlichen Maßstäben zu messen. Für die kartellrechtliche Überprüfung von Reverse-Engineering-Verboten kommen auf nationaler Ebene § 1 GWB sowie in europäischer Hinsicht Art. 81 EGV in Betracht. Primäre Rechtsfolge eines Verstoßes ist die Nichtigkeit der Vereinbarung. Für Art. 81 EGV folgt dies unmittelbar aus dessen Abs. 2, für § 1 GWB aus § 134 BGB.[915] Daneben entstehen Ansprüche auf Beseitigung und Unterlassung sowie – im Falle vorsätzlichen oder fahrlässigen Verhaltens – auf Schadensersatz, § 33 Abs. 1 S. 1, Abs. 3 S. 1 GWB. Bei der Auslegung des § 1 GWB kann weitgehend auf die Wertungen zu Art. 81 EGV Bezug genommen werden. Soweit eine Eignung zur Beeinträchtigung des zwischenstaatlichen Handels vorliegt, vgl. Art. 81 Abs. 1 EGV, folgt dies bereits aus dem Vorrang des europäischen Rechts, im Übrigen aus dem gesetzgeberischen Ziel der 7. GWB-Novelle, eine Angleichung auch für Fälle vorzunehmen, die unterhalb dieser Schwelle liegen.[916]

---

913 Vgl. *Haberstumpf*, GRUR Int. 1992, 715 (724); *Redeker*, IT-Recht, Rn. 65; *Schmidt*, in: Lehmann, Rechtsschutz und Verwertung von Computerprogrammen, 701 (770).

914 Vgl. BGH, GRUR 2000, 866 (868) – Programmfehlerbeseitigung; allerdings nimmt der BGH in diesem Fall zu § 69d UrhG nur hilfsweise Stellung.

915 *R. Bechtold*, NJW 1998, 2769 (2770); *Bunte*, DB 1998, 1748 (1749); *Zimmer*, in: Immenga/Mestmäcker, Wettbewerbsrecht, GWB-Kommentar, § 1 Rn. 9, 24.

916 *Fuchs*, WRP 2005, 1384 (1386ff.); *Zimmer*, in: Immenga/Mestmäcker, GWB, § 1 Rn. 19.

1. Vereinbarungen zwischen Unternehmen

Das Kartellrecht sanktioniert in § 1 GWB und Art. 81 EGV nur Verhaltensweisen, an denen sich „Unternehmen“ oder „Unternehmensvereinigungen“ beteiligen. Die herrschende Meinung legt dem Kartellrecht dabei einen eigenständigen, „funktional“ zu bestimmenden Unternehmensbegriff zu Grunde, dessen Inhalt sich maßgeblich an der Systematik und Teleologie des Kartellrechts ausrichtet.[917] Im Zentrum der kartellrechtlichen Betrachtung steht nicht die Existenz einer wirtschaftlichen Einheit als solcher, sondern die Frage, ob eine wirtschaftliche Tätigkeit ausgeübt wird.[918] § 1 GWB und Art. 81 EGV sind im Falle eines vertraglichen Reverse-Engineering-Verbots daher anwendbar, soweit die Untersuchungsobjekte zu gewerblichen Zwecken erworben werden. Kartellrechtlich nicht erfassbar sind hingegen Produktkäufe eines Reversers, die zur Befriedigung rein privater oder allein wissenschaftlicher Bedürfnisse dienen. Davon ist allerdings nicht auszugehen, wenn Wissenschaftler neben der Erforschung des „Know-how“ auch dessen wirtschaftliche Verwertung anstreben.[919]

2. Wettbewerbsverhinderung, -einschränkung oder -verfälschung

Kartellrechtlich unzulässig sind Reverse-Engineering-Verbote, wenn sie eine „Verhinderung, Einschränkung oder Verfälschung des Wettbewerbs bezwecken oder bewirken“, § 1 GWB, Art. 81 EGV. Art. 81 Abs. 1 lit. b

917 Zum GWB: BGH, GRUR 1977, 739 (741) – Architektenkammer; *Bunte*, in: Langen/Bunte, Kartellrecht, § 1 Rn. 13; *Zimmer*, in: Immenga/Mestmäcker, GWB, § 1 Rn. 27. Zu Art. 81 GWB: *Emmerich*, in: Immenga/Mestmäcker – EG/Teil 1, Art. 81 Abs. 1 EGV Rn. 12.

918 EuGH, NJW 1991, 2891 (2891 f.) – Macroton; EuGH, NJW 1993, 2597 (2598) – Poucet; EuGH, NJW 2002, 877 (878) – Wouters; BGHZ 67, 81 (84) = GRUR 1977, 51 (52) – Autoanalyzer; BGH, NJW 1974, 2236 – Schreibvollautomat; BGHZ 110, 371 (380) = GRUR 1990, 702 (704) – Sportübertragungen; BGH, BGHZ 137, 297 (304) = NJW 1998, 756 (757) – Europapokalheimspiele. Vgl. aus der Literatur nur *Emmerich*, in: Immenga/Mestmäcker, EG/Teil 1, Art. 81 Abs. 1 EGV Rn. 13; *Nordemann*, in: Loewenheim/Meessen/Riesenkampff, GWB, § 1 Rn. 93.

919 Vgl. *Bunte*, in: Langen/Bunte, Kartellrecht, § 1 GWB Rn. 25; *Loewenheim*, UFITA 84 (1977), 175 (204); *Zimmer*, in: Immenga/Mestmäcker, GWB, § 1 Rn. 68.

EGV zählt dazu „insbesondere die Einschränkung oder Kontrolle der Erzeugung“ sowie „der technischen Entwicklung“. Der nationale Gesetzgeber hat einen entsprechenden Beispielkatalog in das GWB zwar nicht eingefügt, daraus kann jedoch angesichts der grundsätzlich angestrebten Harmonisierung nicht auf den Willen zu einer inhaltlichen Abweichung geschlossen werden.[920]

Reverse-Engineering-Verbote sollen verhindern, dass Andere ein „Knowhow“, das in einem sonst frei zugänglichen Produkt verborgen ist, aufdecken und für eigene Produktentwicklungen verwerten. Sie beeinträchtigen – je nach den konkreten Marktverhältnissen: „spürbar“[921] – die Innovationsfähigkeit des Wettbewerbs, der sowohl nationale als auch europäische Kartellgesetzgebung eine hohe Bedeutung zumessen. Die „technische Entwicklung“ wird gebremst, die „Erzeugung“ neuer Produkte verlangsamt oder jedenfalls qualitativ verschlechtert. Reverse-Engineering-Verbote bewirken also eine Beschränkung des durch § 1 GWB und Art. 81 Abs. 2 EGV geschützten Wettbewerbs, konkret des Forschungs- und Enwicklungswettbewerbs und sind daher im Grundsatz kartellrechtlich unzulässig.[922]

Eine Einschränkung ergibt sich für das „Software-Reverse-Engineering“: § 1 GWB, Art. 81 Abs. 1 EGV schützen nicht den „rechtswidrigen“ Wettbewerb. Soweit ein Verhalten auf Grund anderer Normen – insbesondere des Wettbewerbsrechts sowie des Geistigen Eigentums –[923] unzulässig ist, sind darauf bezogene, absichernde Vereinbarungen kartellrechtlich nicht zu beanstanden.[924] Nach § 1 GWB, Art. 81 Abs. 1 EGV zulässig ist es

---

920 *R. Bechtold*, DB 2004, 235 (237); *Fuchs*, WRP 2005, 1384 (1387 mit Fn. 38); *Zimmer*, in: Immenga/Mestmäcker, GWB, § 1 Rn. 8.

921 So die ungeschriebene Tatbestandsvoraussetzung zu Art. 81 Abs. 1 EGV und § 1 GWB. Zu den konkreten Anforderungen siehe *Zimmer*, in: Immenga/Mestmäcker, GWB, § 1 Rn. 165 ff.

922 Vgl. für pauschale Verbote eines „Software Reverse Engineering“: *Grützmacher*, in: Wandtke/Bullinger, Praxiskommentar UrhR, § 69 d Rn. 51; *Marly*, Softwareüberlassungsverträge, Rn. 1215; *Moritz*, CR 1993, 257 (265 f.); *Schnell/Fresca*, CR 1990, 157 (159); *Sucker*, CR 1989, 468 (472).

923 *Emmerich*, in: Immenga/Mestmäcker, GWB, Art. 81 Abs. 1 EGV Rn. 166.

924 Ganz herrschende Meinung: BGHZ 36, 105 (111) – Export ohne WBS; BGH, GRUR 1987, 304 – Aktion Rabattverstoß; BGH, GRUR 1991, 622 (623) – Warenproben in Apotheken; *Emmerich*, in: Immenga/Mestmäcker, EG/Teil 1, Art. 81 Abs. 1 EGV Rn. 165; *Nordemann*, in: Loewenheim/Meessen/Riesen-

daher, wenn Softwarehersteller den Erwerbern eines Computerprogramms – in den Grenzen der §§ 69d, e UrhG – solche Maßnahmen des „Software Reverse Engineering“ vertraglich untersagen, die in ihre (§ 69b UrhG) Befugnisse aus § 69c Nr. 1 und 2 UrhG eingreifen. Ein Konflikt zwischen dem nationalen Computerurheberrecht und Art. 81 EGV wegen ungleicher Schutzniveaus in den Mitgliedstaaten[925] ist auf Grund der Vereinheitlichung durch die Softwarerichtlinie, an die sich auch §§ 69a ff. UrhG eng anlehnen, nicht zu befürchten.

Immanente Beschränkungen des Kartellverbots bzw. Begrenzungen auf Grund höherrangiger Interessen des Produktherstellers[926] kommen nur für den Fall in Betracht, dass das Untersuchungsprodukt im Wege der Miete oder eines Leasing vertrieben wird. In diesem Fall behält der Produkthersteller seine – auch grundrechtlich abgesicherten, Art. 14 Abs. 1 GG – Eigentümerbefugnisse aus § 903 BGB, so dass er freier über das Schicksal des Produkts bestimmen kann. Im – praktisch überwiegenden – Fall der Produktveräußerung sind immanente Beschränkungen oder sonstige Begrenzungen des kartellrechtlichen Schutzes dagegen nicht ersichtlich. Die gewerbliche Geheimhaltung als solche oder das nicht sonderrechtlich gesicherte Herstellungs-Know-how werden – das hat die Untersuchung des gesetzlichen Know-how-Schutzes gezeigt – von der Rechtsordnung nicht unmittelbar geschützt. Vielmehr ist ein gesetzgeberischer Wille dahingehend erkennbar, dass andere auf den Ideen und Grundsätzen der Konkurrenz sollen aufbauen können.

Die Gruppenfreistellungsverordnung für Technologie-Transfer-Vereinbarungen (GVO-TT),[927] die sowohl nach deutschem (§ 2 Abs. 2 GWB) als auch nach europäischen Recht (Art. 81 Abs. 3 EGV) bestimmte Vereinbarungen von den Verboten des § 1 GWB und Art. 81 Abs. 1 EGV ausnimmt, betrifft ausschließlich Verträge, bei denen die Weitergabe von „Knowhow“ im Mittelpunkt steht, vgl. Art. 1 Abs. 1 lit. b GVO-TT. Auf „norma-

---

kampff, GWB, § 1 Rn. 93; *Zimmer*, in: Immenga/Mestmäcker, GWB, § 1 Rn. 141.

925 Dazu: *Emmerich*, in: Immenga/Mestmäcker, EG/Teil 1, Art. 81 Abs. 1 EGV Rn. 166 ff.

926 Siehe hierzu *Nordemann*, in: Loewenheim/Meessen/Riesenkampff, GWB, § 1 Rn. 147 ff.; *Emmerich*, in: Immenga/Mestmäcker, GWB, § 1 Rn. 175 ff., 194 ff.

927 ABl. EU 2004 Nr. L 123.

le" Produktvertriebe an Endnutzer, wie sie einem „Reverse Engineering" zu Grunde liegen, findet sie keine Anwendung.[928]

3. Zwischenergebnis

Kartellrechtlich sind Reverse-Engineering-Verbote dann unbedenklich, wenn sie Verträge mit Personen betreffen, die das Produkt allein zu privaten oder wissenschaftlichen Zwecken erwerben, oder sich auf Maßnahmen des „Reverse Engineering" beschränken, die bereits nach anderen nationalen oder europäischen Vorschriften – hier insbesondere § 69c Nr. 1, 2 UrhG bzw. Art. 4 der Softwarerichtlinie – rechtswidrig sind. Werden Produkte im Wege der Miete oder eines Leasing vertrieben, kommen wegen der verbleibenden Eigentümerbefugnisse des Produktherstellers immanente Begrenzungen des kartellrechtlichtlichen Schutzes in Betracht.

III. AGB-Kontrolle

Wird ein Produkt massenhaft unter Heranziehung eines vorformulierten Reverse-Engineering-Verbots vertrieben, ist das Verbot auch am Maßstab der Regelungen über Allgemeine Geschäftsbedingungen (AGB) zu messen, vgl. § 305 Abs. 1 S. 1 BGB.

Die Möglichkeiten der formularmäßigen Einbeziehung eines Reverse-Engineering-Verbots sind allerdings begrenzt. Erforderlich ist, sofern die Bedingungen nicht gegenüber einem Unternehmer gestellt werden, § 310 Abs. 1 S. 1 BGB, ein ausdrücklicher Hinweis auf die jeweiligen Vertragsbedingungen, der im Ausnahmefall auch durch Aushang erfolgen kann, § 305 Abs. 2 Nr. 1 BGB. Dem Produkterwerber muss es vor Vertragsschluss möglich sein, in zumutbarer Weise vom Inhalt der AGB Kenntnis zu nehmen, § 305 Abs. 2 Nr. 2 BGB.

„Nicht Vertragsbestandteil" werden solche AGB, die nach den Umständen – insbesondere auch nach dem äußeren Erscheinungsbild des Vertrags – so ungewöhnlich sind, dass der Vertragspartner mit ihnen nicht zu rechnen brauchte, § 305c Abs. 1 BGB. Vertragspartner sollen – unabhängig von einer positiven Kenntnisnahme – darauf vertrauen dürfen,

---

928 *Grützmacher*, in: Wandtke/Bullinger, Praxiskommentar UrhR, § 69d Rn. 46.

„dass sich die einzelnen Regelungen im Großen und Ganzen im Rahmen dessen halten, was nach den Umständen bei Abschluss des Vertrags erwartet werden“ konnte.[929] Die Anforderungen für eine Anwendung des § 305c Abs. 1 BGB sind hoch: Erforderlich ist eine große Diskrepanz zwischen Inhalt der AGB und Vorstellungen des Vertragspartners, die es rechtfertigt, die Klausel als „überraschend“ bereits gänzlich vom Vertrag auszuschließen, sog. „Überrumpelungseffekt“.[930] Ob Reverse-Engineering-Verbote bereits gegen § 305c Abs. 1 BGB verstoßen, ist zweifelhaft und maßgeblich von den Umständen des Einzelfalls abhängig. Für die Zwecke dieser Untersuchung kann eine Entscheidung dahingestellt bleiben, soweit aus § 307 BGB[931] jedenfalls eine Unwirksamkeit der Vertragsklausel folgt.

Nach § 307 Abs. 1 S. 1 BGB sind AGB materiell unwirksam, wenn sie den Vertragspartner entgegen der Gebote von Treu und Glauben unangemessen benachteiligen. Für die Frage, wann eine solche unangemessene Benachteiligung vorliegt, nennt das Gesetz selbst zwei Regelbeispiele.

Gemäß § 307 Abs. 2 Nr. 1 BGB sind AGB im Zweifel unwirksam, wenn sie „mit wesentlichen Grundgedanken der gesetzlichen Regelung, von der abgewichen wird, nicht zu vereinbaren“ sind. Regelfall des „Hardware Reverse Engineering“ ist der käufliche Erwerb der körperlichen Untersuchungsobjekte. Die Reverser bzw. dessen Auftraggeber erlangen im Rahmen der Vertragsabwicklung also Eigentum gemäß §§ 929ff. BGB. Durch ein Verbot des „Reverse Engineering“ würde der gesetzlich – auch: verfassungsgesetzlich (Art. 14 GG) – abgesicherte Grundsatz aus § 903 S. 1 BGB, nach dem der Eigentümer mit der ihm gehörigen Sache nach Belieben verfahren darf, vertraglich stark eingeschränkt. Dies spricht im Regelfall gegen die Wirksamkeit eines formularmäßigen Reverse-Engineering-Verbots. Bei Miet- und Leasingobjekten, an denen der Erwerber kein Eigentum erwirbt, greift § 903 S. 1 BGB nicht ein und sollte daher anders entschieden werden. Insoweit wirkt sich § 903 S. 1 BGB zu Gunsten des Vermieters bzw. Leasinggebers aus. Entsprechend ist für das

929 BT-Drucksache 7/3919, S. 19.

930 BGHZ 84, 109 (112ff.) = NJW 1982, 2309; BGH, NJW 1990, 576 (577); OLG Frankfurt, VersR 1983, 528 (529); *Basedow*, in: MünchKomm BGB, § 305c Rn. 5, 10.

931 Spezialgesetzliche Klauselverbote aus §§ 308, 309 BGB kommen nicht in Betracht.

an sich unkörperliche Produkt Software zu urteilen: Der Programmnutzer erwirbt zwar regelmäßig Eigentum am körperlichen Programmdatenträger (CD, DVD etc.), damit geht jedoch kein Erwerb des „geistigen Eigentums" am darauf befindlichen Programm einher, vgl. § 29 Abs. 1 UrhG. Die urheberrechtlichen Befugnisse verbleiben beim Softwarehersteller. Allerdings sieht § 69e UrhG ausdrücklich notwendige Befugnisse zur Programmrückübersetzung vor, deren vertragliche Entziehung gegen § 69g Abs. 2 UrhG verstößt und auch AGB-rechtlich zu beanstanden wäre.[932]

Gemäß § 307 Abs. 2 Nr. 2 BGB wird eine unangemessene Benachteiligung vermutet, wenn eine AGB-Bestimmung „wesentliche Rechte oder Pflichten, die sich aus der Natur des Vertrages ergeben, so einschränkt, dass die Erreichung des Vertragszwecks gefährdet" ist. Für den Bereich Software kann in diesem Zusammenhang auf die parallele Regelung des § 69d UrhG Bezug genommen werden, der eine „bestimmungsgemäße" Programmnutzung – in weiten Teilen vertraglich unabdingbar[933] – absichert. Auch § 307 Abs. 2 Nr. 1 BGB verlangt, dass vertragliche Reverse-Engineering-Verbote den unentziehbaren Kern des § 69d Abs. 1 UrhG unberührt lassen.[934] Pauschale Reverse-Engineering-Verbote kommen somit auch AGB-rechtlich nicht in Betracht,[935] grundsätzlich möglich ist jedoch eine genauere Umschreibung des Zwecks der Programmüberlassung.[936] Sieht ein Softwareüberlassungsvertrag vor, dass etwaig erforderliche Fehlerbeseitigungen oder Produktanpassungen vorrangig vom Softwarehersteller bzw. von explizit autorisierten Personen zu üblichen Konditionen vorgenommen werden dürfen, ist dies auch AGB-rechtlich nicht zu beanstanden.[937]

---

932 Vgl. *Günther*, CR 1994, 321 (326).

933 Siehe oben: 4. Teil, B., I. (S. 256 ff.).

934 So auch *Grützmacher*, in: Wandtke/Bullinger, Praxiskommentar UrhR, § 69d Rn. 41; *Wolf/Horn/Lindacher*, AGBG, § 9 Rn. S 144.

935 *Grützmacher*, in: Wandtke/Bullinger, Praxiskommentar UrhR, § 69d Rn. 45; *Marly*, Softwareüberlassungsverträge, Rn. 1207; *Wolf/Horn/Lindacher*, AGBG, § 9 Rn. S 145.

936 *Grützmacher*, in: Wandtke/Bullinger, Praxiskommentar UrhR, § 69d Rn. 45; *Günther*, CR 1994, 321 (326). Siehe auch bereits zu § 69d Abs. 1 UrhG: 4. Teil, B., I. (S. 256 ff.).

937 Etwas strenger wohl: *Marly*, Softwareüberlassungsverträge, Rn. 1207 f.

Für den Vertrieb von körperlichen Produkten ist entsprechend zu entscheiden: Auch Verbote des „Hardware Reverse Engineering" müssen das Interesse des Erwerbers an einer bestimmungsgemäßen Benutzung des Produkts hinreichend berücksichtigen. Soweit notwendige Produktanpassungs- oder Produktreparaturbedürfnisse frustriert werden, scheidet eine Beschränkung des „Reverse Engineering" durch AGB aus.

Die Rechtsfolgen eines Verstoßes gegen § 307 BGB sind hart: Die betroffene Klausel ist nichtig. An ihre Stelle treten die allgemeinen gesetzlichen Vorschriften, § 306 Abs. 2 UrhG. Eine geltungserhaltende Reduktion findet nach ständiger Rechtsprechung[938] und überwiegender Literatur[939] nicht statt. Anderenfalls schaffte das Gesetz einen Anreiz, gesetzeswidrige Klauseln in den Vertrag aufzunehmen, in der Hoffnung, die Gesetzeswidrigkeit bleibt der Gegenpartei verborgen, und in dem beruhigenden Bewusstsein, dass die Klausel im Konfliktfall lediglich auf das zulässige Maß zurückgestutzt wird. Für die Fälle des „Reverse Engineering" bedeutet dies: Verstößt ein Reverse-Engineering-Verbot gegen § 307 BGB, sind Produktanalysen – in den Grenzen der §§ 69a ff. UrhG – zulässig. Der Vertrag im Übrigen bleibt wirksam, § 306 Abs. 1 BGB. Unzumutbare Härten für eine Vertragspartei, vgl. § 306 Abs. 3 BGB, dürften auf Seiten des Produktherstellers regelmäßig nicht in Betracht kommen. Das wirtschaftliche Interesse an der Wahrung des geheimen „Know-how" genügt dafür nicht.

IV. Wirksamkeitskontrolle über § 138 BGB

Das Kartellrecht sowie das AGB-Recht reduzieren die Möglichkeiten, ergänzende – das heißt: über §§ 69a ff. UrhG hinausgehende – Reverse-Engineering-Verbote zu vereinbaren, bereits beträchtlich. Zu prüfen bleibt,

---

938 BGHZ 84, 109 (115 f.) = NJW 1982, 2309 (2310); BGHZ 90, 69 (73) = NJW 1984, 1177; BGHZ 92, 312 (314 f.) = NJW 1985, 319 (320); BGHZ 96, 18 (25 f.) = NJW 1986, 1610 (1612); BGHZ 124, 380 (386); BGHZ 146, 377 (385) = NJW 2001, 1419 (1421).

939 *Haberstumpf*, GRUR Int. 1992, 715 (724); *Heinrichs*, in: Palandt, Vorb v. §§ 307–309 Rn. 8; *H. Schmidt*, in: Ulmer/Brandner/Hensen, AGB-Recht, § 306 BGB Rn. 14 ff.; *Stoffels*, AGB-Recht, Rn. 595 ff.; *Wolf/Horn/Lindacher*, § 6 AGBG Rn. 26 ff. Stark einschränkend dagegen: *Basedow*, AcP 182 (1982), 335 (356 ff.); *Canaris*, in: FS Steindorff, 519 (547 ff.).

ob Reverse-Engineering-Verbote der allgemeinen Sittenwidrigkeitsprüfung des § 138 Abs. 1 BGB standhalten.

An den Begriff der „Sittenwidrigkeit“ sind hohe Anforderungen zu stellen. Nur für den Ausnahmefall verlangt § 138 BGB eine Abweichung vom Grundsatz der Vertragsfreiheit. Die normale Beschränkung wirtschaftlicher oder privater Betätigungsfreiheit genügt dafür nicht, erforderlich ist ein sittlich verwerfliches Verhalten, das gegen das Anstandsgefühl aller billig und gerecht Denkenden verstößt.[940] „Reverse Engineering“ wird von weiten Teilen der Literatur sowie von der Rechtsprechung des Reichsgerichts – wenn auch in der Sache unzutreffend – als unzulässig, ja sogar strafbar im Sinne von § 17 Abs. 2 UWG angesehen. Schon aus diesem Grund unterliegt es erheblichen Zweifeln, vertragliche Reverse-Engineering-Verbote als sittlich anstößig einzustufen. Die gewerbliche und private Forschungstätigkeit wird zwar – zum Teil erheblich – beschränkt, doch kann von einem „groben Missverhältnis“[941] oder von einer unzumutbaren „Knebelung“ des Vertragspartners[942] – zumindest im Regelfall – nicht gesprochen werden.

940 BGHZ 10, 228 (232); BGHZ 69, 295 (297) = NJW 1977, 2356 (2357); BAG, NJW 1976, 1958.

941 Vgl. hierzu BGH, NJW 1992, 899; BGH, NJW 1995, 2635 (2636); BGHZ 146, 298 = NJW 2001, 1127; BGH, NJW 2002, 429.

942 Vgl. hierzu BGHZ 19, 12 = WM 1955, 1667; BGHZ 44, 158 (161) = WM 1965, 1021 (121 f.); BGH, NJW 1962, 102; BGH, NJW 1993, 1587.

C. Ergänzende Know-how-Schutzklauseln

Soweit die Vereinbarung eines „Reverse Engineering"-Verbots überhaupt noch rechtlich zulässig ist, hängt dessen praktische Durchsetzung neben tatsächlichen Kontrollen entscheidend von weiteren, ergänzenden Vereinbarungen ab. Steht ein Schutz nach § 17 UWG in Rede, sind zusätzliche Vereinbarungen und Kontrollen auch wichtig für die Beurteilung der Frage, ob ein im Produkt verkörpertes „Know-how" faktisch hinreichend sicher vor dem Zugriff Dritter geschützt ist, eine Zugänglichkeit „ohne Weiteres", die einem Unternehmens*geheimnis* entgegenstünde, also ausscheidet.[943]

I. Klauselweitergabepflicht

In der Regel erwerben Reverser bzw. dessen Auftraggeber die Untersuchungsobjekte nicht unmittelbar vom Hersteller, sondern von dazwischen geschalteten Personen. Effektiver Schutz gegen „Reverse Engineering" kommt dann nur in Betracht, wenn den Zwischenhändlern zusätzlich aufgegeben wird, die Verbotsklausel von Verkäufer zu Verkäufer bis hin zum Endkunden weiterzugeben. Für die rechtliche Würdigung gilt: Soweit das Reverse-Engineering-Verbot rechtlich zulässig ist, trifft dies in aller Regel auch auf die Vereinbarung einer Klauselweitergabepflicht zu. Allerdings dürfte eine formularmäßige Klauselweitergabepflicht nicht selten „überraschend" im Sinne von § 305c Abs. 1 BGB sein.

II. Besichtigungsrecht

Die Vereinbarung eines Besichtigungsrechts gewährleistet besonders bei veräußerten Produkten, aber auch im Falle langer Miet- und Leasingdauern, eine Möglichkeit, die tatsächliche Einhaltung eines Reverse-Engineering-Verbots zu kontrollieren. In faktischer Hinsicht sind für die Durchführung der Kontrolle zusätzliche Sicherungsmaßnahmen notwendig, die eine Überprüfung ermöglichen (z.B. Versiegelung, Verplombung). Als AGB beiläufig vereinbart ist auch ein Produktbesichtigungsrecht im Regelfall „überraschend" gemäß § 305c Abs. 1 BGB. Gegen eine

---

943 Siehe dazu oben: 2. Teil, A., II., 1., b), bb) (S. 102ff.).

individuelle Vereinbarung bestehen hingegen keine grundsätzlichen Bedenken.

III. Verwertungsverbot und Geheimhaltungsgebot

Verbote, etwaig entdecktes „Know-how" wettbewerblich zu verwerten, sowie Verpflichtungen, es geheim zu halten, schützen nicht gegen die Aufdeckung des Geheimnisses, sondern treffen Vorsorge für den Fall einer bewussten oder unbewussten Kenntnisnahme. Geheimhaltungsgebote und Verwertungsverbote sollen einer Entwertung des Geheimnisses entgegenwirken und eine fortwährende, exklusive Verwertung des „Know-how" durch den Produkthersteller sicherstellen. Erhebliche rechtliche Bedenken bestehen hier insbesondere vor dem Hintergrund des Kartellrechts, das den freien Forschungswettbewerb gerade zu fördern beabsichtigt, vgl. Art. 81 Abs. 1 lit. b EGV.[944] Formularmäßig auferlegte Verpflichtungen, das Wissen geheim zu halten und nicht zu verwerten, dürften regelmäßig auch „überraschend", jedenfalls aber „unangemessen" im Sinne des § 307 Abs. 1 BGB sein.

IV. Vertragsstrafeklauseln

Zur Stärkung des Befolgungswillens der vertraglich verpflichteten Partei kann es ratsam sein, die vorstehend erörterten Know-how-Schutzklauseln, soweit sie zulässig sind, durch Vereinbarung einer Vertragsstrafe ergänzend abzusichern. Die allgemeinen Voraussetzungen einer Vertragsstrafe ergeben sich aus §§ 339 ff. BGB. Eine formularmäßige Vereinbarung ist angesichts §§ 305 c Abs. 1, 307 BGB nur sehr eingeschränkt möglich. Für den Nachweis eines Klauselverstoßes sind auch hier ergänzende faktische Maßnahmen (z. B. Versiegelung, Verplombung) sowie die Vereinbarung eines Besichtigungsrechts regelmäßig unentbehrlich.

944 Dazu auch oben: 4. Teil, B., II., 2. (S. 259 ff.).

D. Ergebnis zum vertraglichen Know-how-Schutz

Das Vertragsrecht hält nur sehr begrenzte Möglichkeiten bereit, um „Know-how“ ergänzend gegen Maßnahmen des „Reverse Engineering“ abzusichern.

Die Vorschriften des Kartellrechts sowie zum Recht der AGB schränken die grundsätzlich gewährte Vertragsfreiheit stark ein. Reverse-Engineering-Verbote gegenüber unternehmerisch tätigen Personen verstoßen gegen § 1 GWB bzw. – soweit der Handel zwischen den Mitgliedstaaten berührt wird – gegen Art. 81 Abs. 1 EGV. Eine Ausnahme ist für die Untersagung solcher Maßnahmen anzuerkennen, die nach anderen nationalen oder europäischen Vorschriften – hier insbesondere § 69c Nr. 1, 2 UrhG bzw. Art. 4 der Softwarerichtlinie – rechtswidrig sind. Soweit die Untersuchungsgegenstände im Wege der Miete oder eines Leasing vertrieben werden, kommen wegen der beim Hersteller verbleibenden Eigentümerbefugnisse immanente Begrenzungen des kartellrechtlichen Schutzes in Betracht.

Formularmäßig vereinbarte Reverse-Engineering-Verbote verstoßen im Falle einer Produktveräußerung gegen § 307 Abs. 2 Nr. 1 BGB, darüber hinaus auch gegen § 307 Abs. 2 Nr. 2 BGB, wenn sie das Bedürfnis des Produkterwerbers nach Fehlerbeseitigung oder Produktanpassung nicht ausreichend berücksichtigen.

Soweit Reverse-Engineering-Verbote überhaupt noch zulässig sind, können zur ergänzenden Abschirmung des Herstellungs-Know-how gegen „Reverse Engineering“ Klauselweitergabepflichten, Besichtigungsrechte sowie Vertragsstrafeklauseln – zumindest individualvertraglich – vereinbart werden.

Schlussteil: Gesamtergebnis und Ausblick

Wo verläuft im Falle des „Reverse Engineering“ die gesetzliche Grenze zwischen geschütztem und nicht geschütztem „Know-how“? Ist die gängige Praxis heutiger Unternehmen, fremde Produkte in den eigenen Forschungsabteilungen eingehend zu analysieren, rechtswidrig oder gar strafbar? Diese Fragen standen im Zentrum der vorstehenden Begutachtung. Das Ergebnis zeigt ein überwiegend liberales Bild:

Bloß Computerprogramme werden durch § 69c Nr. 1, 2 UrhG effektiv gegen die tiefgreifenden Analysen eines „Software Reverse Engineering“ geschützt. Jedoch sehen §§ 69d und 69e UrhG wichtige Begrenzungen des urheberrechtlichen Schutzes vor. § 69d UrhG nimmt die Interessen des Programmnutzers in den Blick und privilegiert – unabhängig vom verfolgten Zweck – zunächst sämtliche Handlungen, die lediglich den einfachen Programmablauf oder dessen Beobachtung voraussetzen („System-Monitoring“, „Black-Box-Testing“, einfaches Debugging). Zum Zwecke „bestimmungsgemäßer“ Fehlerbehebungen und Produktanpassungen darf der berechtigte Programmnutzer den Programmcode – im Rahmen des „Notwendigen“ – auch dekompilieren, disassemblieren und mittels „Fault Injection Tools“ verändern. § 69e UrhG richtet sich vorrangig an Softwarehersteller und bevorrechtigt Vervielfältigungen und Übersetzungen (v.a. Dekompilierungen, Disassemblierungen) des Programmcodes, die erforderlich sind, um ein – unter Umständen auch konkurrierendes – Programm zu erstellen, das sich zu einem anderen Programm interoperabel verhält.

Im Übrigen herrscht Analysefreiheit. Für einen strafrechtlichen Schutz nach § 17 Abs. 2 UWG, den die überwiegende Literatur in Anknüpfung an die Entscheidung „Stiefeleisenpresse“ indes annimmt, fehlt es an einem Eingriff in die Geheimhaltungssphäre des Produktherstellers. Das von „Reverse Engineering“ betroffene Herstellungs-Know-how wird weder unmittelbar (absoluter/rahmenrechtlicher Schutz) als „sonstiges Recht“, § 823 Abs. 1 BGB, geschützt, noch mittelbar durch das Recht am Gewerbebetrieb oder einen persönlichkeitsrechtlichen Geheimnisschutz gegen Produktanalysen abgesichert. Generell ist „Reverse Engineering“ keine unlautere respektive sittenwidrige Handlung, die daher auch nicht gegen §§ 3 Abs. 1, 4 UWG und § 826 BGB verstößt. Ansprüche aus Eingriffskondiktion und angemaßter Geschäftsführung knüpfen in besonderer Weise an die Wertungen der zuvor geprüften Regelungszuammenhänge an und sind schon von daher nicht geeignet, das Herstellungs-Know-how über den urheberrechtlichen Schutz hinaus zu verteidigen.

Etwas stärkere Einschränkungen nimmt das Gesetz vor, soweit Reverser das „Know-how" im Anschluss an die Produktanalyse zu wirtschaftsschädigenden Zwecken verwenden. Nutzt der Reverser die gewonnenen Kenntnisse, um die fremde Produktreihe – evtl. auch durch bewusste Überschwemmung des Marktes mit „Cracking-Tools" – zu sabotieren, verstößt er gegen §§ 3 Abs. 1, 4 Nr. 10 UWG und § 826 BGB. Strebt der Hersteller von „Cracking-Tools" dagegen vorrangig deren gewinnbringenden Vertrieb an, ist er auf eine möglichst weite Verbreitung des Originalprodukts gerade angewiesen, so dass „gezielte Behinderungen" bzw. „vorsätzliche Schädigungen" ausscheiden; im Rahmen des § 3 Abs. 1 UWG kommt es dann auf eine Abwägung der Umstände des Einzelfalls an. Betrifft „Cracking" urheberrechtlich geschützte Leistungen, gewähren auch §§ 95 a, 69 f Abs. 2 UrhG einen – für Computerprogramme jedoch deutlich begrenzten, § 69 a Abs. 5 UrhG – Schutz. Im Übrigen herrscht Verwendungsfreiheit.

Was bleibt zu tun? Bedarf der geltende Know-how-Schutz einer gesetzlichen oder richterrechtlichen Ausdehnung?

Die Frage ist zu verneinen. Der – zugegeben: schwache – Schutz, den das Gesetz gegen Maßnahmen des „Reverse Engineering" gewährt, ist ausgewogen. Die extensive Befugnis, fremde Produkte auf ihr latentes „Knowhow" hin zu untersuchen, harmoniert mit den Intentionen der gewerblichen Schutzrechte, die ihren Ausschließlichkeitsschutz gerade an eine Offenlegung der geschützten Leistung knüpfen, damit andere auf dem fremden Wissen aufbauen können und unwirtschaftliche Similär- und Doppelerfindungen vermieden werden.

Gesetzgebung, Rechtsprechung und Forschung sollten nicht jedem Hilferuf der Wirtschaft folgen, sondern der zunehmenden Verbreiterung und damit Aufweichung des Know-how-Schutzes entgegenwirken. Die künftige Diskussion sollte sich darauf konzentrieren, die vorhandenen Schutzvorschriften, insbesondere strafrechtlicher Art, zu präzisieren. Im Rahmen des § 17 UWG sind hinreichende objektive Anforderungen an das Vorliegen eines Geheimnisses zu stellen. Sittenwidrigkeitsprüfungen oder sonstige Interessenabwägungen allgemeiner Art sollten in Anbetracht der scharfen Sanktionen des Art. 103 Abs. 2 GG – Nichtigkeit und also gänzliche Schutzlosigkeit – tunlichst vermieden werden. Als zusätzliche, ungeschriebene Tatbestandsvoraussetzung fordert § 17 Abs. 2 UWG einen Eingriff in die vom Geheimnisinhaber kontrollierte Geheimhaltungssphäre.

Für § 17 Abs. 2 Nr. 2 Var. 2 UWG dürften selbst die vorgenannten Begrenzungen nicht hinreichen, um eine Verfassungsmäßigkeit der Norm zu gewährleisten. Es bedarf wohl einer Tätigkeit des Gesetzgebers. Will man auf diese Tatbestandsvariante nicht gänzlich verzichten, sollte man die Formulierung „sonst unbefugt" durch die Formulierung „sonst gesetzeswidrig" ersetzen.

Literaturverzeichnis

Achenbach, Hans: Die „kleine Münze“ des sog. Computer-Strafrechts, Jura 1991, 225–230.

Ahrens, Hans-Jürgen (Hrsg.): Der Wettbewerbsprozess – Ein Praxishandbuch, 6. Aufl., Köln u. a. 2009.

Aiken, Peter: Data Reverse Engineering: Slaying the Legacy Dragon, New York u. a. 1996.

Ann, Christoph: Know-how – Stiefkind des Geistigen Eigentums?, GRUR 2007, 39–43.

Arians, Knut: Der strafrechtliche Schutz des Geschäfts- und Betriebsgeheimnisses in der Bundesrepublik Deutschland, Köln u. a. 1978.

Arloth, Frank: Computerstrafrecht und Leerspielen von Geldspielautomaten, Jura 1996, 354–360.

Arlt, Christian: Ansprüche des Rechteinhabers bei Umgehung seiner technischen Schutzmaßnahmen, MMR 2005, 148–155.

Arntz, Reiner/*Picht*, Heribert/*Mayer*, Felix: Einführung in die Terminologiearbeit, 5. Aufl., Hildesheim u. a. 2004.

Arzt, Gunther/*Weber*, Ulrich: Strafrecht Besonderer Teil, Bielefeld 2000.

Bartenbach, Kurt: Patentlizenz- und Know-how-Vertrag, 6. Aufl., Köln 2007.

Bartsch, Michael: Urheberrechtlicher Softwareschutz, CR 1999, 361.

Barz, Carl Hans: Know-how als Einbringungsgegenstand, in: Samson, Benvenuto (Hrsg.), Festschrift für Walter Schmidt zum 70. Geburtstag, S. 157–170.

Basedow, Jürgen: Kollektiver Rechtsschutz und individuelle Rechte – Die Auswirkungen des Verbandsprozesses auf die Indizienkontrolle von AGB, AcP 182 (1982), 335–371.

Baston-Vogt, Marion: Der sachliche Schutzbereich des zivilrechtlichen allgemeinen Persönlichkeitsrechts, Tübingen 1997.

Batsch, Karl Ludwig: Vermögensverschiebung und Bereicherungsherausgabe in den Fällen unbefugten Gebrauchens bzw. sonstigen Nutzens von Gegenständen, Marburg 1968.

Bauer, Klaus-Albert: Rechtsschutz von Computerprogrammen in der Bundesrepublik Deutschland – Eine Bestandsaufnahme nach dem Urteil des Bundesgerichtshofs vom 9. Mai 1985, CR 1985, 5–12.

Baus, Christoph A.: Umgehung der Erschöpfungswirkung durch Zurückhaltung von Nutzungsrechten?, MMR 2002, 14–17.

Baus, Christoph A.: Verwendungsbeschränkungen in Software-Überlassungsverträgen, Köln 2004.

Beater, Axel: Unlauterer Wettbewerb, München 2002.

Bechtold, Rainer: Das neue Kartellgesetz, NJW 1998, 2769–2774.

Bechtold, Rainer: Grundlegende Umgestaltung des Kartellrechts: Zum Referentenentwurf der 7. GWB-Novelle, DB 2004, 235–241.

Bechtold, Stefan: Vom Urheber- zum Informationsrecht – Implikationen des Digital Rights Managements, München 2002.
Beier, Friedrich-Karl: Die Bedeutung des Patentsystems für den technischen, wirtschaftlichen und sozialen Fortschritt, GRUR Int. 1979, 227–235.
Bergier, Jacques: Industriespionage, München 1970.
Berkemeier, Astrid: Die Verwertung von Immaterialgüterrechten, Diss. Berlin 1984.
Blatter, Anton Willi: Der Schutz des Know-How im Arbeitsvertragsrecht – Insbesondere die Auslegung von Art. 321A IV OR, Diss. Bern 1981.
Böhme, Werner: Die Besteuerung des Know-how, München/Berlin 1967.
Brachtel, Rudolf: Die Gruppenfreistellung von Know-how-Vereinbarungen – Entwicklung von Wettbewerbsregeln und Kommissionspraxis im Lichte der strukturellen Schwäche des Geheimnisschutzes, München 2006.
Braggion, Antonio: Vertraglicher und außervertraglicher Schutz des Know-how im italienischen Recht, GRUR Int. 1989, 895–899
Brammsen, Joerg: Rechtsgut und Täter der Vorlagenfreibeuterei (§ 18 UWG) – Eine Korrektur, wistra 2006, 201–205.
Brammsen, Joerg: Wirtschaftsgeheimnisse als Verfassungseigentum, DöV 2007, 10–17.
Brauer, Manfred: Das Persönlichkeitsrecht der juristischen Person, Diss. Erlangen-Nürnberg 1962.
Brohm, Winfried: Demonstrationsfreiheit und Sitzblockaden, JZ 1985, 501–511.
Bullinger, Martin: Wettbewerbsgerechtigkeit bei präventiver Wirtschaftsaufsicht, NJW 1978, 2173–2181.
Bunte, Hermann-Josef: Die 6. GWB-Novelle – Das neue Gesetz gegen Wettbewerbsbeschränkungen, DB 1998, 1748–1754.

Caduff, Melchior: Die urheberrechtlichen Konsequenzen der Veräußerung von Computerprogrammen, Bern 1997.
Caemmerer, Ernst von: Bereicherung und unerlaubte Handlung, in: Dölle, Hans/Rheinstein, Max/Zweigert, Konrad (Hrsg.): Festschrift für Ernst Rabel, Band 1: Rechtsvergleichung und internationales Privatrecht, Tübingen 1954, S. 333–401.
Caemmerer, Ernst von: Wandlungen des Deliktsrechts, in: ders./Friesemann, Ernst/Lange, Richard, Hundert Jahre deutsches Rechtsleben – Festschrift zum hundertjährigen Bestehen des Deutschen Juristentages (1860–1960), Band 2, Karlsruhe 1960, S. 49–136.
Callmann, Rudolf: Der unlautere Wettbewerb, Kommentar zum Gesetz gegen den unlauteren Wettbewerb mit Notverordnung vom 9. März 1932, 2. Aufl., Mannheim u. a. 1932.
Canaris, Claus-Wilhelm, Gesamtunwirksamkeit und Teilgültigkeit rechtsgeschäftlicher Regelungen, in: Baur, Jürgen F./Hopt, Klaus J./Mailänder, K. Peter (Hrsg.), Festschrift für Ernst Steindorff zum 70. Geburtstag, Berlin/New York 1990, S. 519–571.
Chikofsky, Elliot J./*Cross*, James H.: Reverse Engineering and Design Recovery: A Taxonomy, IEEE-Software, January 1990, 13–17.

Collatz, Wilhelm: Ungerechtfertigte Vermögensverschiebung – Ein Beitrag zum Recht des Bürgerlichen Gesetzbuches, Berlin 1899.

Cosack, Tilman/*Tomerius*, Stephan: Betrieblicher Geheimnisschutz und Interesse des Bürgers an Umweltinformationen bei der Aktenvorlage im Verwaltungsprozess, NVwZ 1993, 841–846.

Dannecker, Gerhard: Der Schutz von Geschäfts- und Betriebsgeheimnissen, BB 1987, 1614–1622.

Danwitz, Thomas von: Der Schutz von Betriebs- und Geschäftsgeheimnissen im Recht der Regulierungsverwaltung, DVBl. 2005, 597–605.

Daub, Jan: Die Verletzung von Unternehmensgeheimnissen im deutschen und US-amerikanischen Recht, Sinzheim 1996.

Denninger, Erhard: Die Zweitanmelderproblematik im Arzneimittelrecht, GRUR 1984, 627–637.

Depenheuer, Frank: Zulässigkeit und Grenzen der Verwertung von Unternehmensgeheimnissen durch den Arbeitnehmer, Diss. Köln 1995.

Depenheuer, Otto/*Peifer*, Karl-Nikolaus (Hrsg.): Geistiges Eigentum: Schutzrecht oder Ausbeutungstitel? – Zustand und Entwicklungen im Zeitalter von Digitalisierung und Globalisierung, Heidelberg 2008.

Deringer, Arved: Internationale Lizenzverträge und Antitrustrecht, GRUR Int. 1968, 179–193.

Derwein, Manfred: Abwerben von Arbeitskräften, WRP 1972, 115–117.

Deutsch, Markus: Die heimliche Erhebung von Informationen und deren Aufbewahrung durch die Polizei, Heidelberg 1992.

Doepner, Ulf: Anmerkungen zum wettbewerbsrechtlichen Geheimnisschutz im Zivilrecht, in: Keller, Erhard (Hrsg.), Festschrift für Winfried Tilmann zum 65. Geburtstag, Köln u. a. 2003, S. 105–119.

Dreier, Thomas: Rechtsschutz von Computerprogrammen – Die Richtlinie des Rates der EG vom 14. Mai 1991, CR 1991, 577–584.

Dreier, Thomas/*Schulze*, Gernot: Urheberrechtsgesetz – Urheberrechtswahrnehmungsgesetz – Kunsturhebergesetz, Kommentar, 3. Aufl. München 2008.

Dreyer, Gunda/*Kotthoff*, Jost/*Meckel*, Astrid: Heidelberger Kommentar zum Urheberrecht, 2. Aufl. Heidelberg 2009.

Dworatschek, Sebastian: Grundlagen der Datenverarbeitung, 8. Aufl., Berlin/New York 1989.

Eberz, Arnim: Der Schutz der unternehmerischen Geheimnissphäre im Kartellbeschwerdeverfahren, Frankfurt am Main u. a. 1999.

Erman, Walter (Begr.): Bürgerliches Gesetzbuch – Handkommentar, Band 2: §§ 759–2385, 12. Aufl., Köln 2008.

Ekey, Friedrich/*Klippel*, Diethelm u. a. (Hrsg.): Heidelberger Kommentar zum Wettbewerbsrecht, 2. Aufl., Heidelberg 2005.

Eilam, Eldad: Reversing: Secrets of Reverse Engineering, Indianapolis 2005.

Ellger, Reinhard: Bereicherung durch Eingriff – Das Konzept des Zuweisungsgehalts im Spannungsfeld von Ausschließlichkeitsrecht und Wettbewerbsfreiheit, Tübingen 2002.

Engberding, Rainer O.M.: Spionageziel Wirtschaft – Technologie zum Nulltarif, Düsseldorf 1993.

Engel, Rüdiger: Der freie Zugang zu Umweltinformationen nach der Informationsrichtlinie der EG und der Schutz von Rechten Dritter, NVwZ 1992, 111–114.

Erbs, Georg/*Kohlhaas*, Max: Strafrechtliche Nebengesetze, Band 4, München, Stand: 169. Ergänzungslieferung (März 2008).

Erdmann, Willi: Möglichkeiten und Grenzen des Urheberrechts, CR 1986, 249–259.

Erdmann, Willi: Schutz der Kunst im Urheberrecht, in: Erdmann, Willi/Mees, Hans-Kurt u.a. (Hrsg.), Festschrift für Otto-Friedrich Frhr. v. Gamm, Köln u.a. 1990, S. 389–404.

Erdmann, Willi/*Bornkamm*, Joachim: Schutz von Computerprogrammen – Rechtslage nach der EG-Richtlinie, GRUR 1991, 877–880.

Ernst, Stefan: Die Verfügbarkeit des Source Codes, MMR 2001, 208–213.

Essler, Wilhelm K.: Wissenschaftstheorie I – Definition und Reduktion, 2. Aufl., Freiburg u.a. 1982.

Etter, Eberhard: Softwareschutz durch Strafanzeige?, CR 1989, 115–121.

Fabry, Bernd: Sehen – Hören – Fühlen: Marken für alle Sinne, Mitteilungen der deutschen Patentanwälte 2008, 160–170.

Felber, Helmut: Allgemeine Terminologielehre, Wissenslehre und Wissenstechnik – Theoretische Grundlagen und philosophische Betrachtungen, 3. Aufl., Wien 2001.

Fezer, Karl-Heinz (Hrsg.): Lauterkeitsrecht – Kommentar zum Gesetz gegen den unlauteren Wettbewerb (UWG), München 2005.

Fezer, Karl-Heinz: Olfaktorische, gustatorische und haptische Marken, WRP 1999, 575–579.

Finger, Peter: Die Nichtangriffspflicht bei know-how-Verträgen, WRP 1969, 398–402.

Finger, Peter: Die Offenkundigkeit des mitgeteilten Fachwissens bei Know-how-Verträgen, GRUR 1970, 3–9.

Fischer, Ernst: Das Know-how (53B) – Bericht erstattet im Namen der Deutschen Landesgruppe, GRUR Int. 1970, 240–241.

Fluck, Jürgen: Der Schutz von Unternehmensdaten im Umweltinformationsgesetz, NVwZ 1994, 1048–1056.

Forkel, Hans: Zur Übertragbarkeit geheimer Kenntnisse, in: Hubmann, Heinrich/Hübner, Heinz (Hrsg.), Festschrift für Ludwig Schnorr von Carolsfeld zum 70. Geburtstag, Köln 1972, S. 105–123.

Fournier, Erik: Bereicherungsausgleich bei Verstößen gegen das UWG – Zugleich ein Beitrag zur Dogmatik des wettbewerbsrechtlichen Leistungsschutzes, Frankfurt am Main 1999.

Friedrich, Justus: Der Begriff „Know-how" im europäischen Kartellrecht – Eine Kritik der Definition dieses Begriffs und der kartellrechtlichen Beurteilung der den Vertragsgegenstand „Know-how" absichernden Gebietsschutzvereinbarungen durch die Kommission der Europäischen Gemeinschaften, Diss. Trier 1995.

Fromm, Karl/*Nordemann*, Wilhelm (Begr.): Urheberrecht – Kommentar zum Urheberrechtsgesetz und zum Urheberrechtswahrnehmungsgesetz, 10. Aufl., Stuttgart 2008.

Fuchs, Andreas: Die 7. GWB-Novelle – Grundkonzeption und praktische Konsequenzen, WRP 2005, 1384–1396.

Gamm, Otto-Friedrich Frhr. von: Der urheber- und wettbewerbsrechtliche Schutz von Rechenprogrammen, WRP 1969, 99-100.

Gaul, Dieter: Der erfolgreiche Schutz von Betriebs- und Geschäftsgeheimnissen, Köln 1994.

Gaul, Dieter: Die Durchsetzung des Schutzes eines betriebsgeheimen Know-how, WRP 1988, 215–225.

Gaul, Dieter: Die nachvertragliche Geheimhaltungspflicht eines ausgeschiedenen Arbeitnehmers, NZA 1988, 225–233.

Gaul, Dieter: Know-how-Schutz bei der Softwareerstellung, CR 1988, 841–851.

Geiger, Matthias: Das Umarbeitungsrecht des Softwareanwenders, Baden-Baden 2007.

Gierke, Otto von: Deutsches Privatrecht, Band 1: Allgemeiner Teil und Personenrecht, München/Leipzig 1936, Band 3: Schuldrecht, München/Leipzig 1917.

Gloy, Wolfgang/*Loschelder*, Michael (Hrsg.): Handbuch des Wettbewerbsrechts, 3. Aufl., München 2005.

Goerke, Heinz: Abwerben von Personal, WRP 1955, 12–13.

Goldmann, Bettina C.: Das Urheberrecht an Bauwerken – Urheberpersönlichkeitsrechte des Architekten im Konflikt mit Umbauvorhaben, GRUR 2005, 639–646.

Götting, Horst-Peter: Die Vererblichkeit der vermögenswerten Bestandteile des Persönlichkeitsrechts – ein Meilenstein in der Rechtsprechung des BGH, NJW 2001, 585–587.

Grassmuck, Volker: Freie Software – Zwischen Privat- und Gemeineigentum, 2. Aufl., Bonn 2004.

Grzeszick, Bernd: Geistiges Eigentum und Art. 14 GG, ZUM 2007, 344–353.

Guilleaume, Emil: Ungerechtfertigte Bereicherung, die nicht durch eine Leistung bewirkt ist und auch keine Änderung der Rechtslage zufolge hat, Diss. Köln 1933.

Gumm, Heinz Peter/*Sommer*, Manfred: Einführung in die Informatik, 7. Aufl., München/Wien 2006.

Günther, Andreas: Änderungsrechte des Softwarenutzers, CR 1994, 321–328.

Gurlit, Elke: Die Verwaltungsöffentlichkeit im Umweltrecht, Düsseldorf 1989.

Gursky, Karl-Heinz: Der Tatbestand der Geschäftsführung ohne Auftrag, AcP 185 (1985), 13–45.

Habel, Oliver Michael: Know-how in Computerprogrammen, CR 1991, 257–261.

Habel, Oliver Michael: Nutzungsrechte an Standardanwenderprogrammen – Dispositives Recht und Vertragspraxis, München 1989.

Haberstumpf, Helmut: Das Software-Urhebervertragsrecht im Lichte der bevorstehenden Umsetzung der Richtlinie über den Rechtsschutz von Computerprogrammen, GRUR Int. 1992, 715–724.
Haberstumpf, Helmut: Die Zulässigkeit des Reverse Engineering, CR 1991, 129–141.
Haberstumpf, Helmut: Grundsätzliches zum Urheberrechtsschutz von Computerprogrammen nach dem Urteil des Bundesgerichtshofs vom 9. Mai 1985, GRUR 1986, 222–235.
Haberstumpf, Helmut: Zur urheberrechtlichen Beurteilung von Programmen für Datenverarbeitungsanlagen, GRUR 1982, 142–151.
Haft, Fritjof: Das Zweite Gesetz zur Bekämpfung der Wirtschaftskriminalität (2. WiKG) – Teil 2: Computerdelikte, NStZ 1987, 6–10.
Hahn, Werner: Offenbarungspflichten im Umweltschutzrecht, Köln u. a. 1984.
Harte-Bavendamm, Henning: Wettbewerbsrechtliche Aspekte des Reverse Engineering von Computerprogrammen, GRUR 1990, 657–664.
Harte-Bavendamm, Henning: Wettbewerbsrechtlicher Schutz von Computerprogrammen, CR 1986, 615–621.
Harte-Bavendamm, Henning/*Henning-Bodewig*, Frauke: Gesetz gegen den unlauteren Wettbewerb (UWG), Kommentar, München 2004.
Hartung, Aurica: Geheimnisschutz und Whistleblowing im deutschen und englischen Recht, Saarbrücken 2006.
Hauck, Ernst: Neuregelung des Nachanmelderproblems – ein rechtliches Gebot?, DB 1985, 1927–1934.
Hauck, Ernst: Wirtschaftsgeheimnisse – Informationseigentum kraft richterlicher Rechtsbildung? – Zum Konflikt zwischen Freiheit, Eigentum und Öffentlichkeit, Berlin 1987.
Heck, Philipp: Grundriss des Schuldrechts, Tübingen 1929.
Hefermehl, Wolfgang/*Köhler*, Helmut/*Bornkamm*, Joachim (Hrsg.): Gesetz gegen den unlauteren Wettbewerb, 27. Aufl., München 2009.
Heinrich, Bernd: Die Strafbarkeit der unbefugten Vervielfältigung und Verbreitung von Standardsoftware, Berlin 1993.
Heitsch, Christian: Genehmigung kerntechnischer Anlagen nach deutschem und US-amerikanischem Recht, Berlin 1993.
Henkels, Reinhard: Die Betriebsgeheimnisse in § 21 des Gesetzes gegen Wettbewerbsbeschränkungen, Heidelberg 1967.
Henn, Günter: Patent- und Know-how-Lizenzvertrag – Handbuch für die Praxis, 5. Aufl., Heidelberg 2003.
Herberger, Maximilian/*Simon*, Dieter: Wissenschaftstheorie für Juristen, Frankfurt a. M. 1980.
Hesse, Hans Gerd: Die kartellrechtliche Behandlung von Verträgen über nicht geheimes technisches Know-how, GRUR 1985, 661–668.
Heussen, Benno: Urheber- und lizenzrechtliche Aspekte bei der Gewährleistung für Computersoftware, GRUR 1987, 779–792.
Hilty, Reto M.: Der Softwarevertrag – ein Blick in die Zukunft, MMR 2003, 3–15.

Hirthe, Heinz: Berichte der deutschen Landesgruppe für den Kongress der Internationalen Vereinigung für gewerblichen Rechtsschutz AIPPI vom 23.–27. Mai 1983 in Paris – Zur Frage 53: Einfluss der Gesetzgebung gegen Wettbewerbsbeschränkungen und über Technologietransfer auf Know-how-Vereinbarungen, GRUR 1983, 98–100.

Hitzfeld, Ulrike: Geheimnisschutz im Betriebsverfassungsrecht, Frankfurt am Main 1990.

Hoeren, Thomas: Softwareüberlassung als Sachkauf – Ausgewählte Rechtsprobleme des Erwerbs von Standardsoftware, München 1989.

Hoeren, Thomas: Softwareüberlassung an der Schnittstelle von Urheber- und Vertragsrecht, GRUR 1988, 340–349.

Hoeren, Thomas: Urheberrechtsfähigkeit von Software – Die EG-Richtlinie zum Softwareschutz und die Rechtsprechung des Bundesgerichtshofes, CR 1991, 463–465.

Hoeren, Thomas/*Schuhmacher*, Dirk: Verwendungsbeschränkungen im Softwarevertrag, CR 2000, 137–146.

Hölk, Astrid: Hör-, Geruchs- und Fühlmarken – Eintragungsvoraussetzungen, in: Ahrens, Hans-Jürgen/Bornkamm, Joachim/Kunz-Hallstein, Hans Peter (Hrsg.), Festschrift für Eike Ullmann, Saarbrücken 2006, S. 239–255.

Huang, Andrew: Die Xbox hacken – Eine Einführung in Reverse Engineering, Bonn 2004.

Hüffer, Uwe: Die Eingriffskondiktion, JuS 1981, 263–268.

Ilzhöfer, Volker: Reverse-Engineering von Software und Urheberrecht, CR 1990, 578–582.

Immenga, Ulrich/*Mestmäcker*, Ernst-Joachim (Hrsg.): Wettbewerbsrecht, Band 1: EG/Teil 1 – Kommentar zum Europäischen Kartellrecht, Band 2: GWB – Kommentar zum Deutschen Kartellrecht, 4. Aufl., München 2007.

Ingle, Kathryn A.: Reverse Engineering, New York u. a. 1994.

Isay, Hermann: Der Verrat von Geschäftsgeheimnissen, GRUR 1929, 1243–1246.

Jähnke, Burkhard/*Laufhütte*, Heinrich Wilhelm/*Odersky*, Walter (Hrsg.): Strafgesetzbuch – Leipziger Kommentar, Band 2: §§ 32 bis 60, 11. Aufl., Berlin 2003, Band 5: §§ 146–222, 11. Aufl., Berlin 2005.

Jacobs, Rainer/*Lindacher*, Walter F./*Teplitzky*, Otto: Gesetz gegen den unlauteren Wettbewerb mit Nebengesetzen – Großkommentar, Band 2: Vor § 13; §§ 13 bis 30, Rabattgesetz, Gesamtregister, Berlin 2006.

Jakobs, Horst Heinrich: Eingriffserwerb und Vermögensverschiebung in der Lehre von der ungerechtfertigten Bereicherung, Bonn 1964.

Jakobs, Michael Ch.: Ermittlungsverfahren wegen Verstoßes gegen das Betäubungsmittelgesetz, JR 1982, 359–360.

Jaume, René: Lizenzverträge und Wettbewerbsregeln, WuW 1972, 775–796.

Jersch, Ralf: Ergänzender Leistungsschutz und Computersoftware – Rechtsschutz für innovative Arbeitsergebnisse durch UWG und BGB, München 1993.

Jessen, Ernst: Zugangsberechtigung und besondere Sicherung im Sinne von § 202a StGB, Frankfurt am Main u. a. 1994.

Jung, Reinhard: Reverse Engineering konzeptioneller Datenschemata, Wiesbaden 1998.

Jung, Erich: Die Bereicherungsansprüche und der Mangel des „rechtlichen Grundes" – Ein Beitrag zur Kenntnis des neuen Rechts, Leipzig 1902.

Junker, Abbo/*Benecke*, Martina: Computerrecht, 3. Auflage, Baden-Baden 2003.

Kalinovsky, Alex: Covert Java – Techniques for Decompiling, Patching, and Reverse Engineering, USA 2004.

Katzenberger, Paul: Urheberrecht und Dokumentation – Abstracts – Fotokopien – elekronische Datenbanken, GRUR 1973, 629–640.

Kempf, Eberhard/*Schilling*, Hellen: Nepper, Schlepper, Bauernfänger – zum Tatbestand strafbarer Werbung (§ 16 Abs. 1 UWG).

Kersting, Mark Oliver: Der Schutz des Wirtschaftsgeheimnisses im Zivilprozess – Eine rechtsvergleichende Untersuchung anhand der Federal Rules of Civil Procedure und der ZPO, Diss. Mainz 1994.

Kiethe, Kurt/*Groeschke*, Peer: Die Durchsetzung von Schadensersatzansprüchen in Fällen der Betriebs- und Wirtschaftsspionage, WRP 2005, 1358–1370.

Kilian, Wolfgang/*Heussen*, Benno (Hrsg.), Computerrechts-Handbuch – Informationstechnologie in der Rechts- und Wirtschaftspraxis, Loseblattsammlung, München, Stand: 26. Ergänzungslieferung (Januar 2008).

Kim, Byung-II: Der Schutz von Geschäfts- und Betriebsgeheimnissen in Korea und Deutschland, Diss. München 1998.

Kiourtsoglou, Konstantinos: Der Know-how-vertrag im deutschen und europäischen Kartellrecht, München 1990.

Kirchhof, Paul: Der verfassungsrechtliche Gehalt des geistigen Eigentums, in: Fürst, Walther/Herzog, Roman/Umbach, Dieter C. (Hrsg.), Festschrift für Wolfgang Zeidler, Band 2, Berlin/New York 1987, S. 1639–1661.

Klaas, Christoph: Die Abwerbung von Arbeitskräften und unlauterer Wettbewerb, NZA 1984, 313–315.

Klippel, Diethelm: Der zivilrechtliche Persönlichkeitsschutz von Verbänden, JZ 1988, 625–635.

Knemeyer, Franz-Ludwig: Die Wahrung von Betriebs- und Geschäftsgeheimnissen bei behördlichen Umweltinformationen, DB 1993, 721–726.

Knoppe, Helmut: Die Besteuerung der Lizenz- und Know-how-Verträge, 2. Aufl., Köln 1972.

Koch, Norbert: Die Bindungswirkung der Exklusivlizenz, BB 1972, 97–104.

Koch, Frank A.: Das neue Softwarerecht und die praktischen Konsequenzen, NJW-CoR 1994, 293–300.

Kohler, Josef: Der unlautere Wettbewerb – Darstellung des Wettbewerbsrechts, Berlin/Leipzig 1914.

Köhler, Helmut: Zur wettbewerbsrechtlichen Zulässigkeit der telefonischen Ansprache von Beschäftigten am Arbeitsplatz zum Zwecke der Abwerbung, WRP 2002, 1–10.

Köhler, Helmut: Das Verhältnis des Wettbewerbsrechts zum Recht des geistigen Eigentums, GRUR 2007, 548–554.

Köhler, Helmut/*Piper*, Henning: Gesetz gegen den unlauteren Wettbewerb – Kommentar, 3. Aufl., München 2002.

Kohlrausch, Eduard: Industriespionage, ZStW 50 (1930), 30–72.

Kolle, Gert: Der Rechtsschutz der Computersoftware in der Bundesrepublik Deutschland, GRUR 1982, 443–461.

König, M. Michael: Das Computerprogramm im Recht – Technische Grundlagen, Urheberrecht und Verwertung, Überlassung und Gewährleistung, Köln 1991.

König, M. Michael: Können Objektprogramme urheberrechtlich geschützt sein?, GRUR 1989, 559–577.

Koppensteiner, Hans-Georg/*Kramer*, Ernst A.: Ungerechtfertigte Bereicherung, 2. Aufl., Berlin/New York 1988.

Körner, Eberhard: Der Bestand bzw. Fortbestand von Schutzrechten und Know-how als Voraussetzung der Lizenzgebühren bzw. Schadensersatzpflicht, GRUR 1982, 341–348.

Körner, Eberhard: Die Produzentenhaftung des Lizenzgebers bei der Lizenz über gewerbliche Schutzrechte und Know-how, NJW 1985, 3047–3052.

Kragler, Peter/*Otto*, Harro (Hrsg.): Schützen Sie Ihr Unternehmen – vor unlauterem Wettbewerb – vor Medienattacken – vor Wirtschaftsspionage, Landsberg/Lech 1991.

Kraßer, Rudolf: Der Schutz des Know-how nach deutschem Recht, GRUR 1970, 587–597.

Kraßer, Rudolf: Grundlagen des zivilrechtlichen Schutzes von Geschäftsgeheimnissen und Betriebsgeheimnissen sowie von Know-how, GRUR 1977, 177–196.

Krawielicki, Robert: Grundlagen des Bereicherungsanspruchs, Breslau 1936.

Kreuzer, Karl: Know-how-Verträge im deutschen internationalen Privatrecht, in: Ficker, Hans Claus/König, Detlef u.a. (Hrsg.), Festschrift für Ernst von Caemmerer zum 70. Geburtstag, 705–735.

Krutisch, Dorothee: Strafbarkeit des unberechtigten Zugangs zu Computerdaten und -systemen, Frankfurt am Main u. a. 2004.

Kuhlmann, Jan: Kein Rechtsschutz für den Kopierschutz?, CR 1989, 177–185.

Kunz, Jürgen: Betriebs- und Geschäftsgeheimnisse und Wettbewerbsverbot während der Dauer und nach Beendigung des Anstellungsverhältnisses, DB 1993, 2482–2487.

Lackner, Karl/*Kühl*, Kristian: Strafgesetzbuch Kommentar, 26. Aufl., München 2007.

Ladeur, Karl-Heinz: Der rechtliche Schutz der Fernsehwerbung gegen technische Blockierung durch die „Fernsehfee“ – Zur Einwirkung der Rundfunkfreiheit auf das Lauterkeitsrecht, GRUR 2005, 559–564.

Langen, Eugen/*Bunte*, Hermann-Josef: Kommentar zum deutschen und europäischen Kartellrecht, Band 1: Deutsches Kartellrecht, 10. Aufl., Neuwied 2006.

Larenz, Karl: Das „allgemeine Persönlichkeitsrecht“ im Recht der unerlaubten Handlungen, NJW 1955, 521–525.

Larenz, Karl/*Canaris*, Claus-Wilhelm: Lehrbuch des Schuldrechts, Band 2: Besonderer Teil, Halbband 2, 13. Aufl., München 1994.

Laubenthal, Klaus: Einheitlicher Wegnahmebegriff im Strafrecht?, JA 1990, 38–43.

Lehmann, Michael: Das neue Software-Vertragsrecht – Verkauf und Lizenzierung von Computerprogrammen, NJW 1993, 1822–1826.

Lehmann, Michael: Das Urhebervertragsrecht der Softwareüberlassung, in: Beier, Friedrich-Karl (Hrsg.), Festschrift für Gerhard Schricker zum 60. Geburtstag, München 1995, 543–569.

Lehmann, Michael: Der neue Europäische Rechtsschutz von Computerprogrammen, NJW 1991, 2112–2117.

Lehmann, Michael: Die Europäische Richtlinie über den Schutz von Computerprogrammen, GRUR Int. 1991, 327–337.

Lehmann, Michael: EG-Richtlinie über den Rechtsschutz von Computerprogrammen, CR 1990, 749–750.

Lehmann, Michael: Freie Schnittstellen („interfaces“) und freier Zugang zu den Ideen („reverse engineering“), CR 1989, 1057–1063.

Lehmann, Michael (Hrsg.): Rechtsschutz und Verwertung von Computerprogrammen, 2. Aufl., Köln 1993.

Lenckner, Theodor: Wertausfüllungsbedürftige Begriffe im Strafrecht und der Satz „nulla poena sine lege“, JuS 1968, 304–310.

Leßmann, Herbert: Persönlichkeitsschutz juristischer Personen, AcP 170 (1970), 266–294.

Liebl, Karlhans (Hrsg.): Betriebsspionage: Begehungsformen – Schutzmaßnahmen – Rechtsfragen, Ingelheim 1987.

Lietz, Bernd: Technische Aspekte des Reverse Engineering, CR 1991, 564–668.

Liman, Burkhard: Bewertung des irregulären Verlustes von Know-how – Schäden durch Wirtschaftsspionage und Fluktuation, Köln 1999.

Lindhorst, Hermann: Schutz von und vor technischen Maßnahmen, Osnabrück 2002.

Lobe, Adolf: Die Bekämpfung des unlauteren Wettbewerbs, Band 1: Der unlautere Wettbewerb als Rechtsverletzung nach dem Bürgerlichen Gesetzbuch und den Nebengesetzen, Leipzig 1907.

Loewenheim, Ulrich: Bereicherungsansprüche im Wettbewerbsrecht, WRP 1997, 913–918.

Loewenheim, Ulrich: Bereicherungsrecht, 3. Aufl., München 2007.

Loewenheim, Ulrich: Möglichkeiten der dreifachen Berechnung des Schadens im Recht gegen den unlauteren Wettbewerb, ZHR 135 (1971), 97–143.

Loewenheim, Ulrich: Urheberrecht und Kartellrecht – Überlegungen zur Anwendbarkeit des GWB bei der Verwertung von Urheberrechten und verwandten Schutzrechten, UFITA 84 (1979), 204–211.

Loewenheim, Ulrich/*Meessen*, Karl M./*Riesenkampff*, Alexander (Hrsg.): Kartellrecht, Kommentar, Band 2: GWB, München 2006.

Lüdecke, Wolfgang/*Fischer*, Ernst: Lizenzverträge, Weinheim 1957.

Maass, Hans-Heinrich: Information und Geheimnis im Zivilrecht – Eine rechtshistorische und rechtsvergleichende Kritik der privaten und der gewerblichen Geheimsphäre, Diss. München 1968.
Maier, Antonia: Der Schutz von Betriebs- und Geschäftsgeheimnissen im schwedischen, englischen und deutschen Recht, Köln u. a. 1998.
Maier, Ewald: Der Schutz des „kritischen" Know-how vor Industriespionage, Idstein 1992.
Mailänder, K. Peter: Vereinbarungen zur Know-How-Überlassung im Wettbewerbsrecht der EWG, GRUR Int. 1987, 523–538.
Marly, Jochen P.: Das Recht des Anwenders zur Vervielfältigung urheberrechtlich geschützter Computersoftware (Teil 1), JurPC 1989, 18–23.
Marly, Jochen P.: Der neue Urheberrechtsschutz für Computersoftware, NJW-CoR 4/1993, 21–24.
Marly, Jochen P.: Softwareüberlassungsverträge, 4. Aufl., München 2004.
Marly, Jochen P.: Urheberrechtsschutz für Computersoftware in der Europäischen Union – Abschied vom überkommenen Urheberrechtsverständnis, München 1995.
Massaguer, Jose: Der Schutz des Know-how in Spanien, GRUR Int. 1989, 884–895.
Massaguer-Fuentes, Jose/*Peréz-Frias*, Manuel: Aktuelle Fragen zum Rechtsschutz für mikroelektronische Halbleitererzeugnisse, CR 1988, 368–377.
Maurach, Reinhart/*Schroeder*, Friedrich-Christian/*Maiwald*, Manfred: Strafrecht – Besonderer Teil, Teilband 1: Straftaten gegen Persönlichkeits- und Vermögenswerte, 9. Aufl., Heidelberg 2003.
Mayr, Robert von: Der Bereicherungsanspruch des deutschen Bürgerlichen Rechts, Leipzig 1903.
Medicus, Dieter: Bürgerliches Recht – Eine nach Anspruchsgrundlagen geordnete Darstellung zur Examensvorbereitung, 21. Aufl., Köln u. a. 2007.
Meili, Tobias: Der Schutz von Know-how nach schweizerischem und internationalem Recht – Anpassungsbedarf aufgrund des TRIPS-Abkommens?, Bern 2000.
Meitinger, Ingo: Der Schutz von Geschäftsgeheimnissen im globalen und regionalen Wirtschaftsrecht – Stand und mögliche Entwicklungen der Rechtsharmonisierung, Bern u. a. 2001.
Merke, Gerd: Gruppenfreistellungsverordnung für Know-how-Vereinbarungen – Anmerkungen aus wirtschaftspolitischer Sicht, CR 1989, 457–462.
Mes, Peter: Arbeitsplatzwechsel und Geheimnisschutz, GRUR 1979, 584–593.
Mestmäcker, Ernst-Joachim/*Schulze*, Erich: Kommentar zum deutschen Urheberrecht unter Berücksichtigung des internationalen Rechts und des Gemeinschaftsrechts in den Mitgliedstaaten der EU, Band 1.2, Loseblattsammlung, Stand: 49. Aktualisierungslieferung (April 2009), München/Unterschleißheim.
Metzler, Richard: Konsequenzen neuartiger Erscheinungsformen des wirtschaftlichen Wettbewerbs für den strafrechtlichen Schutz von Geschäfts- und Betriebsgeheimnissen im Rahmen der §§ 17 ff. UWG, München 1990.
Möhring, Philipp: Betriebs- und Geschäftsgeheimnisse in wettbewerbs- und kartellrechtlicher Sicht, in: Dietz, Rolf/Hübner, Heinz (Hrsg.), Festschrift für Hans Carl Nipperdey zum 70. Geburtstag, Band 2, München/Berlin 1965, S. 415–433.

Möhring, Philipp: Schutzfähigkeit von Programmen für Datenverarbeitungsmaschinen, GRUR 1967, 269–278.
Möhring, Philipp/*Nicolini*, Käte (Hrsg.): Urheberrechtsgesetz, Kommentar, 2. Auflage, München 2000.
Mola Galván, María del Carmen: Der zivilrechtliche Schutz von Betriebsgeheimnissen – Zur Haftung von Arbeitnehmern im deutschen und spanischen Recht, Konstanz 2001.
Moritz, Hans-Werner: Softwarelizenzverträge (I), CR 1993, 257–268.
Moritz, Hans-Werner: Vervielfältigungsstück eines Programms und seine berechtigte Verwendung – § 69d UrhG und seine neueste BGH-Rechtsprechung, MMR 2001, 94–97.
Moritz, Hans-Werner/*Tybusseck*, Barbara: Computersoftware – Rechtsschutz und Vertragsgestaltung, 2. Auflage, München 1992.
Müller, Georg: Bemerkungen über das Urheberpersönlichkeitsrecht, UFITA 2 (1929), 367–402.
Müller, Steffen: Der Schutz von Know-how nach dem TRIPS-Übereinkommen, Münster 2003.
Müller-Laube, Hans-Martin: Wettbewerbsrechtlicher Schutz gegen Nachahmung und Nachbildung gewerblicher Erzeugnisse – Entwurf eines dogmatischen Ordnungskonzepts, ZHR 156 (1992), 480–511.
MünchKomm AktG: Kropff, Bruno/Semler, Johannes (Hrsg.), Münchener Kommentar zum Aktiengesetz, Band 6: §§ 179–221, 2. Aufl., München 2005.
MünchKomm BGB: Rebmann, Kurt (4. Aufl.)/Säcker, Franz Jürgen/Rixecker, Roland (Hrsg.), Münchener Kommentar zum Bürgerlichen Gesetzbuch, Band 2: Schuldrecht – Allgemeiner Teil (§§ 241–432), 5. Aufl., München 2007, Band 4: Schuldrecht – Besonderer Teil/2 (§§ 611–704), 4. Aufl., München 2005.
MünchKomm UWG: Heermann, Peter W./Hirsch, Günter (Hrsg.), Münchener Kommentar zum Lauterkeitsrecht, Band 1: §§ 1–4 UWG, Band 2: §§ 5–22 UWG, München 2006.
Mugdan, Benno (Hrsg.), Die gesammelten Materialien zum Bürgerlichen Gesetzbuch für das Deutsche Reich, Band 2: Recht der Schuldverhältnisse, Berlin 1899.

Nastelski, Karl: Der Schutz des Betriebsgeheimnisses, GRUR 1957, 1–8.
Nebenzahl, Ernst: Das Erfordernis der unmittelbaren Vermögensverschiebung in der Lehre von der ungerechtfertigten Bereicherung, Berlin 1930.

Ohly, Ansgar: Designschutz im Spannungsfeld von Geschmacksmuster-, Kennzeichen- und Lauterkeitsrecht, GRUR 2007, 731–740.
Ohly, Ansgar: Gibt es einen Numerus clausus der Immaterialgüterrechte?, in: ders./Bodewig, Theo/Dreier, Thomas u.a. (Hrsg.), Perspektiven des Geistigen Eigentums und Wettbewerbsrechts, Festschrift für Gerhard Schricker zum 70. Geburtstag, München 2005, S. 105–121.
Ohly, Ansgar: Reverse Engineering: Unfair Competition or Catalyst for Innovation?, in: Prinz zu Waldeck und Pyrmont, Wolrad u.a. (Hrsg.), Patents and Technological Progress in a Globalized World, Berlin 2009, S. 535–552.

Omsels, Hermann-Josef: Open Source und das deutsche Vertrags- und Urheberrecht, in: ders./Schertz, Christian (Hrsg.), Festschrift für Paul W. Hertin zum 60. Geburtstag, München 2000, S. 141–170.

Orth, Siegfried: Die Bereicherung im Patentrecht, Greifswald 1928.

Otto, Harro: Verrat von Betriebs- und Geschäftsgeheimnissen, § 17 UWG, wistra 1988, 125–130.

Pagenberg, Jochen/*Geissler*, Bernhard: Lizenzverträge – Patente, Gebrauchsmuster, Know-how, Computer Software, 5. Aufl., Köln u. a. 2003.

Palandt, Otto (Begr.): Bürgerliches Gesetzbuch, Kommentar, 67. Aufl., München 2008.

Paschke, Marian/*Kerfack*, Ralf: Wie klein ist die „kleine Münze"?, ZUM 1996, 498–503.

Paul, Willy: Der industrielle Lohnfertigungsvertrag über geschützte Gegenstände, NJW 1963, 2249–2256.

Peifer, Karl-Nikolaus: Das Urheberrecht und die Wissensgesellschaft – Stimmen die rechtlichen Rahmenbedingungen für die Zukunft von Forschung und Lehre?, UFITA 2007/II, 327–362.

Peifer, Karl-Nikolaus: Eigenheit oder Eigentum – Was schützt das Persönlichkeitsrecht?, GRUR 2002, 495–500,

Peifer, Karl-Nikolaus: Gibt es ein Konzernpersönlichkeitsrecht?, in: Jickeli, Joachim/Kreutz, Peter/Reuter, Dieter (Hrsg.), Gedächtnisschrift für Jürgen Sonnenschein, Berlin 2003, S. 687–704.

Peifer, Karl-Nikolaus: Individualität im Zivilrecht – Der Schutz persönlicher, gegenständlicher und wettbewerblicher Individualität im Persönlichkeitsrecht, Immaterialgüterrecht und Recht der Unternehmen, Tübingen 2001.

Peifer, Karl-Nikolaus: Salomonisches zur Störerhaftung für Hyperlinks durch Online-Mediendienste, IPRax 2006, 246–250.

Peifer, Karl-Nikolaus: Schuldrecht – Gesetzliche Schuldverhältnisse, Baden-Baden 2005.

Peifer, Karl-Nikolaus/*Gersmann*, Gudrun (Hrsg.): Forschung und Lehre im Informationszeitalter – Zwischen Zugangsfreiheit und Privatisierungsanreiz, Schriften zum europäischen Urheberrecht (EurUR), Band 4, Berlin 2007.

Pfaff, Dieter: Der Know how-Vertrag im bürgerlichen Recht, BB 1974, 565–570.

Pfeiffer, Gerd: Der strafrechtliche Verrat von Betriebs- und Geschäftsgeheimnissen nach § 17 UWG, in: Bruchhausen, Karl/Hefermehl, Wolfgang u. a., Festschrift für Rudolf Nirk zum 70. Geburtstag, München 1992, S. 861–891.

Pfister, Bernhard: Das technische Geheimnis „Know how" als Vermögensrecht, München 1974.

Piper, Henning/*Ohly*, Ansgar: Gesetz gegen den unlauteren Wettbewerb – Kommentar, 4. Aufl., München 2006.

Pisani, Christian: Kooperation in der Wissenschaft – Eine rechtsvergleichende Analyse der Verwaltungsöffentlichkeit zwischen freiem Informationszugang und Schutz von Betriebs- und Geschäftsgeheimnissen am Beispiel des deutschen UIG und der englischen EIR, München 2001.

Plaß, Gunda: Open Contents im deutschen Urheberrecht, GRUR 2002, 670–682.

Platzer, Michael: Der Schutz des Unternehmensgeheimnisses in den Mitgliedstaaten der Europäischen Wirtschaftsgemeinschaft, Diss. München 1967.

Ploch-Kumpf: Der Schutz von Unternehmensgeheimnissen im Zivilprozess unter besonderer Berücksichtigung ihrer Bedeutung in der Gesamtrechtsordnung, Frankfurt am Main 1996.

Polanyi, Michael: Implizites Wissen, Frankfurt am Main 1985.

Prein, Paul: Der Geheimnisschutz im wirtschaftlichen Wettbewerb nach deutschem Recht, Diss. Köln 1932.

Pres, Andreas: Gestaltungsformen urheberrechtlicher Softwarelizenzverträge – Eine juristische und ökonomische Untersuchung unter besonderer Berücksichtigung des Zweiten Gesetzes zur Änderung des Urheberrechtsgesetzes vom 9. Juni 1993, Köln 1994.

Quiring, Andreas: Muss die telefonische Anwerbung von Mitarbeitern verboten werden?, WRP 2000, 33–40.

Raubenheimer, Andreas: Beseitigung/Umgehung eines technischen Programmschutzes nach UrhG und UWG, CR 1996, 69–79.

Raubenheimer, Andreas: Die jüngste Rechtsprechung zur Umgehung/Beseitigung eines Dongles, NJW-CoR 1996, 174–182.

Raubenheimer, Andreas: Softwareschutz nach den Vorschriften des UWG, CR 1994, 264–269.

Redeker, Helmut: IT-Recht, 4. Aufl., München 2007.

Reger, Gerald: Der internationale Schutz gegen den unlauteren Wettbewerb und das TRIPS-Übereinkommen, Köln u. a. 1999.

Rehbinder, Manfred: Urheberrecht – Ein Studienbuch, 15. Aufl., München 2008.

Reichard, Ingo: Negotium alienum und ungerechtfertigte Bereicherung – Zur Entbehrlichkeit des § 687 Abs. 2 BGB, AcP 193 (1993), 567–602.

RGRK (Reichsgerichtsrätekommentar): Das Bürgerliche Gesetzbuch mit besonderer Berücksichtigung der Rechtsprechung des Reichsgerichts und des Bundesgerichtshofs, herausgegeben von Mitgliedern des Bundesgerichtshofs, Band II/4: §§ 631–811, 12. Aufl., Berlin/New York 1978, Band II/5: §§ 812–831, 12. Aufl., Berlin/New York 1989.

Reimer, Eduard: Der zu verstärkende Schutz für das Geschäfts- und Betriebsgeheimnis, GRUR 1930, 733–739.

Reimer, Eduard: Wettbewerbs- und Warenzeichenrecht, Kommentar, 3. Aufl., Köln 1954.

Reinfeld, Roland: Verschwiegenheitspflicht und Geheimnisschutz im Arbeitsrecht, Göttingen 1989.

Reuter, Dieter/*Martinek*, Michael: Ungerechtfertigte Bereicherung, Tübingen 1983.

Richler, Werner: Schutz von Betriebs- und Geschäftsgeheimnissen im Umweltrecht, Diss. Regensburg 1989.

Richters, Swantje/*Wodtke*, Carolina: Schutz von Betriebsgeheimnissen aus Unternehmenssicht – „Verhinderung von Know-how Abfluss durch eigene Mitarbeiter", NZA-RR 2003, 281–288.

Rittershaus, Gerald/*Teichmann*, Christoph: Anwaltliche Vertragsgestaltung – Methodische Anleitung zur Fallbearbeitung im Studium, 2. Auflage, Heidelberg 2003.

Rohde, Joachim/*Roming*, Marcus: Assembler – Grundlagen der Programmierung, 2. Aufl., Heidelberg 2006.

Rosenthal, Alfred/*Leffmann*, Ernst: Gesetz gegen den unlauteren Wettbewerb, Kommentar, 9. Aufl., Berlin/Frankfurt am Main 1969.

Roth, Katharina: Lizenzen an geschützten Stellungen ohne gesicherten Rechtscharakter, Diss. Würzburg 2004.

Rozek, Jochen: Die Unterscheidung von Eigentumsbindung und Enteignung – Eine Bestandsaufnahme zur dogmatischen Struktur des Art. 14 GG nach 15 Jahren „Nassauskiesung", Tübingen 1996.

Rudolphi, Hans-Joachim/*Horn*, Eckhard u.a. (Hrsg.): Systematischer Kommentar zum Strafgesetzbuch, Loseblattsammlung, Neuwied u.a., Stand: 114. Ergänzungslieferung (Mai 2008).

Rupp, Wolfgang: Strafrechtlicher Schutz von Computersoftware und Orgware nach §§ 17 ff. UWG unter Berücksichtigung der Reformentwürfe zum UWG, WRP 1985, 676–684.

Rüting, Kai: Die urheber- und patentrechtliche Beurteilung von beschränkenden Klauseln bei der Überlassung von Standardsoftware – in Deutschland und den USA, Hamburg 2007.

Rützel, Stefan: Illegale Unternehmensgeheimnisse, GRUR 1995, 557–561.

Sachs, Michael (Hrsg.): Grundgesetz, Kommentar, 5. Aufl., München 2009.

Sack, Rolf: Bewegliche Systeme im Wettbewerbs- und Warenzeichenrecht, in: Winkler, Günther/Antoniolli, Walter/Raschauer, Bernhard (Hrsg.), Das Bewegliche System im geltenden und künftigen Recht, Wien/New York 1986, S. 177–198.

Sack, Rolf: Die Subsidiarität des Rechts am Gewerbebetrieb, VersR 2006, 1001–1010.

Sahin, Ali/*Haines*, Alexander: Einräumung von Nutzungsrechten im gestuften Vertrieb von Standardsoftware, CR 2005, 241–247.

Salger, Carsten/*Breitfeld*, Anja: Regelungen zum Schutz von betrieblichem Knowhow – die Abwerbung von Mitarbeitern, BB 2004, 2574–2581.

Salger, Carsten/*Breitfeld*, Anja: Regelungen zum Schutz von betrieblichem Knowhow – die Sicherung von Geschäfts- und Betriebsgeheimnissen, BB 2005, 154–159.

Saumweber, Wolfgang: Der Schutz von Know-how im deutschen und amerikanischen Recht – Eine rechtsvergleichende Analyse, Diss. Berlin 1978.

Savigny, Eike von: Grundkurs im wissenschaftlichen Definieren, München 1970.

Savigny, Friedrich Carl von: System des heutigen Römischen Rechts, Band 5, Berlin 1941.

Schack, Haimo: Urheber- und Urhebervertragsrecht. 4. Aufl., Tübingen 2007.
Schafheutle, Klaus: Wirtschaftsspionage und Wirtschaftsverrat im deutschen und schweizerischen Strafrecht, Diss. Freiburg i. Br. 1972.
Schippan, Thea: Lexikologie der deutschen Gegenwartssprache, Tübingen 1992.
Schlechtriem, Peter: Prinzipien und Vielfalt: Zum gegenwärtigen Stand des deutschen Bereicherungsrechts, ZHR 149 (1985), 327–343.
Schleich, Albrecht: Das parlamentarische Untersuchungsrecht des Bundestages, Berlin 1985.
Schlieder, Willy Christoph: Wettbewerbsregeln für den Technologietransfer, GRUR 1980, 451–456.
Schlötter, Richard: Der Schutz von Betriebs- und Geschäftsgeheimnissen und die Abwerbung von Arbeitnehmern – Eine rechtsvergleichende Untersuchung des englischen, französischen und deutschen Rechts, Köln u. a. 1997.
Schlüchter, Ellen: Entschlüsselte Spielprogramme, CR 1991, 105–108.
Schlüchter, Ellen: Zweckentfremdung von Geldspielgeräten durch Computermanipulationen, NStZ 1988, 53–60.
Schlüchter, Ellen: Zweites Gesetz zur Bekämpfung der Wirtschaftskriminalität – Kommentar mit einer kriminologischen Einführung, Heidelberg 1987.
Schmid, Matthias/*Wirth*, Thomas: Urheberrechtsgesetz, Handkommentar, 2. Aufl. Baden-Baden 2009.
Schmid, Paul: Der gesetzliche Schutz der Fabrik- und Geschäftsgeheimnisse in Deutschland und im Ausland, Tübingen 1907.
Schmitz, Roland: Ausspähen von Daten, § 202 a StGB, JA 1995, 478–484.
Schneider, Martin: Schutz des Unternehmensgeheimnisses vor unbefugter Verwertung – Eine rechtssystematische Untersuchung, Bern u. a. 1989.
Schnell, Angelika/*Fresca*, Anna: Reverse Engineering, CR 1990, 157–161.
Scholz, Rupert: Konkurrenzprobleme bei Produktkontrollen – Verfassungsfragen zum Verhältnis von Erst- und Nachanmelder im Zulassungs- und Anmeldeverfahren von Chemikalien, Arznei- und Pflanzenschutzmitteln, Köln u. a. 1983.
Schönherr, Fritz: Zur Begriffsbildung im Immaterialgüterrecht, in: Brügger, Paul (Hrsg.), Homo Creator – Festschrift für Alois Troller, Basel/Stuttgart 1976, S. 57–87.
Schönke, Adolf/*Schröder*, Horst: Strafgesetzbuch, Kommentar, 27. Aufl., München 2006.
Schramm, Carl: Betriebsspionage und Geheimnisverrat, Mannheim u. a. 1930.
Schramm, Carl: Grundlagenforschung auf dem Gebiete des gewerblichen Rechtsschutzes und Urheberrechtes, Berlin/Köln 1954.
Schricker, Gerhard (Hrsg.): Urheberrecht, Kommentar, 3. Aufl., München 2006.
Schröder, Meinhard: Der Geheimhaltungsschutz im Recht der Umweltchemikalien – Eine Untersuchung nach deutschem Recht und europäischem Gemeinschaftsrecht, Berlin 1980.
Schröder, Meinhard: Der Schutz von Betriebs- und Geschäftsgeheimnissen im Umweltschutzrecht, UPR 1985, 394–403.
Schulte, Dieter: Der Referentenentwurf eines Zweiten Gesetzes zur Änderung des Urheberrechtsgesetzes, CR 1992, 648–658.

Schulz, Fritz: System der Rechte auf den Eingriffserwerb, AcP 105 (1909), 1–488.
Schulze-Heiming, Ingeborg: Strafrechtlicher Schutz der Computerdaten gegen die Angriffsformen der Spionage, Sabotage und des Zeitdiebstahls, Münster/New York 1995.
Sehirali, Feyzan Hayal: Schutz des Know-how nach türkischem, deutschem und europäischem Recht – Ein rechtvergleichender Beitrag, Köln u. a. 2004.
Seligsohn, Julius L.: Geheimnis und Erfindungsbesitz, Berlin/Leipzig 1921.
Sieber, Ulrich: Der urheberrechtliche Schutz von Computerprogrammen, BB 1983, 977–986.
Skaupy, Walther: Know-how-Vereinbarungen und Kartellrecht, GRUR 1964, 539–546.
Skaupy, Walther: Zur Schutzfähigkeit von elektronischen Rechenprogrammen, BB 1967, 945–946.
Smoschewer, Fritz: Das Persönlichkeitsrecht im allgemeinen und im Urheberrecht – I. Teil, UFITA 3 (1930), 119–192.
Snavely, Noah/*Debray*, Saumya/*Andrews*, Gregory R.: Unpredication, Unscheduling, Unspeculation: Reverse Engineering Itanium Executables, in: IEEE Transactions on Software Engineering, Vol. 31 No. 2, February 2005, 99–115.
Stabel, Jan: Kooperations- versus Geheimhaltungsprinzip – Zur Informationsdistribution im Umweltrecht, Bayreuth 1997.
Stadler, Astrid: Der Schutz des Unternehmensgeheimnisses im deutschen und U.S.-amerikanischen Zivilprozess und im Rechtshilfeverfahren, Tübingen 1989.
Stadtmüller, Ralph: Schutzbereich und Schutzgegenstände des Rechts am Unternehmen – Ein Beitrag zur Konkretisierung des deliktsrechtlichen Unternehmensschutzes, München 1985.
Steinberg, Rudolf: Schutz von Geschäfts- und Betriebsgeheimnissen im atomrechtlichen Genehmigungs- und Aufsichtsverfahren, UPR 1988, 1–4.
Stieper, Malte: Das Verhältnis von Immaterialgüterrechtsschutz und Nachahmungsschutz nach dem neuen UWG, WRP 2006, 291–302.
Stober, Rolf: Handbuch des Wirtschaftsverwaltungs- und Umweltrechts, Köln 1989.
Stoffels, Markus: AGB-Recht, München 2003.
Stumpf, Herbert: Der Know-how-Vertrag, 3. Aufl., Heidelberg 1977.
Stumpf, Herbert: Ungeklärte Probleme bei Know-how- und Patentlizenzverträgen, BB 1970, 195–197.
Stürner, Rolf: Die gewerbliche Geheimsphäre im Zivilprozess, JZ 1985, 453–461.
Sucker, Michael: Gruppenfreistellungsverordnungen für Patentlizenz- und für Know-how-Vereinbarungen – Vergleich und Abgrenzung, CR 1990, 369–376.
Sucker, Michael, Lizenzierung von Computersoftware, CR 1989, 453–360, 468–477.

Taeger, Jürgen: Die Offenbarung von Betriebs- und Geschäftsgeheimnissen, Baden-Baden 1988.
Taeger, Jürgen: Softwareschutz durch Geheimnisschutz, CR 1991, 449–457.
Teplitzky, Otto: Wettbewerbsrechtliche Ansprüche und Verfahren. Anspruchsdurchsetzung und Anspruchsabwehr, 9. Auflage, Köln u. a. 2007.

Tetzner, Heinrich: Gesetz gegen den unlauteren Wettbewerb, Kommentar, 2. Aufl., Köln 1957.

Tiedemann, Klaus: Rechtsnatur und strafrechtliche Bedeutung von technischem Know-how, in: Ficker, Hans Claus/König, Detlef u. a. (Hrsg.), Festschrift für Ernst von Caemmerer zum 70. Geburtstag, S. 643–655.

Többens, Hans W.: Wirtschaftsspionage und Konkurrenzausspähung in Deutschland, NStZ 2000, 505–512.

Troller, Alois: Das technische Geheimnis im System des Immaterialgüterrechts, GRUR Ausl. 1958, 385–394.

Troller, Alois: Immaterialgüterrecht, Band 1, 3. Aufl., Basel/Frankfurt a. M. 1983.

Tröndle, Herbert/*Fischer*, Thomas: Strafgesetzbuch und Nebengesetze, 55. Aufl., München 2008.

Ullmann, Eike: Caroline v., Marlene D., Eheleute M. – ein fast geschlossener Kreis, WRP 2000, 1049–1054.

Ullman, Eike: Die Verschuldenshaftung und die Bereicherungshaftung des Verletzers im gewerblichen Rechtsschutz und Urheberrecht, GRUR 1978, 615–623.

Ullmann, Eike: Urheberrechtlicher und patentrechtlicher Schutz von Computerprogrammen – Aufgaben der Rechtsprechung, CR 1992, 641–648.

Ullrich, Hanns/*Körner*, Eberhard (Hrsg.): Der internationale Softwarevertrag, Heidelberg 1995.

Ulmer, Eugen: Der Urheberschutz wissenschaftlicher Werke unter besonderer Berücksichtigung der Programme elektronischer Rechenanlagen, München 1967.

Ulmer, Eugen: Einspeicherung und Wiedergewinnung urheberrechtlich geschützter Werke durch Computer-Anlagen, GRUR 1971, 297–303.

Ulmer, Eugen (Hrsg.): Das Recht des unlauteren Wettbewerbs in den Mitgliedstaaten der Europäischen Wirtschaftsgemeinschaft, München 1968.

Ulmer, Peter/*Brandner*, Hans Erich/*Hensen*, Horst-Diether: AGB-Recht, Kommentar zu den §§ 305–310 BGB und zum Unterlassungsklagengesetz, 10. Aufl., Köln 2006.

Van Deursen, Arie/*Stroulia*, Eleni: Guest Editor's Introduction: 10th Working Conference on Reverse Engineering, IEEE Transactions on Software Engineering, Vol. 31 No. 2, February 2005, 97–98.

Van Zuylen, Henk J. (Hrsg.): The Redo Compendium – Reverse Engineering for Software Maintenance, Chichester u. a. 1993.

Venturini, Klaus: Zur Erfassung und Bewertung lizenzierter Erfindungen und Erfahrungen (Know-how) in der Einheitsbewertung des Betriebsvermögens, Bonn 1988.

Vinje, Thomas C.: Die EG-Richtlinie zum Schutz von Computerprogrammen und die Frage der Interoperabilität, GRUR Int. 1992, 250–260.

Vinje, Thomas C.: Softwarelizenzen im Lichte von Art. 85 des EWG-Vertrages, CR 1993, 401–405.

Voas, Jeffrey M.: Fault Injection for the Masses, IEEE-Computer 1997, Vol. 30, S. 129–130.

Vogel, Hugo: Maßnahmen zur Verhinderung der Abwerbung?, BB 1960, 135–137.
Volesky, Karl-Heinz: Hacking – Strafbarkeit und Strafwürdigkeit nach englischem Recht, CR 1991, 553–557.

Wagner, Philipp: Analyse, Prävention und Abwehr des irregulären Verlustes von Know-how in Unternehmen, München 2007.
Walter, Michael (Hrsg.): Europäisches Urheberrecht, Kommentar, Wien/New York 2001.
Wandtke, Artur-Axel/*Bullinger*, Winfried: Praxiskommentar zum Urheberrecht, 3. Aufl., München 2009.
Wassermann, Rudolf: Der Verrat von Geschäfts- und Betriebsgeheimnissen durch das Betriebspersonal, GRUR 1930, 254–260.
Weitnauer, Hermann: Zwischenbilanz im Bereicherungsrecht, DB 1984, 2496–2501.
Welp, Jürgen: Datenveränderung (§ 303 a StGB) – Teil 1, IuR 1988, 443–449.
Wenckstern, Manfred: Die Geschäftsanmaßung als Delikt, AcP 200 (2000), 240–270.
Westermann, Ingo: Handbuch Know-how-Schutz, München 2007.
Westpfahl, Marion: Strafbarkeit des systematischen Entleerens von Glücksspielautomaten, CR 1987, 515–521.
Wiebe, Andreas: Know-how-Schutz von Computersoftware – Eine rechtsvergleichende Untersuchung der wettbewerbsrechtlichen Schutzmöglichkeiten in Deutschland und den U.S.A., München 1993.
Wiebe, Andreas: Rechtsschutz für Software in den neunziger Jahren, BB 1993, 1094–1103.
Wiebe, Andreas: Reverse Engineering und Geheimnisschutz von Computerprogrammen, CR 1992, 134–141.
Wiemer, Emmanuel A.: Die Bedeutung der Vertragsstrafe für Know-how-Verträge – Eine rechtsvergleichende Untersuchung an Hand des deutschen, französischen und belgischen Rechts, Diss. München 1977.
Wiethölter, Rudolf: Zur politischen Funktion des Rechts am eingerichteten und ausgeübten Gewerbebetrieb, KritJ 1971, 121–139.
Wilburg, Walter: Die Lehre von der ungerechtfertigten Bereicherung nach österreichischem und deutschem Recht – Kritik und Aufbau, Graz 1934.
Wittmann, Roland: Begriff und Funktionen der Geschäftsführung ohne Auftrag – Eine zivilistisch-dogmengeschichtliche Abhandlung, München 1981.
Wittmer, Hans Rudolf: Der Schutz von Computersoftware, Urheberrecht oder Sonderrecht?, Bern 1981.
Wolf, Manfred/*Horn*, Norbert/*Lindacher*, Walter F.: AGB-Gesetz – Gesetz zur Regelung des Rechts der Allgemeinen Geschäftsbedingungen, Kommentar, 4. Aufl., München 1999.
Wolff, Heinrich Amadeus: Der verfassungsrechtliche Schutz der Betriebs- und Geschäftsgeheimnisse, NJW 1997, 98–101.
Wolfrum, Rüdiger: Verfassungsrechtliche Fragen der Zweitanmeldung von Arzneimitteln, Pflanzenbehandlungsmitteln und Chemikalien, GRUR 1986, 512–518.

Wormer, Elke: Der strafrechtliche Schutz der Privatsphäre vor Missbräuchen mit Tonaufnahme- und Abhörgeräten – Eine Abhandlung zu § 201 StGB, Diss. Mannheim 1977.

Wronka, Georg: Das Persönlichkeitsrecht juristischer Personen, Diss. Bonn 1972.

Wüster, Eugen: Einführung in die allgemeine Terminologielehre und terminologische Lexikographie, 3. Aufl., Bonn 1991.

Zankl, Peter: Die anwaltliche Praxis in Vertragssachen – Eine Einführung in die Anwaltstätigkeit, Stuttgart 1990.

Zeising, Jörg: Die Abwicklung von Know-how-Verträgen und Schutzrechtsveräußerungen im Insolvenzverfahren, Mitteilungen der deutschen Patentanwälte (Mitt.) 2001, 287–292.

Zöller, Richard (Begr.): Zivilprozessordnung mit Gerichtsverfassungsgesetz und den Einführungsgesetzen, mit Internationalem Zivilprozessrecht, EG-Verordnungen, Kostenanmerkungen, Kommentar, 27. Aufl., Köln 2009.

Stichwortverzeichnis